中央高校基本科研业务费专项资金项目（3095012102）、（30918014114）、（30918014113）支持
知识产权与区域发展协同创新中心、江苏省知识产权发展研究中心、江苏省版权研究中心资助出版

互联网产业知识产权管理实证研究

梅术文　郝世博　锁福涛◎等著

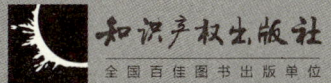

图书在版编目（CIP）数据

互联网产业知识产权管理实证研究／梅术文等著．—北京：知识产权出版社，2019.6
ISBN 978-7-5130-6269-5

Ⅰ.①互… Ⅱ.①梅… Ⅲ.①互联网络—高技术产业—知识产权—管理—研究—中国 Ⅳ.①D923.404

中国版本图书馆 CIP 数据核字（2019）第 099220 号

责任编辑：刘　睿　邓　莹　　　　　责任校对：王　岩
文字编辑：邓　莹　　　　　　　　　责任印制：刘译文

互联网产业知识产权管理实证研究
Hulianwang Chanye Zhishichanquan Guanli Shizheng Yanjiu
梅术文　郝世博　锁福涛　等著

出版发行	知识产权出版社 有限责任公司	网　　址	http://www.ipph.cn
社　　址	北京市海淀区气象路50号院	邮　　编	100081
责编电话	010-82000860 转 8346	责编邮箱	dengying@cnipr.com
发行电话	010-82000860 转 8101/8102	发行传真	010-82000893/82005070/82000270
印　　刷	保定市中画美凯印刷有限公司	经　　销	各大网上书店、新华书店及相关专业书店
开　　本	720mm×960mm 1/16	印　　张	23.75
版　　次	2019年6月第1版	印　　次	2019年6月第1次印刷
字　　数	353千字	定　　价	98.00元
ISBN 978-7-5130-6269-5			

出版权专有　侵权必究
如有印装质量问题，本社负责调换。

互联网产业知识产权管理实证研究编写人员总名单

(按参编章节先后顺序)

锁福涛	徐　明	席　怡	杜佳羽
梅术文	吕　航	张立微	朱南茜
丁旻玥	曹昕蕙	郝世博	唐正韵
张博玮	周　璇	韩松彤	魏铖雨
肖俊涛	曾彦哲	邓雨亭	赵　霞
陈帅君	戴碧娜	李晓晓	王清玉
许　维	李祺莹	范　星	童玉霞
戴　婧	戴非凡	万文成	

前　　言

随着新一轮科技革命与产业革命的兴起，实体经济的竞争越来越多地体现为知识产权竞争，培育发展知识产权密集型产业成为知识产权强国建设的主攻方向。加强产业知识产权管理，本质上是发挥知识产权对产业转型升级的支撑引领作用，加快产业结构向"微笑曲线"的两端延伸，实现实体经济的高质量发展。迈克尔·波特教授的经典名著《国家竞争优势》以四个优势国家的四大优势产业印证"钻石理论"，独具智慧地展示了以产业为媒介理解国家或地区全球竞争地位的全新方法，现已成为国际商业思维中不可或缺的一部分。由此观之，将"集群"观点或相互关联的企业、供应商、相关产业联系在一起思考知识产权管理的问题，也必将成为思考知识产权竞争优势以及制定知识产权公共政策的新方式。

近年来，有关外国媒体将高铁、支付宝、共享单车、网购等评价为中国的"新四大发明"。其中与互联网产业密切相关的就占有三席。作为现代信息技术的核心，互联网产业正处于高速发展时期。互联网产业是否应该以及能否成为中国的优势产业，取决于企业自身的努力，也离不开产业环境、市场环境和国家环境。开展互联网产业知识产权管理研究，就是要围绕这一产业的技术创新动态、生命周期、产业结构变迁以及内部竞争态势进行综合分析，帮助互联网企业认清自身发展的优势、劣势、机遇和挑战，帮助国家建构导引互联网产业发展的战略和政策。质言之，互联网产业知识产权管理的研究理应着眼于对企业战略群体的宏观审视，进而区别于单一的企业知识产权管理研究。实证研究方法的使用也需要跳出单一企业的狭隘视野，针对相同或相似战略的互联网企业进行比较分析和动态研究，进而阐释互联网企业面对的知识产权竞争态势，揭示互联网产业与其他产业进行转移或融合的可能性和障碍，预测互联网产业技术创新态势和知识产权战略的发展方向。

  本书秉承实证研究方式，梳理互联网基础设施产业、互联网服务平台产业、互联网内容产业、电子商务产业、软件和集成电路产业、互联网信息安全产业、物联网产业等互联网产业的知识产权管理现状、问题和发展趋势，聚焦产业内的典型企业，借助专利信息分析、案例研究以及比较分析等手段，内容涉及互联网产业知识产权管理的基本脉络和具体应对之策，涵盖知识产权管理体系、风险管理、信息管理、运营管理、战略管理等不同维度，践行以产业为媒介理解知识产权竞争地位的分析方法，进一步开拓产业知识产权管理类型化研究的新视野和新途径。

目 录

第一章　互联网产业知识产权管理概论 …………………………（1）
　　第一节　互联网产业知识产权管理的时代背景 …………………（1）
　　第二节　互联网产业知识产权管理的基本内容 …………………（8）
　　第三节　互联网产业知识产权管理的发展趋势与战略举措 ……（12）

第二章　互联网基础设施产业知识产权管理实证研究 …………（17）
　　第一节　概　　述 …………………………………………………（17）
　　第二节　世纪互联公司知识产权管理实践 ………………………（29）
　　第三节　苹果公司知识产权管理实践 ……………………………（45）
　　第四节　联想集团的知识产权管理分析 …………………………（56）

第三章　互联网服务平台产业知识产权管理实证研究 …………（67）
　　第一节　概　　述 …………………………………………………（67）
　　第二节　腾讯公司知识产权管理实践 ……………………………（76）
　　第三节　携程公司的专利布局分析 ………………………………（89）

第四章　互联网内容产业知识产权管理实证研究 ………………（101）
　　第一节　概　　述 …………………………………………………（101）
　　第二节　字节跳动公司版权管理的问题与对策 …………………（112）
　　第三节　网易公司的知识产权管理 ………………………………（122）
　　第四节　超星公司的知识产权管理 ………………………………（135）

第五章　电子商务产业知识产权管理实证研究 …………………（147）
　　第一节　概　　述 …………………………………………………（147）

第二节　苏宁云商集团的知识产权管理 …………………（156）
　　第三节　京东的知识产权管理 ……………………………（169）
　　第四节　亚马逊公司的知识产权管理 ……………………（183）
第六章　软件和集成电路产业知识产权管理实证研究 ………（195）
　　第一节　概　　述 …………………………………………（196）
　　第二节　中芯国际知识产权管理实证研究 ………………（208）
　　第三节　甲骨文云存储技术知识产权管理实证研究 ……（222）
　　第四节　微软知识产权管理实证研究 ……………………（233）
第七章　互联网信息安全产业知识产权管理实证研究 ………（253）
　　第一节　概　　述 …………………………………………（254）
　　第二节　奇虎360知识产权管理实证研究 ………………（266）
　　第三节　金山软件知识产权管理实证研究 ………………（288）
　　第四节　启明星辰知识产权管理实证研究 ………………（300）
第八章　物联网产业知识产权管理实证研究 …………………（311）
　　第一节　概　　述 …………………………………………（311）
　　第二节　博世知识产权管理实证研究 ……………………（323）
　　第三节　英特尔物联网技术知识产权管理实证研究 ……（335）
　　第四节　小米智能家居知识产权管理实证研究 …………（350）
参考书目 …………………………………………………………（367）
后　　记 …………………………………………………………（371）

第一章　互联网产业知识产权管理概论*

根据中国互联网络信息中心（CNNIC）发布的第40次《中国互联网络发展状况统计报告》显示，截至2017年6月，中国网民规模达7.51亿人，占全球网民总数的1/5；同时我国互联网普及率为54.3%，超过全球平均水平4.6个百分点。❶ 互联网的迅速推广和普及，不仅改变着人们的生活方式，也极大地推动了新兴产业的发展。近年来，以即时通信、搜索引擎、网络视频、网络音乐、网络游戏、网络文学、网络新闻、网络直播、网络支付、网络约（专）车、共享单车为代表的一大批互联网产业不断崛起，引起社会的广泛关注。但是，上述互联网产业在推进经济社会发展的同时，也引发了一系列知识产权问题，如知识产权创造、运营、保护等问题。本书通过对互联网基础设施产业、互联网平台服务产业、互联网内容产业、电子商务产业、软件和集成电路产业、互联网信息安全产业、物联网产业等七大类互联网产业的知识产权管理问题开展实证研究，分析现状、总结问题、提出建议，以期推动中国互联网产业的健康有序发展。

第一节　互联网产业知识产权管理的时代背景

近年来，在国家深入实施创新驱动发展的战略背景下，网络强国建设、

---

* 本章作者为南京理工大学知识产权学院副教授锁福涛。
❶ 中国互联网络信息中心.2017年第40次中国互联网络发展状况统计报告解读[EB/OL]. http://www.ctoutiao.com/253282.html, 2017-08-10.

"互联网+"行动计划、"中国制造2025"等国家政策频繁出台,大数据、人工智能、物联网等新技术不断涌现,有力地促进了互联网产业的快速发展。知识产权作为激励技术创新、提升产业竞争力的有力工具,必然在互联网产业发展过程中起到重要作用。因此,加强互联网产业知识产权管理,提高知识产权创造、运营和保护水平,是增强我国互联网产业核心竞争力、加快推进新时代网络强国建设的必由之路。

一、国际视角:知识产权是经济全球化时代发达国家保持新竞争优势的关键因素

经济全球化是当今世界的潮流,它促使全世界形成一个相互依存、相互渗透的有机整体。一般而言,经济全球化指通过商品、服务、技术和资本不断加快的跨境移动,在全世界范围内各国经济之间的相互依存状态,包括生产、市场、竞争、技术、企业和产业的全球化。❶ 现代国际贸易建立的基础是经济全球化和知识经济化。经济全球化深刻改变了国际经济政治环境,经济外交在国际关系中的地位不断提升,有关知识产权的贸易和保护成为经济外交的重心,知识产权保护问题成为国际关系舞台上的重要角色,知识产权成为当今发达国家保持新竞争优势的关键。在世界贸易组织的制度框架内,《知识产权协定》(TRIPS)与《货物贸易协定》(GATT)、《服务贸易协议》(GATS)构成该组织的三大主体制度。《知识产权协定》以国际法律文件的形式,正式确定了知识产权与国际贸易的合法关系,将知识产权保护纳入新国际贸易体制,这就形成了国际贸易的"知识化"与知识产权的"国际化"。❷ 目前世界贸易组织164个成员在进行国际贸易的同时都要遵循知识产权基本规则。发达国家凭借知识产权的强势地位,强化国际知识产权规则制定中的主导作用,不断提高国际贸易中的知识产权保护标准,加强专利技术垄断、版权和品牌市场控制。

---

❶ 冯汉桥. 论国际贸易与知识产权的关联性[J]. 经济研究导刊, 2011 (8): 136-138.

❷ 吴汉东. 知识产权本质的多维度解读[J]. 中国法学, 2006 (5): 97-106.

以"科技领先型"的国家代表——美国为例,凭借"综合贸易法"的"特别 301 条款"和"关税法"的"337 条款",把给予贸易对手的最惠国待遇与要求对方保护的美国知识产权直接挂钩,对所有不保护、不完全保护、不充分保护知识产权的国家进行经济威胁和贸易制裁,[1]从而将知识产权与国家利益结合起来。数据显示,我国是美国"337 调查"的最大目标国,自 1986 年以来,美国已对我国企业发起了 233 起"337 调查"。2011 年以来,我国已连续 7 年成为遭遇美国"337 调查"最多的国家,案件合计数量达 114 起。例如,2015 年美国发起 36 起"337 调查",涉华案件 10 起,占比 28%;2016 年发起 54 起,涉华案件 22 起,占比 41%;2017 年发起 58 起,涉华案件 24 起,占比 41%。2018 年前两个月美国就对我国企业发起 2 起"337 调查"。[2] 此外,美国高度重视知识产权对本国经济社会发展的导向作用,将知识产权与产业政策、科技政策、文化政策等经济社会发展政策紧密结合,充分释放知识产权密集型产业的核心竞争力。在美国商务部、专利商标局以及经济和统计管理局联合发布的《知识产权与美国经济 2016》报告中指出,"2010~2014 年,美国知识产权密集型产业增加值占 GDP 的比重由 34.8%增长到 38.2%",尤其是在特朗普总统税收优惠等产业促进政策的刺激下,结合美国技术转化率高的优势,知识产权将进一步活化,有助于技术创新与美国知识产权密集型企业更快、更好地成长,这对于美国保持既有的技术领先地位,并在未来的人工智能、智能制造、无人驾驶汽车、智能机器人等新兴产业继续领跑,奠定了坚实的基础。[3] 可见,在经济全球化背景下,美国既将知识产权作为对外贸易的政策工具,又将其作为发展知识产权密集型产业的战略选择,从而保持在世界范围内的新竞争优势。

---

[1] 吴汉东,等. 知识产权制度变革与发展研究 [M]. 北京:经济科学出版社,2013:175.

[2] 中新网. 美国 337 调查去年对中国立案 22 起 [EB/OL]. http://www.chinanews.com/cj/2018/02-28/ 8456121.shtml, 2018-02-20.

[3] 易继明,孙那. 美国知识产权政策走向及其对中国的影响 [J]. 国际贸易,2017 (3):54-57.

以"技术赶超型"的国家代表——日本为例，其在全球技术贸易中处于技术净输出国地位，这与其国家知识产权战略密切相关。早在21世纪初，日本就提出"知识产权立国"，并制定了"知识产权战略大纲"，出台"知识产权基本法"，成立由首相担任部长的知识产权战略本部，"推进实施创造、保护和利用知识产权的政策措施，振兴科学技术，强化国际竞争力"。❶ 日本高度重视知识产权的创造质量与运用效果。据统计，日本发明专利授权率（授权数/申请数）近年约为60%，2013年峰值超过84%，而中国目前只有20%~30%，与日本1990年之前的水平相当。2016年，全球有效发明专利共约1 180万件，日本以266万件位居全球第一，是中国的2倍有余。全球主要经济体中，只有美国和日本是技术净输出国，2016年日本知识产权使用费顺差接近200亿美元，而中国是228亿美元的知识产权使用费逆差。❷ 此外，日本还建立了以知识产权为导向的公共政策体系，积极布局和发展知识产权密集型产业，生物技术、半导体、芯片等相关产业创新能力位居世界前列。例如，汤森路透评选的全球创新百强企业中，2017年日本以39家企业排名第一，其次是美国36家企业。❸ 因此，在经济全球化背景下，日本高度重视知识产权国际贸易，充分发挥知识产权激励创新、促进高新技术产业发展的关键作用。

此外，欧盟及其成员也高度重视知识产权创造、保护与转化，先后出台《创新绿皮书》《创新行动计划》《打击仿冒和盗版绿皮书》《欧洲专利公约》《软件专利指令》等一系列文件，在生物技术、材料科学和有机化学等领域发挥了知识产权的重要作用。2016年10月25日，欧洲专利局（EPO）和欧盟知识产权局（EUIPO）发布《知识产权密集型产业及其在欧盟的经济表现》报告，就2011~2013年欧盟范围内商标、专利、外观设计、版权、地理标志和植物品种权等六项知识产权密集型产业的认定及其

---

❶ 吴汉东. 利弊之间：知识产权制度的政策科学分析 [J]. 法商研究, 2006 (5): 6-15.

❷❸ 石光. 日本GDP与创新力反向发展之谜 [EB/OL]. https://www.huxiu.com/article/259115.html. 2018-05-02.

对欧盟国内生产总值、就业、薪资和贸易的贡献做了详细分析，进而评估了知识产权密集型产业对欧盟经济的贡献。数据显示，2011~2013年，知识产权密集型产业对欧盟GDP的贡献率为42.3%，知识产权密集型产业占进口份额86%，占出口份额高达93%，为欧盟产生的贸易顺差为964亿欧元，其中外观设计密集型产业贡献最大，产生了2430亿欧元的盈余。❶ 可以看出，知识产权对欧盟的经济社会发展起到了重要的拉升作用。

从1623年的《英国垄断法规》、1709年的《英国安娜法令》到1857年的《法国商标法》，三大主要知识产权制度在发达国家已建立和运行了几百年。通过对美国、日本和欧盟等发达国家和地区的知识产权运作经验总结可以看出，知识产权日益成为世界各国发展的战略性资源和提升国际竞争力的核心要素，成为保持新竞争优势的关键因素，知识产权在国际合作与竞争中的地位空前提高。

二、国内视角：知识产权是我国实施创新驱动发展战略的制度保障

党的十八大明确提出实施创新驱动发展战略，要将科技创新作为提高社会生产力和综合国力的战略支撑摆在国家发展全局的核心位置；要坚持走中国特色自主创新道路，以全球视野谋划和推动创新，提高原始创新、集成创新和引进消化吸收再创新能力，更加注重协同创新。这一战略的确立有其宏大而深刻的时代背景，这就是，知识经济的方兴未艾和新一轮科技革命的孕育兴起所引发的产业革命为我国的发展创造了新的战略机遇。❷ 党的十九大报告中指出，我国经济已由高速增长阶段转向高质量发展阶段，正处在转变发展方式、转换增长动力的攻关期。建设现代化经济体系，事关我们能否引领世界科技革命和产业变革潮流、赢得国际竞争的主动，事关我们能否顺利实现"两个一百年"奋斗目标。

---

❶ 中国知识产权报. 美国和欧洲相继发布知识产权密集型产业报告：知识产权拉动经济增长作用明显 [EB/OL]. http：//www.nipso.cn/onews.asp? id=34451, 2018-05-03.
❷ 马一德. 创新驱动发展与知识产权战略实施 [J]. 中国法学, 2013 (4)：27-38.

目前中国虽然已经成为世界第二大经济体、第一大工业国、第一大货物贸易国、第一大外汇储备国，但经济增长内生动力还不够足，创新能力还不够强，发展质量和效益还不够高。在贸易出口过程中频频发生的贸易摩擦和争端就是例证。近年来中美贸易摩擦不断升级、中兴通讯等公司遭受制裁等事件层出不穷。要顺利跨越这个关口，就必须激发出创新这个第一动力，走创新驱动发展道路；就必须"倡导创新文化，强化知识产权创造、保护、运用"。❶ 习近平总书记在博鳌亚洲论坛 2018 年年会上指出，"加强知识产权保护，这是完善产权保护制度最重要的内容，也是提高中国经济竞争力最大的激励"。因此，创新驱动发展战略的实施，要求深化体制和机制改革，作为以保护创新为己任的知识产权保护制度要及时地变革和创新，服务于创新驱动发展的需要。

（1）知识产权保护使创新者的权益得到有效保障，有利于激发社会创新活力，形成鼓励创新的政策环境、法制环境和市场环境，使社会资源、智慧和力量更多地投入到创新活动之中，促进创新成果产生。据统计，2017 年我国发明专利申请量 138.2 万件，同比增长 14.2%；PCT 国际专利申请受理量 5.1 万件，同比增长 12.5%；实用新型和外观设计申请量分别为 168.8 万件和 62.9 万件；国内（不含港澳台）发明专利拥有量为 135.6 万件，每万人口发明专利拥有量达到 9.8 件。❷ 知识产权激励创新的效果明显。

（2）知识产权保护有利于促进知识产权运用，提升创新效益，使知识产权市场价值更加充分显现，使创新活动和创新成果有效转化为生产力和核心竞争力，驱动社会经济的良性发展。数据显示，2010~2014 年，我国专利密集型产业增加值合计为 26.7 万亿元，占国内生产总值（GDP）的比重为 11.0%，年均实际增长 16.6%，是同期 GDP 年均实际增长速度（8%）

---

❶ 中国知识产权报社论．播撒创新种子，守护创新中国——写在 2018 年全国知识产权宣传周活动启动之际 [N]．中国知识产权报，2018-04-20．

❷ 人民网．国家知识产权局：2017 年我国发明专利申请量同比增 14.2% [EB/OL]．http：//politics.people.com.cn/n1/2018/0104/c1001-29746093.html.2018-06-02．

的 2 倍以上；从产品竞争力来看，专利密集型产业新产品销售收入占主营业务收入的比重为 20.7%，出口交货值占销售产值的比重为 19.3%，分别是同期非专利密集型产业的 2.5 倍和 2.2 倍。❶ 知识产权对于经济社会发展的贡献度明显。

（3）知识产权保护使侵犯知识产权的行为受到制裁，提升社会知识产权保护意识，形成崇尚创新、尊重知识产权的社会氛围，为创新驱动发展创造良好社会环境。近年来，我国不断加大知识产权行政执法和司法保护力度，严厉打击知识产权侵权行为，知识产权保护社会满意度不断提升。例如，2017 年全国专利行政执法办案量 6.7 万件，同比增长 36.3%；商标行政执法办案量 3.01 万件，涉案金额 3.33 亿元；版权部门查处侵权盗版案件 3 100 余件，收缴盗版制品 605 万件；海关查获进出口侵权货物 1.92 万批次，涉及侵权货物 4 095 万件，案值 1.82 亿元。全国法院新收知识产权民事、行政、刑事一审案件 21.35 万件，审结 20.30 万件，分别同比增长 40.37%、38.38%。知识产权保护社会满意度提高到 76.69 分。❷ 因此，知识产权对创新成果的有效保护，有力地促进创新资源高效配置和综合集成，使全社会智慧和力量凝聚到创新发展上来，更大程度发挥对创新的激励作用，促进创新成果的运用，加快经济发展方式转变，提升产业核心竞争力，真正发挥创新对经济社会发展的促进作用，进而深入实施创新驱动发展战略。

由此可见，知识产权既是经济全球化背景下发达国家保持新竞争优势的有力武器，也是我国实施创新驱动发展战略的制度保障。互联网产业作为知识产权密集型产业，势必要充分发挥知识产权激励创新、保护创新的制度作用，全面加强产业知识产权管理，创造好、运用好知识产权，保持互联网产业的核心竞争力，促进其健康有序发展。

---

❶ 中国青年网. 国家知识产权局：专利密集型产业对我国经济增长贡献显著［EB/OL］. http：//news.163.com/16/1027/15/C4D6D8S6000187VE.html. 2018-06-02.

❷ 国家知识产权局.《2017 年中国知识产权保护状况》白皮书［EB/OL］. http：//www.sipo.gov.cn/zscqgz/1123516.htm. 2018-06-05.

第二节　互联网产业知识产权管理的基本内容

一般认为，互联网产业广义上是指一切通过互联网以互联方式提供的生产及生活服务，狭义上是指互联网设施设备生产及相关应用服务，如云计算、大数据、物联网和工业互联网等。❶ 互联网产业以网络技术为支撑，以信息资源为内容，属于典型的技术密集型和信息密集型产业。基于上述特征，一方面，互联网企业的专利、版权、商标、商业秘密等知识产权产出激增，专利许可与质押、版权转让与授权等知识产权运用需求强烈；另一方面，发生在互联网企业之间的专利侵权、商标假冒、盗版作品传播等知识产权纠纷不断涌现。因此，对互联网产业的知识产权管理问题展开研究具有重要的社会现实意义。所谓互联网产业知识产权管理是指国家、区域、行业协会、企业等主体针对互联网产业发展过程中的知识产权问题进行计划、组织、协调和控制，以实现最佳经济效益和提高产业竞争力的过程。需要注意的是，互联网产业知识产权管理不同于某一具体企业的知识产权管理，应当着眼于产业发展大局，贯穿产业发展全程，通过知识产权的创造、运用和保护来推动互联网产业升级发展，提升产业竞争力。

不同类型互联网产业的知识产权管理方式也不尽相同。因此，本书按照互联网产业的具体领域，分门别类地研究互联网基础设施产业知识产权管理、互联网服务平台产业知识产权管理、互联网内容产业知识产权管理、电子商务产业知识产权管理、软件和集成电路产业知识产权管理、互联网信息安全产业知识产权管理和物联网产业知识产权管理等七个产业的知识产权管理问题。与此同时，为了让研究更具针对性和可操作性，本书在上述七个互联网产业内部还选取了二十余个代表性企业的知识产权管理状况作为研究对象，以期为我国互联网产业的健康发展提供切实可行的应对策略。具体而言，互联网产业知识产权管理的基本内容主要包括以下四个

---

❶ 万劲波，封颖. 中国互联网产业创新发展的战略思考 [J]. 中国科学院院刊，2014 (2)：199-208.

问题。

一、互联网产业的知识产权创造与布局

互联网产业的知识产权创造与布局状况是研究互联网产业知识产权管理的基础。通过对互联网产业知识产权的创造与布局状况进行分析，可以了解该产业的技术发展方向与市场状态。该部分主要研究以下三个问题。(1) 互联网产业的专利创造与布局状况。专利是产业技术创新、提升核心竞争力的驱动要素。通过选取关键词和检索式，在专利数据库中开展专利检索，获取某一产业的专利申请和授权数据，从而把握该产业或企业的专利申请趋势、专利申请地域、专利申请和授权类型、专利法律状态、专利技术构成、专利权人分布、核心专利布局等状况，找出该产业或企业存在的技术优势与不足，为其进一步发展提供策略。(2) 互联网产业的商标创造与布局状况。商标是企业抢占市场的通行证。通过对代表性企业的商标申请量和授权量、商标申请和注册的商品类别、注册联合商标和防御商标的状况、中国驰名商标的数量和记录等方面展开研究，并与相关企业进行对比，总结优势与不足，把握互联网产业商标的创造与布局策略。(3) 互联网产业的版权创造与布局状况。版权是保护互联网原创内容的坚强后盾。通过对互联网内容产业等版权密集型产业的版权作品数量、权利人状况以及版权作品所属领域等问题开展研究，把握互联网产业的版权创造与布局状况。互联网产业集中于通信、传感、信息处理、信息安全等技术领域，知识产权创造的内在需求较为旺盛，知识产权创造与布局策略的运用效果，将会对互联网产业的发展带来直接影响。

二、互联网产业的知识产权管理体系

知识产权管理体系作为一个完整系统包括知识产权管理策略及其制定过程，以及"为实现知识产权策略而进行的知识产权价值创造、利用和整合过程，还包括为实施上述过程而配置人财物组织资源和制定的组织知识

产权制度与管理流程"。❶ 在研究互联网产业的知识产权管理体系时，重点关注产业或企业知识产权战略目标与政策的制定、知识产权管理模式的实行、知识产权管理机构的设置、知识产权专门管理人员的配备、知识产权管理流程与规范以及知识产权管理实施效果的评估等。通过考察具体互联网产业或代表性企业的知识产权管理体系是否完备、是否合理，查找问题抑或总结经验，从而为完善互联网产业的知识产权管理体系提出建议。

三、互联网产业的知识产权运营

知识产权运营是指"通过知识产权产品化、市场化、商业化、资本化等形式具体运作，以知识产权许可、转让，知识产权投资、知识产权收购、知识产权资产重组等形式提高知识产权资产的配置效率和利用水平"。❷ 知识产权运营是充分实现知识产权价值的必然途径，也是优化产业结构、提升产业核心竞争力的关键环节，因此，知识产权运营应当是产业知识产权管理的重要内容。按照知识产权的类型划分，可将互联网产业的知识产权运营分为互联网产业的专利运营、互联网产业的商标运营与互联网产业的版权运营等内容。具体而言：（1）互联网产业的专利运营。专利运营是指通过对专利或专利申请进行管理，促进专利技术的应用和转化，实现专利技术价值或效能的活动。❸ 互联网产业的专利运营方式包括专利产业化，即利用专利技术方案生产制造产品，促进专利技术的产品化、商品化和产业化；贸易化，即通过专利转让、专利许可等方式实现专利运营的活动；投融资，即以专利权作为标的物出资、质押、担保等方式进行专利资本化运作；标准化，即通过参与或组建专利联盟、专利池等方式，将必要专利等纳入标准化组织的标准，提高产业发展的话语权与主动权。其中，专利

---

❶ 冯晓青. 论企业知识产权管理体系及其保障 [J]. 广东社会科学，2010（1）：181－186.

❷ 冯晓青. 我国企业知识产权运营战略及其实施研究 [J]. 河北法学，2014（10）：10－21.

❸ 参见深圳市市场监督管理局 2014 年发布的《企业专利运营指南》（编号：SZDB/Z 102－2014）.

标准化是专利运营的较高形式。（2）互联网产业的商标运营。商标运营是指商标权人通过许可、转让、质押融资等方式管理注册商标专用权，实现品牌溢价、商品或服务增值的活动。在互联网产业领域，除传统的普通许可、独占许可、排他许可等模式外，比较创新的商标运营形式包括商标的特许经营（Franchise）、品牌战略联盟（Brand Strategic Alliance）或品牌产业联盟（Brand Industry Alliance）等。❶（3）互联网产业的版权运营。版权运营是指"为实现版权经济价值而进行的许可交易、权利转让、质押融资、维权诉讼等一系列版权服务活动"。❷ 在互联网产业，除了上述传统类型的运营模式外，全版权运营正在逐渐成为新的运营模式。该模式着眼于整个版权产业链，贯通源头的作品创作与终端的市场营销，形成包括但不限于小说、电影、动漫、图片、游戏、音乐等众多作品类型的版权生态系统。

四、互联网产业的知识产权竞争与诉讼

在知识经济时代，知识产权竞争与诉讼现象愈演愈烈。无论是三星与苹果的专利大战，还是加多宝与王老吉的商标争夺，以及琼瑶诉于正的版权侵权，具有广泛社会影响的知识产权案件层出不穷。一方面，基于知识产权客体——知识产品的非物质性特征，在知识产品的占有、使用、处分方面具有不同于传统有形财产权的特征：不发生有形控制的占有、不发生有形消耗的使用、不发生消灭知识产品的事实处分与有形交付的法律处分。因此，侵犯知识产权的行为具有高度隐蔽性，与传统的民事侵权行为相比更加容易发生。另一方面，知识产权已经成为企业开展市场竞争的核心武器：利用知识产权打击竞争对手、抢占市场份额、确定行业准入标准等，上述情形在互联网产业表现得尤为突出。因此，本书会针对某些具体互联网产业或代表性企业的知识产权竞争策略或诉讼案例开展研究，涉及知识

---

❶ 邓文，麻冬圆. 论科技创新环境下企业知识产权布局［J］. 科技与法律，2017（4）：48-53.

❷ 孟祥娟. 论网络视频产业版权运营及其法律规制［J］. 学术交流，2017（10）：103-109.

产权预警、知识产权侵权认定、知识产权风险防范以及知识产权与不正当竞争等内容。

第三节 互联网产业知识产权管理的发展趋势与战略举措

在网络强国、数字中国的战略背景下，当前互联网发展已经进入新时代，增长创新高，市值持续向好，"独角兽"成长更快，互联网产业呈现出"新技术、新动能、新场景、新体验、新挑战、新生态"[1]的发展趋势，互联网产业的"两张网"——消费互联网与产业互联网将成为未来社会经济发展的重要组成部分。因此，随着互联网产业的快速发展，在技术、市场、政策等多重因素的作用下，互联网产业应该重新审视和定位知识产权战略，以更高标准、更加国际化的视野实施知识产权战略，不断提高产业知识产权的创造、运用与保护水平。针对国内互联网产业知识产权管理现状，借鉴国际知识产权产业管理经验，我国互联网产业知识产权管理应当从以下三方面加强。

一、培育高价值知识产权，夯实产业创新基础

互联网产业作为技术密集型和信息密集型的产业，与其他产业相比，在知识产权产出方面处于领先优势。但互联网产业要保持快速、健康、可持续发展，必然要求知识产权创造从数量累积向质量提升转变。其原因在于高价值知识产权是互联网产业保持持续创新动力的基础所在。与普通的知识产权不同，高价值知识产权具有较高的技术价值、市场价值、战略价值和法律价值。高价值知识产权的常见表现形态有高价值专利、高知名度商标和高影响力版权。高价值专利是指创新水平高、权利状态稳定、市场竞争力强的专利，以入选"中国专利奖"的专利为代表；高知名度商标是指市场覆盖面广、影响力大、经济价值高的商标，以中国驰名商标或入选

---

[1] 搜狐网. 2018 中国互联网产业年会在京举行［EB/OL］. https：//www.sohu.com/a/215805180_ 119562. 2018-06-30.

"世界品牌500强"的商标为代表；高影响力版权是指具有较高社会影响力和经济价值的作品，以荣获"中国版权金奖"的作品为代表。近年来，我国互联网产业中的一些企业在培育高价值知识产权方面树立了典型，产生了广泛的社会影响和较高的经济价值。例如，在高价值专利领域，互联网基础设施产业的代表性企业——华为技术有限公司的"一种桥接转发方法"项目、中兴通讯股份有限公司的"终端随机接入蜂窝无线通讯系统的方法及群标识生成方法"荣获第18届中国专利奖；在高知名度商标领域，阿里巴巴、华为、中兴、中国移动、中国电信、腾讯、百度、京东、网易、中国联通、苏宁、海康威视、联想、小米等十余家互联网企业入选"2018世界品牌500强"；在高影响力版权方面，海宴的网络小说《琅琊榜》、一铭软件股份有限公司设计的"一铭操作系统"等网络版权作品荣获"2016中国版权金奖"。因此，互联网产业要着眼于产业关键核心技术问题进行集中投入，充分利用技术预见和技术预测的结果有针对性地进行研究开发和专利的战略布局，使专利布局与研究开发重点和技术预见或技术预测的未来发展方向相一致，从而培育出更多的高价值专利；❶要将自创品牌与收购、租用知名品牌相结合，打造品牌形象，培育中国驰名商标、"世界品牌500强"等高知名度商标；要重点在互联网新闻出版产业、互联网广播电视产业、互联网视频产业、互联网音乐产业、互联网游戏产业等领域内开展作品创作，培育在全国具有重大影响力的高知名度版权作品。

二、创新知识产权运营模式，促进产业提质增效

创新互联网产业知识产权运营模式，形成开放、多元、融合、共生、互利的知识产权运营生态系统是提升互联网产业核心竞争力的关键。具体而言，当前我国互联网产业应从以下三个方面加强知识产权运营。（1）在专利运营模式创新方面，重点打造专利标准化模式。专利标准化是确保企业在市场竞争中有效地占据优势位置甚至控制地位的有力保障。互联网产

---

❶ 宋河发. 培育高价值专利 推动高质量发展 [EB/OL]. http://www.sipo.gov.cn/ztzl/jjgjzzl/gjzzld jt/1113657.htm. 2018-07-02.

业的相关企业要发挥群体优势，构建专利组合，形成高价值专利组合；将专利与产业技术标准或产品技术标准结合，成为标准必要专利或者产品必要专利，并构建专利池。❶（2）在商标运营模式创新方面，构建品牌联盟。品牌联盟是"产业品牌化、品牌产业化"的重要载体，是扩大企业品牌影响力、抢占市场份额的重要方式。（3）在版权运营模式创新方面，形成"全版权"运营。全版权运营从一定意义上说是一种"版权管理"，"更强调在 IP 创作过程中全方位地介入，包括在 IP 开发阶段、内容策划、与下游合作方之间的协作，以及整体世界观架构的建立等。通过全版权的思维，帮助 IP 内容提升它的价值"。❷ 例如，网络小说《三生三世十里桃花》在互联网上热销后，又产生了一大批"三生三世十里桃花"系列作品，如由杨幂、赵又廷主演的电视剧版《三生三世十里桃花》，由刘亦菲、杨洋等主演的电影版《三生三世十里桃花》，由泸州老窖在浪漫七夕推出的"桃花醉三生三世十里桃花"预调酒等。❸ 通过"全版权"运营，使原来单一的网络文学作品扩展到电视剧、电影，甚至实体产品上，充分发挥版权作品价值。

三、提升知识产权保护能力，优化产业发展环境

互联网产业属于知识产权纠纷频发的产业，既有被控侵犯他人知识产权的情形，也存在自身知识产权被他人侵犯的现象。从互联网基础设施产业领域的专利纠纷到互联网内容产业领域的版权纠纷，再到电子商务产业领域的商标纠纷，知识产权纠纷成为互联网产业发展过程中不可回避的突出问题。因此，合理防范和应对知识产权侵权风险是互联网产业知识产权管理的重要内容。在当前经济全球化和产业国际化的时代背景下，互联网

---

❶ 宋河发. 培育高价值专利 推动高质量发展［EB/OL］. http：//www.sipo.gov.cn/ztzl/jjgjzzl/gjzzld jt/1113657.htm. 2018-07-02.

❷ 搜狐网. 全版权运营应该怎么玩［EB/OL］. https：//www.sohu.com/a/240437138_100006399. 2018-08-02.

❸ 搜狐网. 5000 亿网络 IP 市场爆发，优质版权是核心［EB/OL］. http：//www.sohu.com/a/167193530_ 561966. 2018-06-07.

产业的知识产权保护能力提升应当着重从以下两个方面着手。(1) 提高互联网产业知识产权风险预警能力。知识产权风险预警的本质是将知识产权风险前置，互联网企业通过一定的操作规范和流程，将知识产权风险扼杀于萌芽之中，从而做到防患于未然。例如，互联网企业可以成立包括知识产权、研发和市场部门主管人员在内的专利预警工作组，形成常态化工作机制。专利预警工作组的职能一般包括：①定期与研发、市场等相关部门进行沟通和交流，了解并确定企业重大研发方向和目标市场；②搜集和检索与公司经营生产相关的专利信息，掌握竞争对手的境外专利布局；③对检索到的专利进行重点分析，自行或委托外部专利律师出具专业的分析报告，确定风险等级，拟定应对方案；④遇到专利风险时，迅速制订预警预案，将结果尽快反馈给决策层，并且制订和调整相关策略。❶ (2) 提升知识产权海外维权能力。在我国互联网企业开拓国际市场，特别是在美国、欧盟成员国、日本、韩国等发达国家参与市场竞争之时，知识产权问题是最亟待解决的问题。但从实践来看，我国互联网企业海外知识产权维权能力还比较薄弱，在海外频频遭遇知识产权侵权指控，多次出现产品被查封、败诉赔偿等不利后果。因此，互联网企业要充分利用国内外政府相关机构、知识产权维权援助机构、知识产权中介服务机构、律师事务所、行业协会和媒体等方面资源，按照证据准备、分析评估、维权策略等步骤开展知识产权海外维权，切实提高知识产权保护能力，为我国互联网企业"走出去"保驾护航。

总之，在当前建设网络强国和知识产权强国的双重战略目标下，互联网产业的知识产权管理更具时代意义；在网络技术、产业政策、知识产权、新兴市场、国际贸易等因素交织融合的多重现实条件下，互联网产业对于知识产权创造、运营与保护的需求越来越高。因此，要创新互联网知识产权管理模式，运用多种知识产权管理手段，充分发挥知识产权激励创新的保障作用，从而不断实现知识产权提升互联网产业转型升级的制度功能。

---

❶ 参考北京市知识产权局 2011 年发布的《企业海外知识产权预警指导规程》。

第二章　互联网基础设施产业知识产权管理实证研究

十九大报告指出，发展数字经济，建设网络强国，抢抓全球新一轮产业竞争制高点，促进实体经济加快转型升级。互联网基础设施是发展互联网产业、建设网络强国的"硬件"基础。在当前大力发展数字经济的背景下，加强互联网基础设施建设尤为重要。互联网基础设施如同高速公路网，将不同网络用户和网络端口及时、便捷地连接起来。作为技术密集型产业的代表，互联网基础设施产业专利、商标等知识产权数量众多，权属关系复杂，交叉许可种类繁多，更加需要充分有效的知识产权管理策略与措施，从而避免知识产权风险，发挥产业技术优势，提高产业核心竞争力。

第一节　概　　述[*]

随着第五代移动通信技术（5G）、物联网、软件定义网络（SDN）、网络虚拟化（NFV）等新技术的发展，网络基础设施产业的重要性日益明显。互联网基础设施产业符合当前"互联网+先进制造业"发展趋势，体现出"互联网软件+制造业硬件"相结合的突出特征，因此，互联网产业的知识产权管理问题也具有其他互联网产业所不具有的特点。在当前建设网络强国和发展未来数字经济的时代背景下，研究互联网基础设施产业的知识产

---

[*] 本节作者为南京理工大学知识产权学院副教授锁福涛。

权管理问题具有更重要的社会现实意义。

一、互联网基础设施产业概况

互联网基础设施产业是指"构成社会经济体系基础的具有网络性的基础部门,它包括通信、铁路、邮政、电力、金融、保险及一些其他社会公共服务等具有'网络产品'特点的基础设施产业"。❶从上述定义可以看出,互联网基础设施产业的外延非常广泛,是具有社会公共服务属性的网络产品,包括但不限于 IP 地址、域名、网络国际出口带宽、光缆线路、互联网宽带接入端口、移动电话基站、有线电视网络、互联网数据中心等。

近年来,在建设网络强国的战略导向下,国家相继出台一系列支持互联网基础设施产业发展的政策。2010 年,国务院发布《关于加快培育和发展战略性新兴产业的决定》,提出要加快建设新一代信息技术产业,其措施与互联网基础设施产业密切相关,具体包括"加快建设宽带、泛在、融合、安全的信息网络基础设施,推动新一代移动通信、下一代互联网核心设备和智能终端的研发及产业化,加快推进三网融合,促进物联网、云计算的研发和示范应用。着力发展集成电路、新型显示、高端软件、高端服务器等核心基础产业。提升软件服务、网络增值服务等信息服务能力,加快重要基础设施智能化改造"。2015 年,国务院发布的《中国制造 2025》明确提出要加强互联网基础设施建设,具体措施包括:加强工业互联网基础设施建设规划与布局,建设低时延、高可靠、广覆盖的工业互联网。加快制造业集聚区光纤网、移动通信网和无线局域网的部署和建设,实现信息网络宽带升级,提高企业宽带接入能力。针对信息物理系统网络研发及应用需求,组织开发智能控制系统、工业应用软件、故障诊断软件和相关工具、传感和通信系统协议,实现人、设备与产品的实时联通、精确识别、有效交互与智能控制。2016 年,国务院印发《"十三五"国家战略性新兴产业发展规划》,明确提出要构建网络强国基础设施,深入推进"宽带中

---

❶ 张帆,刘新梅. 网络性基础设施产业有限竞争的效率分析 [J]. 管理科学,2014 (3): 76-80.

国"战略，加快构建高速、移动、安全、泛在的新一代信息基础设施。具体措施包括：（1）大力推进高速光纤网络建设。开展智能网络新技术规模应用试点，推动国家骨干网向高速传送、灵活调度、智能适配方向升级。全面实现向全光网络跨越，加快推进城镇地区光网覆盖，提供每秒1 000兆比特（1 000Mbps）以上接入服务，大中城市家庭用户实现带宽100Mbps以上灵活选择；多方协同推动提升农村光纤宽带覆盖率，98%以上的行政村实现光纤通达，有条件的地区提供100Mbps以上接入服务，半数以上农村家庭用户实现带宽50Mbps以上灵活选择。推进互联网协议第六版（IPv6）演进升级和应用，推动骨干企业新增网络地址不再使用私有地址。（2）加快构建新一代无线宽带网。加快第四代移动通信（4G）网络建设，实现城镇及人口密集行政村深度覆盖和广域连续覆盖。在热点公共区域推广免费高速无线局域网。大力推进第五代移动通信（5G）联合研发、试验和预商用试点。优化国家频谱资源配置，提高频谱利用效率，保障频率资源供给。合理规划利用卫星频率和轨道资源，加快空间互联网部署，研制新型通信卫星和应用终端，探索建设天地一体化信息网络，研究平流层通信等高空覆盖新方式。（3）加快构建下一代广播电视网。推动有线、无线卫星广播电视网智能协同覆盖，建设天地一体、互联互通、宽带交互、智能协同、可管可控的广播电视融合传输覆盖网。2017年，国务院发布的《关于深化"互联网+先进制造业"发展工业互联网的指导意见》设置了工业互联网基础设施升级改造工程专栏，具体包括：组织实施工业互联网工业企业内网、工业企业外网和标识解析体系的建设升级。支持工业企业以IPv6、工业无源光网络（PON）、工业无线等技术改造工业企业内网，以IPv6、软件定义网络（SDN）以及新型蜂窝移动通信技术对工业企业外网进行升级改造。在5G研究中开展面向工业互联网应用的网络技术试验，协同推进5G在工业企业的应用部署。开展工业互联网标识解析体系建设，建立完善各级标识解析节点。

在上述国家政策的大力支持下，我国互联网基础设施产业虽然起步较晚，但发展迅速。根据中国互联网络信息中心（CNNIC）2018年1月发布的第 41 次《中国互联网络发展状况统计报告》显示，我国互联网基础资源保有量稳步增长，互联网资源应用水平显著提升，具体包括以下六个方面：(1) 光缆长度。截至 2017 年第三季度，光缆线路总长度达 3 606 万公里，其中新建光缆线路 564 万公里，建设光缆长度保持较快增长态势。(2) 互联网宽带接入端口数量。截至 2017 年第三季度，互联网宽带接入端口数量达 7.6 亿个，比 2016 年年底净增 7 166 万个。(3) 移动电话基站总数。截至 2017 年第三季度，基础电信企业继续加快移动网络基础设施建设，2017 年前三季度累计新增移动通信基站 44.7 万个，总数达 604.1 万个。其中 3G/4G 基站累计达到 447.1 万个，占比达 74.0%，移动网络覆盖范围和服务能力持续提升。(4) 互联网数据中心发展情况。2017 年 1~11 月，互联网企业累计完成互联网数据中心业务收入 118.0 亿元，连续第五个月保持正增长，同比增长 8.2%；截至 11 月，互联网数据中心部署的服务器数量达到 116 万台，同比增长 33.6%。(5) 网络国际出口带宽。截至 2017 年 12 月，中国国际出口带宽为 7 320 180 Mbps，年增长率为 10.2%。(6) IP 地址。截至 2017 年 12 月，我国 IPv6 地址数量为 23 430（块/32），年增长 10.6%。❶

目前我国已经确立网络强国和发展数字经济的国家战略，未来相应的互联网基础设施建设的力度将不断加强，水平将不断提高。数据显示，2015 年我国网络建设投资在 4 000 亿元水平，同比增长 10%；2016 年和 2017 年投资累计超过 7 000 亿元。按照上述投资规模估算，"十三五"期间，我国网络建设投资规模将在 1.75 万亿元左右；考虑到"十二五"期间，我国大数据、云计算等业务刚刚起步，5G 和 IPv6 网络尚未部署，因此在"十三五"期间，相关网络基础设施的建设投资将会呈现更为迅速的增长，这有可能使"十三五"期间我国网络基础设施建设投资额突破 2 万

---

❶ 中国网信网. 第 41 次《中国互联网络发展状况统计报告》[EB/OL]. http://www.cac.gov.cn/2018-01/31/c_1122347026.htm. 2018-06-07.

亿元大关。❶ 可以预见，我国互联网基础设施产业将会迎来产业发展的春天。

二、互联网基础设施产业知识产权管理现状

（一）知识产权创造和布局

基于互联网基础设施产业需要高技术投入、高资金投入和长时间投入，其知识产权创造和布局呈现出以下三个特点。

1. 知识产权申请量和授权量较多

作为承担信息通信、数据存储、无线网络、物联网、大数据等互联网基础设施角色的企业，高投入的技术研发，必然带来较大的知识产权申请量和授权量。例如，在专利申请领域，甚至是国际专利（PCT）申请领域，互联网基础设施产业一直处于领先地位。根据世界知识产权组织的数据统计，2017年国际专利（PCT）申请排前十名的企业中，与互联网基础设施产业相关联的企业占据一半以上，例如第一名华为（4 024件）、第二名中兴（2 965件）、第三名英特尔（2 637件）、第五名高通（2 163件）、第七名京东方科技（1 818件）、第十名LM爱立信（1 564件）。❷ 在专利授权领域，互联网基础设施企业的专利拥有量巨大。例如，截至2017年年底，华为累计专利授权74 307件。与此同时，2017年华为研发人员约8万名，占公司总人数的45%；研发费用支出为897亿元人民币，约占总收入的14.9%；近十年累计投入的研发费用超过3 940亿元人民币；在全球范围内，华为的研发资金投入排名第三，仅次于亚马逊和谷歌母公司Alphabet。在商标注册领域，互联网基础设施企业的商标申请数量和授权量也较高。例如，世纪互联公司共在12个国际分类上提出83个商标注册，涵盖"世纪互联""万维网""世纪方舟""万用罗盘"等。苹果公司在中国商标申

---

❶ 新华网．"十三五"我国网络基础设施投资有望破两万亿大关［EB/OL］． https：//baijiahao. baidu. com/s? id =1602567687280207928&wfr =spider&for =pc. 2018-06-02.

❷ 数据来源：世界知识产权组织《2017年世界知识产权报告》。

请量高达1 947件，涵盖"Apple""ibook""imac""ipod""isight""itunes""iphone""iPad""iWatch"等。可见，互联网基础设施企业大量申请专利和商标，既是科研投入的必然结果，也是进行产品市场竞争的策略选择。

2. 知识产权价值较高

根据专利类型、权利要求书的数量、独立权利要求书的数量、被引专利数量、专利的存续年限、专利转移次数等评价指标将专利价值度分为10等，从1~10价值度依次递增，可以发现，互联网基础设施产业的专利价值较高。例如，在本章第二节的研究中，世纪互联的专利价值度大部分集中在等级8~10，占比78.7%。其中等级10的专利占比21.1%、等级9的专利占比40.9%、等级8的占比16.7%，专利价值较高。此外，根据国家知识产权局发布的2018年上半年发明专利授权量的排行榜显示，互联网基础设施产业的相关企业发明专利拥有量位居前列。第一名华为（1 775件）、第三名欧珀移动通信（1 520件）、第五名中兴通讯（1 028件）、第六名京东方科技（904件）、第8名联想（697件）。[1]可见，互联网基础设施产业拥有众多的发明专利，专利价值较高。

3. 专利技术领域较为集中

通过对互联网基础设施产业领域的企业专利技术分析来看，互联网基础设施产业的专利技术主要集中于H04（电通信）和G06（计算；推算；计数）两个大类。例如，本章第二节的数据分析中，世纪互联公司在G06F17（适用于特定功能的数据处理设备）、H04L29（H04L1~H04L27单个组中不包含的装置、设备、电路和系统）、H04L12（数据交换网络）、G06F9（程序控制装置）四大领域的专利分布最多。本章第三节的数据分析中，苹果公司的专利主要集中在G06F（电数字数据处理）这一小类，具体在G06F3、G06F1、G06F17、G06F9拥有的专利申请数量最多，占所分析专利的31.7%、12.7%、11%、8.9%。可见，互联网基础设施企业围绕

---

[1] 搜狐网.2018年专利数量排名公布［EB/OL］.www.sohu.com/a/241236516_465915.2018-07-16.

自身产品开展专利布局，已经形成一定规模的技术标准或技术壁垒。

（二）知识产权管理体系

互联网基础设施产业的知识产权管理体系较为完善，企业知识产权管理体制机制也比较健全，这应该与其技术密集型的产业性质以及高产出的知识产权数量相关。例如，联想公司早在2001年成立专利信息中心作为专门的专利管理部门，经过多年发展，形成以公司层面为重点的专利管理部门和以各部门专利经理为基础的专利管理模式。华为公司于1995年成立知识产权部，目前知识产权相关部门已涵盖技术开发部、总体技术部、知识产权部、安全管理部、流程管理处等部门，涉及专利、商标、商业秘密、科技情报、合同评审、对外合作、诉讼事务等知识产权事务，贯穿技术研发、市场布局、市场销售等全部流程。与此相对应的是华为健全的知识产权人才管理体系，包括技术相关知识产权人才、法律相关知识产权人才与管理相关知识产权人才，设置专利工程师、知识产权综合业务工程师、知识产权高级工程师等不同岗位。中兴通讯知识产权部门建立较早，根据业务及区域进行组织架构设置，大概分为业务科、许可科、运营科、规划科、综合科及欧美分部。公司知识产权专职人员规模在150人左右，分别承担专利知识产权申请、管理、知识产权风险管控、知识产权许可运营、知识产权商务竞争等工作，部门体系和职能更加完善。在中兴通讯公司的知识产权专职管理人员中有两种职位值得关注：一是专利工程师，该职位设立在各研发部门，负责推进专利技术的发现与申报；二是知识产权经理，该职位设立在法务部，既有通信技术的专业背景，又熟悉知识产权法律，分布于一线部门的各个角落，其职责就是挖掘创新成果，评审其价值，并根据公司的经营战略和专利布局申请专利，最终构建公司的知识产权资产。目前每位知识产权经理人每年要提交上百件专利，而需要完成的评审则达到数百件。

（三）知识产权运用

基于互联网基础设施产业巨大的专利拥有量，广泛开展专利的普通许可、交叉许可、转让等商业化行为也较为普遍。同时，通过专利并购等行为也是开放式创新的一种体现。例如，联想公司从 2005 年增强专利收购策略实施力度，在收购 IBM 后专利收购数量开始显著上升，仅 2005 年联想收购专利数量达到 1 300 件。联想收购 IBM 公司个人电脑业务被认为是一项成功的企业并购案例，这项并购使得联想成为全球最大的个人电脑制造企业，并购后当年的收入比上一年增长 456%，联想的个人电脑业务收入从全球第八跃升到第三，专利收购策略的实施给联想的发展提供了强大的动力。[1] 2014 年，联想以 29 亿美元收购摩托罗拉，获得 2 000 多项专利、21 000 多项专利的交叉许可以及摩托罗拉移动品牌和商标组合，连同与 50 多家运营商的全球合作关系都归于联想集团。华为公司按照技术领域将拥有的几万件专利划分为 300 多个产品类型，从多个维度形成各种类型的专利组合，从而在专利运营方面取得显著成效。例如，2015 年华为向苹果公司许可专利 769 件，苹果公司向华为许可专利 98 件，这意味着苹果公司将使用更多的华为专利，业内估算苹果 2014 年向华为支付的费用在上亿美元量级。华为已经与包括高通、爱立信、诺基亚、西门子、摩托罗拉、3Com、Emerson、Arm 等公司建立了良好的协商机制和交叉许可机制。此外，在母公司与子公司或控股公司之间进行专利转让的现象也比较突出。本章第二节所论述的世纪互联公司与其子公司或控股关联公司之间共转让专利 134 件，占公司专利拥有总量的 80.7%；许可专利 2 件，占比 1.2%，专利运用情况较好。

（四）知识产权竞争和诉讼

互联网基础设施产业的技术领域聚焦、技术更新换代时间较短，导致知识产权竞争激烈，知识产权纠纷时常发生。除了其他产业领域常见的知识产权法律诉讼之外，互联网基础设施产业的知识产权竞争还与国际贸易争端紧密结合在一起。例如，2011 年 7 月 26 日，美国 IDC 公司向美国国际贸易委员会（ITC）提交诉状，申请对华为等公司启动"337 调查"。IDC

---

[1] 国家知识产权局. 韩国 WIPS《华为和联想专利战略分析》报告解读［EB/OL］. http：//www.sipo.gov.cn/gwyzscqzlssgzbjlxkybgs/zlyj_zlbgs/1062587.htm. 2018-06-02.

旗下有交互数字通信有限公司、交互数字技术公司、交互数字专利控股公司和 IPR 许可公司等子公司,互为关联。该公司参与了全球各类无线通信国际标准制定,拥有一系列无线通信基本技术相关的专利,是华为进军无线通信领域不可忽视的重要对手。如果华为不积极应诉,一旦最终被美方认定违反"337 条款",则其产品将被禁止出口到美国,并彻底丧失在美国市场销售的资格。IDC 对与华为的知识产权纷争进行精密布局,它一方面申请启动"337 调查"程序,另一方面还在美国特拉华州法院提起民事诉讼,指控华为 3G 产品侵犯其 7 项专利。2013 年 1 月 31 日,ITC 宣布,对华为等公司的 3G、4G 无线设备发起"337 调查",以确定这些产品是否侵犯美国公司专利权。2011 年 12 月 6 日,华为向深圳市中级人民法院(以下简称"深圳市中院")提起对于 IDC 公司的反垄断诉讼。华为起诉称,IDC 公司利用参与各类国际标准制定,将其专利纳入其中,形成标准必要专利,并占据市场支配地位。华为公司请求法院判令其停止垄断行为,并索赔 2 000 万元人民币。深圳市中院的一审判决判定 IDC 公司因实施垄断行为,判其赔偿华为公司损失 2 000 万元人民币,但法院同时驳回华为公司在法庭上提出 IDC 公司对必要专利一揽子许可构成捆绑搭售行为的诉求。一审判决后,双方当事人均提起上诉。2013 年 10 月 28 日,广东省高级人民法院(以下简称"广东省高院")最终判定维持了深圳市中院的一审判决,判定 IDC 公司因实施垄断行为,赔偿华为公司损失 2 000 万元人民币。对于华为公司在法庭上提出 IDC 公司对必要专利一揽子许可构成捆绑搭售行为,广东省高院不予认可。2013 年 6 月 28 日,美国国际贸易委员会主审法官对无线 3G 设备"337 调查"案做出初裁,裁定 IDC 所诉的 7 项专利中 1 项无效,另外 6 项,被告公司中兴、华为不侵权。

此外,近年来,华为公司与思科、摩托罗拉、三星等公司之间的知识产权纠纷不断,官司频发;中兴通讯连续 7 次遭受美国"337 调查",5 次胜诉。这些案例充分说明互联网基础设施产业的知识产权风险较高,竞争激烈。

三、互联网基础设施产业知识产权管理的未来趋势

在当前建设网络强国的国家战略环境下，在大数据、5G、物联网等新技术背景下，在国家高度重视互联网基础设施产业发展的政策红利下，知识产权对于互联网基础设施产业的关键性作用日益凸显。知识产权将成为互联网基础设施产业开展全球布局、提升核心竞争力的关键因素。结合国际、国内两个环境和互联网基础设施产业的技术特点，未来互联网基础设施产业的知识产权管理应当把握好以下三个趋势。

（一）注重高价值知识产权的创造与布局

对于互联网基础设施产业而言，由于技术领域较多，专利授权量庞大。但作为建设网络强国的"硬件"支撑，必须要围绕核心技术创造与布局一批高价值知识产权。例如，互联网基础设施产业中的通信领域是高价值知识产权创造和布局的热门领域。因为通信行业一直是近年来国家重点支持的产业，通信设备行业的发展水平是现代社会中一个国家竞争力的重要体现，而长久来看，整个通信产业将成为拉动经济增长的新引擎，因此国家对该产业的支持将长期不变。❶ 具体而言，互联网基础设施产业的企业要注重新兴技术的前瞻性专利布局。在技术处于萌芽阶段就要谋划专利申请，提前布局，这样才能把握技术发展的最优时期，用专利权保护关键技术。例如，早在2006年华为公司就开始针对5G技术开展专利布局，当年即申请专利41项，随后持续投入资金研发，专利申请量持续增长，于2012年达到最高值，迄今为止在6项关键技术领域共申请专利522项，其中发明专利521项，占整体专利数的99.81%。可见，华为公司提前着眼于新技术的前瞻性专利布局，而且几乎全部为发明专利，价值较高。

（二）注重专利技术标准化

在"技术专利化、专利标准化、标准国际化"的发展趋势下，互联网

---

❶ 李云凌，谢玉梅. 我国通信设备制造业的国际竞争力分析 [J]. 科技管理研究，2008（7）：47-50.

基础设施产业要更加注重专利技术的标准化运作,通过标准必要专利形成市场支配地位,从而在国际竞争中处于领先优势。例如,中兴通讯注重专利与技术标准的联动,已经成为70多个国际化标准组织和论坛的成员,有30多名专家在全球各大国际化标准组织中担任主席和报告人等重要职务,累计向国际标准化组织提交论文3.4万余篇,取得280多个国际标准编辑者席位和起草权。❶ 此外,在5G通信领域,据欧洲电信标准化协会❷官方网站的检索结果表明,截至2018年6月,由华为、爱立信、三星、夏普、英特尔等10家企业声明5G标准专利达5 401族。在5G新空口领域,累计声明标准专利总数高达5 124项。从声明的5G标准专利持有者看,持有超过1 000族5G新空口标准专利的专利权人包括:华为、爱立信、三星。其中,华为以1 481项声明专利(占比28.90%)占据排名第一,爱立信以1 134项声明专利(占比22.13%)占据第二,三星以1 038项声明专利(占比20.26%)排名进前三。在5G新核心网领域,目前仅有华为、LG、ETRI三家企业声明持有相关标准专利,总数为277族。其中,华为以214族(占比77.26%)声明专利排名榜首,LG以49族(占比17.69%)声明专利排名第二,ETRI以14族(占比5.05%)声明专利排名第三。❸ 可以看出,中国企业,从2G时代入门,到3G时代紧随国外步履,到4G时代主动参与、自主创新推出主流通信标准,再到5G时代占据全球领先地位,中国企业在通信标准全球博弈中终于引领风骚。因此,通过对核心技术的专利组合形成标准必要专利,进而形成技术标准,是互联网基础设施产业未来知识产权管理的重要方向。

(三) 注重知识产权风险预警

正如前文所述,互联网基础设施产业的知识产权风险较高,国际、国

---

❶ 数据来源于中兴通讯股份有限公司2016年年报。
❷ ETSI,一个非营利性的电信标准化组织,目前有来自47个国家的457名成员,涉及电信行政管理机构、国家标准化组织、网络运营商、设备制造商、专用网业务提供者、用户研究机构等,是全球标准化组织3GPP的成员之一。
❸ 搜狐网.5G标准专利,都在谁手里[EB/OL]. http://www.sohu.com/a/239932415_132567. 2018-07-12.

内知识产权诉讼频发。因此，互联网基础设施产业要高度重视知识产权风险预警工作，将风险前移，主动应对。具体管理手段包括：（1）成立专利预警工作组。专利预警工作组作为有效完成预警工作，并使预警工作常态化、长期性开展下去的组织保障，其主要职能在于搜集和检索与公司经营生产相关的专利信息，掌握竞争对手的专利布局。（2）数据检索和筛选。该部分是指基于企业产品所含技术，对相关国家或地区存在的专利进行收集、整理和分类，以筛选出与企业产品的技术方案高关联的专利。（3）数据对比分析。该部分是指以数据检索和筛选的结果为基础，从技术发展趋势、专利技术分类、专利权利人、技术生命周期、主要竞争对手、专利区域分布等多角度开展分析工作。（4）专利侵权分析。该部分是指基于检索所得的高关联专利，根据相关国家或地区的法律以及国际条约对企业产品进行侵权分析。（5）风险规避与应对。该部分是指发现风险专利后，采取合法合理的措施，规避或者降低侵权风险。发现存在侵权风险时，可主动请求宣告风险专利的专利权无效，也可以主动与风险专利的专利权人沟通，取得风险专利的专利权或者实施许可，以此避免侵权发生；如果遭遇专利侵权诉讼，可以采取诉讼程序上的抗辩、不侵权之抗辩、证明享有先用权、公知技术抗辩、提起反诉等措施。[1]

总之，互联网基础设施产业作为互联网产业的基础产业，知识产权数量多、价值高、技术领域相对集中，但存在较高的知识产权风险。因此，要高度重视产业知识产权管理工作，注重高价值知识产权的创造与布局，在关键技术领域形成一批标准必要专利与技术标准，开展知识产权预警工作，主动合理地应对知识产权风险，为推动互联网产业发展、建设网络强国贡献力量。

---

[1] 该部分参考北京市知识产权局2011年发布的《企业海外知识产权预警指导规程》。

第二节　世纪互联公司知识产权管理实践[*]

北京世纪互联宽带数据中心有限公司（以下简称"世纪互联"），成立于 1996 年，是中国本土数据中心基础设施服务提供商之一，也是电信中立第三方互联网基础设施服务提供商。主营业务包括互联网数据中心服务（IDC）、互联网内容分发/加速服务（CDN）、企业数据中心服务（EDC）以及全方位的增值服务和完整的行业解决方案。[①] 作为中国互联网基础设施产业的领头羊，世纪互联致力于提供优质的数据中心服务、中立的云平台服务和领先的互联网内容分发/加速服务，其在互联网服务器行业拥有核心竞争力，具有建设超大规模运营的互联网基础设施运营平台的能力。[②] 世纪互联在知识产权创造上已形成一定的规模，在维持其核心竞争力上起到了巨大的推动作用。世纪互联在知识产权创造和保护上的策略及方式方法上，对同行业企业有较强的借鉴价值。因此，研究世纪互联的知识产权管理实践具有重要的实践意义。

一、世纪互联公司简介

（一）世纪互联发展历程

世纪互联的知识产权发展离不开其技术的创新、企业部门的协调、外来资金的投入。从图 2.1 可以看出，世纪互联的知识产权管理实践是以 2009 年为时间界点：2009 年之前，世纪互联处于打基础的阶段，通过各种标准的认证来获取一些资质，增加营收，技术尚未迎来爆发性的创新；2009 年以后，世纪互联加强知识产权工作，技术创新，同时加大服务区域，扩大企业影响力，与全球龙头企业签订合作协议，为其提供网络基础

---

[*] 本节作者为南京理工大学知识产权学院硕士研究生徐明。
[①] 世纪互联官方网站 [EB/OL]. http://www.ch.21vianet.com/, 2017-02-20.
[②] 余晓. 世纪互联的长青之道 [N]. 中国计算机报, 2007-01-29 (06).

设施服务。

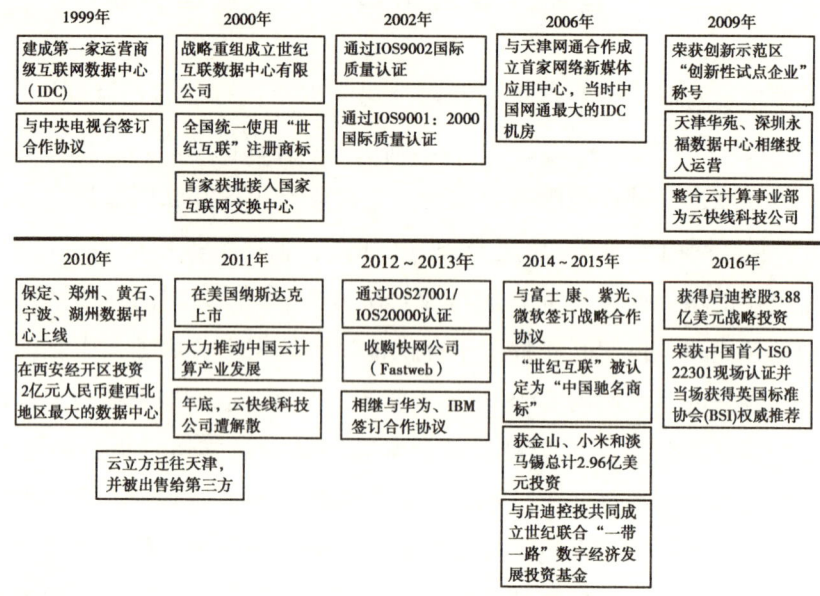

图 2.1　世纪互联公司发展历程

此处需要对世纪互联的两个关联公司进行说明。一是世纪互联全资子公司天津云立方科技有限公司（以下简称"云立方"），该公司成立于 2010 年世纪互联上市前后，主要业务集中于建设绿色低碳数据中心；二是北京云快线软件服务有限公司（以下简称"云快线"），该公司脱胎于世纪互联公司的下一代数据中心事业部，立足于"云计算事业部"，发展成为中国第二家专为"云计算"基础设施服务的公司。❶

（二）世纪互联具体主营业务

世纪互联的主营业务可以划为两类：托管及相关服务和管理式网络服务。托管及相关服务业务包括 5 项：（1）数据中心托管，包括带宽租用、机位机柜租用、网络设备租用；（2）企业数据中心，包括定制机房、定制

---

❶ 刘黎明. 云计算时代——本质、技术、创新、战略 [M]. 北京：电子工业出版社，2014：108-110.

模块、VIP 隔间、办公区租赁、机柜租赁；（3）云计算，包括微软云、云集成与合作；（4）内容分发网络；（5）智能 DNS（智能解析服务）。管理式网络服务业务主要包括 VPN 和企业光纤。❶

从世纪互联的主营业务上能看出，其营收来源均来自计算机网络设备及产品，属于高新技术领域，具有高智力、高战略、高投资等特点。若能形成产业技术群则将利于世纪互联的业务拓展，这其中离不开知识产权战略，其原因在于知识产权战略不仅有助于技术创新，而且能创新营收方式。

二、世纪互联公司专利分析

为总结世纪互联知识产权管理经验，推动世纪互联良性发展，下面对世纪互联的专利情况进行分析。

（一）分析策略

本小节通过对世纪互联当前的专利情况进行分析，为世纪互联的专利布局提供参考，为将来的专利申请、保护及其运用提供建议。

本小节的检索范围是 2017 年 3 月 1 日之前（包括当日）全球范围内的公开专利文献。本小节的专利检索以"合享新创 IncoPat"专利数据库、"智慧芽 Patsnap"专利数据库为数据来源。为了解世纪互联的专利基本情况，利用上述专利检索系统，在专利检索的基础上获得专利分析数据，从专利申请趋势、专利申请地域、专利申请类型、专利法律状态、专利发明人、专利技术构成、专利技术分支以及重点专利等方面进行分析，以期对公司的专利状况进行全面、详细的了解。

在专利数据库中检索"世纪互联"，发现世纪互联智慧科技有限公司和民盈电讯有限公司。经查阅资料可知，世纪互联智慧科技有限公司是在佛山注册的一家公司，与世纪互联并无关联，因此在对世纪互联的专利分析时应将该公司排除在外；民盈电讯有限公司于 2002 年并购世纪互联公

---

❶ 领英. 中国最大的 IDC 世纪互联是如何成为云计算时代的看客的［EB/OL］. https://www.linkedin.com/pulse-liming-liu. 2016-02-11.

司，成为世纪互联的母公司，因此应将民盈电讯公司的专利纳入分析数据。

为获得世纪互联专利申请的相关数据，在此检索的基础上，同时对专利申请日进行限制，获得检索表达式，命中142条专利记录。此外，由于世纪互联公司存在受让专利的情形，需增加受让专利的数据，因此通过修正检索表达式，命中166条专利记录，以此作为世纪互联公司专利拥有情况的分析基础。

（二）专利布局分析

1. 专利概况

（1）专利申请情况。以专利申请日计算，世纪互联自2002年5月10日拥有第一件专利开始，截至目前共申请专利142件，经申请号合并后94件专利，且申请区域均是在中国境内。但在2015年3月13日之后，世纪互联就没再申请专利。其中发明申请84件，已获授权的有51件，实用新型7件，没有外观设计专利。

（2）专利拥有情况。检索发现，当前世纪互联拥有专利166件，合并申请号后112件专利，其中发明申请94件，发明授权54件，实用新型18件，没有外观设计专利。

2. 专利申请趋势分析

由图2.2可知，2009~2011年申请的专利数量最多，分别占申请总量的16.2%、46.5%、28.2%。专利申请趋势呈现一个快速增长的波峰。世纪互联在成立之初以及2012~2015年这两个阶段的专利申请量很少，均在10件以下，两极分化较为明显。2016年和2017年专利申请虽未完全公开，就目前来看，申请量均为零。由此可以看出，虽然世纪互联已经具有一定的研发实力和技术优势，但近年来，世纪互联的技术研发还有待加强。世纪互联从2002年开始提交申请专利，初期申请数量较少，只有2项，而且均是由其收购方民盈电讯有限公司作为申请人。2003~2006年，均未有专利申请产生；两年后开始突然大量申请专利，原因是其2007年获得数千万美元的投资，2009年申请"技术创新奖""创新型试点企业"项目；2010年、2011年申请量达到顶峰，这与其2011年4

月在美国纳斯达克交易所上市、2012年5月通过ISO27001/ISO20000认证的时间吻合。2011年后，申请量突然下降至个位数，分析世纪互联的发展历程，发现2011年后世纪互联主要工作是在推广公司的服务，与各大企业签订合作协议，在创新研发投入方面有所下降。但是，世纪互联在2014~2016年相继获得金山、小米、淡马锡、启迪控股的投资，随着世纪互联的业务发展，预计未来的技术研发投入量会有所增加，专利申请量也会有所增长。

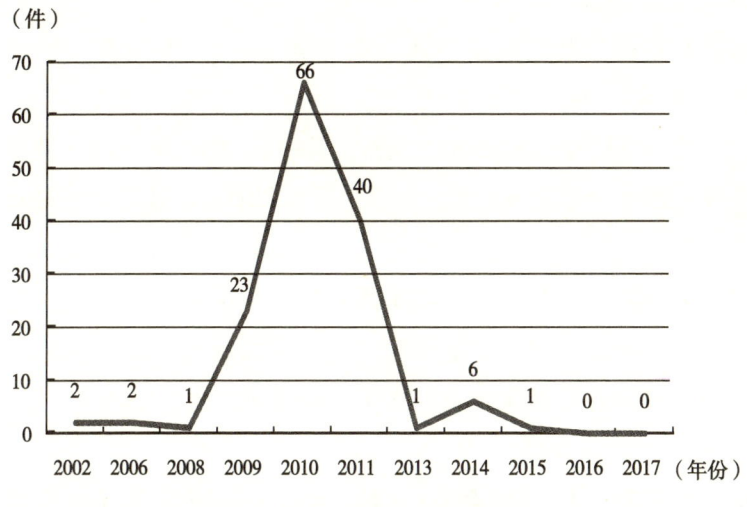

图2.2 世纪互联专利申请趋势

3. 专利申请地域分布分析

就专利地域分布而言，世纪互联现阶段申请的专利涉及三个地区：中国、美国、世界知识产权组织。其中中国是世纪互联申请专利最多的地域，因为世纪互联是中国的本土民营企业；国外专利申请量增长的原因在于自2014年以来，世纪互联陆续与美国国际商业机器公司（IBM）提供"CMS企业云"服务、与富士康成立合资公司、与俄罗斯Dataline公司等签署互联网信息基础设施投资与服务协议，开展海外业务合作。表2.1列出了具体的区域申请数量。

表 2.1　专利申请地域数量分布

申请地域		专利数量（件）
中国	北京	136
	上海	2
美国		2
世界知识产权组织		2

4. 专利类型分析

依据检索数据，世纪互联申请发明专利94件，实用新型专利18件，无外观设计专利；发明授权的数量是54件，发明授权占专利总数的48.2%，发明专利的授权率高达71.1%。其中在2010年之前，发明专利增速最为明显，2010年高达44件；之后发明专利增速迅速下滑。整体上，世纪互联专利申请以发明为主，在任何一年度其发明申请量都比实用新型申请量要多。众所周知，发明专利和实用新型专利的申请难度大，审查要求高，不易授权。由此可见，世纪互联的技术创新程度较高，未来的发展前景可观，只是在将自身创新成果专利化上还亟须加强。

5. 专利法律状态分析

对世纪互联专利的法律有效性进行分析，发现处于有效状态的专利126件，占比76%；已经失效的专利32件，占比19%；处于审查状态中的专利8件，占比5%。由此可见，绝大部分的专利申请已被授权，因此世纪互联在专利申请的成功率和专利质量方面是有一定保障的。

对专利失效的原因进行详细分析可知，已获授权专利有126件，占比76%；被公开处于实质审查专利有8件，占比5%；实质审查后被驳回的专利有26件，占比16%；因主动放弃而失去效力的专利仅有1件，因专利期限届满而权利终止的专利仅1件。因此，世纪互联的专利存活率为81.9%。专利授权后，除因专利保护期限的原因外，因世纪互联自身原因失去效力的专利很少，可见世纪互联有很强的专利保护意识，很注重专利的利用，同时也进一步说明世纪互联的专利技术创新程度高。

6. 专利发明人分析

世纪互联拥有自主开发、设计能力卓越的研发团队，该团队是由一批在互联网数据中心领域拥有多年经验的技术人员组成。公司有多个发明人，分布相对较散，并且拥有专利申请量较多的发明人并不都是公司的管理团队。世纪互联多会将自己的研发部门分立出一些科技公司，由科技公司承担研发任务，但企业如果出现亏损，首当其冲被削弱的就是这些科技公司，因此世纪互联应当注重对科技的保护和管理，让其可持续发展。

(三) 专利技术分析

1. 专利技术构成分析

通过分析世纪互联的专利所涉及的 IPC 分类号，❶ 以及 IPC 分类号下分别包括的专利数量，就能够获知该公司的技术构成情况，该企业作为市场经营主体所关注的技术点，以及相关技术申请的强弱区域。

在世纪互联拥有的发明及实用新型专利中，G06F 和 H04L 这两个 IPC 小类的专利数量最多，分别为 74 件和 62 件，占所有专利总数的 44.6%、37.3%。由此可见，世纪互联拥有的专利主要集中在电数字数据处理和数字信息的传输方面，这些技术与世纪互联的主营业务——数据中心托管息息相关。

就发展趋势而言，2009 年和 2010 年世纪互联在 G06F 和 H04L 两个技术领域的申请量呈上升趋势，说明公司正逐步加大数字信息处理的专利布局。而 2010 年侧重于对数字信息传输的布局，2011 年则转为对电数字数据处理的布局。

进一步分析专利技术申请趋势，世纪互联在 G06F17（适用于特定功能的数据处理设备）、H04L29（H04L1 至 H04L27 单个组中不包含的装置、设备、电路和系统）、H04L12（数据交换网络）、G06F9（程序控制装置）这四大领域的专利最多，可能是作为数据中心领域的重点技术，但是世纪互联没有将 G06F3（用于将所要处理的数据转变成为计算机能够处理的形

---

❶ 一种管理专利文献的办法，将相同技术主题的专利文献归档，给予统一的标识，在需要的时候，通过这一标识找出这些文献。

式的输入装置；用于将数据从处理机传送到输出设备的输出装置）和 G05B19（程序控制系统）这两个技术作为重点的领域，这是公司的一个薄弱点，应当加以关注。在今后的研发过程中公司应该重点投入该技术领域，加快专利布局，防患于未然，努力形成完整的专利申请战略布局。

2. 专利技术分支分析

通过阅读世纪互联的所有专利，将世纪互联的专利进行技术分解，并按照表 2.2 所示的分解对世纪互联的所有专利进行标引。

表 2.2 世纪互联专利技术分解

一级分支	二级分支	三级分支	备 注
服务器 （110项）	节点服务器 （34项）	域名解析服务器（6项）	访客域名的获取、区域网限速方法
		多媒体安全（6项）	多媒体安全信令系统
		断电检测（3项）	低功耗断电检测采集系统
		云主机（2项）	云主机部署、CDN服务系统
		日志及其监测系统（17项）	日志处理、网站测试、网络监控等
	信息管理网络（27项）	内存数据库（8项）	内容更新系统、文件管理工具等
		虚拟机镜像（5项）	虚拟机镜像导入、导出系统
		报销（1项）	基于网络报销的员工服务平台
		数据（2项）	SDNS数据的生成方法
		动态查询等（11项）	日志信息管理、时序化排列等
	服务器机柜（30项）	冷却塔（2项）	冷却塔进风口的防护装置
		联供系统（4项）	四联供系统、机房供电系统
		排水系统（4项）	模块化数据中心排水系统
		热负载（9项）	机架式热负载、空调室内机
		机柜零部件（11项）	通风导向板、盲板安装卡、地板支架
	数据修改方法（19项）	删除数据（5项）	图形数据库非联机事务中插入、修改、删除数据控制方法
		事务回滚（4项）	图形数据库联机事务中事务过期、回滚、提交机制的方法
		查询数据（4项）	图形数据库联机事务、非联机事务中查询数据的控制方法
		数据恢复（1项）	图形数据库联机事务数据恢复的方法及系统
		数据修改相关系统（5项）	基于OLTP的数据删除和修改

续表

一级分支	二级分支	三级分支	备注
内容分发网络 CDN（2项）	内容发布技术（1项）		CDN 节点的探测方法及系统、负载平衡的方法和系统
	性能管理技术（1项）		

从世纪互联的专利技术分支来看，其申请的专利包括服务器和内容分发网络。其在服务器方面的专利占绝大多数，达到98%，在内容分发网络方面的专利仅占2%。可以看出，世纪互联在节点服务器方面投入的科研力量最大，该方面专利占比30%，而信息管理方法专利占比24%，数据修改方法方面的专利则占比17%。内容分发网络也是世纪互联的主营业务之一，因此建议其在今后的研发上加大对内容分发网络的开发力度。

通过分析世纪互联公司专利技术分支分布情况来显示其技术集中点，世纪互联公司核心技术主要集中在数据库、数据图形、联机事务、多媒体安全信令、文件管理等。但是借助专利图也可看出，世纪互联还有很多技术空白点，例如虚拟机技术、服务器安全技术，等等。因此，若世纪互联想要巩固自己的市场地位，必须加大技术创新，为自身的服务和产品铸造一个专利保护圈。

3. 专利技术矩阵分析

结合不同的申请人，对世纪互联的专利技术进行一个矩阵分析，能清晰地看出世纪互联的各个子公司所主导研发的技术。

从表2.3可以看出，世纪互联的子公司天津云立方科技有限公司研发的模块是服务器机柜，其实体产品是集装箱数据中心；上海世纪互联信息系统有限公司主要承担的是对信息管理方法的研发；作为最核心的技术服务器节点的研发主要由母公司北京世纪互联宽带数据中心有限公司主导。总体来看，世纪互联的研发行为具有较强针对性，努力实现技术的专而尖。

表 2.3　世纪互联专利申请人与专利技术数据

申请人/分类	节点服务器	信息管理方法	服务器机柜	数据修改方法	内容分发网络
北京世纪互联宽带数据中心有限公司	30	15	13	17	1
北京世纪互联工程技术服务有限公司	15	18	3	20	1
北京云快线软件服务有限公司	17	15	0	20	1
天津云立方科技有限公司	0	0	14	0	0
北京世纪互联智慧能源系统技术有限公司	0	0	3	0	0
上海世纪互联信息系统有限公司	0	2	0	0	0
民盈电讯有限公司	0	0	2	0	0
张广明	0	0	1	0	0

（四）重点专利分析

1. 专利法律事件分析

世纪互联专利发生的法律事件有三种：转让、许可、复审决定。共转让专利134件，占总专利拥有量的80.7%；许可2件，占比1.2%；因申请被驳回提出复审的有34件，占比20.5%。将提出复审申请的专利数据制成如表2.4所示可知，经复审重新获得专利授权的近52.9%，这也反映出世纪互联专利技术的高创新度。

表 2.4　当前复审结果

复审决定结果	专利授权	专利无效	审理中
数量（件）	18	15	1

2. 专利转让许可情况分析

如图2.3所示，世纪互联专利的转让情况出现了三个峰值，分别在2010年、2012年和2014年，高达22件、111件和16件。原因在于2010年和2012年，世纪互联的财政报告显示处于亏损状态，为此公司调整了研发部门和业务结构，因此出现大量的专利转让现象。

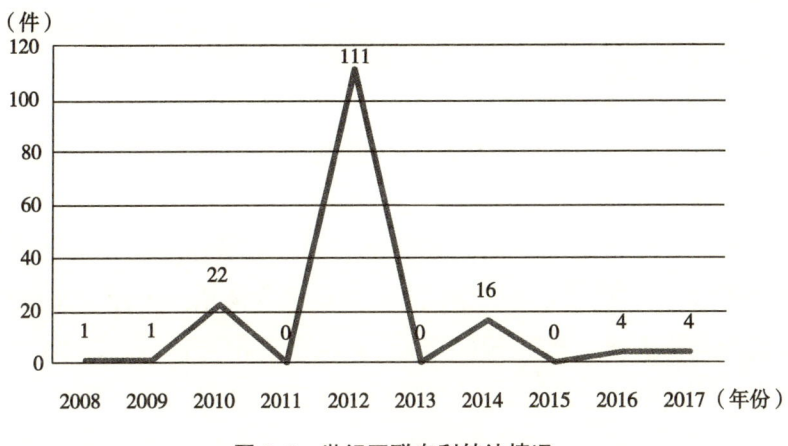

图 2.3 世纪互联专利转让情况

从专利转让人情况来看,世纪互联的专利转让绝大部分是发生在其子公司之间,只有北京快网科技有限公司(Beijing Fastweb Technology Co., Ltd.)不是世纪互联的子公司。云快线转让数量最多的原因是云快线公司实际具有研发部门的时间仅只有一年多即遭解散,在解散前将其所有的专利转给了世纪互联宽带公司。北京快网科技有限公司转让给世纪互联的 2 件专利经合并同族后实际是同一件专利,公开号为:US20120317338A1(固态磁盘选择访问频率和对数系统时间高速缓存 top-k 硬盘),这也是世纪互联获得的第一个域外专利。

受世纪互联部门及子公司结构调整的影响,受让人均是世纪互联的公司,包括世纪金云立方(北京)科技有限公司。世纪金云立方(北京)科技有限公司是世纪互联继云立方出售后新成立的一家公司,其所有经转让获得的专利均是由云立方申请,它将担任的任务与角色和云立方一样,是世纪互联为重拾"云计算"数据中心所创。

针对专利的许可情况进行分析,发现共许可专利 2 件,许可人是上海世纪互联信息系统有限公司,被许可人均是浙江九州云信息科技有限公司,且经搜索发现上海世纪互联信息系统有限公司是浙江九州云信息科技有限公司的股东之一,上海世纪互联信息系统有限公司的自然人股东均是世纪互联集团的高管。

3. 重点专利

（1）专利价值度分析。

专利价值度考量的部分指标包括：专利类型、权利要求书的数量、独立权利要求书的数量、被引专利数量、专利的存续年限、专利转移次数、PDF 全文页数。综合以上指标，得出如图 2.4 所示的专利价值度分布图，价值度的等级分为 10 等，从 1 到 10 价值度依次递增。由图 2.4 可知，世纪互联的专利价值度大部分集中在等级 8 到等级 10 之间，占比 78.7%。其中等级 10 的专利占比 21.1%、等级 9 的专利占比 40.9%、等级 8 的占比 16.9%，可见其专利的价值是很高的。

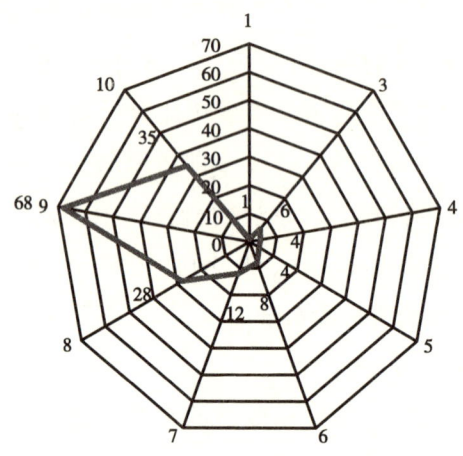

图 2.4　世纪互联专利价值度分布

（2）重点专利。

结合专利价值度分析，阅读价值度高的专利文献，筛选出如下重点专利（见表 2.5）。

表2.5 世纪互联重点专利

公开号	发明名称	发明概要	备注
CN1873642A	具有自动分类功能的搜索引擎	包括：文档的自动搜集和预处理模块；对文档标识，建立索引库的索引模块；对文档自动分类聚类模块；以及文档的检索显示模块。	智能化程度较高；中、英文的自动文档分类和检索；专利许可；被引14次
CN101714930A	一种实现网络监控的方法及系统	包括：采集网络设备、服务器和应用服务的性能数据，并进行数据处理，以便获取当前状态的结果，将所述处理结果以预设形式输出。实现对设备的统一监控	整合多种互联网协议；可自定义、实现多样化；可扩展性高；经专利转让；被引12次
CN101958837A	日志处理系统、日志处理方法、节点服务器和中心服务器	边缘服务器产生日志，上传到对应的节点服务器上转换为预定格式的日志，再传到对应的中心服务器，中心服务器对日志进行处理	可以有效降低中心服务器处理日志的复杂度，提高处理效率；经复审决定有效；经专利转让；被引12次
CN101488104A	一种实现高效安全存储的系统和方法	设置存储服务器、协议服务器、编码服务器、解码服务器和元数据服务器。通过多种服务器的有机组合实现写操作、读操作、原始数据无法正常读取时，数据的高效率储存	可以有效提高数据存储的效率和可靠性；经专利转让；被引32次
CN101840346A	云主机部署的方法及系统	根据用户建立虚拟机的请求建立虚拟机对象；修改虚拟机对象的属性，将虚拟机对象转化为模板数据文件；复制模板数据文件，创建预定数量的预制虚拟机；接收预制虚拟机的地址和公钥设置，启用一个预制虚拟机	提高生产率，降低云主机部署错误的概率；经专利转让；被引39次
CN101764747A	内容分发网络流量智能调度方法、装置及系统	本发明是在现有CDN网络构架与运营商的网站之间建立一个智能调度中心，当网民访问运营商的网站时，按照预设规则选择适合的CDN服务商	灵活更换CDN服务商，获得更优性价比的CDN服务；经专利转让；被引35次
US20120317338 A1	Solid-State Disk Caching the Top-K Hard-Disk Blocks Selected as a Function of Access Frequency and aLogarithmic System Time	选择作为访问频率和对数系统时间的功能的固态硬盘缓存Top-K硬盘块，提高整体存储系统的性能。一些专用的映射元数据和一种新颖的Top-K B树结构被用于索引块	可以减少IO延迟，提供了一个更均衡的缓存系统；经专利转让；被引43次

41

从筛选出的重点专利可以看出，世纪互联在系统的部署、数据的存储、内容的传递、数据信息的计算、网络监控等互联网基础设施的核心技术上均有重点专利布局，其中甚至包括在国外的被引用40余次的专利。若能围绕这些重点专利，做一些战略布局，必定能帮助世纪互联拓展海外市场，增加营收。

三、世纪互联商标拥有状况分析

2000年6月，世纪互联完成战略重组，新成立的世纪互联数据中心有限公司（21ViaNetChinaInc.）与北京统一网络系统有限公司结成ISP/IDC战略伙伴联盟，在全国统一使用"世纪互联"的注册商标及服务品牌。2014年7月，国家工商行政管理总局商标局正式认定"世纪互联"为"中国驰名商标"，该公司成为中国数据中心领域首家获此殊荣的企业。

通过在中国商标网对申请人"世纪互联"的商标进行综合查询发现，世纪互联共申请注册83个商标。具体情况如表2.6所示。

表2.6 世纪互联注册商标情况❶

申请日期	类号	商标名称	申请人名称	附图
1995.07.06	35、41、38、42	金才网	世纪互联通信技术有限公司	金才网
1995.07.06	35、41、38、42	万维网	世纪互联数据中心有限公司	万维网
1995.09.27	41	人才银行	世纪互联通信技术有限公司	人才银行
1997.04.15	9	世纪方舟	世纪互联通信技术有限公司	世纪方舟
1997.04.15	9	风灵信使	世纪互联通信技术有限公司	风灵信使
1997.04.15	9	万用罗盘	世纪互联通信技术有限公司	万用罗盘
1997.04.15	9	永动邮箱	世纪互联通信技术有限公司	永动邮箱

---

❶ 数据来源：中国商标网［EB/OL］. http：//sbj. saic. gov. cn/sbcx/. 2017-02-10.

续表

申请日期	类号	商标名称	申请人名称	附图
1997.04.22	9、42	万维罗盘	世纪互联通信技术有限公司	万维罗盘
1997.04.22	42	万用罗盘	世纪互联通信技术有限公司	万用罗盘
1997.07.25	9	万维	世纪互联数据中心有限公司	万维网
2000.09.29	9、36、38、39、42、35、41	世纪万维	世纪互联数据中心有限公司	世纪万维
2000.09.29	41	21；VIANET	世纪互联数据中心有限公司	21ViaNet
2000.09.29	35	VIANET	世纪互联数据中心有限公司	21ViaNet
2001.07.25	35	21VIANET	世纪互联数据中心有限公司	21ViaNet
2001.07.25	42	VIANET	世纪互联数据中心有限公司	21ViaNet
2001.08.15	9、37、38、35、41、36、42、39	EHUB	世纪互联数据中心有限公司	EHUB
2001.08.15	9、37、38、35、41、36、42、39、	BROADEX	世纪互联数据中心有限公司	BroadeX
2006.04.07	38	21VIANET	世纪互联数据中心有限公司	21ViaNet
2012.08.14	39、37、36、19、11、6、4、42、9	VIANET 21	世纪互联数据中心有限公司	21vianet
2015.02.10	42、38、37、36、35、9	世纪万维	世纪互联数据中心有限公司	世纪万维
2015.02.10	42、38、37、36、35、9	万维	世纪互联数据中心有限公司	万维
2016.07.27	9、35、36、37、38、42	21 VIANET	世纪互联数据中心有限公司	21vianet
2016.08.08	42	BROADEX	世纪互联数据中心有限公司	BroadeX

经统计，世纪互联早在1995年就开始注册商标，总共在12个国际分

43

类上提出相关商标的注册，主要集中在如下几类：第九类、❶ 第三十八类、❷ 第四十二类、❸ 第三十七类。❹ 世纪互联不仅针对自身品牌注册商标，同时还有很多前瞻性的商标注册行为，如注册"万维网""世纪方舟""万用罗盘"，等等。

四、总结与建议

技术创新、服务创新以及与合作伙伴之间的紧密合作，是世纪互联一直以来快速发展并取得成功的重要保证。从专利申请趋势看，世纪互联申请专利出现断层现象，申请年份主要集中在 2009~2011 年，故建议世纪互联继续进行专利布局战略，对创新成果进行知识产权保护。从专利申请地域来看，世纪互联在国外的专利少之又少，但其客户遍布全球，因此建议加强对国外知识产权的布局，在与国外企业合作的同时，自身技术的强弱至关重要，只有自身技术过硬才能与国外大企业加深合作。世纪互联的专利大部分以发明专利为主，而且多数已通过授权，当其申请被驳回时，提起复审，充分运用法定救济程序，这是一个很好的策略，建议继续保持。从专利的技术分析来看，当前内容分发网络 CDN 技术的专利很少，但结合世纪互联的主营业务能看出该项技术是创收重点，故建议世纪互联加强该技术储备，补充对该技术的专利布局。另外在研发部门的设置上，从云快线、云立方的经历可以看出，应该设置专门的研发部门，但不建议成立研发公司，可以成立类似研究院的机构。世纪互联的专利转让均在其子公司

---

❶ 第九类 科学、航海、测电信量、摄影、电影、光学、衡具、量具、信号、检验（监督）、救护（营救）和教学用装置及仪器；处理、开关、传送、积累、调节或控制电的装置和仪器；录制、通讯、重放声音或影像的装置；磁性数据载体、录音盘；光盘、DVD盘和其他数字存储媒介；投币启动装置的机械结构；收银机、计算机器、数据处理装置、计算机；计算机软件；灭火器械。

❷ 第三十八类 电信。

❸ 第四十二类 科学技术服务和与之相关的研究与设计服务；工业分析与研究；计算机硬件与软件的设计与开发。

❹ 第三十七类 房屋建筑；修理；安装服务。

之间发生，许可量也很少，但其重点专利很多，建议利用重点专利作为资本，与合作伙伴进行交叉许可，充分利用合作伙伴的专利资源，扩大自己的市场。

一系列合理的知识产权管理策略能促进世纪互联与各方运营商的紧密合作，使各方的优势和利益最大化，在共同为客户提供安全、可靠、专业、适应个性需求的互联网基础设施服务的同时，努力创造合作共赢的局面。

第三节　苹果公司知识产权管理实践[*]

苹果公司是互联网基础设施领域的领头羊，历经波澜坎坷之后，凭借各类创新产品渡过企业发展的萧条低谷期，重新登上行业的制高点，成为互联网行业的领跑者。苹果公司在2016年世界500强排行榜中排名第9名。[❶] 2013年9月30日，在宏盟集团的"全球最佳品牌"报告中，苹果公司超过可口可乐成为世界最有价值品牌。从苹果公司的发展之路，分析其经营管理之道，探讨其知识产权管理策略为企业发展提供帮助，是企业知识产权管理实践中值得深入研究的一个重要课题。

一、从知识产权拥有状况看苹果公司的知识产权管理

（一）苹果公司专利分析

1. 专利概况

以专利申请日计算，苹果公司自1977年4月11日申请第一件专利开始，至2017年3月1日，苹果公司在全球范围内专利申请（包括发明和实用新型）总量为67 272件，同族合并后36 029个专利族，近一半专利是同族专利，跨区域申请；经申请号合并后49 880件专利。其中在中国申请5 989件，发明申请3 017件，发明授权1 609件，外观设计789件，实用

---

[*] 本节作者为南京理工大学知识产权学院硕士研究生徐明。

[❶] 数据来自财富网站，http：//www.fortunechina.com/global500/253/2016，2016-12-11。

新型 574 件；在美国申请 29 785 件，发明专利申请 27 621 件，其中已授权 14 376 件，外观设计 2 155 件，其他 9 件。❶

2. 全球专利申请趋势分析

由图 2.6 可知，1991 年之前，苹果公司的申请量都很少，发展非常缓慢，即使在申请量相对较高的年份也仅 100 余件，但是从 1991~1995 年的趋势来看是持续增长，可见在 20 世纪 90 年代末，苹果公司就已经开始致力于技术研发，并进行专利布局。在 1996 年和 1997 年里，苹果公司的申请量下滑较大，因为 1995~1997 年苹果的市场份额一度下滑至 5%，直至 1997 年乔布斯回归，苹果公司推出首款 iMac 产品在市场中备受追捧，使得市场份额有所上升，专利申请量也随之增加。但由于微软个人电脑开始普及，致使苹果公司在个人电脑领域不再重现往日的主导地位。

从图 2.5 所示专利申请时间分布的整体趋势来看，2001 年以前，苹果的专利申请量处于一个缓慢起步阶段，申请量较少；2001~2006 年处于平稳增长期，申请量持续而平稳地上升；2007~2012 年，申请量飞速上升进入快速发展阶段；2013 年以后，申请量开始下降，仅 2015 年略有上升。

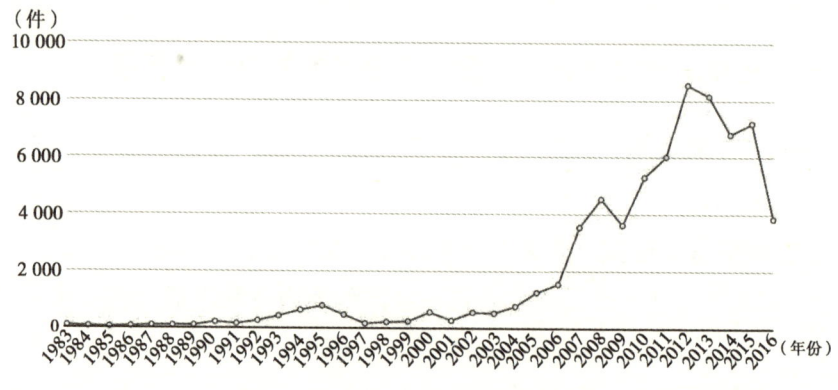

图 2.5　苹果公司全球专利申请趋势

表 2.7 是对苹果公司自成立以来，一些重要产品发布时间的统计。结

---

❶ 所有专利数据均来自 incopat 专利数据库已公开的专利文献（考虑到 18 个月的公开期限，已申请未公开的不做统计）。

合专利申请趋势图，可发现在几个重要的时间点上，苹果的专利申请量突增或者突降时，在当年或者后一年都有创新产品发布，例如，1999~2000年专利申请量增多，2001年发布播放器（iPad），2007年发布第一款智能手机（iPhone）时其专利申请量陡增，2009年因无创新产品产出致使申请量下降，2010年又因平板电脑（iPad）的问世而增加，2015年智能手表（iWatch）上市时申请量有所增加。可见，苹果公司只有不断开发新产品才能稳固市场地位。

表2.7 苹果公司重要产品发布时间

年份	1976	1983	1984	1991	1998	2000	2001	2002	2003	2004	2005
产品	Applel	Lisa	Macintosh	Power Book	iMac	iBook	Power Book G4	Power Mac G4	Power Mac G5		iMac G5 Mac mini
						iPod			iPod Mini		

年份	2006	2007	2008	2010	2011	2012	2013	2014	2015	2016
产品	MacBook Pro		MacBook Air				iMac	Mac Pro	MacBook	
	iPhone iPod touch	iPhone 3G	iPad iPhone 4	iPad iPhone 4s	iPhone 5 iPad Mini	iPhone 5c iPhone 5s iPad Air		iPhone 6sp Apple Watch	Apple AirPods	

3. 专利申请地域分析

苹果公司除在本土国家美国申请专利外，还在中国、欧洲、澳大利亚、韩国、日本等国和地区申请专利，而且相当多的都是采用国际申请的方式，使自己的技术进入更多的国家，在多个国家获得专利保护，以防御其他公司的全球性竞争。可见，苹果公司作为一家实力雄厚的跨国公司，涉足的地域越来越广，不只重视国内市场，同时也越来越注重国际市场。

如图2.6所示，申请地在美国的专利申请占到总数的48%，接近一半，可知，美国最注重的还是本地市场，苹果公司起源于美国，虽然在国外也设有很多子公司，并收购了一些国外的创新型公司，但其技术研发主要在美国，且本土公司具有很多先天便利条件，而且美国市场对苹果公司的认可度也很高，因此在美国投入了较大的研发，有许多专利产出。

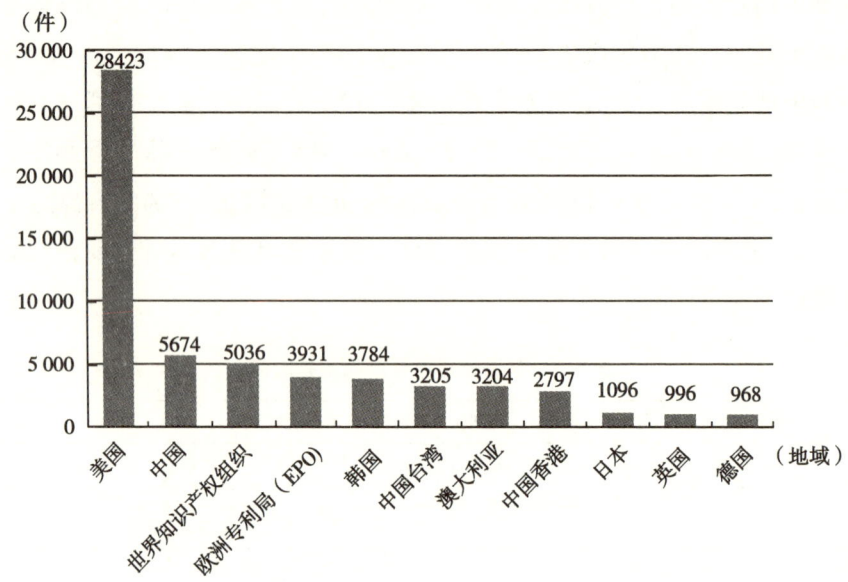

图2.6 苹果公司全球专利申请量地域分布❶

虽然苹果公司在中国投入的专利量与在美国本土投入的专利量相比差距较大,但是相比于欧洲、韩国和澳大利亚的申请数量均要多,居于第二位,表明在苹果公司关注的国际市场上,中国已经占据一定地位。欧洲也是苹果公司非常重要的目标市场,结合苹果公司产品的发布情况可知,近几年,许多苹果公司开发的新产品都在中国和欧洲同期发布出售。

4. 专利类型及法律状态分析

因各国专利分类不同,在此处按照中国专利分类方式将专利分为发明、外观设计、实用新型三种专利。苹果公司专利申请类型中,发明专利最多,外观设计专利次之,实用新型最少,这三种专利分别占所分析专利总数的81.6%、14.8%、3.6%。从发明专利的比例可以看出苹果公司有很强大的研发能力,大量的科研经费为其专利布局贡献力量。

从2008年至今,苹果公司申请的外观设计和实用新型专利稳步增长,

---

❶ 此图数据未合并同族,若经同族合并,美国所占比例更大。

而且申请地以中国为主表明苹果公司逐步加大对中国市场的投入。2012年之前发明专利增长明显，说明苹果公司对技术创造能力较为重视，更加注重产品的技术属性，2012年达到最大值，2012年之后略微下滑，说明近几年苹果公司的创新能力不再处于高速发展状态，正趋于稳定，可以预测未来几年苹果公司的专利申请量不会有大幅度的增加，将与近几年持平。

根据专利的整个生命周期，将专利法律状态分为公开、实审、授权、撤回、驳回、无效/撤销、放弃/中止、期限届满、其他原因失效。苹果公司已获授权专利占总数的55%，说明专利申请的技术含量很高；处于公开状态的专利占比27.7%，因发明专利获得授权的时间较长，一般需要三年才能获得授权，而且近几年苹果公司申请专利较多，致使处于公开状态的专利比例较大；处于实质审查的专利占比7%；失效的专利占比10.3%。因此可计算出苹果公司的专利存活率为89.7%。

经过对专利类型和法律状态的分析可知，苹果公司的技术研发实力很强，专利技术含量很高；专利活跃程度高，且专利申请的技术质量高。

5. 专利技术构成分析

通过分析苹果公司专利分布来展示其专利关键点可知，苹果公司相关专利涉及互联网基础设施行业中很多的应用，范围极为广泛，包括手机、电脑等移动设备中的各个部件，如触摸屏、相机、电池、天线、处理器、文档、网络服务，等等。并且苹果公司在各技术关键点上均有大量专利，已经形成一定的技术壁垒，为自身的实体产品铸造了一个严密的专利保护圈，使竞争者无法突破包围圈模仿其技术，同时为自己的技术创新提供了良好的基础。

通过进一步分析苹果公司的专利所涉及的IPC分类号，以及IPC分类号下分别包括的专利数量，能够获知苹果公司的技术构成情况，以及作为市场经营主体所关注的技术点。苹果公司在G06F3、G06F1、G06F17、G06F9这四个IPC大组拥有的专利申请数量最多，占所分析专利的31.7%、12.7%、11%、8.9%。由此可见，苹果的专利主要集中在G06F（电数字数据处理）这个小类方面。

针对苹果公司近10年的技术申请趋势进行分析，G06F3（用于将所要处理的数据转变成为计算机能够处理的形式的输入装置；用于将数据从处理机传送到输出设备的输出装置）的申请量呈稳步上升趋势，说明苹果公司一直努力在该技术领域进行专利战略布局。G06F1（不包括在G06F3/00至G06F 13/00和G06F 21/00各组的数据处理设备的零部件）和G06F17（特别适用于特定功能的数字计算设备或数据处理设备或数据处理方法）两个技术领域的申请量2012年之前呈快速发展趋势，2012年之后呈走低趋势，说明苹果公司已经逐步形成有关该技术领域的专利布局，放缓了申请进度。G06F15（通用数字计算机；通用数据处理设备）技术领域在2012年之后下降趋势最明显，对比其他技术领域，每年的申请量也最少，苹果公司作为计算机领域的拓荒者，已经拥有大量与计算机相关的专利，故近年来放缓对计算机的创新，将更多的研发资源投入到新产品开发中。H04L12（数据交换网络）技术领域是苹果近5年来大力研发的领域之一，在该技术领域，苹果从最初的为数不多的申请量到逐步增多，形成上涨态势。

（二）苹果公司商标申请注册分析

苹果公司不仅针对自己研发的技术申请了大量发明、实用新型和外观设计专利，以达到用知识产权的排他性保护自身技术的目的，同时也很重视以注册商标的形式来对公司品牌的管理和保护。在中国商标网以"苹果公司"为商标申请人进行商标检索后发现，苹果公司在中国的商标申请量竟高达1 947件。❶ 苹果公司从1981年就开始在中国开始申请注册商标，其中不仅包括每一件新产品所对应的商标，如"Apple""ibook""imac""ipod""isight""itunes""iPhone""iPad""Apple Watch"，等等，还包括很多与其标志"被咬了一口的苹果"相近的图形商标等。

表2.8列举了苹果公司在中国注册的主要商标，以及其所属的国际类别。可以发现，对"APPLE"和"IPHONE"商标，苹果在所有的类别中

---

❶ 数据来源：中国商标网［EB/OL］. http：//sbj.saic.gov.cn/sbcx/. 2017-03-01.

均有注册，通过注册防御商标为公司相关产品的商标形成一个严密的防御圈，可见这两个商标是苹果公司最重点保护的商标。苹果公司在商标保护方面做得比较好，注重利用注册防御商标的策略来防止其他企业趁虚而入，窃用苹果公司的商誉，避免不必要的纠纷，同时还可以建立苹果公司良好的品牌效应，为公司发展获取市场优势地位。

表 2.8　苹果公司在中国注册商标类别

商标名称	商标图案	国际分类
APPLE	APPLE	9、18、28、12、42、39、25、41、10、34、36、14、20、43、2、3、13、17、19、21、22、23、24、25、26、27、44、16、40、16、1、4、5、6、7、8、11……
Mac	Mac	9、17、38、42、35、16
MACBOOK	MACBOOK	18、9
IBOOKS	IBOOKS	9、35、41
IPHONE	iPhone	9、1、2、3、13、17、19、23、24、26、29、41、39、35、37、33……
IPOD	iPod	3、38、41、42、17、14、12、15、18、37、25、28、16、9、42、41、35
IPAD	iPad	35、38、41、42、14、17、9、39、11、12、14、15、20、21、22、36、43、45、40、10、25、37、18、16、28
ITUNES	iTunes	16、12、14、15、16、18、25、28、36、37、39、40、43、45、41、42、9、35
APPLE WATCH	APPLE WATCH	10、9、44、14、45、42、41、38、37、36、35

51

二、从知识产权诉讼看苹果公司的知识产权管理

在苹果公司发展的历程中，苹果公司遇到的知识产权纠纷一直不断，无论是被侵权主动提起诉讼，还是因侵权被诉讼。知识产权诉讼不仅涉及专利权和商标纠纷，还包括著作权纠纷和不正当竞争诉讼。从这些案件中苹果公司的处理方式不难看出，苹果公司在知识产权保护、管理、运用等各方面的策略和方式。本小节具体罗列了以下几个经典案件，并从中分析苹果公司的知识产权管理战略。

（一）苹果公司与微软公司知识产权诉讼

早在1997年，苹果公司状告微软公司侵犯其电脑操作系统的知识产权。众所周知，20世纪90年代，微软公司视窗操作系统的兴起，使得苹果电脑的市场占有率急剧下滑。面对竞争对手微软的日益壮大，苹果公司第一次灵活利用自己所拥有的知识产权向竞争对手提起诉讼，作为其扭转局势的一个机会，帮助自己度过困难。最终在该案中，微软公司与苹果公司达成和解，由微软公司支付给苹果公司1.5亿美元，以苹果公司撤诉作为条件。与此同时，苹果公司抓住机会，与微软公司达成专利交叉许可协议，微软为苹果开发新版本的办公软件，苹果同意在其电脑系统中安装微软的浏览器。

凭借这次成功的诉讼，苹果公司不仅获得资金，使其资金链上的困难得到缓解，而且很好地将竞争对手的优势产品为己所用，使得自己的产品得到进一步的提升，可以说达到了意想不到的后果。综上可知，苹果公司在处于劣势地位时，巧妙利用知识产权诉讼和交叉许可战略，来逆转自己的市场地位，变劣势为优势。

（二）iPad商标权权属纠纷案

2010年5月，苹果公司、英国知识产权申请发展有限公司（以下简称"IP公司"）起诉唯冠科技（深圳）有限公司（以下简称"深圳唯冠公司"），请求法院判决"IPAD"商标专用权归自己所有，由此拉开了iPad商标纠纷系列案。在一审法院做出驳回IP公司和苹果公司的各项诉讼请求

之后，苹果公司和 IP 公司不服一审法院的判决，又向二审法院提起上诉，最后经二审法院调解结案，由苹果公司、IP 公司向深圳唯冠公司支付 6 000 万美元，深圳唯冠公司承诺配合 IP 公司办理将争议商标"IPAD"转让并登记到 IP 公司名下的所有手续，且双方撤销境内外所有与"IPAD"商标相关的司法纠纷，并签订不再因争议商标发起司法诉讼的协议。❶

此案经过一审、二审和调解最终得以平息，从整个诉讼过程来看，虽然历时两年多，费时费力，但是从中能看出苹果公司所采用的一些知识产权管理策略。

首先，在本案的原告中出现了一个 IP 公司，经过搜索发现，该公司是苹果公司在英国设立的全资控股分公司，职责就是在 iPad 上市前，帮助苹果公司收集世界各地注册的 iPad 商标和申请的与 iPad 相关的专利，为苹果公司推出新产品打好知识产权储备战。在该案中，原告 IP 公司仅花费了 3.5 万英镑就购买了深圳唯冠公司母公司——唯冠集团在多地注册的 IPAD 商标，可谓物超所值，倘若由苹果公司与唯冠集团谈转让事宜，显而易见，仅花费 3.5 万英镑肯定是无法获得多地 iPad 商标权的。

其次，在此案中可以看出苹果公司采用的两个知识产权策略。第一，知识产权收储策略或者称为知识产权收集策略，即通过许可或者转让的方式，获得对知识产权的实际使用权。苹果在向全球推出新产品前会对世界各地与其新产品相关的知识产权进行收集，通过购买或者许可的方式将这些知识产权转为自己拥有，以免在出售新产品后造成不必要的纠纷。第二，利用子公司收购相关知识产权，即在收购相关知识产权之前，通过壳公司压低交易金额收购新产品的知识产权。知识产权作为一种独占性权利，具有高价值性，苹果公司作为一家电子设备的巨头，其达成的知识产权交易金额高达数亿美元。因此，苹果设立 IP 公司，以此来降低本公司的知识产权交易金。苹果公司利用这两个策略，大幅度降低了自身的经济支出，但是在实施这两个策略的过程中，出现了一个小小的失误，没有做好相关的

---

❶ 骆福林. 论商标权人与商标价值创造者的利益关系——由苹果公司与深圳唯冠公司 iPad 商标权案引发的思考 [J]. 知识产权, 2012 (1): 65-69.

尽职调查，关于商标权的转让，在中国实行登记制度，而苹果公司虽然与唯冠集团达成商标转让协议，但未在中国进行商标权转让登记，因此才造成这一系列的诉讼。

（三）苹果公司与三星公司的专利战

众所周知，苹果与三星之间爆发的数年之久的专利诉讼源于三星的 Galaxy S 智能手机和 Galaxy Tab 平板电脑与苹果的 iPhone4 手机和 iPad 平板电脑高度相似，苹果公司认为三星公司抄袭了自己的创意和设计，于是在 2011 年 4 月，苹果公司第一次向美国一家联邦法院起诉三星公司侵犯专利权。面对苹果公司发起的诉讼，三星公司的应对策略是在世界各地，包括美国、德国、韩国和日本向苹果发起反诉，指控苹果公司侵犯了其移动通信技术相关的专利。此后，双方还在法国、西班牙、澳大利亚、荷兰等地的法院发动了多重诉讼。❶

其实早在 2011 年年初，三星公司发布新款手机 Galaxy S 时，苹果公司就知悉三星公司在模仿 iPhone，但是苦于当时三星公司为苹果公司提供处理器、显示屏等各种核心组件，一旦和三星公司撕破脸，很可能对自身的手机市场造成滞后。因此直到年中，三星公司发布新的平板电脑 Galaxy Tab，再度被苹果公司高管认为"抄袭" iPad，苹果公司才向法院提起专利侵权诉讼。

各地法院对三星公司与苹果公司之间的诉讼判决结果都不相同。韩国法院裁定苹果公司对三星公司所拥有的两项专利构成侵权，与此同时裁决三星公司也侵犯了苹果公司的一项专利。而东京法院驳回了苹果公司提起的专利诉讼，并裁定苹果公司支付三星公司为应诉支出的费用。德国法院下令在德国禁售 Galaxy Tab，原因是其与 iPad 2 的外观过于相似，易使消费者造成混淆。英国法院则做出了对三星公司有利的判决，认为其平板电脑 Galaxy Tab 在外观上不如 iPad 美观，在市场上不太可能令消费者产生混

---

❶ 黄姗，沙柯，金英. 苹果公司和三星公司专利纠纷之我见 [J]. 中国发明与专利，2013（1）：12-14.

淆。美国加州法院的陪审团则认定三星公司侵犯苹果公司的专利权，最终判决三星公司赔偿苹果公司 9.29 亿美元。

苹果公司在与三星公司展开专利战后，为了脱离对三星公司某些产品或部件的依赖，投入大量的资金进行核心组件的研发创新，同时收购了移动芯片制造商——内在公司（Intrinsity Inc），并选择向东芝和尔必达（ELPIDA）采购存储器部件，以及与台积电达成新一代 iPhone 的 CPU 代加工合同。

（四）苹果公司与上海智臻智能网络科技股份有限公司专利权侵权纠纷案

中国是苹果公司被诉专利侵权的高发地区。上海智臻智能网络科技股份有限公司（以下简称智臻公司）起诉苹果电脑贸易（上海）有限公司、苹果公司侵犯发明专利权纠纷案中，原告认为苹果公司 Siri（苹果智能设备中提供的语音助手功能）实现机制和模式与其自主研发的小 i 机器人几乎完全一致，属侵犯其专利"一种聊天机器人系统"。2012 年 6 月，智臻公司在上海对苹果公司发起了 Siri 侵犯专利的诉讼。

在应对该起诉讼时，苹果公司选择的应对策略是提起专利无效申请。2012 年 11 月，苹果公司向国家知识产权局专利复审委员会提出申请，请求宣告上海智臻公司的涉案专利专利权无效。2013 年 9 月，国家知识产权局专利复审委员会做出决定，维持涉案专利权有效。随后，苹果公司向北京一中院提起行政诉讼，要求专利复审委员会撤销专利有效的决定。北京一中院于 2014 年 2 月开庭审理该案，判决苹果公司败诉，苹果公司继续向北京高院提起上诉。2015 年 4 月，北京高院以涉案专利存在明显实质性缺陷为由，撤销了北京一中院的一审判决，同时撤销了国家知识产权局专利复审委员会做出的决定。从该结果来看，苹果公司在诉讼中赢得了胜利。针对中国企业提出的专利侵权诉讼，苹果公司应对的诉讼策略是巧用专利权无效宣告制度，充分发挥了专利侵权诉讼中无效宣告程序的价值。从提出无效宣告申请，到提起不服行政决定的行政诉讼，再对维持审查决定的行政判决提起上诉，最后获得胜诉。虽然历程艰辛，但就其结果而言，该知识产权诉讼策略成功应对了侵权诉讼，实现了其价值。

由以上四个案件可以看出，苹果公司参与不同的知识产权诉讼，采取的应对策略也不尽相同。面对如此多的诉讼，苹果公司非但没有一蹶不振，反而是稳步前进，不断发展壮大，并在诉讼中取得胜利。这与苹果公司高度重视自身知识产权，拥有完整的知识产权诉讼策略息息相关。

三、相关建议

通过分析苹果公司知识产权管理实践，结合产业知识产权管理的内容和特点，现对苹果公司在知识产权管理上提出以下建议。第一，继续研发新类型的产品，并申请相关知识产权，利用新产品的优势加大对市场的占有率。第二，作为技术创新主体继续围绕关键技术进行专利布局，就其实际情况在专利布局方面采取不同的策略。第三，在收购目标知识产权时，加强尽职调查，制定知识产权风险管理措施，最大限度规避知识产权风险，为相关产品的销售营造良好的环境。第四，尽量减少对某一企业的技术依赖，选择多家企业作为合作对象，同时加大对欠缺技术的投入力度，提升自主创新能力，促进自身协调发展。第五，整合互联网基础设施领域内的技术资源，促成与不同企业之间专利技术的交叉许可，形成优势互补、互利共赢，增强自身整体实力。第六，利用人才激励机制，鼓励采用期权、股权激励等方式留住高级管理人才和技术骨干，促进公司形成一个稳固的高素质、创新型技术研发团队。

第四节 联想集团的知识产权管理分析[*]

一、联想集团简介

联想集团创办于1984年，是一家在信息产业内多元化发展的大型企业

---

[*] 本节作者为南京理工大学知识产权学院硕士研究生席怡。

集团和富有创新性的国际化科技公司。发展至今，联想集团已经成为一家全球知名的世界五百强企业，是当之无愧的信息产业领导者，更一度被视为中国品牌国际化的象征。从 1996 年开始，联想集团的电脑销量一直稳居全国前列。2018 年中国电子信息行业联合会在国家工信部指导下，发布"2018 年中国电子信息百强企业榜单"，联想集团以其营收、研发能力、国际化品牌影响力等方面的突出表现，位列榜单第二名。❶

联想集团在 30 多年的发展历程中取得累累硕果，在业内也是拥有最具创新性产品的公司之一。作为国内知名的高科技公司，无论是顺应时代的三次商标更换，还是引起广泛关注的对国外品牌 IBM 个人电脑事业部的成功并购，以及令人惊叹的在国内外提交并获得授权的上万件专利，联想集团在知识产权方面的管理做法都值得分析和借鉴。

二、联想集团的商标管理策略分析

（一）坚持品牌国际化战略

2003 年，联想集团已经成为国内电脑市场的领军企业，"LEGEND"品牌也在中小客户中享有很高的声誉。但是由于"LEGEND"在国外已经被注册，联想集团为扩展海外业务，不得已于 2003 年 4 月 28 日将原有的英文商标"LEGEND"更替为"LENOVO"。联想集团吸取这次未重视品牌海外注册而被迫更名的教训，开始积极采取措施提高"LENOVO"品牌的国际知名度，其中包括积极赞助国际知名活动。如联想集团于 2006 年赞助都灵冬奥会、2008 年赞助北京奥运会，采取体育营销的方式积极打响国际知名度。❷ 2015 年 4 月 15 日，为进一步显示公司的国际化形象，联想集团更是再次更换商标，放弃已经使用 12 年的斜体设计。

此外，联想集团采取与多家知名品牌合作，并购知名品牌等多元化方

---

❶ 联想官网．关于联想［EB/OL］．http://appserver.lenovo.com.cn/About/Introduction.html，2018-10-20．

❷ 黄素心，蓝柳岑．我国电脑品牌国际化的成功之路——以联想集团个人电脑为例［J］．对外经贸实务，2012（4）：53-56．

式，进一步提高品牌的国际知名度，快速扩大市场规模。2005 年联想集团通过收购国际知名美国公司 IBM 的全球个人电脑业务，迅速成为全球第三大电脑供应商。2011 年 6 月 1 日，联想集团收购知名德国公司梅迪昂（Medion AG），以此加快扩展西欧尤其是德国的消费市场。2014 年 10 月，联想集团完成对摩托罗拉移动的收购。通过积极收购国际知名名牌，提高自身品牌的国际知名度，联想集团迅速扩大国际市场份额。

由此可见，联想集团在成立之初没有重视商标的国际化管理。但是，在 2003 年以更换商标为标志，联想集团开始逐步重视商标管理，不断推动品牌的国际化。这种品牌国际化战略有力地推动了联想集团在国际市场的进一步发展。

（二）明确品牌定位

联想集团对其各类产品及面向的消费者人群有着明确的定位。联想集团将客户主要分为两类：一类是交易型客户，以中小企业和普通消费者为主。中小企业又分为中型客户和零散型客户两组，对价格有着比较高的敏感度，容易接受新技术、新产品。另一类是关系型客户，多为经常招标购买的大客户。其对产品配置比较敏感，一次采购数量较大。联想集团拥有的知名品牌如 LENOVO 和 Think，针对的客户群体也有所区别。❶ 联想集团"LENOVO"品牌在中国的知名度非常高，在国内主打低价产品和潮流产品。在全球市场，以 Think pad 为代表的 Think 品牌也非常有影响力，主攻高端商务，目标客户群体主要是关系型全球客户。

"LENOVO"品牌产品的主要客户有两种：一种是中国交易型客户，另一种是中国关系型客户。由于重点应对市场的需求，在产品技术上选择的层次较低。而在产品形式上，联想集团是从开发版升级产品入手，先以最快的速度融入目标市场，为以后的发展奠定坚实的基础。

值得注意的是，在国内联想集团主打产品价格优势也存在一些问题。

---

❶ 吴汉东. 联想集团的全球化路径与知识产权战略 [J]. 法人杂志，2008（8）：60-64.

一方面难以走国际高端品牌路线，另一方面一旦价格提高就会失去竞争优势。此外，通过对国际知名企业的大量并购，联想集团获得大量知名电脑品牌。但是，联想集团未对收购的多系列品牌进行明显地整合，因此对公司整体发展并无明显推动作用，这反映出联想集团对企业未来的发展方向应做出进一步确切的品牌计划。

三、联想集团的专利管理策略分析

（一）联想集团的专利总体情况

截至2017年4月，联想集团以联想集团（北京）有限公司为申请人在国内申请了25 144项发明专利，包括2 305项实用新型专利，1 589项外观设计专利。根据国家知识产权局发布的2016年中国发明专利排行榜，联想集团（北京）有限公司以763件的发明量排第九名，反映出联想集团在研发上的投入力度和重视程度。

联想集团在手机业务外观设计专利构成中所占比例较高，因此专利质量依然偏低。虽然联想集团的专利申请数量近年来保持稳定增长，但申请速度已经明显下降。一方面可能由于相关领域的核心技术已经趋于成熟，另一方面可能是因为联想集团更加重视专利的技术质量，减少了以往大而不专的外观设计专利申请量。

联想集团的PCT申请比重偏小，这反映出其主要市场依旧在中国。近年来，由于开始大力发展海外市场，联想集团在海外的专利申请与并购力度明显加大。目前，联想集团主要的专利海外申请国是美国。通过收购IBM业务及其他跨国公司，联想集团在美国拥有了大量授权专利。此外，联想集团建立了一支世界级的研发团队，全球员工约2.4万名，分驻于日本大和研究所、中国北京、上海、深圳及美国、印度、墨西哥等国家和地区，这也有利于加快联想集团的海外专利申请步伐。

联想集团大部分专利来源于对摩托罗拉的收购。由于联想集团传统优势业务是个人电脑类产品，为扩宽业务范围，近年来联想集团频频向手机业务发力。虽然联想集团拥有手机业务的子公司——联想集团移动通信技术有限公司，但涉及手机的专利分散在联想集团（北京）有限公司、厦门通信研究开发中心有限公司、联想集团移动通信（武汉）有限公司、联想集团移动通信软件（武汉）有限公司、联想集团创新有限公司（香港）等联想集团的子公司，与专注于手机业务的手机厂商相比，联想集团在手机业务上的专利申请量及授权量仍有差距。

近年来，联想集团在海外不断被提起专利诉讼与调查。联想集团进入美国市场以来，受到各方诉讼主体的骚扰，其中以 NPE（非专利执行主体）居多。2000~2016 年，联想集团共涉案 421 起，被美国国际贸易委员会（ITC）查处 22 次。它已经成为世界上涉案最多的我国企业之一。2015 年联想集团以 34 次专利流氓骚扰量跻身"十大受到 NPE 骚扰最多的公司"排行榜，位居第九。由于 IT 行业的核心专利技术垄断于英特尔、微软、朗讯等世界级企业手中，联想集团发展海外业务仍面临较大的诉讼风险。此外，联想集团也可能面临反倾销的问题。美国国际贸易委员会如果发现海外公司违反"337 条款"，将发布排除令，指示美国海关禁止进口该产品，这会导致该公司的相关产品甚至整个行业都无法进入美国市场，而几乎所有的"337 调查"案件都涉及知识产权问题。尽管联想集团通过并购策略部分抵消了由于公司专利薄弱而带来的战略发展限制，部分解决了美国"337 调查"的风险，但是如何挖掘自身的专利优势，完善自身的知识产权保护战略仍是当前联想集团全球化的当务之急。

（二）联想集团的专利策略分析

1. 设立专门的知识产权部门

联想集团于 2000 年成立技术开发部，开始对公司专利进行统一管理。这一举措直接规范了公司的专利工作，并使得当年的专利申请数量大幅度上升。2001 年，联想集团的专利管理意识更加明确，成立专利信息中心，全面负责公司专利的信息检索、撰写申请、侵权处理，并负责全公司的专利等知识产权普及培训工作。自专利信息中心成立以来，按照从项目立项到项目研发、量产等不同的阶段，公司都配备了相关人员进行专利信息收集、规划、确认、完善和申报工作。通过这样的专利管理结构，联想集团逐渐形成以公司层面为重点的专利管理部门和以各部门专利经理为基础的专利管理模式，逐步构建自己的专利管理网络，增加对专利风险的防范措施。

联想集团公司的专利工作不仅限于保护现有技术创新的成果，更重要的是跟踪专利信息，分析专利无形资产的布局和评估，从而对公司发展计划起到决策支持作用。目前，联想集团拥有多个国际专利管理团队，其中包括芝加哥、横滨和北京的专业团队。这些团队负责企业专利权的建设和管理、专利申请、诉讼和与之有关的所有业务。专利管理团队成员大部分都拥有双重教育背景，包括律师、审查员，等等。此外，联想集团还拥有一支强大的技术专家团队来支持公司的专利工作，为专利权创造提供建议。

近年来，为顺利开展专利保护工作，逐步制定和完善企业专利经营战略，联想集团更是从企业管理层面有效保护专利，逐步形成和完善内部规定。集团内部的专利管理制度包括完善的发明人激励奖励制度，涵盖从专利创造到专利申请的提交，到授权的奖励政策。此外，优秀的发明队伍还有额外的奖励。这无疑为公司的技术开发和专利保护打下坚实的基础。专利资产是联想集团无形资产的重要组成部分。作为一家高科技企业，创新和知识产权是联想集团发展的基础。近年来，联想集团通过对专利资产的全面管理和应用，建立并逐步完善专利制度体系，使专利资产价值趋于最大化。

2. 明确以产品为中心的专利开发战略

我国科技界普遍面临研究与产业相脱离的问题。这一方面是由于制度的原因，研发与市场脱节，存在供非所需问题。科技活动主要产出仍是论文与专利。科技评价中没有充分体现专利创造的经济与社会效益，导向偏离使得科技人员重论文、轻实用。科技管理高度分散，科技资源浪费严重。另一方面可能由于大部分企业缺乏技术研发资金，一些企业更是为争取政府经费而科研，这无疑制约科技成果向生产力转化。

联想集团确立了非常明确的指导原则，即企业研发的真正价值在于能够不断将技术和发明应用于其产品，这是发展中国家企业最安全的专利发展战略之一。在技术积累薄弱,研发资金紧张的情况下,研发的目的不仅在技术上,而且在产品上,这使得技术优势可以迅速转化为产品优势,在下一轮的技术研发投入和产品升级中迅速获得市场盈利。

联想集团专利开发定位是以市场需求为主导,研发应用类型的科技,同时致力于高水平的计算机成果开发。在技术竞争日趋激烈的今天,联想集团不断加大对研发技术和研发体系的投入力度。联想集团已经在北京、东京和美国罗利三个研发基地建立全球研发结构。联想集团在北京、深圳、上海和成都也有四家研发机构。目前联想集团有位于中国、美国和日本的三个研发中心,联想集团研究院已经成立两个完善的研发体系。2009年以来,联想集团对于专利的研发投资不断加强。❶ 在专利数量上联想集团已经走在技术研发的前列,并不断从追求数量向追求质量转变。

3. 采取积极的并购策略

2004年,联想集团通过收购IBM的个人电脑部门,迈入国际化的道路,并一举成为全球最大的个人电脑制造商,甚至一度被业内称为"蛇吞象"般的行动。2014年,联想集团花费23亿美元收购IBM公司的X86服务器业务,正式进入轻服务器行业,其X86服务器市场份额也从第六位跃升至第三位。2014年1月30日,联想集团用29亿美元从谷歌手中收购摩托罗拉手机,获得2 000多项专利的所有权和21 000多项专利的交叉许可。联想集团专利中约有60%来自摩托罗拉。通过不断并购,联想集团不仅完善了全球业务布局,还获得了欧美成熟市场的通行证。联想集团也在逐渐改变以往的,仅依靠个人电脑业务登上个人电脑全球冠军的做法。未来联想集团将构建新的业务结构,即电脑、移动设备和企业级设备成为三大核心业务,软件和服务的支柱贯穿始终。更重要的是,通过并购,联想集团赢得了许多世界顶尖级技术人才。目前联想集团在中国、美国、日本、巴西、欧洲、以色列等国家和地区已经拥有约9 500多名研发人员和工程师,共同打造全球创新和发展三角的支点。

---

❶ 联想集团中国——关于联想集团 [EB/OL]. http://appserver.lenovo.com.cn/About/Introduction.html. 2018-10-20.

联想集团的海外并购经验值得国内同类公司分析和借鉴。联想集团进行海外收购需要勇气、财力储备、全球管理能力、技术能力以及海外市场拓展能力。作为中国最成功的企业之一，联想集团坚持"走出去"战略。在国际化进程中，联想集团继续坚持开拓新兴市场，个人电脑、移动互联网、企业和云服务四大领域成为并购的重点。通过积极的海外兼并收购，联想集团不断地完善业务，扩展全球市场，这为其长远发展打下了基础。

四、总结与建议

(一) 商标管理建议

1. 规划明确的品牌战略

目前，联想集团依然坚持两条腿走路。一是继续瞄准发达国家的大企业客户，将 ThinkPad 作为高端品牌线的主打产品。二是注重消费市场，为新兴市场推出低端产品品牌战略。但是，联想集团子品牌之间的划分界限较为模糊，不利于消费者对品牌的风格和特征进行分辨。通过积极并购，联想集团拥有了众多知名品牌，但是各品牌之间并没有充分整合，因此对于联想集团的整体发展并没有较大的推动。除中国市场外，联想集团的海外市场尤其是北美市场经历了缓慢的增长。在国际化的运营经验上，联想集团仍与戴尔、惠普有一定差距，虽然有国际化的形式，但在系统上缺乏国际经验，特别是应对国际复杂经济形势的能力以及控制风险的能力较弱。

首先，联想集团的"天骄""锋行""家悦"等子品牌都应该是副品牌，只有联想才能成为领导品牌。因为只有作为一个产品品牌而不是组织品牌的联想集团，才能统一"天骄""一线"和"嘉悦"等产品品牌。如果联想集团作为产品品牌的领导者，其品牌战略将会有所发展。其次，联想集团内部对各品牌之间应该有一个统一的分工标准，不能混乱无序。各子品牌都应该有各自明确的定位。联想集团需要加快集团内的品牌建设，提升国际风险管理能力，进一步明确品牌的发展规划。

2. 充分巩固本土品牌优势

联想集团作为本土品牌，根据个人电脑市场的发展阶段，将中国市场划分为以核心城市为主的成熟市场和以乡村为代表的新兴市场。在成熟的市场中，联想集团以城市为单元，完善各条通路的建设，提高效率。在新兴市场，联想集团以县为单位，全面覆盖乡镇。

在国内，目前联想集团的品牌知名度相比较于戴尔品牌和惠普品牌等仍具有一定优势。一方面是由于与域外电脑品牌相比，作为本土运营的品牌，联想集团更能准确把握国内消费者的需求，迅速调整服务方案并提供更为优质的售后服务，从而节省成本，赢得时间差优势。另一方面也与消费者的理念以及认知水平有关。在未来的发展中，联想集团也应该不断加深对国内消费者需求变化的了解，推出更具有针对性的产品，提高子品牌的知名度，继续巩固并提升国内的市场份额。

(二) 专利管理建议

1. 制定合理的专利开发和申请策略

通过检索可知，联想集团的专利对于国外IBM公司、英特尔公司和微软公司等海外公司专利的平均引用率较高。这反映出联想集团在海外市场主要采取技术跟踪策略，技术开发紧跟上述公司的发展。如果可以采取类似的微软技术来跟踪这一战略，那么就要关注市场上的新技术趋势，密切关注新技术对市场的潜在影响，分析新技术与公司当前的可能结合产品。

如果新技术已经证明有巨大的市场价值，就应该遵循，并在短时间内开发产品，或者积极并购新技术创造公司迅速占领市场，这样不仅可以节省大量开发资金、人力和物力，而且可以有效避免投资失误。谷歌、英特尔、亚马逊、三星等多家创新型科技型企业，都是立足自身研发，开展风险投资业务。另外，联想集团还能以可复制的并购模式完成国际顶尖人才储备和创新的持续。

2. 注重技术的研发，增强自主创新能力

海外频频收购专利，反映出联想集团正在加快建设知识产权优势，加速转型进军移动互联网领域，这也是联想集团在移动互联网建立强大的企业竞争力的重要举措。通过积极收购，联想集团确实获得了大量的技术转让专利和人才，推动了企业的发展和国际化。

尽管通过不断收购可以迅速扩大自己的专利和人才储备，但是从长远来看，对联想集团及国内同类公司最重要的仍然是提高企业的自主创新能力。联想集团的北京研发中心、日本研发中心、美国研发中心都是研究院形成的第一个平台，研发的重点是为未来企业带来持续价值的核心技术。而部门级研发机构是一年内完成相关技术成果转化和技术攻关的二级研究平台。两个层次的研发，将使公司的长期专利战略和短期专利战略结合起来，实现技术与市场的互动。联想集团等国内同类公司应加大对研发机构的投入，加大在专利、标准等方面的投入，重视对知识产权的积累和保护，这是企业提高核心竞争力并在国际市场上立足的根本。

3. 对短期内无法拥有核心专利技术进行迂回包围、交叉许可

技术开发本质上是一个升级的过程，因此当国内公司为独立研发的技术申请并获得专利保护后，应通过不断改进原有技术，获得网状的专利保护范围。国内公司应提高专利申请率，为每个创新解决方案申请专利，并建立相应的专利网络，在基础专利的基础上建立大量的具有相同权利要求的基础知识的专利。对于短时间内不能拥有核心专利的技术，国内公司可以通过引进、消化、吸收和重新发明技术，围绕核心专利开发大量的应用技术专利。从外围的研发开始，逐渐逼近核心技术，形成核心专利包围网络，并通过交叉授权获得发展的空间。

4. 建立健全专利保护应急和预警机制

目前，联想集团已经建立专门的专利研发中心，统筹企业专利工作。这反映出联想集团对专利保护的重视，这种做法值得国内同类企业借鉴。联想集团还应加强对企业知识产权保护的宣传工作，建立健全完善的专利应急与预警机制。

专利应急预警机制的建立是应对国际专利制度和外国企业专利侵权变化趋势的有效措施。企业通过专门的专利检索获得专利信息后，应根据实际情况进行分析。如果发现现有的或提出的产品及其生产方法侵犯他人的专利，可以立即调整专利战略，避免竞争对手的专利打击。即使相关专利信息与企业现有产品及其生产方法无关，也可以避免自主研发的技术落入

他人的专利保护范围内。项目开发完成后，专利人员和项目开发人员应共同制定专利保护方案。发生专利侵权诉讼时制定专利侵权技术决策报告，必要时提出技术方案规避侵权行为。研究企业行业技术发展现状，跟踪竞争对手专利技术的发展，制定对策，提前发出警示，及时开展专利应急预警。

  在国际化战略推动下，面对大量潜在的国际诉讼调查，联想集团应基于自主创新的知识产权生产和保护制度、发展的知识产权的采购和转让制度、竞争的许可和交叉许可制度、贸易的预测和应对系统等建立起适合公司发展的知识产权管理体系，全面评估其海外业务发展可能面临的知识产权风险。联想集团已经拥有大量的专利，其中有很多高质量的先进技术专利。联想集团可以采取主动诉讼的策略，当意识到竞争对手可能侵犯自己的专利或者对方的专利可能对其市场竞争构成威胁并且需要保护知识产权利益的时候，积极主动起诉专利侵权或者声称专利无效，严厉打击竞争对手，更好地保护自己的技术和产品。

第三章　互联网服务平台产业知识产权管理实证研究

互联网服务平台产业作为当前数字经济产业的重要组成部分，具有技术密集型和文化密集型的双重属性。在当前"互联网+"的战略背景下，互联网服务平台将互联网产业与传统产业紧密联系起来，充分发挥了平台支撑作用。互联网服务平台企业创新活力较强，知识产权产出较多，知识产权管理工作正成为互联网服务平台产业的重要内容。因此，选取互联网服务平台产业的一些代表性企业，开展产业知识产权管理的实证研究具有重大的社会现实意义。

第一节　概　　述[*]

随着信息定位技术、大数据技术、物联网技术的发展，互联网服务平台产业的重要性逐步增强。互联网服务平台产业符合当前"互联网+传统产业"的发展趋势，体现出技术硬实力和文化软实力相结合的突出特征，因此，互联网服务平台产业的知识产权管理问题也具有其他互联网产业所不具有的特点。

---

[*] 本节作者为南京理工大学知识产权学院副教授锁福涛。

一、互联网服务平台产业概况

互联网服务包括网络接入与信息传输通道服务、信息存储空间服务、信息定位服务三种类型。❶ 因此，可以将互联网服务平台产业划分为网络接入与信息传输通道服务平台产业、信息存储空间服务平台产业与信息定位服务平台产业。需要说明的是，由于第一种网络接入与信息传输通道服务平台主要由基础电信服务商提供，与本书的第二章互联网基础设施产业密切相关，在此部分不做研究。因此，本章所研究的互联网服务平台产业主要是信息存储空间服务平台产业与信息定位服务平台产业两个类型。

（一）信息存储空间服务平台产业概况

信息存储空间服务是指用户发布上传内容的指令，系统按照预先设定的程序自动完成上传过程，使内容得以在网站中为其他用户所获得的机制。❷ 从以上的定义可以看出，信息存储空间服务平台只是为网络用户提供了一个信息发布和存储的空间，服务提供者并未对服务对象的上传内容进行改变。信息存储空间服务平台产业所属的代表性企业有视频分享网站、社交网络平台、直播平台等。可以看出，上述产业都是当今互联网热门产业，产业发展势头迅猛。例如，根据中国互联网络信息中心（CNNIC）2018 年 1 月发布的第 41 次《中国互联网络发展状况统计报告》显示，在网络视频产业方面，截至 2017 年 12 月，网络视频用户规模达 5.79 亿，较 2018 年年底增加 3 437 万，占网民总体的 75.0%。手机网络视频用户规模达到 5.49 亿，较 2018 年年底增加 4 870 万，占手机网民的 72.9%。2017 年网络视频行业保持良性发展，用户付费能力明显提升。调查数据显示，2017 年国内网络视频用户付费比例达 42.9%，相比 2016 年增长 7.4 个百分点，且用户满意度达到 55.8%，预计未来仍将保持较高速的增长趋势。从行业自身发展来看，网络视频行业移动化、精品化、生态化进程在 2017 年

---

❶ 王迁. 网络环境中的著作权保护研究 [M]. 北京：法律出版社，2011：171-172.
❷ 王迁. 网络环境中的著作权保护研究 [M]. 北京：法律出版社，2011：306.

得到持续推进。在网络直播产业，截至2017年12月，网络直播用户规模达4.22亿。其中，游戏直播用户规模达2.24亿，较2016年年底增加7756万，占网民总体的29.0%；真人秀直播用户规模达2.2亿，较上一年底增加7522万，占网民总体的28.5%。从已上市企业的直播服务营收来看，各大网络平台的网络直播业务营收仍保持高速增长。根据各网络直播平台2017年第三季度财报数据，陌陌当季度的直播业务营收同比增长高达78.6%；欢聚时代（YY）当季度的直播业务营收同比增长也达60.4%。从未上市企业的融资情况来看，虎牙直播、熊猫直播、花椒直播、斗鱼直播先后在2017年宣布完成新一轮融资，且融资金额均超过亿元，行业未来发展前景良好。在社交网络产业，根据智研咨询发布的《2008~2024年中国社交网络行业市场现状分析及投资前景预测报告》，2008~2017年中国社交网络市场规模不断攀升，至2017年，中国社交网络市场规模已达289亿美元，是10年前的近25倍，社交网络市场规模不断扩大。

（二）信息定位服务平台产业概况

信息定位服务是指网络服务提供者本身不直接将作品置于网络中传播，而是对位于第三方网站中的内容以自动或手动方式设置链接。❶从上述的定义可以看出，信息定位服务平台主要提供搜索引擎服务。信息定位服务平台产业代表性企业有谷歌、百度、必应等。根据中国互联网络信息中心（CNNIC）2018年1月发布的第41次《中国互联网络发展状况统计报告》显示，截至2017年12月，我国搜索引擎用户规模达6.4亿，使用率为82.8%，用户规模较2016年年底增加3718万，增长率为6.2%。在手机搜索引擎方面，2017年我国手机搜索用户数达6.24亿人，使用率为82.9%，用户规模较2016年年底增加4887万人，增长率为8.5%。从市场营收表现看，搜索引擎企业移动营收在总营收中所占比例继续提高：百度第三季度（Q3）财报显示移动营收占比为73%，相比上一年同期提高9个百分点；搜狗第三季度（Q3）移动搜索流量同比增长38%，移动搜索流量快速增

---

❶ 王迁. 网络环境中的著作权保护研究［M］. 北京：法律出版社，2011：336.

长、移动端广告点击比率上升,推动移动搜索付费点击量实现同比增长64.8%、环比增长27.3%。❶ 从以上数据可以看出,信息定位服务平台产业近年来发展迅速。

二、互联网服务平台产业知识产权管理现状

(一)知识产权创造和布局

互联网服务平台涉及信息定位、信息空间存储等业务领域,技术更新速度快,周期短,研发投入高,创新活动密集,应积极开展知识产权创造和主动布局,具体的知识产权创造和布局情况如下。

在专利申请和布局方面,近年来,互联网服务平台公司科技创新活跃,专利申请数量呈现持续增长趋势。其原因在于持续创新是互联网服务平台公司保持核心竞争力的关键因素。为了不断获取竞争优势,企业将创新工作融入产品设计及科技研发中,并就研发成果申请专利保护,以维持创新的可持续发展。例如,腾讯公司在互联网类公司中一直表现十分活跃。从该公司的财务报表可见,2016 年腾讯总收入、营业利润增幅均为 40% 以上,在 1 000 亿的体量下创新工作持续保持增长态势。在创新伴随着收入增长的同时,腾讯公司的专利数量也相应地呈现出增长的趋势:从 2012 年起,腾讯每年的专利申请维持在 2 000 件以上,申请数量稳定增长;在海外布局上,着重加强对美国市场的开拓,在欧盟、日本、韩国也有 200 件以上的申请。❷ 在 2018 年 4 月,IncoPat 创新指数研究中心联合 IPRdaily 中文网发布"中国互联网 100 强企业发明专利排行榜"上,腾讯公司历年发明授权专利 4 933 件,排名第一;百度公司历年发明授权专利 1 790 件,排名

---

❶ 中商情报网. 2017 年搜索引擎用户规模及应用使用情况分析:用户规模达 6.4 亿 [EB/OL]. www.askci.com/news/chanye/20180201/104125117387.shtml, 2018-06-07.

❷ 北京大学互联网法律中心,中国科学技术法学会. 互联网技术创新专利观察报告 (2016) [J]. 互联网法律通讯, 2017 (1): 1-12.

第三。❶ 此外，从互联网服务平台公司的专利技术领域来看，专利申请国际分类 G06F 与 H04L 是互联领域两类核心技术，这两类专利主要涉及电子数据处理技术与数字信息传输技术。例如，百度在 G06F17/30（信息检索，及其数据库结构）技术领域专利申请量一枝独大，达到总申请量的 57%，H04L29/06（以协议为特征的）技术领域专利申请量占总申请量的 13%、H04L29/08（传输控制规程，例如数据链级控制规程）技术领域专利申请量占总申请量的 8%，G06F9/44 技术领域专利申请量占总申请量的 4%，其余后六位技术领域专利申请量均占总申请量的 3%。❷ 可见，互联网平台服务公司在某些技术领域已经形成较强的研发实力。

在商标注册和布局情况来看，互联网服务平台公司的品牌意识较强，不仅注册了一系列商标，而且有一些商标在市场上具有较高知名度，得到消费者的认可，提升了企业的市场竞争力。例如，腾讯公司目前拥有有效商标数量 14 716 件，在百度、腾讯、阿里巴巴（以下简称 BAT）阵营中占据首位。❸ 腾讯商标主要囊括了其旗下产品——QQ、QQ 浏览器、财付通、微信、应用宝、小程序、王者荣耀等，其中企鹅QQ 和腾讯QQ 两个商标被认定为中国驰名商标。

在域名注册和布局方面，互联网服务平台公司经历了从被动注册到主动注册的历史过程，域名权利管理经验不断提升。互联网服务平台公司在初创阶段容易忽视域名的知识产权问题，导致公司核心域名被其他公司抢注。例如，腾讯公司早期以其核心产品——OICQ 即时通信软件注册了 oicq.com 和 oicq.net 域名，但被美国在线以 OICQ 包含 ICQ 之由诉诸美国最高仲裁论坛（NAF），最终判定腾讯将 oicq.com 和 oicq.net 域名归还美国在线。腾讯公司将核心产品改名为QQ 之后，发现 qq.cn 和 qq.com.cn 在国内

---

❶ 搜狐网. 中国互联网 100 强企业发明专利排行榜［EB/OL］. https：//www.sohu.com/a/227967124_ 100046295，2018-06-02.

❷ 北京大学互联网法律中心，中国科学技术法学会. 互联网技术创新专利观察报告（2016）［J］. 互联网法律通讯，2017（1）：1-12.

❸ BAT 阵营另外两家公司有效商标数量分为阿里巴巴 12 702 件、百度公司 433 件。

早已被注册，qq.com 在美国被个人注册。后来通过购买的方式取得 qq.com 域名。经过以上教训，腾讯公司近年来陆续注册了 qq.net.cn、qq.org.cn、qq.asia、qq.wang、qq.中国、qq.网络等防御性域名，并通过亚洲域名争议解决中心成功取得争议域名 weixin.com 的域名权。

（二）知识产权管理体系

基于互联网服务平台公司拥有数量众多的专利、商标和域名以及其他类型的知识产权，很多公司在创建初期就建立了自己的知识产权管理部门和管理制度，形成较为完备的知识产权管理体系。例如，腾讯公司知识产权部下设专利管理中心、综合知识产权管理中心和综合事务组。其中，专利管理中心主要负责专利挖掘、专利预警、竞争对手专利跟踪、国内和国际专利布局、专利保护等专利相关工作；综合知识产权管理中心和综合事务组主要负责版权、商标、域名等非技术类知识产权管理相关工作。可以看出腾讯公司的知识产权管理部门分工明确，职责清晰。

（三）知识产权运用

知识产权运用的方式包括但不限于知识产权转让、许可、质押、投融资、入股等。目前比较常用的知识产权运用方式是上述方式的组合，例如，知识产权+融资、知识产权+创投、知识产权+上市公司、知识产权+产品、知识产权+诉讼、知识产权+互联网、知识产权+技术等模式。互联网服务平台公司比较重视知识产权运用效果，最大化地实现知识产权价值。互联网服务平台公司在进行上述知识产权运营过程中，也在不断开创知识产权运营新模式。例如，百度公司在专利运营方面开创了一个全新的运营模式——开放式创新。其主要内容是在产品技术开放的基础上，进行专利等知识产权的开放与共享。目前百度联合海尔、京东等 8 家优秀创始企业，成立了智能语音产业联盟。百度向联盟专利池提供语音识别的接触专利，相关企业再整合利用这些专利进一步发展我国智能语音的应用型技术，从而惠及与智能语音相关产业的上下游企业。通过构建联盟专利池，各成员单位与其他成员之间分享专利技术，在此基础上进行再创新，有利于全面整合产业资源，构建健康产业生态体系，从而形成强大的竞争优势，在市场竞争中处于优势地位。

(四) 知识产权竞争和诉讼

互联网服务平台产业聚焦信息传输、信息存储、搜索引擎等技术领域，专利、商标、域名等知识产权种类多，权属复杂，知识产权竞争较为激烈，所发生的知识产权诉讼也比较多。例如，被称为"中国互联网专利史上索赔金额最高案"的百度输入法专利侵权案。2014年8月，百度公司诉称搜狗输入法的"搜索候选服务"自动跳过百度搜索直接进入搜狗搜索结果页面，已对其构成不正当竞争，要求索赔120万元。2015年10月，北京海淀法院做出一审判决，要求搜狗立即停止该项行为，并赔偿50万元。审判结果刚出不久，搜狗即向法院提起诉讼请求，称百度系输入法侵犯了其产品的8项专利，要求赔偿8 000万元。同年11月，搜狗再次诉诸法律，起诉百度输入法侵犯其产品9项专利，并提出1.8亿元的赔偿请求。由此，这起专利诉讼案件因涉及17项专利和高达2.6亿元的索赔额，而被业内称为"互联网专利第一案"。随后，百度向专利复审委员会提出该专利无效的申请。一年后，专利复审委员会发出审查决定书，认定无效或部分失效的专利数量为12个。搜狗也因此主动撤回8起有关输入法专利侵权的诉讼。但在2016年10月，百度起诉搜狗称搜狗拼音输入法、搜狗手机输入法侵犯百度输入法多达10项技术专利，并要求赔偿1亿元。2017年9月14日，搜狗再次诉诸法院，称百度输入法专利侵权案件共计7件，请求法院判令百度停止侵权并赔偿损失及合理支出7 000万元。该案案情复杂，涉案双方均为我国互联网知名企业，引发了广泛的社会关注，凸显了互联网服务平台产业知识产权竞争之激烈：当前互联网企业之间的专利竞争意识远大于合作意识，将专利侵权诉讼作为企业经营战略，用巨额诉讼获取舆论关注，虽然专利侵权诉讼能有效厘清涉案方的权利关系，维护受害方的专利权利，但这也无疑增加了彼此的技术开发成本和诉累。正如学者所言，这起案件不仅为企业敲响专利保护和专利侵权风险防范的警钟，同时，案件的审判也将为企业经营带来不同

观念，即积极利用非诉讼手段解决专利侵权纠纷，转变"你死我活"的竞争思维，通过交叉专利许可等方式加强彼此间的合作。❶

三、互联网服务平台产业知识产权管理的未来趋势

随着"互联网+"战略的深入实施，互联网与传统产业的融合在不断加深，其中涉及的知识产权问题也更加突出。互联网服务平台作为连接互联网新兴产业与传统产业的媒介，其受到的知识产权冲击更为激烈。因此，互联网服务平台产业更应当高度重视知识产权管理工作，处理好知识产权的创造、运营与保护等诸多事宜。从我国互联网服务平台产业的发展定位来看，未来互联网服务平台产业的知识产权管理应当把握好以下三个趋势。

（一）实施产业知识产权战略，参与互联网服务平台产业的全球竞争

通过实施产业知识产权战略，提升互联网服务平台产业内部企业的知识产权创造、运用、保护和管理知识产权的能力，共同应对外部知识产权竞争与风险，从而培育和形成互联网服务平台产业竞争力，获取产业竞争优势。产业竞争力和竞争优势是实施产业知识产权战略的基本目标，前者是指某一国家（或某一区域）的某个特定产业相对于其他国家（或其他区域）同一产业在生产效率、满足市场需求、持续获利等方面所体现出来的竞争能力；后者是指竞争主体在市场竞争中建立起来的、持久的、获取优势地位的能力。❷ 无论是从企业外部环境还是从企业内部资源出发，实施产业知识产权战略都有助于企业获取产业竞争优势。因此，互联网服务平台产业可以通过实施产业知识产权战略，获取产业竞争优势，参与国际竞争。具体而言，通过确定产业战略目标、产业外部环境

---

❶ 搜狐网.中国互联网专利第一案，三年过去了还在斗什么［EB/OL］. http：//www.sohu.com/a/ 192768320_ 114877，2018-06-05.

❷ 吴汉东，等.知识产权制度变革与发展研究［M］.北京：经济科学出版社，2013：309.

分析、产业内部环境分析、产业知识产权战略制定、战略实施、战略实施效果评估与控制调整等流程来实现上述目标。例如，在互联网服务平台产业知识产权创造战略方面，要提高高价值知识产权的创造比例，更加重视 PCT 专利申请、马德里商标国际注册等国际知识产权申请，注重在美国、欧盟、日本等国家或地区开展知识产权布局。以"互联网+旅游"为特征的携程公司为例，截至 2017 年 5 月共有专利申请 485 件，但其专利申请仅限于国内，在国外没有专利申请，在开展知识产权海外布局方面仍需加强。

（二）构建产业知识产权联盟，提升知识产权运用水平

根据国家知识产权局 2015 年印发的《产业知识产权联盟建设指南》，产业知识产权联盟是以知识产权为纽带、以专利协同运用为基础的产业发展联盟，是由产业内两个以上利益高度关联的市场主体，为维护产业整体利益、为产业创新创业提供专业化知识产权服务而自愿结盟形成的联合体，是基于知识产权资源整合与战略运用的新型产业协同发展组织。互联网服务平台产业可以依托产业知识产权联盟建立订单式知识产权研发体系、构筑和运营产业专利池、推进知识产权与标准的融合、搭建知识产权产业化孵化体系等。成立产业知识产权联盟可以整合全产业链知识产权资源，凝聚全产业链创新力量，解决产业发展中的知识产权问题，降低产业创新成本，提升产业创新效率。例如，上文提到的智能语音知识产权产业联盟就是提高产业知识产权运用水平的有益尝试。通过联盟内部交叉许可、共有共享专利权等方式共同使用专利池中的专利或专利组合，实现知识产权的共享，从而推动智能语音相关产业的发展。

（三）注重知识产权协同保护，应对知识产权风险

如前文所述，互联网服务平台产业知识产权竞争激烈，纠纷频发，与此同时，企业所拥有知识产权种类较多，因此，在应对知识产权风险时，要注重运用知识产权协同保护策略。具体而言，首先，在保护方式上要注重协同。互联网服务平台公司要综合运用专利、商标、版权、商

业秘密、域名、集成电路布图设计等多种知识产权保护方式对公司的知识产品予以保护，产生"强强联合"的协同效应。例如，本章第二节讨论的腾讯公司，对于企鹅卡通形象，不仅进行了版权登记，还进行了商标全类注册；对于游戏软件，不仅对游戏软件本身进行了软件著作权登记，还对游戏中代表性人物的形象进行了作品登记，对游戏软件的名称甚至是游戏中代表性人物的名字进行了商标注册，对源代码、设计图纸则采取保密措施以商业秘密的形式进行保护。腾讯公司这种全方位立体式的保护，就是知识产权协同保护的典范。其次，在寻求救济的对象上要注重多元化选择。遭遇知识产权侵权风险，既可以寻求司法保护，也可以请求行政保护，还可以主张调解、仲裁等。互联网服务平台产业公司在应对知识产权风险时，要综合运用多种救济手段，以最大程度保护公司利益。

总之，互联网服务平台产业的知识产权需求旺盛、竞争激烈、风险较高，要高度重视产业知识产权管理工作，通过实施产业知识产权战略、参与全球竞争，通过构建产业知识产权联盟、提升知识产权运用水平，通过知识产权协同保护、应对知识产权风险，提升产业竞争力，获取产业优势，从而助推互联网产业发展和网络强国建设。

第二节　腾讯公司知识产权管理实践[*]

腾讯是目前中国领先的互联网增值服务提供商之一，经过20年的发展，腾讯已经成为真正意义上的生态型公司，旗下有众多平台级产品，并且这些众多业务之间能够真正多维度和高效率地形成整合和互动。腾讯通过即时通信工具（QQ）、移动社交和通信服务微信（WeChat）、门户网站腾讯网（QQ.com）、腾讯游戏、社交网络平台（QQ空间）等中国领先的

---

[*] 本节作者为南京理工大学知识产权学院硕士研究生杜佳羽。

网络平台，满足互联网用户沟通、资讯、娱乐和金融等方面的需求。❶作为一家互联网公司，腾讯能够从最初的几个人小公司发展成为中国互联网领军企业之一，离不开知识产权的助力。

一、腾讯知识产权管理概述

（一）腾讯知识产权管理机构发展历程

1. 1998～2004 年（公司上市前）

腾讯成立初期，法律岗位挂在财务行政部下面。除了做好通常法务所负责的业务支撑、把关之外，还负责知识产权的管理，就是把商标、域名、版权管理好，但对于专利的管理产生了非常激烈的讨论，因为专利不仅仅涉及申请确权，更重要的是把专利上升到公司核心竞争力的问题。当时，海外有些人准备在中国申请即时通讯专利，腾讯对其申请过程中的瑕疵提出了意见。在此过程中，腾讯开始建立专利团队，追踪和防范专利侵占和抢占，更重要的是，积累自己的专利。组织架构上，腾讯把专利管理工作放在开发部，作为技术部门的工作任务之一，专利工作取得很好的效果。

2. 2004～2008 年（公司初上市）

腾讯公司上市后，组织机构和职能部门进一步优化，此时的法律工作独立成一个部门，即法务部。法务部成立后的功能非常明确：第一是综合法务组，做一些综合的法务基本工作，如合同审查、用户协议完善等；第二是诉讼工作；第三是知识产权组。

3. 2008～2013 年（移动互联网新时代）

自 2008 年个人电脑网络开始转向移动互联网以来，腾讯意识到在转型时期除了商业竞争外，知识产权竞争尤其是专利竞争对于公司来说至关重要。因此，功能部门再次调整。第一个是法律事务部，负责平台服务，诉讼

---

❶ 腾讯网．公司信息［EB/OL］．https：//www.tencent.com/zh-cn/abouttencent.html. 2018-03-17.

和法律研究；第二是合规交易部，一方面为了迎合公司上市后大量的并购业务需求，另一方面为了符合联交所对法务的规定；第三是知识产权部。这三个部门之上，由公司的一个专职副总裁直接领导。

腾讯的知识产权部下设专利管理中心、综合知识产权管理中心和综合事务组。其中，专利管理中心主要负责专利挖掘、专利预警、竞争对手专利跟踪、国内和国际专利布局、专利保护等专利相关工作。综合知识产权管理中心和综合事务组主要负责版权、商标、域名等非技术类知识产权管理相关工作。

法律事务部下属的平台法律中心直接与公司的几个主要业务部门联系，并与产品部门和业务部门进行深入沟通。在产品设计和业务规划开始时进行干预，并提供法律风险警告；诉讼法务中心主要负责提供诉讼支持；法律研究中心主要研究互联网的前沿法律问题（如技术中立原则，客户通过软件修改行为的性质，QQ货币等虚拟财产的法律保护等），在满足公司业务发展需要的同时，并向立法机关反馈行业意见，掌握最新立法方向，为公司完善知识产权规范和降低法律风险提供支持。合规部门主要负责交易过程中的知识产权管理，合同知识产权条款的制定和审查，特别是技术交易合同。

由此可见，腾讯知识产权管理组织包括一个专门的专业部门和一个在各个领域进行深入研究的支持部门。知识产权部和其他支持部门纵横结合，形成较为完善的知识产权管理机构。

（二）腾讯知识产权管理策略

据腾讯公司王小夏介绍，腾讯的知识产权管理策略可以总结为16个字"全程跟踪、提前评审、复合保护、立体维权"。[1]

"全程跟踪、提前评审"是从过程上来说的，是指腾讯金字塔型的研发架构（腾讯研究院、知识产权部、研发中心、产品业务部门）着力不同

---

[1] 王志晓．浅论腾讯知识产权管理体系［EB/OL］．http：//www.chinaiprlaw.cn/index.php？id=3378．2018-03-17．

的研发阶段，能够很好地将知识产权同研发、市场、运营紧密结合。自研发项目立项之初，知识产权部就有针对性地制定相应的知识产权保护策略；新产品发布之前，还会进行知识产权评审，以进一步确定保护方式并防止侵犯他人知识产权。提前评审一定程度上解决了"模仿创新"的腾讯产品频频被质疑抄袭，却又极少被认定为侵权的问题。在这个问题上，腾讯庞大且强势的诉讼团队也功不可没。

"复合保护、立体维权"是从手段上来说的，是指涵盖域名、商标、版权、专利、商业秘密的全方位的知识产权管理保护办法。根据对象的不同特点，选择版权+商标、版权+商业秘密、版权+商标+商业秘密、版权+专利等复合保护模式。比如，对于企鹅卡通形象，腾讯不仅进行版权登记，还进行商标全类注册。对于开发的一些游戏软件，腾讯不仅对游戏软件本身进行软件著作权登记，还对游戏中代表性人物的形象进行作品登记，对游戏软件的名称甚至是游戏中代表性人物的名字进行商标注册，对源代码、设计图纸则采取保密措施以商业秘密的形式进行保护。

（三）腾讯知识产权保护政策

腾讯坚持尊重和连接的理念，与用户和合作伙伴共同构建全新的知识产权生态系统。在"事前预防、事后救济、协调共治"原则的指引下，腾讯坚持尊重创意、尊重权利人，建立了全方位、立体化的知识产权防护体系，打击知识产权侵权行为。对于侵犯第三方知识产权的行为，腾讯秉承"零容忍"的态度，在坚持分享的同时，坚决维护第三方知识产权权益，坚定地将企业社会责任与企业经营深度结合，将其提升到企业发展的战略高度并积极付诸行动。

腾讯公司十分注重对知识产权的保护，并积极实施知识产权保护政策。一方面，成立专门的知识产权保护团队，通过监控、证据收集、投诉和诉讼，全面保护腾讯自身的知识产权。另一方面，充分尊重第三方权利人的知识产权，并开设专门的投诉平台和投诉渠道，积极处理用户在使用腾讯服务过程中存在的侵犯他人知识产权的内容。

1. 保护自有知识产权

腾讯公司积极保护自有知识产权，主要采取的措施有：第一，构建技术检测系统，通过版权保护系统实现对侵权内容的有效处理，搜索、排除故障、收集、通知和总结。第二，多点布局取证，在全国主要城市，与律师事务所合作，及时部署证据收集点并收集证据，提供足够的证据来打击侵权行为。第三，整合各方力量，与互联网同行、影视制作公司和权利人组织紧密联系，充分整合各方力量，联合开展维权行动。第四，多种维权方式并行，通过民事诉讼、行政投诉、刑事举报、行业联合等方式及时制止侵权，全方位维权。

2. 尊重他人知识产权

腾讯公司在保护自有知识产权的同时，还发挥自己作为互联网平台的地位，尊重其他主体的知识产权，主要做法有：第一，宣传教育提示，通过用户协议、产品界面、公告和其他渠道，积极提醒用户不要侵犯他人的知识产权。第二，侵权投诉处理，设立专门的人员接受权利人的知识产权的投诉，依法办理，并采取删除断开链接、屏蔽网页等必要措施。第三，创新保护方式，除了按照投诉处理版权侵权外，微信还创造性地增加了版权主动保护措施——公众账号原创声明功能。第四，优化技术系统，例如，微信已建立便捷的线上侵权投诉系统，并上线微信品牌维权平台，权利人可与微信共同打假。❶

（四）腾讯知识产权保护制度

为了充分有效地保护第三方的知识产权，腾讯建立了科学、全面的知识产权保护体系，这是腾讯知识产权战略的基本要素和重要保障。截至2016年12月，QQ、QQ空间、微信、腾讯视频、应用宝和腾讯微云6款产品共发布30项制度，规范和指导第三方知识产权保护，其中包括：两项公司级协议和政策，即腾讯服务协议和版权保护投诉指南，适用于所有腾讯

---

❶ 腾讯知识产权平台．知识产权保护［EB/OL］．https：//www.tencent.com/legal/html/zh-cn/property.html．2018-05-20．

产品和服务；有 16 个产品级协议和规则，以及 12 个产品级保护准则，适用于每种特定产品和服务。上述保护制度涉及各方的权利和义务，产品使用中的禁止行为，投诉和投诉渠道，为知识产权保护的实施提供重要规则和实践指导。

保护知识产权不仅需要完善的制度规范，还需要先进的技术支持。经过多年的积累，腾讯在知识产权保护领域取得一系列创新的技术成果，并申请相关专利。例如，涉及防盗链（CN102055752 A，一种防盗链的方法及终端）、作品识别、内容检测、数字指纹、仿冒 APP 及恶意网站识别（CN103812840 A 鉴别恶意网址的方法和系统）等多个方面。腾讯将这些创新的保护技术与各种知识产权系统有机地结合在一起，在实际应用中全面利用并协同保护它们。❶

二、腾讯专利布局概况

（一）重视技术创新，大量申请专利

腾讯在 2016 年获得国家知识产权局授予的发明专利数量，以 1 027 项专利排名第六，跻身中国十大国内公司之列。汤森路透发布的《2016 全球创新报告》显示，腾讯以 2 418 件发明专利数位于全球信息技术领域最具创新的前十个公司的第十位。❷

根据专利数据库的公开数据，截至 2016 年 7 月 12 日，腾讯的中国公开专利数量达到 1.1 万多个，成为第一家在中国拥有 1 万多项专利申请的互联网公司。根据北京大学互联网法律中心于 2016 年 4 月发布的互联网技术创新专利观察报告（2015），在互联网领域，腾讯在中国的专利申请数量排名第一，在国际舞台上仅次于微软和谷歌。目前在腾讯的产品中，专利申请数量最多的产品是 QQ，已申请和发布的专利数量达 2 000 多个。例

---

❶ AlexZhu. 腾讯知识产权保护白皮书发布：全方位展示权益保护状况 [EB/OL]. http://www.yopai.com/show-2-200059-1.html. 2018-03-21.

❷ 国家知识产权战略网. 汤森路透《2016 全球创新报告》解析 [EB/OL]. http://www.nipso.cn/onews.asp?id=37394. 2018-03-21.

如，聊天记录、皮肤管理、截图、无线 QQ 等功能的远程录制都包括专利创新。WeChat 诞生于 2011 年，拥有超过 1 000 种相关专利技术。此外，腾讯还积极部署重要的国外市场，其中腾讯拥有 1 000 多项美国专利申请。

腾讯非常重视创新，在研发方面投入大量资金，并取得不少高质量专利。例如，腾讯在 2010 年、2013 年和 2015 年分别在国内专利行业中获得三项奥斯卡奖——"国家专利金奖"。❶

除了防御性的国内专利申请外，腾讯从一开始就把注意力放在海外，并在美国和韩国等发达国家提交专利申请。2008 年 7 月，腾讯以一种在即时通信中实现铃声服务的方法和系统在韩国获得首个国外专利授权。腾讯的海外专利战略终于取得初步成效。❷

(二) 提前提出无效宣告，主动扫除侵权风险

创博亚太公司曾是涉案"为移动电话的电话簿增加网络存储和检索的设备与方法"发明专利的专利权人。该专利的创新之处在于该设备的采用，使运营商能够为手机用户增加新的 VoIP 目录存储和检索功能和方法，从而为移动电话用户带来更好的服务。由于此项专利关系到手机用户常用的电话簿网上备份操作，可能会对腾讯公司产品的功能造成使用障碍。因此，对于创博亚太公司拥有的上述专利，第三人腾讯公司提出无效宣告请求。2014 年 8 月 13 日，专利复审委员会做出决定，认定涉案专利不具备创造性，宣告涉案专利权全部无效。❸

2006 年 4 月 29 日，银河联动提交了一件名为"一种二维码与标识的合成系统及方法"的发明专利申请，并于 2010 年 9 月 15 日获得授权，该专利即涉案专利（ZL200610078994.4），其提供了一种二维码与标识的合

---

❶ 快法务. 申请专利到底有多重要？看看腾讯就知道为什么了 [EB/OL]. http：//kuaifawu. baijia. baidu. com/article/551807. 2018-03-21.

❷ 中国网. 腾讯专利授权过百 技术战略进入收获期 [EB/OL]. http：//www.china.com.cn/tech/txt/ 2008-08/06/content_ 16148111. htm. 2018-03-22.

❸ 知产北京. 北京知识产权法院公开审理创博亚太诉专利复审委、第三人腾讯公司专利无效宣告行政纠纷案 [EB/OL]. http：//www. ccpit-patent. com. cn/zh-hans/node/3438. 2018-03-22.

成系统和方法,可以将二维码与标识合成为一个新二维码,通过调整标识大小和位置,使新二维码的误码率小于纠错率,以达到不影响二维码解读的目的。❶2015 年,银河联动旗下获得该专利授权的公司紫光信业向一广东企业提出图形二维码侵权诉讼。作为国内使用二维码最广泛的平台,腾讯立刻做出反应,2016 年 7 月向国家知识产权局递交了银河联动中国大陆图形二维码专利无效的申请。2016 年 12 月,国家知识产权局专利复审委员会以腾讯公司提供的一维码与标识合成这一未获授权的专利申请文档作为对比文件,认为银河联动中国大陆的图形二维码专利不具备创造性,宣布专利无效。❷

三、腾讯品牌管理战略

在胡润研究院发布的《2015 胡润品牌榜》中,腾讯以 2 770 亿元的品牌价值蝉联 "最具影响中国品牌"。❸腾讯利用其品牌效应,已经从最初的普通互联网企业成长为中国最有影响力、最成功的品牌企业。不难看出,品牌战略是腾讯的制胜法宝,其品牌延伸和扩张策略堪称中国互联网企业的典范。❹

(一) 品牌运营战略

注重用户的感受,针对不同的产品开设不同的意见反馈论坛,用户对于产品的意见和建议会很快得到产品经理的回复,使腾讯的产品在人性化和体验感上明显优于竞争对手。此举不但有利于产品的优化和进步,也增强了用户对腾讯公司和产品的认可度和美誉度,进而对腾讯的品牌和产品

---

❶ 冯飞. 腾讯公司针对一件二维码专利提出无效宣告请求 [EB/OL]. http://www.ciplawyer.cn/html/zl1/20161116/113025.html. 2018-03-22.

❷ 罗妍. 微信二维码侵权?我们可能无法再愉快的微信支付了 [EB/OL]. http://business.sohu.com/20170303/n482286717.shtml. 2018-03-22.

❸ 新京报. 胡润 2015 品牌榜发布 民企占榜单 "半壁江山" [EB/OL]. http://money.163.com/15/0918/08/B3PH3PIN002526O3.html. 2018-03-24.

❹ 彭垚,饶威祥,涂途. 腾讯帝国真相 [M]. 北京:电子工业出版社,2016:305-307.

形成更深的依赖度和忠诚度。❶

（二）品牌延伸战略

在众多品牌战略中，品牌延伸是最有效的营销策略之一，即通过使用相同的品牌来命名不同的产品类别，以此提高用户的品牌忠诚度。目前，很多腾讯产品都享有共同的名称，如 QQ 邮箱、QQ 游戏等。腾讯游戏将"用心创造快乐"的产品理念与品牌理念融为一体，所有的腾讯游戏用户都能找到和认同专属于这些产品的品牌精神并与之共鸣。❷

此外，腾讯公司的一些业务已经脱离了社交的领域，必须要赋予品牌新的意义和内涵，将 QQ 品牌延伸到即时通信以外的其他相关业务领域，为发展在线生活社区的战略目标而做好品牌战略规划。2005 年 12 月 31 日，腾讯网（qq.com）宣布正式启用新的品牌标识，以绿、黄、红三色轨迹线环绕的小企鹅标识替代了过去的 QQ 企鹅图案，中文标识"腾讯网"和英文标识"qq.com"则仅在外观上做了一些改变。❸

腾讯网换标是腾讯首次突破低龄化的品牌形象、走向成熟形象的标志。其意义在于，它让用户改变了"腾讯网等于 QQ"的直观印象，使腾讯的品牌价值得到更大的提升。❹

（三）腾讯商标管理战略

据统计，腾讯现掌握有效商标数量 14 716 件，在 BAT 中（阿里：12 702 件；百度：433 件）占据首位。腾讯商标主要囊括了其旗下产品——QQ、QQ 浏览器、财付通、微信、应用宝、小程序、王者荣耀等。就商标保护来说，QQ 和企鹅图形是主要的保护对象。经过几次的知名度提

---

❶ 吴纲，尹杰. 品牌影响中国（上册）[M]. 北京：北京工业大学出版社，2013：97.

❷ 李杰，滕斌圣. 企业战略 [M]. 北京：机械工业出版社，2016：153.

❸ 江明华，李季. 中国企业市场营销案例 [M]. 北京：化学工业出版社，2012：93-94.

❹ 王春燕. 马化腾的棋——腾讯持久称霸内幕 [M]. 北京：电子工业出版社，2015：171-172.

升,企鹅QQ和腾讯QQ两个商标被认定为驰名商标。

然而腾讯的商标之路并不平坦,从与奇瑞的"QQ"之争,到与广东某公司的"微信"之争,不管是因缺乏提前的布局,还是管理的疏漏,腾讯在商标上也算是付出过惨痛的代价。❶

1. 主动注册防御商标

注册相关/相似商标,一方面可以防止后来者利用相似商标蹭热度,另一方面也可以避免他人对品牌造成负面影响。腾讯对自己的QQ商标就实施了全方位、立体化的保护,不仅将与QQ相关的词语全都予以注册商标,而且在申请商标类别上也不仅仅限于互联网服务方面,可谓是商标保护较成功的典范。

2. 全方位保护活动商标

2015年8月1日,微信支付团队官方账号发布消息称"8月8日将有大事发生"。随后,微信团队证实,于2015年起将8月8日定为"无现金日",即由微信支付倡导,商户共同参与,号召网友使用移动支付等更为便捷的支付方式。据悉,由腾讯主导的2016年"无现金日"活动也已经从8月1日起正式启动。

腾讯公司在第一届"无现金日"活动开启之后,立即展开了相关商标的申请注册工作,申请的商品及服务类别也涵盖了第9类、第35类、第38类以及第42类等互联网企业常用的类别。❷通过查询商标局网站后发现,腾讯科技(深圳)有限公司目前已经在多个商品及服务类别上申请注册了"无现金日""8.8无现金日"等商标,说明腾讯公司的商标保护意识较强,反应速度较快。

3. 及时申请声音商标

声音是2013年修改商标法时新增的商标要素,突破了此前对商标要素

---

❶ 尚标知识产权. BAT华为小米乐视的知识产权布局野心[EB/OL]. http://mt.sohu.com/20170219/ n481106609. shtml,2018-04-20.

❷ 邹钰容. 今天是8月8日,然而"8.8"已被腾讯作为商标申请了[EB/OL]. http://zhichanli.com/ article/2707. html,2018-04-21.

必须具有可视性的要求。新《商标法》2014年5月1日实施后,腾讯通过知识产权代理机构,第一时间向国家商标局递交了声音商标申报材料。这些声音包括QQ信息提示音"嘀嘀嘀嘀嘀嘀"、QQ朋友上线提示音"咚咚咚"、微信摇一摇的声音等多种。此次腾讯申报的声音商标申请得比较广泛,保护范围较大,而且,腾讯还将陆续申报。❶

其中,腾讯申请注册"嘀嘀嘀嘀嘀嘀"声音商标,指定使用在第38类"电视播放;新闻社;提供在线论坛;计算机辅助信息和图像传送;提供互联网聊天室;数字文件传送;信息传送;在线贺卡传送;电话会议服务;电子邮件"服务上。但是商标评审委员会认为,申请商标为"嘀嘀嘀嘀嘀嘀"声音较为简单,缺乏独创性,指定使用在电视播放、信息传送等服务上缺乏商标应有的显著特征,难以起到区分服务来源的作用。❷据此,做出申请商标不予核准注册的决定。腾讯公司不服,向北京知识产权法院提起行政诉讼,最终法院撤销了商标评审委员会做出的被诉决定,并令商评委重新做出决定。商评委于2018年11月做出决定,申请商标指定使用在除电视播放、新闻社、电话会议服务以外的其余复审服务上的注册申请予以初步审定。

四、腾讯域名管理策略

(一)早期的被动保护

1. OICQ域名之争

腾讯早期推出OICQ即时通信软件时,注册了oicq.com和oicq.net域名。然而美国在线在收购ICQ不久就把知识产权的利剑指向腾讯,以OICQ包含ICQ之由诉诸美国最高仲裁论坛(NAF),最终判定腾讯将oicq.com和oicq.net域名归还美国在线。在第一次域名之争中,腾讯一败涂地。这

---

❶ 深圳商报. 腾讯抢先向国家商标局申请注册声音商标[EB/OL]. http://www.86sb.com/news-info-2437.html, 2018-04-22.

❷ 央广网. 腾讯申请注册QQ提示音为声音商标被驳,起诉商评委[EB/OL]. http://news.163.com/16/1206/12/C7JQLDA4000187V8.html, 2018-04-22.

件事给腾讯以深深的打击,同时唤醒了腾讯的知识产权意识。无奈之下,腾讯被迫将 OICQ 软件更名为 QQ,这也是网友们私下送给腾讯公司 OICQ 昵称的原因。

2. QQ 域名之争

改名之后,QQ 很快被大家认可,用户数量持续增长。然而 qq.cn 和 qq.com.cn 的域名在国内早已被注册,经过上次的失败,腾讯也学会了用法律手段维护权益。但是其对 qq.com.cn 和 qq.cn 的投诉以失败告终,没能得到这两个域名。得知 qq.com 在美国被个人注册后,面临放弃 QQ 品牌还是收购 qq.com 的选择的腾讯,最终从一个美国软件工程师手里购得 qq.com 域名,绝处逢生,取得域名争夺的阶段性胜利,保住了腾讯沿用至今的宝贵域名。

(二)后期的主动保护

在中国万网上可以查询到注册信息的域名中,腾讯公司近年来陆续注册了 qq.net.cn、qq.org.cn、qq.asia、qq.wang、qq.中国、qq.网络等防御性域名,来防止恶意抢注行为对自己造成的不良影响。同时,腾讯公司根据业务拓展方向和产品研发情况同步注册了 qq.vip、qq.club、qq.video、qq.store、qq.news、qq.live、qq.game、qq.games、qq.social 等与 qq 业务或者产品相关的域名,全方位保护自己的知识产权。2016 年 2 月,亚洲域名争议解决中心就腾讯公司发起的 http://weixin.com 域名争议做出裁决,专家组裁定支持投诉人腾讯公司的投诉请求,将争议域名转移给投诉人腾讯公司。[1]

2017 年 4 月,亚洲域名争议解决中心(ADNDRC)香港秘书处专家组就"TENCENT""WECHAT""QQ"注册商标的持有人腾讯科技(深圳)有限公司(简称"腾讯公司")与争议域名持有人(自然人周某)之间的域名争议做出裁决。专家组裁定支持投诉人腾讯公司的诉请,将全部 139

---

[1] 张琳. 腾讯公司成功仲裁收回 weixin.com 域名 [EB/OL]. http://www.donews.com/net/201602/2917365.shtm. 2018-04-23.

个争议域名转移给腾讯公司。此案展现了腾讯公司对恶意域名抢注者重拳出击的决心和域名管理策略的进一步成熟。❶

五、腾讯知识产权许可战略

作为腾讯即时通信软件产品的品牌形象，卡通企鹅伴随腾讯 QQ 软件的普及，实现了动漫品牌形象的迅速普及。2000 年，腾讯开始开发 QQ 品牌和卡通形象授权业务，并授权专业公司生产和销售 QQ 周边扩展产品，制作了各种卡通产品，如 QQ 毛绒娃娃，这些产品深受用户喜爱，并有效地验证了这种商业理念的可行性。同时，它也为中国互联网公司创建和发展卡通品牌形象开创了先河。例如，阿里巴巴公司的"天猫"，京东公司的 JOY 狗，等。2005 年 3 月，腾讯独家授权郑州小樱花卡通公司创作并发布"QQ 漫画"。开展卡通品牌形象授权是腾讯充分利用版权，实现版权增值的有益尝试。

经过几年的探索，腾讯还开发了一套独特的 QQ 品牌形象授权管理方法：腾讯要求所有使用 QQ 卡通的产品在开发、生产、销售和推广中，由合同授权图像之一生成的或者转换或重新创建的复制图形，以及包含 QQ 的产品名称，必须提前获得腾讯同意。此外，由 QQ 卡通近似、变形或重新创建产生的图形和文本，包含 QQ 的产品名称的知识产权（版权、专利、商标）均归腾讯所有。这种授权方法在获得许可费的同时，还全方位地保护了腾讯的品牌形象，免遭他人模仿、侵权。

六、结　　语

腾讯的知识产权保护经验是充分尊重他人的知识产权，同时，熟练掌握国内外法律规则，通过合理的商标、版权、专利布局，实现自己品牌和技术的跨国保护。此外，知识产权唯有同研发、市场、运营紧密结合，才能真正渗透到公司运作的各个层面，不断增值，帮助公司提升市场领导地

---

❶ 域名城. 腾讯成功仲裁拿回 139 个域名［EB/OL］. https：//news.domain.cn/html/yumingzixun/2017/ 0605/53775. html. 2018-04-23.

位，增强企业的核心竞争力。

第三节　携程公司的专利布局分析[*]

随着互联网产业的迅速发展，旅游电子商务兴起，旅游业的经营方式随之发生深刻的变化。国内知名旅游电商携程计算机技术（上海）有限公司于2004年上市之后，旅游行业的电子信息化发展更是引起广泛关注。尽管依托于网络平台的旅游电子商务行业对知识产权尤其是专利的依赖性较低，但也在网络平台上展现出不同于传统旅游企业的特质，如旅游订单的下单速度快、信息反馈的效率高等，而这些恰恰需要相关技术进行解决。当前在旅游电商行业中，携程公司已然树立了行业领导者的地位，其对于公司自主研发技术的专利布局值得关注和借鉴。

一、携程公司简介

携程计算机技术（上海）有限公司（以下简称"携程公司"）于1999年5月创建携程旅行网，并于当年10月正式开通。2013年中国旅行预订市场第三方在线代理商营收份额显示，携程公司以49.7%的占比处于绝对领先地位。目前，旅游电子商务经营中的市场主流模式即为携程模式，即标准收入为佣金，业务范围涵盖酒店、机票、景区等。❶ 由此可以看出，网络旅游电商企业与手机、电脑、汽车等电子信息科技企业相比，对专利技术的依赖性较低。但是旅游电商作为中介方赚取差价，就必须要提供具有更高附加价值的服务并保证交易内容的安全性。因此，携程公司一直注重相关技术的研发以提高平台的服务质量，保证互联网平台交易的效率和安全性，进而赢得市场相对优势地位。

为进一步了解携程公司的专利布局情况，本节以IncoPat科技创新情报平台和国家知识产权局2017年5月1日前公开的专利申请为主要检索依

---

[*] 本节作者为南京理工大学知识产权学院硕士研究生席怡。
❶ 端木海. 分析旅游业电子商务模式［J］. 旅游管理研究，2014（6）：78-80.

据，围绕检索到的 458 件专利申请，对携程公司的专利总体情况、主要业务的专利布局进行研究，并与国内同类公司进行对比分析，以期了解携程公司的专利申请布局策略，为国内同类旅游电商公司提供一些启示。

二、携程公司的专利布局

（一）总体情况

通过专利检索所得数据可知（截至 2017 年 5 月 1 日），携程公司共有专利申请量 485 件。除已公开但尚未授权专利，目前公司拥有的有效发明专利共 74 件，其中包括 23 件发明专利、48 件外观设计专利、3 件实用新型专利。此外，携程公司的专利申请仅限于国内，在国外没有专利申请。

如表 3.1 所示，携程公司的专利申请量一直呈年度上升趋势。2011~2012 年属于萌芽期。携程公司于 2011 年 11 月 21 日开始申请专利，此时距离其成立已过去 12 年。这表明携程公司虽然在成立之初没有重视专利保护，但随着网络平台的发展，从 2011 年开始携程公司也加大对相关技术的研发，并申请了 11 件专利对其进行保护。2012 年对其内部的技术团队进行大规模改造，专利申请量继续缓慢增加。2013~2014 年属于稳定上升期。2013 年，携程公司的技术团队约为 1 500 人，其中 40% 都是近些年加入的新鲜血液。2013 年携程公司申请 55 件专利，是 2012 年申请量的 4.6 倍。2014 年的申请数量较 2013 年又增加 21 件。2015~2017 年属于迅速增长期。究其原因，一方面是因为随着携程公司多种业务的不断扩张，网络平台的效率和安全性保障所需技术的复杂程度远远超出想象。携程公司在市场迅速扩张过程中出现一些安全问题，技术支持不能满足业务迅速扩展的需求。为了满足技术的升级要求，携程公司不断扩大研发团队。另一方面可能是旅游电子商务竞争越发激烈，产品和服务易被剽窃与模仿，携程公司需要研发高质量技术避免服务的同质化，保持市场占有率。

表 3.1 专利申请量年代分布

年份	数量（件）
2011	11
2012	12
2013	55
2014	76
2015	137
2016	167
2017	27

如表 3.2 所示，截至 2017 年 5 月 1 日，携程公司约 80% 的专利申请仍处于审查状态。携程公司的专利申请量逐年呈上升趋势，这表明其越来越重视技术研发。但由于专利申请时间较晚，虽然申请量增长速度较快达到 485 件，但是授权专利的数量仍较少，仅有 74 件。这可能是因为携程公司在 2011 年后才开始加大技术研发和知识产权的保护力度，申请大量专利，因此不少专利仍处于实质审查阶段。这也反映出携程公司的专利发展仍处于成长期，发展前景良好。但是在携程公司的专利申请中，外观设计专利与实用新型专利占比约为 69%，而价值度较高的发明专利数量仍较少，这表明专利整体的质量仍有待提高。此外，携程公司的所有专利申请地域全部在国内，国外没有相关专利申请，这表明其目前的发展重心仍在国内市场。

表 3.2 携程公司专利法律状态分布

法律状态	数量（件）
审中	349
有效	74
失效	12

（二）主要专利布局

通过对携程公司已申请的专利进行归类，可以看出携程公司主要围绕酒店预订技术、票务预订技术、呼叫中心技术、信息安全技术等四个主要业务进行专利布局。

1. 围绕酒店预订的专利分布

酒店预订一直是携程公司的重要盈利业务。因此，在酒店预订业务方面，携程公司申请了27件相关专利进行布局。基于这些技术携程公司拥有全面的酒店实时预订系统、酒店保留房系统和房态控制系统，建立起国内领先的酒店信息平台，可以为用户提供完善的酒店信息查询、预订、配送服务。

2. 围绕票务预订的专利分布

票务预订是携程公司另外一个重要的盈利业务，关于票务预订技术携程公司申请了19件相关专利进行布局。如CN106251208A专利公开了一种机票价格的交互展示方法及装置，CN105956906A专利公开了一种往返程火车票的预订系统及方法，能够将去程的车次信息和返程的车次信息显示在同一个订票页面中，减少用户预订往返程车票时的操作。

通过这些技术，携程公司能够向客户提供国内外绝大多数航班和航线的查询、预订服务。携程公司还在国内47个商旅发达城市与当地供应商合作，为客户提供异地机票的本地订取以及免费送票上门服务，开创异地票务服务的先河。

3. 围绕呼叫中心的专利布局

携程公司的旅游度假、商务管理业务虽然主要依靠市场营销，但是依托于公司核心的呼叫中心技术，携程公司的整个技术模式中最突出的就是其呼叫中心。经过大批技术精英的研发，携程公司的呼叫中心采用全国最先进的软硬件技术，并围绕呼叫中心技术布局大量专利。如CN105721723A公布了一种基于虚拟座席的电话转接方法及系统，CN105721726A公布了一种控制话机的方法与系统。

携程公司已经建立起国内规模最大的呼叫中心，依托互联网平台和呼叫中心系统能够为客户提供全天24小时的网上网下预订服务。目前携程公司约有70%的业务都是通过呼叫中心来完成的。

4. 围绕信息安全的专利布局

2014年3月，携程公司的网络支付系统出现漏洞，导致客户支付过程中的调试信息被黑客读取，引起业内对网络信息安全性的重视。在专利申请初期，携程公司主要围绕重要盈利业务进行专利布局，避免服务同质化，巩固并扩展商旅市场。随着网络技术的发展，网络交易安全性问题越来越引起携程公司的重视。

因此，近年来携程公司也不断加快对网路交易安全技术的专利布局。经过检索，携程公司的专利申请中有60件涉及信息安全技术。如CN106600073A公开了一种互联网支付风控系统的优化方法及装置，CN106548302A公开了一种互联网交易的风险识别方法及系统，CN106503564A公开了一种软件漏洞的发现方法和系统。由此可见，开放的网络上处理交易，如何保证传输数据、在线支付的安全已然成为旅游电子商务能否普及的重要因素。

三、携程公司与同类公司专利布局之比较分析

（一）同程网络科技股份有限公司的专利布局

同程网络科技股份有限公司（以下简称"同程公司"）是一个多元化旅游企业集团，也是中国领先的休闲旅游在线服务商和中国一流的一站式旅游预订平台，正式创立于2004年，总部设在苏州。2016年，同程公司拆分为同程网络和同程国际旅行社（集团）两大业务板块，分别聚焦旅游标品和非标品业务，谋求更大发展。同程公司的高速成长和创新的商业模式赢得业界的广泛认可。

以Incopat科技创新情报平台和国家知识产权局2017年5月1日前公开的专利申请为主要检索依据进行检索，目前同程公司在国内有54件专利申请。除已公开但尚未授权的专利，目前有效专利共11件，其中包括4件发明专利、7件实用新型专利。

同程公司第一次申请专利是在其成立后的第八年，这表明其在成立后的较长时间内并不重视企业的专利权保护。虽然2011年同程公司开始逐渐加大专利申请的数量，但总体的专利规模仍较小。作为电商企业，同程公

司在现在以及将来的"互联网+"时代的发展将存在极大的桎梏，面临更大的技术竞争压力。同程公司的专利申请也仅限于国内，在国外没有专利申请。

（二）南京途牛科技有限公司专利布局

南京途牛科技有限公司（以下简称"途牛公司"）于2006年10月创建于南京。途牛公司凭借其快速的业务发展和强大的行业资源整合能力，于2014年5月9日在纳斯达克成功上市。通过检索，截至2017年12月，途牛公司在国内共有22件专利申请，除已公开但未授权专利，目前有效专利共8件，其中包括5件发明专利，3件外观设计专利。

由专利检索后可知，途牛公司于成立五年后（2011年5月19日）申请的第一件专利是有关"毛绒玩具"的外观设计专利。2011年途牛公司仅申请了一个专利，且这个外观设计是公司的卡通小牛形象，其动机可能是为保护公司形象，而不是基于作为互联网旅游电商企业对相关计算机技术的保护。可见，途牛公司的专利申请起步较晚，在其成立之初并不重视专利布局。2012年途牛公司围绕其核心业务申请了4件发明专利后，随后两年都没有继续申请相关专利。从2015年开始，途牛公司加大专利申请，2016年也保持了稳定的申请量。值得注意的是，途牛公司已经申请但尚未获得授权的14件专利全部为发明专利。这表明随着旅游电商平台公司竞争的激烈，途牛公司开始重视技术开发及其专利权保护，在专利申请量提高的同时非常注重专利质量。此外，途牛公司的专利申请地域仅限于国内，在国外也没有专利申请。

（三）携程、同程、途牛公司专利布局比较分析

通过上述对各公司的专利数据分析可以发现，在专利申请量上，携程公司目前仅有74件有效专利，仍有约80%的专利处于审查阶段，专利整体数量并不大。但其与同程公司、途牛公司相比，优势仍然非常明显。截至2017年年底，携程公司的专利申请量是同程公司的8.98倍，是途牛公司的22倍。在国内旅游电商公司的专利规模都较小的背景下，携程公司对专利的重视程度远远超越同行业的其他企业。

从专利申请时间上看，携程公司、同程公司、途牛公司这些国内知名旅游电商公司第一次申请专利均在 2011 年。一方面可能是随着旅游市场的竞争进一步加剧，各公司都开始重视通过技术开发提高服务效率和质量，抢占市场份额。另一方面可能与国家出台的专利申请奖励政策有关。❶ 携程公司的专利申请增长拐点发生在 2013 年，当年申请专利数量达到 55 件，2013 年提交专利申请的数量是 2012 年的 389.9%，2014 年提交专利申请的数量是 2013 年的 128.6%。与此相比，同程公司和途牛公司从 2011 年开始申请专利后，专利申请速度并没有迅速提高，途牛公司甚至在 2013 年和 2014 年都没有申请专利。与同行业其他企业相比，携程公司虽然在申请时间上不具有优势，但从 2013 年开始对专利重视程度居于领先，率先进行专利布局。

从专利申请地域分布上看，携程公司、同程公司、途牛公司都没有在国外申请专利。这反映出我国现在知名旅游电商公司都以国内市场为主，在海外市场仍然以市场营销为主要销售手段，并不注重相关技术的域外专利权保护。

四、携程公司的专利布局策略

（一）积极的收购策略

近年来，携程公司一直在推动相关业务的投资和收购。携程公司投资与并购的重点是酒店预订、机票预订和旅游项目。在国内收购方面，2014 年携程公司通过私人配售及私人交易的方式，向途牛公司投资 5 000 万美元并取得途牛近 4% 的股份。2015 年 5 月，携程公司从艺龙公司的现有股东手中收购了该公司将近 38% 的股权。

---

❶ 2010 年修订的《中华人民共和国专利法实施细则》第 98 条增加专利费用减缓相关规定，各地方政府纷纷出台专利奖励和费用减免规定；2011 年国务院颁布《中国国家专利发展战略（2011~2020）》，刺激了中国专利的申请数量。《江苏省省级专利资助资金管理办法》规定："国内发明专利的申请费、实审费，由省级专利资助资金资助 50%，其余由申请人所在地市、县财政承担。"

在国际化收购方面，携程公司于2016年12月以近14亿英镑的总价收购英国旅游搜索平台天巡公司（Sky scanner），这是一家总部位于英国爱丁堡的全球领先的旅游搜索网站。此次收购后天巡公司能够与携程公司的国际机票业务无缝对接，提高携程公司的票务预订服务效率和质量，这是携程公司迈出国际化的关键一步。进入海外市场，首先要面对其他国际在线旅游服务网站的竞争。对天巡公司的收购能够让携程公司每年在全球范围内获得超过20亿的搜索请求，并将业务扩展到超过30多种语言，190多个国家和地区的市场，直接带来每月6 000万活跃用户。不仅如此，携程公司还在2016年10月宣布将要对美国三大旅行社（纵横、海鸥、头风）采取一系列投资行动。这表明携程公司不仅将目标瞄准中国出境游客，而且将触角伸向海外游客，并率先瞄准美国旅游市场。除了美国之外，携程公司还在2017年1月投资印度最大的在线旅游公司，继续巩固并扩展亚洲市场。

近年来携程公司不断收购同领域公司，一方面是为了扩大规模效应。大规模经营不仅为会员提供更多优质的旅游选择，而且能够保证服务的标准化，从而保证服务质量并降低运营成本。另一方面是希望通过积极并购获得专利转让或者专利授权，为自身的发展扫清专利障碍，并推动自身相关技术的进步。但是，携程公司在市场竞争中采取的战略并购策略可能会受到各种不确定因素的影响。因此，如何进行战略收购以及随后如何将新业务和资产整合到已有业务中需要管理层的更多关注。

（二）积极进行技术研发

早在2012年，携程公司为提高企业创新性，鼓励员工大胆创新，孵化创新项目，成立创新促进委员会。创新促进委员每季度会进行一次内部创新提案和项目评估，在机制、模式和业务方面进行全新的实践和探索。该委员会制定出详细的激励规则，无论是重大还是较小的创新，都有相应的奖励政策。例如对于"提出创意、参与创新项目实施"的员工，可以获得数百万元的最高利润分成。此外，公司认可并鼓励员工技术入股。

携程公司拥有专门技术开发团队，专门负责对呼叫中心平台和后台业务系统的维护和升级，并直接参与呼叫中心系统的设计和建设。由于旅游电子商务行业的特殊性质，企业对系统集成商的依赖性非常小，而主要业务平台和呼叫系统则由公司技术团队自行开发。

目前，携程公司已经建立完善的现代服务体系，包括但不限于客户管理体系、房屋管理系统、呼叫排队系统、订单处理系统、电子票务预订系统、服务质量监控系统等。❶ 依靠这些先进的服务和管理系统，携程公司可以为客户和会员提供更方便快捷的服务，避免服务同质化，进而获得市场竞争优势。

五、总结与建议

（一）应加强技术研发

从同程公司和途牛公司 2011 年前的专利申请量可以看出，国内旅游电商公司早期普遍对技术研发不够重视，专利保护意识较为薄弱。但随着近些年国家知识产权战略的推广以及政策扶持，国内公司专利申请的热情度越来越高。携程公司可以成为国内旅游电子商务公司的佼佼者，与自身发展的技术优势密不可分。从 2011 年开始申请专利之后，携程公司一直把技术视为企业的活力之源，不遗余力地提高企业研发能力。携程公司的专利申请量和授权量都遥遥领先于国内同类旅游公司。

随着传统旅游与互联网的结合，旅游电子商务吸引了众多的关注，更被认为是未来 IT 行业最具潜力的新兴增长点之一。尽管互联网旅游电子商务对专利技术的依赖程度不高，但也应该在自己的平台上展示其不同于传统的旅游服务，如信息反馈效率高、订购速度快等，这些正是需要提高相关网络技术。因此，国内其他旅游电子商务企业也应重视相关技术的发展，保障服务的质量和效率，并使之成为各项业务发展的核心竞争力。

如今网上支付在日常生活中越来越受欢迎。然而，如何在开放的网络上处理交易、如何保证数据传输的安全，已成为旅游电子商务普及的重要

---

❶ 曾鹏. 携程旅游网经营发展战略分析［J］. 商业研究，2006（4）：10-14.

因素之一。携程公司现已占据国内大部分旅游市场，面对越来越多选择利用网络平台进行交易的客户，如何保证客户交易安全和相关信息安全已成为重要的议题。携程公司也发生过不止一次的客户信息泄露事故，这对于依赖网上交易的相关旅游电商公司无疑是致命的。保证在线交易和客户信息的安全主要依靠电子商务的安全技术。目前，携程公司已经有60件专利申请涉及网络信息监控与安全，这反映出携程公司在维护客户信息安全与支付安全的技术上已经远高于同类其他公司，值得其他公司借鉴和学习。但随着互联网的发展和技术的革新，国内相关公司在信息安全问题上还需要投入人力、物力保障客户交易的安全性。

此外，由于电子商务的特殊形式，电子商务领域关于用户信息的保密性、商品内容的安全性、网上交易的安全、网上交易主体和市场准入等问题，电子商务规范等方面的法律规定尚不明确，国内也缺乏相应的纠纷解决案例以供借鉴。因此，携程公司在内的类似旅游电子商务公司应充分重视网上支付和客户信息安全，通过积极研发相关网络安全技术，提前规避相应问题带来的风险。

(二) 应加强海外专利布局

目前，国内以携程公司、同程公司、途牛公司为代表的知名旅游电商公司的专利申请全部集中在国内，在海外都没有相关专利申请。自2011年以后，携程公司及同类旅游电商公司都不约而同地加快国内专利申请的步伐，尽管专利申请量突飞猛进，海外的相关专利申请却仍是空白，这不利于企业走出国门。携程公司目前非常重视投资收购实现其全产品线优势，却不注重海外技术的专利保护。这反映出我国旅游电商公司缺乏知识产权领域的深层次战略性思维管理模式，这将成为制约其海外发展的重要因素。虽然目前携程、途牛等公司的主要市场仍在国内，但是随着企业的发展，公司若有进军海外市场的计划，就亟须提前做好海外专利布局。

首先，国内企业在进行海外专利申请前，必须对竞争对手做到知己知彼。对目标市场国的政策、技术实用性和文化差异等进行深入、细致的分析，做好前期充分的调研工作。如果将公司研发的所有技术都申请海外专利保护，无疑需要庞大的资金，对企业而言是很大的负担。因此，国内企业可以根据自身的发展战略和优劣势来进行海外专利申请，提前对海外专利扩展所需要的资金、人才等方面做好分析与储备，对海外专利的预期收益与侵权风险做好评估。

其次，国内企业要加强海外市场的专利布局，可以在当地投资建立子公司或研发中心。我国企业"走出去"不仅需要国际化人才，也需要本土化人才。通过对当地管理、技术人员的选拔和任用，可以促进跨文化管理水平，对海外市场的相关技术发展现状有更深入的了解，从而有针对性地进行专利申请。

（三）应大力提高专利保护意识

由上文分析可知，携程公司在成立12年后才开始申请第一件专利，同程公司在成立8年后开始申请第一件专利，途牛公司在成立5年后开始申请第一件专利。虽然旅游业务早期主要依赖市场营销，但赖以生存的网络平台仍需要相关技术进行维护和升级，这反映出早期国内旅游电商企业专利保护意识普遍较弱。但随着互联网的发展，携程公司等知名旅游电商公司已经越来越重视通过技术手段提升其服务质量，避免服务同质化。

国内同类旅游电商公司应该全面提高知识产权保护意识。通过申请专利充分保护其核心技术，这样才能支撑其业务发展，提供更优质的服务，进而获得市场核心竞争力。对于在本土市场已取得成功，正准备启动以自主知识产权为基础的国际扩张活动的中国企业而言，在日益激烈的国际竞争中，尤其需增强知识产权保护意识。国内旅游电商公司可以结合其实际情况，在公司内设立专门的专利部门，建立并不断完善专利信息管理、专利经营利用、纠纷处理及其他相关事务，充分利用自身的专利资源，发挥知识产权资产的最大价值。

第四章　互联网内容产业知识产权管理实证研究

互联网科技与内容产业相结合，催生出互联网内容产业。广义上的互联网内容产业涵盖各种以互联网技术为支撑、以文化创意为主题的产业形式，包括互联网游戏、娱乐、动漫、影视、教育、出版、表演、网络服务等。狭义上的互联网内容产业则不包括仅仅提供通道、存储空间、定位链接、交易平台等网络服务的产业形式。鉴于本书专门研究网络服务、电子商务等互联网产业，本章着重探讨狭义上的互联网内容产业。就此而言，互联网内容产业既是典型的互联网产业，也是新兴的文化产业，具有衍生性、高附加值、高科技含量等特点，对科技创新、文化创新和商业模式创新等都有着强烈的内在需求，因此只有当它表现为知识产权密集型产业时，才可以展现出其低能耗、可持续的特色，进而实现产业的核心竞争力。

第一节　概　　述[*]

互联网内容产业也可以称之为数字内容产业或者网络版权产业，是数字技术与文化创意高度融合的产业形态。互联网产业具有技术先进性、互动性、融合性、扩散性等特征，因应不同的互联网媒介技术而历经不同的发展阶段。无论是互联网产业中的哪一种形态，都应该加强知识产权管理，

---

[*] 本节作者为南京理工大学知识产权学院教授梅术文、南京理工大学知识产权学院硕士研究生吕航。

从创造、布局、运用、保护等环节实现对"内容经济"的保障,激发创新活力,不断提高产品和服务的附加值。

一、互联网内容产业的发展概况

互联网内容产业是以数字技术、互联网技术和移动互联网技术等为主要依托,以文化内容创意为主要传播对象,以网络媒体、手机媒体等新兴媒介为载体,向社会公众提供文本及其服务的产业形态,既是互联网产业的重要类型,也是文化产业的组成部分。总体而言,互联网内容产业具有四个方面的特征:(1)产业所依托的技术具有先进性和互动性。(2)产业结构上具有多元属性,同时也是融合性非常强的产业类型。(3)产业发展受到规模经济与范围经济的影响。(4)产业发展受到技术、渠道、内容和版权等要素的制约。

互联网内容产业的发展历程,可以从互联网技术带来的媒介形态变化进行观察。具体来说,互联网内容产业大致经历以下四个阶段:第一个阶段是借助互联网提供内容信息,以各种门户网站的兴起为代表,如雅虎、新浪、网易、搜狐等。第二个阶段是为互联网内容进行服务的各类产业开始出现,带动了用户互动消费体验的发展,真正体现互联网内容产业的优势和特色。例如,搜索引擎企业百度、谷歌等进行的网络服务项目推动了互联网内容消费。第三个阶段是Web2.0技术推动下的互联网内容企业,包括腾讯、Facebook等为代表的社交媒体企业,以及视频分享网站、微博、微信、博客等用户生产内容平台的涌现,都带来互联网内容产业结构的巨大变革。第四个阶段是顺应新一代信息技术成长起来的互联网产业,包括移动互联网技术、三网融合技术、网络直播技术等推动了新型互联网内容生产、传播和消费,一些新兴的视频聚合、云盘传播、IPTV、游戏直播等企业不断出现,互联网内容产业的新兴业态迅速成长。

互联网内容产业可以根据其"内容"的表现形式之不同,区分为互联网新闻产业、互联网文学出版产业、互联网广播电视产业、互联网视频产业、互联网游戏动漫产业、互联网音乐产业以及其他互联网内容产业等。

（1）互联网新闻出版产业。也就是借助互联网发布各种新闻资讯、文学艺术作品，提供各种电子信息或出版物，既包括直接提供内容，也可以是对这些内容的深度链接或垂直搜索。除专门的门户网站、聚合媒体之外，传统的报纸、期刊也积极开拓网络市场，推出网站、公众号或者微博等。近年来，"两微一端"的发展尤为迅猛，各类新型"阅读产业"不断涌现。

（2）互联网广播电视产业。互联网广播电视产业是指借助数字技术升级传统的广播电视业务，或者通过"三网融合"技术以及网络广播技术开展广播电视业务的产业。在我国，互联网广播电视产业包括有线数字电视的数字化、IPTV、互联网电视（OTT）、互联网广播等。互联网广播和互联网电视主要仍以定向传播为主流，同时兼顾互动传播的特点，这既区别于互联网视频产业，也反映出未来产业边界会逐渐模糊的趋势。

（3）互联网视频产业。互联网视频产业涵盖的内容非常丰富，包括在互联网以及移动互联网上提供视频分享、视频互动播放、视频直播和转播等各种企业，已成为行业生态中最丰盈、活力最丰沛的领域。2016年在线视频市场广告规模的增幅超过30%，是全国网络广告市场增长幅度最快的应用领域，17%的用户有过付费看视频的经历，付费用户增长进入快车道。❶ 一些新兴的视频业务也进入消费者的日常生活中。例如，直播产业在2016~2017年"野蛮生长"，迫切需要进行行业重整和规范。

（4）互联网音乐产业。网络音乐已经为音乐市场的主流形式。据统计，互联网音乐作为互联网流量贡献率最大的应用领域，已经占到总流量的70%以上。❷ 我国数字音乐的产业规模不断扩张，PC端与移动端的总产值增长迅猛，新增大量4G音乐的多媒体流量业务，数字音乐平台的多元化盈利模式成为亮点，付费用户群体的快速增长是产业拉动的主要动能。

（5）互联网游戏产业。互联网游戏产业是指通过互联网传播实现娱乐形式的互动，将游戏、动漫与网络电子终端、多人参与等结合起来的产业

---

❶❷ 蔡赴朝. 开创中国网络视听产业繁荣发展的新局面——在第三届中国网络视听大会上的主旨演讲［EB/OL］. http：//news.cntv.cn/2015/12/03/ARTI1449110879759455.shtml, 2018-10-26.

形态。传统互联网、移动终端等都可以用来开发各种网络游戏。自2013年开始，我国客户端游戏（端游）和网页游戏（页游）市场份额不断下降，移动游戏市场份额迅速上升。新型的互联网游戏产业不断涌现，游戏主播应运而生，并日益职业化，电子竞技游戏产业链逐渐完善，电子竞技赛事体系成型，涌现出腾讯、网易、蓝港互动、心动网络等为代表的中国游戏厂商。以知识产权（IP）为媒介，游戏产业与其他娱乐产业联动的产品越来越多，带动了动漫、电影、玩具等周边市场的高增长。

（6）其他互联网内容产业。包括互联网动漫、互联网教育、数字图书馆等产业。由于软件、数据库等也可以成为互联网内容产业的经营领域，因此互联网内容产业与软件产业、数据库产业等存在着交叉和融合的现象。付费已经成为互联网内容产业中的普遍现象，除在视频、音乐、游戏等产业出现各种付费模式外，其他产业中的付费会员也是屡见不鲜。例如，光线彩条屋上线的付费动画网络电影《星游记：风暴法米拉》，分账票房超过1 000万。

当然，也应该看到，从产业服务创新上看，网络视频、网络广播电视、网络文学、动漫、网络游戏与传统新闻媒体产业、出版业、电子商务、影视业之间的链条都会被打通，各种"全媒体""融媒体"将占据互联网内容产业的主流。未来的互联网内容产业将包纳各种综合性服务载体，提供更加兼容和开放的内容资源，互联网内容产业必将成为经济发展新的增长点。

二、互联网内容产业知识产权管理的现状

互联网内容产业的发展离不开知识产权的管理。首先，互联网内容的创新需要知识产权激励。其次，互联网内容产业的运营离不开知识产权。只有通过内容的知识产权化，才能推动形成互联网内容产业链和价值链。最后，知识产权收益是互联网内容产业的主要收益形式。不管互联网内容产业采取何种营利模式，知识产权都是这些营利模式得以有效运转的保障。同时，在知识产权保护水平越来越高，知识产权运营途径日益丰富的背景

下,知识产权也将为互联网内容产业带来越来越多的直接经济收益。具体来说,互联网内容产业知识产权管理的现状表现在以下方面。

(一) 知识产权创造和布局

由于互联网内容企业的基本优势并不在于原始信息资源的积累,通过购买获取优质版权内容成为重要选择。盛大文学、汉王等数字出版商都积极与出版商进行合作,通过知识产权的许可、购买和合作搭建优质产品营销渠道,为打造"正版文库"铺路。在互联网视频、互联网音乐等产业领域,优势企业更是通过收购、许可等方式强化知识产权的布局优势。

经过互联网内容企业 10 多年的布局,一些国内互联网内容企业积累了非常可观的版权资源。例如,爱奇艺已建成一个拥有 1 万多部电影(包括 3 000 部左右的网络电影、7 000 部左右的院线电影)的片库;优酷土豆则储备电影电视大剧、热门综艺和少儿内容,合作伙伴既有迪士尼、尼克、华纳、BBC 等国际知名品牌,也有如央视动画、原创动力、奥飞、华强等国内少儿内容制作机构。总之,百度、阿里巴巴、腾讯等为首的互联网企业加大文化产业布局力度,从内容、平台到软件、硬件终端开展多元化的版权收购和开发,一个新的互联网内容产业生态链体系正在形成。

由于优质版权资源在布局中的重要作用不断凸显,哄抢优质 IP 的恶性竞争成为制约互联网内容产业发展的主要问题之一。例如,2017 年 5 月,腾讯、网易、阿里、百度共同争夺环球音乐三年独家版权,致使最高出价较早前出价高出整整十倍,这同时也意味着其他唱片公司对中国企业的授权费用水涨船高,而最终这些成本都会转嫁到消费者头上。❶ 因此,我国互联网内容企业在开展知识产权布局和竞争时,也必须遵守诚实信用原则和公认的商业道德,国家版权管理机关也应不断规范竞争秩序,建立成熟稳健的版权市场。

除版权创造和布局外,互联网内容企业也越来越重视专利、商标和域

---

❶ 王涛."独家版权"不堪重负 互联网版权期待理性竞争 [EB/OL]. http://www.ncac.gov.cn/chinacopyright/contents/4509/355579.html, 2017-12-15.

名等知识产权的管理。例如，阿里巴巴不断研发、引进新技术，为大屏用户打造更多元生动的视频内容和服务，积极自主或联合开发具有专利技术的智能电视新产品、电视操作系统和天猫魔盒等。❶ 2018 年 1 月，"爱奇艺"商标被国家工商总局商标局认定受"中国驰名商标"保护，彰显出爱奇艺公司在商标管理上的较高水平，有助于从社会信用体系中巩固爱奇艺的品牌地位，防止商标被跨国公司进行恶意抢注，进而打击商标侵权、企业名称侵权等仿冒行为，保护与爱奇艺品牌相同或近似的域名。

(二) 知识产权运用

知识产权运用已成为互联网内容产业商业模式的核心，互联网内容企业借助于知识产权的实施、许可、转让，不仅可以在企业内部的各个环节之间形成价值增值的渠道、平台，而且也有助于跨越集团壁垒，促进产业链中相关产业的信息流通和价值延伸。互联网内容产业最大的特点之一是平台为主。互联网平台以版权为核心进行扩展。一个作品既要把它做成小说、电影，又可以把它做成动漫、游戏，拉长产业链，挖掘知识产权的价值。❷ 例如，爱奇艺播放韩剧《来自星星的你》，不仅引发亚太地区的收视狂潮，而且连带着这部剧里男女主角的衣服、鞋子、背包、首饰、化妆品等也一路狂销，仅在淘宝网上就达到 20 亿元的销售额。

互联网内容企业实施正版化战略已是大势所趋。目前，互联网内容企业获得版权授权许可的做法有两种：一是通过一次性付费方式购买相关作品的版权；二是与版权方通过广告分成模式获得作品的授权。一次性购买为版权方所乐意接受，购买方也拥有进行知识产权运用的全面自主权，存在的缺陷是如果要价过高，商业风险过大，互联网内容企业进行合作的意愿必然降低。广告分成方式成本低，版权方所获利益与其提供的作品的商业价值息息相关，从而减少了互联网内容企业的经营风险，但是如何保证

---

❶ 窦新颖. 阿里发布家庭娱乐战略 基于内容构建娱乐生态 [EB/OL]. http：//www.iprchn.com/Index_ NewsContent.aspx? newsId=95888, 2016-10-13.

❷ 刘仁, 等. 文化产业新生态形成, 知识产权整合加剧 [EB/OL]. http：//www.iprchn.com/Index_ NewsContent.aspx? newsId=80835, 2018-10-26.

广告商的投资意愿、培育理性的广告市场受到多种因素的影响。可见，两种现行模式各有利弊，互联网内容企业有必要不断探索新的利益分享机制，推动著作权人与互联网内容企业的合作。

随着互联网内容产业的发展，一些新兴的知识产权运营模式也受到各方欢迎。版权质押、保险等融资运营成为企业筹措资金的有效方式，版权交易平台、专门的版权运营机构成为推动数字内容版权集约化运用的有效手段。例如，天津海泰数字版权交易服务中心筹建网络游戏版权收购"星基金"，总规模10亿元，进行国产网络游戏海外版权的早期收购，加速推进中国国产网游作品的海外投放与传播，有助于推动版权的商业化运营。

（三）知识产权保护

随着信息技术的发展，各类网络盗版技术也不断变换形式，特别在云计算、P2P、网络聚合、文字转码、网络电视、快速建站等新型技术被违法用于盗版的情况下，正版网站的经营者难以控制版权内容的传播，各种侵犯知识产权的新问题层出不穷。互联网内容企业既容易成为侵犯知识产权的主体，也会有越来越多的自有知识产权遭遇侵权。

当前，互联网内容产业面临的主要知识产权保护问题包括以下方面：（1）内容型网站和各种数字出版媒体侵犯知识产权。网站转载新闻作品、文学作品以及其他文字作品的情况屡见不鲜，严重侵犯原创媒体和作者利益。（2）互联网提供音乐下载及其他收听服务侵犯知识产权。（3）云盘或者贴吧服务侵犯知识产权。（4）视频网站侵犯知识产权。视频网站的侵权行为在2008年前后非常严重，经过治理，情况有明显好转。现在，视频聚合平台的盗链行为也成为打击的重点。（5）APP软件以及微信公众号、手机应用商店、手机媒体等移动互联网媒体侵犯知识产权。（6）转播体育节目赛事引发侵权纠纷。争论的焦点不仅涉及权利客体的性质判定，而且还包括信息网络传播权、广播权、广播组织权、录音录像制作者权等权利的认定，以及侵权判断标准、赔偿范围等问题。（7）网络游戏侵犯知识产权。包括游戏改编中使用人物名称、人物形象等独创性元素侵犯著作权，也涵盖近年来在网络游戏直播中出现的侵权争议。（8）围绕VR技术的知识产权侵权诉讼。

当前互联网内容产业的知识产权保护举措主要包括：(1) 司法保护。2012年11月26日通过《最高人民法院关于审理侵害信息网络传播权民事纠纷案件适用法律若干问题的规定》，该司法解释总结网络服务提供者侵犯信息网络传播权责任案件的审判经验，明确网络服务提供者侵权行为的类型、构成要件、责任限制以及具体的义务，对互联网内容产业的侵权诉讼具有重要的指引作用。实践中，互联网内容产业通过民事诉讼处理有关纠纷的积极性高涨，网络著作权案件在整个知识产权诉讼案件中的比例不断提升。(2) 行政保护。在我国，国家版权局、网信办、国家知识产权局、国家商标局等有关部门强势介入，通过行政力量维护网络内容产业的知识产权秩序，营造网络知识产权保护的良好生态。例如，自2005年，国家版权局联合有关部门开展打击网络侵权盗版的"剑网行动"，这是中央部委层面较早在网络领域探索开展的执法监管行动。(3) 行业保护。行业协会以及互联网内容企业组建知识产权保护联盟，通过行业自律形式保护知识产权，也是一种比较常见的保护方式。例如，2016年9月，掌阅科技股份有限公司、阅文集团、咪咕数字传媒有限公司等33家单位共同发起成立中国网络文学版权联盟，通过《自律公约》保护知识产权。(4) 技术保护。加强技术监管，构筑各类技术服务平台是互联网内容产业知识产权保护的重要途径。例如，冠勇科技等企业专门为文章、图片、音乐等作品提供版权技术监测服务，帮助企业、行业协会、行政机关建立起针对侵权网站、移动端APP、UGC侵权用户的黑名单数据库，在自力救济方面发挥重要的作用。

三、互联网内容产业知识产权管理的发展趋势和战略措施

互联网内容产业是新兴文化业态发展的重点，它以新媒体为载体或支撑，具有大容量、实时性和交互性，受众的主观参与性越来越高。从现阶段的状况来看，我国互联网内容产业发展势头正旺，庞大的经济体量、巨大的购买力、海量的文化资源为互联网内容产业的发展提供厚实的物质基

础，加强互联网内容产业的知识产权管理则是推动其高质量发展的基本保障。具体来说，互联网内容产业的知识产权管理战略主要包括以下方面。

（一）实施知识产权优质资源聚集战略

互联网内容产业能不能从知识密集型、技术密集型转向知识产权密集型，企业的知识产权意识、知识产权战略和知识产权经营能力至关重要。推动知识产权资源的集聚，就必须培育知识产权密集型企业。具体来说，需要大力扶持三种类型的互联网内容企业。第一种类型是在互联网转型过程中的传统内容企业。传统的报刊、媒体、广播电视等企业在采编渠道、发行方式、资本结构和人才构成等方面都拥有一定的优势，只要能够有效运用知识产权延伸其产业链条至网络内容产业领域，必然具有很强的成长能力和市场竞争能力。从这个意义上看，传统文化企业和媒体企业不仅具有发展成为知识产权密集型企业的潜力，而且也是其向网络产业延伸的必由之路。第二种类型是同互联网具有深度融合的内容优势企业。如从事网络文学传播、网络在线视频传播的优势互联网内容企业。通过合理手段引导这些企业进行版权的开发、引进，打造覆盖多个环节的内容生态并且在知识产权经营管理中发挥带头作用。第三种类型是正在成长中的新型互联网内容企业。由于这些企业处于创业阶段，而且往往与最新的互联网技术引导下的内容生产、传播和消费模式联系在一起，这类企业既可能是侵犯知识产权的主体，也可能拥有开发知识产权的内在动力。所以，要让更多的互联网内容产业的创业者及中小企业意识到知识产权对创新发展的重要性，避免因知识产权风险而带来的创业创新风险。

（二）实施更加多元化的知识产权运营战略

互联网内容产业知识产权运营的核心是选择那些具有大量粉丝的知识产权资源构建产业链，通过网络文学、游戏、音乐等核心层级向手办、玩具、器械、主题公园等周边产品延伸。此外，网络一度给人以免费使用和不受拘束的错觉。随着技术的发展和网络的成熟，著作权许可使用将成为主流。只有在重塑许可使用观念之后，才会从根本上解决大量存在的网络侵权问题，也能够实现网络上文化和信息的繁荣。基于此，知识产权运营战略的核心要素包括四个方面。

首先,通过多种模式开发知识产权资源的价值。除了拥有优秀的团队进行小说、漫画、动漫、影视剧和周边产品的全产业链开发外,还需要及时进行知识产权的授权许可和转让,借助知识产权的投资、担保、保险等方式提升知识产权开发的合法性,通过知识产权授权、许可、融资等方式吸引更多的合作伙伴,实现跨领域、跨平台、跨产业的全面布局,让知识产权资源的价值得到最大化。

其次,加快互联网技术创新和标准制定。推动新一代信息技术的研究,通过专利促进数字文化技术的创新,及时将最新的科学技术应用到文化产品的研发、制造、生产、流通和消费的各个环节,使之成为高价值版权开发的新动力,成为版权保护的有效技术手段。积极参与文化领域的国际交流活动,通过参与制定国际标准为互联网内容产业的国际化之路打下坚实的基础。建立兼容、便民和安全的数字权利管理系统及其运行标准,确保版权交易和消费的通畅稳定。

再次,建立互联网内容产业知识产权运营的综合平台。大数据时代下的互联网内容产业发展拥有天然的数据搜集和整理优势,互联网内容的运营离不开优质资源聚集平台的打造和开放。有必要依托著作权集体管理组织、行业协会等社会组织的力量和市场机制,通过社会开发和政府资助相互结合的方式,构建3~5家网络著作权交易平台。知识产权综合交易平台的构建取决于更为有效的著作权登记制度、更为便捷的著作权交易服务和更为友好的著作权交易系统。为此,应该完善著作权登记制度,建立相应的著作权登记比对系统,提高著作权登记在确权和授权中的法定证明效力。

最后,有序发展专业化的知识产权运营机构。互联网内容产业发展必须适度减少知识产权运营的经济成本,专业化的知识产权运营机构不仅能够产生专业效应和规模效应,而且能够通过组合、包装、诉讼威胁等多种形式提升知识产权资源的运用效益。在互联网内容产业的发展中,一些优势的互联网平台很有可能通过独占许可、公告、要约邀请等模式成为专业化的知识产权运营机构。因此,对这些新生事物,既不能放任滥用知识产权，阻碍信息的自由流动，也不能冠以"版权流氓"等名义一棍子打死，而是应该通过相应的机制引导这些运营模式的健康发展。

(三) 实施更加完备的知识产权保护战略

首先，严厉打击互联网内容产业中的规模侵权、营利性侵权和恶性侵权行为。一些新兴的互联网内容传播模式以侵犯他人著作权为特征，一些互联网内容企业将自身的发展完全建立在侵犯著作权的基础上，对于这些侵权行为及"恶名企业"必须加大打击力度。目前，互联网内容产业发展的制约瓶颈是知识付费问题，因此，必须加大知识产权保护力度，严厉打击经营性盗版者构建的侵权产业链，针对技术含量高甚至专门提供盗版收费业务的服务号、APP、网站、存储空间提供者等进行专门打击，保护遵纪守法者的正当权益。

其次，创新保护措施，建立多元化的保护机制。发挥行业协会、版权保护联盟等的作用，积极建立以司法、行政、调解和仲裁相结合的知识产权纠纷解决机制。加强著作权行政执法机构与网站接入电信管理机构的合作，对以从事盗版为业的网站及时予以处理。加强行政机关和司法机关的联动，构建网络版权维权的司法、行政对接平台。倡导互联网内容企业依托各自的技术优势和平台管理优势，开发相应的版权管理系统和版权自助投诉平台，形成互联网企业与权利人在维权方面的良性互动。

最后，因应互联网技术的发展修改相应的法律法规，出台有针对性的司法解释和政策规范。互联网内容产业发展中出现的新型经营方式不仅需要政策的引导，而且应该针对其中存在的法律保护疑难问题和灰色地带形成较为统一的司法裁判规则和行政执法依据。另外，互联网内容产业的发展必须在权利保护和信息共享之间寻求必要的平衡。针对一些新兴的网络传播方式带来的侵权问题，例如游戏直播、体育节目转播、商业方法软件等领域，应该在多方讨论的基础上建立更为完备的方案，在建立更为严格的知识产权保护规则的同时，进一步完善权利限制规则和"避风港规则"等。

第二节　字节跳动公司版权管理的问题与对策*

北京字节跳动科技有限公司（以下简称字节跳动公司）成立于2012年年初，经过短短五年的发展，已成为中国最具活力和创新力的互联网企业之一。其旗下的"今日头条"客户端（以下简称今日头条）基于数据挖掘技术，运用一套代码算法，能够记录用户的每一次浏览行为，并根据用户的浏览习惯，为用户推送感兴趣或有可能感兴趣的内容，受到消费者的广泛认可。根据速途研究院2017年统计数据显示，在同类APP的下载量排行榜中，今日头条成为仅次于腾讯新闻的第二大资讯客户端。❶字节跳动公司的成功源于今日头条的成功运营，但今日头条对字节跳动公司的影响也并非都是正面的。事实上，今日头条和各类内容平台的版权纠纷一直不断，今日头条先后遭到广州日报、楚天都市报、搜狐网、腾讯网等传统媒体与网络媒体的集体"讨伐"。基于此，本节通过梳理今日头条的版权运营现状、版权管理存在的问题、版权布局方向以及版权保护策略等，以期为同类型的聚合平台进行版权管理提供参考。

一、版权管理的现状

（一）广泛开展媒体之间的版权合作

按照法律的规定，互联网媒体转载他人作品，除有特殊规定外，必须经过著作权人的授权许可并支付报酬。今日头条的生存模式需要得到著作权人的许可才能不触碰法律的底线。今日头条在先后遭受到传统报刊媒体、网络新兴媒体的侵权诉讼后，开始探索媒体间的深度合作之路。今日头条

---

* 本节作者为南京理工大学知识产权学院硕士研究生张立微。
❶ 速途研究院．2016～2017年新闻客户端市场报告［EB/OL］．http：//www.sootoo.com/content/ 670657.shtml，2017-04-18.

官方网站的资料显示，其合作范围已覆盖众多主流媒体。[1] 如中央媒体有新华社、人民网、光明网、环球网等；区域性媒体有大河网、金羊网、西部网、天山网等；以及诸多生产优质内容的传统媒体，如新华日报集团、中国日报、华商报、参考消息等。

今日头条在合作方式上除了常规的内容分发外，还会根据合作媒体的特点，开展不同层次、不同领域的深度合作。如在内容创作上进行探索，从数据角度出发，共同打造可视化新闻产品。通过整合利用各媒体在内容、技术、平台及运营推广上的优质资源，实现媒体间的版权运营配合，联合策划重要选题。同时在新闻视频的制作、分发、商业化等方面，也进行全新探索。今日头条与内容媒体的结合使内容与技术的优势得到最大化的发挥，共同打造出一个协同发展、优势互补的移动互联"生态圈"，符合互联网环境下媒介不断深度融合的趋势。这既有利于权威声音的扩大和传播，也有利于网络环境的净化和新兴媒体的良性发展。

（二）自有产品版权创造蓬勃发展

虽然今日头条仍需靠其他媒体的著作权授权许可才能有序运转，但从其内容结构来看，"头条号"的自媒体内容逐渐成为核心，视频内容、自身平台的 UGC 内容也逐渐增多。点开今日头条首页，可以看到来自微头条、悟空问答、抖音、火山小视频、内涵段子、musical.ly、图虫等今日头条产品，其中具有自主版权的内容占据大量板块。这些平台的内容版权属于今日头条自主创造，或者经过授权进行信托管理。借助智能推荐算法，今日头条对这些内容进行精准分发，从而帮助内容生产者在移动互联网上获得更多的曝光率和关注度。根据今日头条官网数据显示，截至2017年10月，专门针对内容创作者的分发平台——"头条号"，其注册账号数量已超过110万个。

可见，今日头条及其旗下平台的内容创作者既是自有产品的用户，也

---

[1] 今日头条官方网站 [EB/OL]. https://www.toutiao.com/media_partners，2017-12-02.

是具有自主版权作品的创作者。他们创作的内容，通过今日头条的智能算法被分发到更多用户的端口，而好的内容通过这种精准的推荐能够有效地将读者转化为粉丝，实现"流量—粉丝—付费用户"的变现途径。而只有写好内容，才有机会获得更多的推荐量，才能获得更高的曝光率，吸引更多的关注度。这种推荐机制，使今日头条好的内容产品迅速吸引大量用户，进而提高产品的传播影响力，印证了互联网时代内容依旧为王的现实。

二、版权管理中的问题

（一）高质量版权供给不足

随着今日头条产品用户数量的壮大，对平台的非议也开始出现。2017年4月，今日头条的火山直播软件因推送涉黄等低俗内容被北京市网信办、市公安局、市文化市场行政执法总队三部门联合约谈，要求其限期整改。尽管平台设有监管员，但鉴于今日头条"不干涉，只分发"的运营原则，平台监管并没有起到事先审查排除违规行为的作用。平台内容同质化严重，也是用户诟病的原因。用户多反映，今日头条的页面内容呈现多有重复，历史信息重复推荐，24小时内的内容占比只有20%，80%的内容是三个月内的。❶另外，虚假信息泛滥也是今日头条运营管理中存在的问题。推荐的信息往往出现标题与正文不符，以噱头博取点击率的情形。

传播学中有一个概念——信息茧房，是指在信息传播的过程中，公众倾向于选择自己需要的信息，因为这些信息需求通常片面、单一，久而久之，会使自身桎梏于"茧房"一样的局部信息空间内。❷今日头条分析用户的浏览习惯、点击路径等行为总结出用户的阅读偏好，并以此为用户分发同类型的信息，久而久之也易使用户困于"信息茧房"内。这种分发模式的弊端尤其需要优质的内容来补拙，今日头条现有的内容很难保证能够满足用户对高质量信息的需求，提高平台的内容质量将是今日头条的重点

---

❶ 李天华. 今日头条野心背后逃不过的10个问题 [EB/OL]. http://www.sohu.com/a/156063638_454252, 2017-07-10.

❷ 梁锋. 信息茧房 [J]. 新闻前哨, 2013 (1): 87.

任务。

(二) 抄袭盗版隐患重重

今日头条为网络用户搭建起一个内容创作平台的同时，也带来了版权纠纷的隐患，这种隐患体现为内容创作者的侵权风险。今日头条 UGC 内容主要来自微头条、悟空问答、内涵段子、图虫以及抖音、火山小视频、musical.ly 等视听产品。自有平台用户发表的图文内容有转载、摘抄微博、微信等其他网络内容资源的嫌疑，短视频产品的内容也多来自对影视资源的剪辑。在未取得著作权人授权许可且未支付报酬时出现在"头条号"等平台上，属于对著作权的侵犯。经过剪辑加工的作品也有可能因破坏原作品的完整性而被认定为侵权。

此外，其他媒体对今日头条 UGC 内容的侵犯隐患增多，成为今日头条版权管理的重点方向。今日头条推出扶持原创者计划，投入大笔资金激励内容创作，避免完全依靠转载其他媒体内容资源。具有社交化、互动性的自有产品使每一个用户成为内容提供者，"头条号"自媒体内容成为核心，视频、问答等 UGC 内容逐渐成为流量大户。这一方面改变了今日头条的内容结构，另一方面也使其他媒体对优质内容"趋之若鹜"，极易发生非法转载的情形。因此，今日头条面临的难题不仅是解决好自身平台内容的侵权纠纷，还要防范其他平台对自身平台内容的侵权风险。

(三) 著作权侵权诉讼缠身

让今日头条在法学界名声大噪的还是其与各家媒体的侵权诉讼纠纷。新闻资讯的个性化推送是今日头条的产品特性，然而这种个性化推送的合法性一直备受争议。传统媒体认为新闻记者、撰稿人辛苦"码"出的版权作品出现在今日头条的主页上无异于"偷窃"，这使今日头条一度成为众矢之的，先后遭到《广州日报》《长沙晚报》《21世纪经济报道》《楚天都市报》《现代快报》等传统媒体的"声讨"。

首先，今日头条的转载以时事新闻为主，而对于这部分内容是否能全部纳入合理使用范围，我国法律尚无明确界定。这必然会加大今日头条转载新闻作品的侵权认定难度。其次，针对网络转载其他媒体内容的情形，今日头条能否以网络服务提供者的身份援引"避风港原则"规避平台的侵权责任也存在争议。今日头条通过对新闻的选择与编排后再分发的运营步骤,已表现出其对新闻内容的实际控制,这与今日头条主张"技术中立"的意图相悖。同样,针对"头条号"等自有平台的侵权行为,今日头条在实质上扮演着内容服务提供者的身份,以"避风港原则"进行抗辩缺乏足够的说服力。最后,法律对今日头条网页转码、深度链接、转载摘编的内容分发方式是否构成侵权的认定标准也无定论。自2014年今日头条全面爆发版权危机以来,其与传统媒体和其他网络媒体之间的版权纠纷也从未中断,这和司法实践中侵权认定困难、难以平衡各方的利益诉求不无关联。

三、版权管理对策之一:优化版权布局方向

有别于传统意义上的新闻客户端,今日头条没有内容采编人员,不是内容生产商,而是靠分发、转载其他媒体、机构、企业、自媒体的信息为生。其内容主要来源于两个方面,一是其他媒体的授权许可;二是"头条号"等自有平台的创作内容。因此,今日头条未来开展版权布局也主要聚焦在这两个方向,即积极开展媒体间的版权合作和扶持培育平台的原创内容。

(一)持续开发可视化新闻产品

可视化新闻是信息技术革新的产物,是基于数据挖掘技术,将报道内容以可视化的形态呈现出来的新闻产品。今日头条以其强大的大数据分析系统为内容媒体提供准确的数据分析支持,指导具体内容的呈现。内容生产媒体再根据今日头条提供的分析数据,如用户的年龄构成、集中浏览的板块、阅读时段与频率等,对具体的内容产出有不同的侧重点。如在2017年两会期间,今日头条与新华网结合各自优势,从数据角度出发,深度解读两会热点与用户关注趋势,共同打造两会数据的可视化产品,并在各自

的平台上进行多方位的推送展示。❶ 毫无疑问,可视化新闻理应成为今日头条高质量版权布局的重点。

(二) 不断拓展版权创业和合作渠道

随着互联网技术的发展,优质内容具有拉动粉丝经济、促进流量增长、实现内容变现的重要作用。因此,今日头条应该积极开展内容创业领域的布局,这主要表现在两个方面:一是继续重金扶持"头条号"、短视频等自有平台的内容创作者,不断完善"千人万元计划"❷"百群万元计划"❸"千人百万粉计划"等激励原创计划;二是积极开展与其他媒体的内容合作,共同打造新 IP。近年来,今日头条与华西都市报共同筹建西部内容创业基地,实现内容和技术的资源整合,激活西部内容创业的活力。❹ 好的合作模式需要总结经验推广,不断拓展合作的媒体范围,构建更为友好的媒体合作朋友圈和生态圈。

(三) 积极开展图片版权布局

今日头条开展图片领域的版权布局,以与东方 IC❺ 共同推出"创作实验室"为代表。东方 IC 负责提供新闻、娱乐、时尚、体育、创意等领域的海量图片素材,"头条号"的创作者替代专业的图片编辑,从海量素材中

---

❶ 袁筱. 新华网与今日头条两会期间开展深度合作 [EB/OL]. http://news.cnhubei.com/xw/jj/201703/t3794793.shtml,2017-03-03.

❷ 千人万元计划:即在一年内,确保至少 1 000 个头条号创作者,单月至少获 1 万元的保底收入。对于入选标准,不单单以阅读量为考评,特别强调内容的质量。今日头条并不采取"排他"策略,希望多方共同扶持,让创作者的收益得以最大化。

❸ 百群万元计划:鼓励垂直领域的内容创作者组织起来,成立小型编辑部,共同稳定、成规模地生产某个品类的内容,例如乒乓球、马术等。重点扶持至少 100 个群媒体,单月至少获得 2 万元的保底收入。

❹ 支持西部建设,华西都市报和今日头条携手共建内容创业基地 [EB/OL]. http://news.xhby.net/system/2017/11/17/030766670.shtml,2017-11-17.

❺ 东方 IC 是中国领先的视觉创意整合营销平台,主要为摄影师、媒体、广告等视觉生态从业者提供全方位的图片代理销售、内容策划、编辑整合及视觉技术管理等服务。公司独家代理全球 300 多家著名通讯社和顶尖图片社资源,拥有 2 万多名签约合作摄影师,全面覆盖超过 1 亿的国内外新闻、娱乐、时尚、体育、创意、高端精选等编辑创意类图片和视频素材,服务上千家中外媒体及广告客户。

迅速获得创作灵感，对这些图片素材进行分类、编辑和分发。同时，"头条号"创作的图文产品还可以回传到东方IC图库，供其他客户购买。这种内容生产模式将内容编辑从内容生产中解放出来，创新地将算法推荐的技术应用于内容生产端，大大提高内容生产效率，且图片经过创作者的编辑和整合后更加丰富，更适合大众阅读，利于优质内容的传播。这种全新的版权布局为摄影爱好者、设计师搭建图像处理和交流的平台，帮助他们体验、挖掘作品的价值。同时，也为消费者提供一个便捷、平价的图像搜索交易市场，促成多方互利共赢的局面。

（四）推动短视频商业化的版权布局

短视频一般是指时长控制在几分钟内，主要依托移动智能终端实现快速拍摄和美化编辑，可实时分享至各个社交媒体平台的一种新型视频形式。国内的传统视频平台主要依靠人工编辑进行内容推荐，这种模式更看重用户的共性需求，侧重于影视剧、热门综艺等长视频的投入。2016年，今日头条通过海外收购和取得视听牌照，投入大量资本补贴短视频创作者等方式布局短视频市场。其拥有的火山小视频、抖音短视频、musical.ly、topbuzz video 等平台上的短视频逐渐成为头条用户最喜爱的内容体裁。从未来的版权布局上看，今日头条还应继续瞄准PGC（专业用户生产内容）、UGC（用户生产内容）等短视频市场，依托其技术算法，致力为用户提供个性化的短视频内容，增强短视频内容的互动性，打造其社交属性，构筑其在短视频版权领域的优势。

四、版权管理对策之二：实施版权保护策略

"今日头条"的版权保护策略归纳起来可以分为对自有版权的保护以及对侵权行为的防范两个方向。对自有版权的保护方面，主要通过设置版权管理专业人员、资金扶持原创者等策略规避版权侵权风险；对侵权行为的防范和惩治，主要包括运用排重技术、制定一系列的惩罚机制等。

（一）配置专业人员

今日头条先后引入《新京报》《人物》《中国周刊》、搜狐新闻等内容

界的精英管理人才加强今日头条的内容团队建设。在具体的人员配置上，设高级文章审核编辑岗位，严格按照内容质量管理标准，对国际国内时政新闻进行内容把控，对审核中发现的问题及时反馈，并对相关数据进行分析总结。今日头条对审核编辑提出较高的要求，通常需具有新闻、法学或思想政治教育等相关专业的知识背景；根据视频业务的发展需要，专设视频法务，对业务部门人员进行法律知识培训，确保公司视频业务的有序拓展。此外，提供畅通的侵权举报渠道和反馈机制，安排专门的人员开展投诉处理和删除侵权链接的工作，减少权利人的损失，保障利益相关者正当合法的诉求。

（二）资金扶持原创

2015年9月2日，"头条号"推出"千人万元计划"和"百群万元计划"等以真金白银支持原创，鼓励内容创作者；2017年8月15日，推出"礼遇计划"，即在原有收益之外，每月向至少100名创作者提供1万元的奖励金；2017年11月22日，今日头条创作者大会上，推出"千人百万粉计划"，即在未来1年内，在平台上扶持1000个拥有一百万粉丝的账号，拉动粉丝经济，促进内容变现。针对短视频领域，2016年今日头条投入10亿元补贴原创视频创作者，2017年又单独拿出10亿元补贴火山小视频的创作者。此外，今日头条的资金扶持计划还有"头条号创作空间计划""内容产业投资基金"等诸多项目，以期保证创作者能够有足够的资金和动力支撑，创作出优质的原创内容。

（三）运用排重技术

在技术层面，今日头条建立"站内抄袭一键删除、全网监测与删文、未维权先赔付、站外投诉秒处理"的原创保护体系。今日头条可以全网监测头条号内容的侵权状况，与"维权骑士"配合对站外侵权稿件进行删除。今日头条借助技术优势，利用机器运算从其他平台识别出与原创文章高度相似的内容，将疑似抄袭链接呈现在作者的头条号后台，提醒作者及时确认。确认抄袭后，今日头条将依据"通知—删除"原则做出处理。

针对视频的版权保护，今日头条自主研发CID视频版权保护系统

（Content Identification），该系统接入包括综艺、影视剧、MV 等视频版权内容，版权方将作品上传至源片库后，会得到唯一的"内容指纹"文件。每当视频作者上传短视频作品到头条号，Content ID 系统就会将这些短视频与源片库中的版权内容进行比对，一旦内容有 60 秒匹配，版权方可以选择下架侵权视频，或允许视频素材被使用、获取该视频的广告收益。❶

（四）制定惩罚机制

今日头条制定一系列的规章制度防范和惩罚侵权行为。"头条号"平台的注册用户在入驻前会被明确告知平台的审核、处罚标准。每一个身份证仅限注册一个头条号且不支持注销。此外，每个头条号一般有 3 次申请入驻的机会，申请超过 3 次均未能按要求填写或提交资料的，有可能会被永久拒绝。今日头条制定实施的《头条号平台违规行为惩罚方案》采用扣分制对具体行为给予相应的处罚。惩治的内容包括反动违法、情色低俗、营销推广的文字、图片、视频以及虚假宣传、不实报道、文章抄袭等，按照扣分标准处以禁发文一天、关闭头条广告和自营广告权限直至永久封禁账号的处罚。

五、版权管理对策之三：构建版权运用机制

（一）建立企业的版权信息库

2015 年国家版权局下发《关于规范网络转载版权秩序的通知》，建议报刊单位和互联网媒体建立作品版权信息库，明确作品版权的权属信息，及版权的具体使用情况，降低版权纠纷。今日头条作为内容聚合平台，也应建立本单位的版权信息库和经许可使用的他人作品信息库，载明作品权属信息，对许可他人使用的作品应载明授权方式、授权期限；对经许可使用的他人作品也应载明权利来源、授权方式、授权期限等相关信息。

（二）完善作品的授权交易协议

著作权法规定网络媒体转载的前提是通过与报刊单位、互联网媒体之

---

❶ 赵勇. 涉黄过后，今日头条未来最大的败局或许在版权上 [EB/OL]. http://www.lanjingtmt.com/news/detail/24224.shtml, 2017-04-19.

间签订版权许可协议等方式获得著作权人的授权许可，并且支付合理报酬。但面对技术进步与法律滞后的冲突，企业在签订授权许可协议时不应仅限于许可范围、授权费用和违约责任等传统的合同条款，应综合考虑技术条件、市场环境等因素平衡媒体间的利益冲突。例如，双方可以约定作品的表现形式与转载方式等细化版权协议，如明确约定对于优化转码、深度链接、广告屏蔽或添加等涉及流量变现的利益分配问题。❶ 总之，今日头条应加强对转载作品的版权审核，与传统媒体共同探索合理的授权价格体系，建立差异化的定价机制等。

（三）引入著作权集中许可制度

网络环境下，诸如今日头条类的新闻聚合 APP 需要海量的使用作品，但由于著作权人的分散性，网络服务提供者难以在事前获得全部著作权人的许可，也在无形之中加大网络服务提供者的运营成本，网络服务提供者即使在非恶意的情况下也一直饱受侵权纠纷的困扰。因此，学界对于加快完善我国的著作权集体管理制度，通过著作权集体管理组织集中签订授权许可协议、代理著作权相关事宜的呼声越来越高。有学者认为应当降低著作权集体管理组织设立的门槛，允许权利人自设集体管理组织来代表自己，使集体管理组织获得多数权利人的认同。❷ 但这种带有商业信托性质的机构因具有稳定性差、风险大的弊端受到学界的质疑。因此，有学者认为应从规范集体管理组织的许可协议入手，防止其对作品形成垄断，损害公众的利益，但这种制度只是提供灵活的授权许可协议，版权市场的买卖双方仍需负担过高的交易成本。笔者认为，我国的著作权集体管理组织在网络时代对海量作品的管理远不及商业信托组织的精细与专业化，引入著作权集中许可管理制度，构建多元化的著作权集体管理制度更能保障作品实现商业化、产品化，满足买卖双方的文化消费需求，实现和谐互赢的局面。

---

❶ 王国柱. 新闻媒体融合发展的著作权之维——以聚合类移动新闻客户端为分析样本 [J]. 编辑之友, 2015 (9): 85-89.

❷ 熊琦. 著作权集中许可机制的正当性与立法完善 [J]. 法学, 2011 (8): 101-110.

我国现行的著作权集体管理条例应该对商业信托机构的行为进行统一规范，而非一味地限制禁止。任何制度都有其利弊，只有经过实践的检验，不断修正才能适应市场的发展，对于著作权集中许可制度更是如此。

第三节　网易公司的知识产权管理[*]

2016年，网易公司荣登中国互联网百强企业，成为中国排名第七的互联网科技公司。[❶] 网易公司在中文检索、免费邮件系统、网络虚拟社区、网上拍卖平台等领域取得领先位置，真正实现"网聚力量"，推动信息的互动和共享。该公司涉及多元的服务门类，包括网易网站、在线网游、网易云音乐、免费网易邮箱、在线教育、考拉和严选电商等。网易公司非常重视知识产权管理工作，截至2016年12月，在中国注册商标1 937件，共有商标3 063件，著作权登记1 120件，软件著作权登记271件。[❷] Incopat（合享新创专利数据库）数据显示，网易公司的专利申请量达746件，其中网易（杭州）网络有限公司申请量最多，有615件，涉及游戏客户端、网游、体验、游戏界面等游戏大类的专利占专利总量的一半。因此，本节着重对网易品牌的商标管理、网易游戏的著作权管理，以及网易云音乐的著作权管理等特色业务情况进行梳理分析，以期为互联网内容产业的知识产权管理带来启示与借鉴。

一、网易品牌的商标管理

（一）利用商标加强品牌营销

网易公司特别注重商标的申请、利用、维护和管理，致力于铸造专属企业的品牌。在这项长期而又艰巨的任务中，网易公司以特立独行的姿态，

---

[*] 本节作者为南京理工大学知识产权学院硕士研究生张立微。
[❶] 工信部发2016年中国互联网企业100强名单［EB/OL］. http://tech.163.com/16/0712/18/BRPTFD6E00097U7R.html，2016-07-12.
[❷] 数据来源：权大师网站：http://www.quandashi.com.

创造了一个"有态度"的品牌形象。为塑造品牌的形象，网易公司多年坚持开拓和创新的理念，在新闻产品、游戏以及音乐上进行商标的营销，实现了强大的品牌价值。以网易云音乐为例，网易公司根据市场调查，紧抓用户的关注趋势，围绕网易云音乐商标，开展"乐评专列"营销活动，将精选的80多首热门歌曲评论印在杭州市地铁内，并借助微信强大的传播力将网易公司的"情怀"传播开来。❶这场围绕网易云音乐以小搏大的营销方式使网易音乐受到大众的关注，网易公司以商标为中心策划的营销活动，创造了良好的市场声誉。

（二）利用商标强化品牌布局

网易公司在市场调研的基础上结合公司特征，运用专业知识，对企业的商标布局进行科学性和可行性论证，从而制定出符合公司整体规划的商标战略，网易公司实行的是多品牌的商标布局，并在总商标下多维度发展不同的产品商标，多品牌的商标布局涉及网易云音乐、网易新闻、网易考拉海购、网易严选以及网易邮箱等商标，这些品牌的塑造服务于网易公司，并在某一类业务下孵化出多种特色商标，如在网易游戏旗下有多种知名游戏商标，如梦幻西游、阴阳师等知名游戏商标。完整的商标布局如图4.1所示。

网易公司的商标布局对于企业的发展具有整体的驱动作用，商标管理部门能够会同企业生产、设计、销售等部门，通过对商标的研究和推广，制定出商标战略驱动市场经营的具体方案，这种推广路径主要包括以下方面：其一立足于商标本体产品的开发，塑造品质过硬且口碑好的产品；其二是对商标进行周边产品的开发销售，以达到对商标的全面推广；其三是在商标具有一定影响力的时候对商标等权利进行许可使用，扩大商标的覆盖范围。

（三）利用商标保护和运营优化品牌形象

企业产品竞争总体上呈现由单一向复合化转变的趋势，包括产品质量

---

❶ 搜狐号作者. 网易云音乐"乐评专列"火了 走心的营销不会过时[EB/OL]. http://www.sohu.com/a/129987537_115849，2017-12-02.

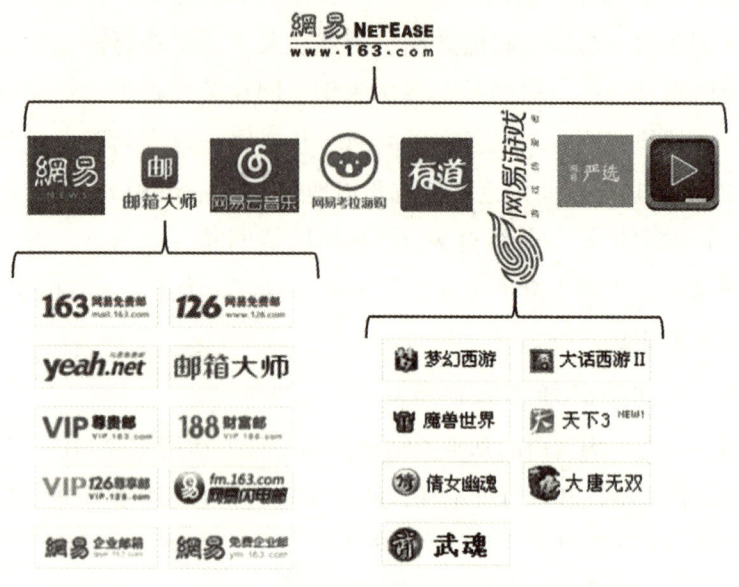

图 4.1　网易公司的部分商标布局

在内的企业信誉成为重要的因素。❶ 商标在其中发挥举足轻重的作用，这促使商标保护成为企业形象建设的一项重要工作。网易公司十分注重商标保护，及时在法律上对商标予以确权，防止商标遭遇国内外不法侵权人的抢注。❷ 同时对已注册的商标进行实时管理和检测，将商标进行划分，区分商标不同的使用情况进行差异化的管理，对注册商标的年限进行严格把控。

随着商标市场竞争的日渐激烈，商标工作尤其是商标档案管理变得刻不容缓，网易公司十分注重对商标档案等进行规范的制度管理，及时将变更的信息向商标局提交，保证权利内容的一致性。❸ 网易公司在与合作伙伴签订的许可、转让等处分商标权的合同之前，需要经过各负责机关对授

---

❶ 裴建军，张银霞. 企业商标保护 [J]. 山西财经大学学报，2001 (2): 73-75, 78.

❷ 伍欣. 加强商标管理 发挥品牌效应 [J]. 理论导刊，2000 (9): 22-23.

❸ 黄项飞. 商标档案的特点与管理 [J]. 档案与建设，1997 (3): 32-33.

权内容和合同具体条款进行严格审核。在商标价值评估方面,网易公司建立一套科学客观反映商标价值的计算公式,同时借助外界的权威评估系统对本企业商标资产进行衡量,真实反映企业商标资产价值,对于商标的资产管理和经营提供科学的数据,防止商标资产的流失。

二、网易游戏的著作权管理

2015年网易公司股价为300美元,与2003年37美元的价格相比,增长了2 600倍,❶这样的涨幅为业界少有,而对涨幅贡献最大的当属网易公司旗下的在线游戏。从2015三个季度的业绩数据统计看,网易公司的在线网游产品具有强劲的自主研发优势,美股游戏业务成为上市公司游戏业务中的翘楚,同上一个年度的21.055亿元的营收额相比,2015年三季度的24.6亿元已经实现了突破。网易公司来自游戏的营收占据公司业务总收入的74%,网易游戏营收已占据公司所有业务营收的半壁江山。❷《梦幻西游2》等西游系列在线游戏的异军突起,加上移动端游戏的表现,拉动2015年第三季度游戏营收的增长。相比代理游戏的营收,网易自行开发的游戏更具有市场号召力,已经占据在线游戏的主要部分。❸ 网易在线游戏的成功得来不易。在开发线上游戏之初,面对新浪、搜狐等国内各大门户纷纷选择代理韩国游戏的捷径,网易公司反其道而行之,坚持自主研发、风险自控。现在看来,网易公司在游戏业务着眼于长远的选择确实能凸显其前瞻性,网易游戏能在同行业竞争中脱颖而出,与其率先开始涉足游戏开发,走自主研发的道路不无关系。

(一)"自研加代理"的版权布局

网易公司作为国内为数不多具有自研能力的网游公司,其在线游戏的

---

❶ 网易资本回报率:15年股价涨2 600倍[EB/OL]. http://stock.eastmoney.com/news/1582, 20170329724447739.html, 2017-03-29.

❷ 孙冰. 15年间股价涨近2600倍 20年内每年资本回报率超20% 网易为什么是资本回报率最高的公司?[J]. 中国经济周刊, 2017 (12): 65-67.

❸ 搜狐号作者. 四大门户现状:腾讯、网易玩游戏,搜狐、新浪抓广告[EB/OL]. http://www.sohu.com/a/115038578_ 114965, 2016-09-25.

成功，离不开对自研游戏战略的选择，更离不开对原创 IP 的坚持。网易公司重塑了众多如梦幻、大话、倩女、天下等 IP 热点，这些都成为众多游戏玩家心中的经典之作。内容产业所说的 IP 是指具有广大粉丝基础、富含开发潜力及价值的文学和艺术作品。❶ 有名气的 IP 开始被以多样的形式进行演绎改编，以游戏为蓝本的动漫、电影、电视剧及周边产品也相应地活跃起来。数据显示，IP 对手机游戏的作用十分明显，一款有 IP 的游戏下载转化率（由免费玩家向付费玩家的转换）是无 IP 的 2.4 倍，而以 IP 为承载体的游戏收益更是远远高于无 IP 的游戏，可以达到无 IP 游戏收入的 2 倍。❷ 可见，创造一个具有情怀和内涵的 IP，对游戏行业的影响至关重要。网易公司旗下游戏已经取得著作权的就有一千多件，这得益于公司对自研游戏的坚持和积累，对自有 IP 形象的打造和内涵的充实。《梦幻西游》是网易游戏自主研发最成功的代表作之一。网易公司花费十几年的时间，投入大量资金、研发人员，在创制《梦幻西游》的基础上建立一种工作室制度，将公司内部分成雷火、盘古、梦幻、大话、倚天、香格里拉等近 20 个研究工作室，❸ 与此同时设置较工作室更多的项目组，对自研游戏进行类型化，更加专注游戏的开发。

网易公司在自主研发之外，还通过代理其他精品游戏储备内容版权，借助著作权管理拓宽市场。凭借良好的市场口碑以及敏锐的市场洞察力，网易公司积极争取全球知名游戏制造商"暴雪游戏"的中国代理权。❹ 通过宣传，使用户对暴雪与网易公司的联系产生信任，将魔兽游戏的品牌效

---

❶ 杨君. "IP 热"告诉我们什么［N］. 光明日报，2016-01-28（014）.

❷ 2014 手游行业趋势报告：360 手机助手报告显示，通过抽取游戏排行榜有 IP 和无 IP 的游戏统计发现，有 IP 的游戏下载转化率是无 IP 的游戏的 2.4 倍，对于吸量有明显优势；并且有 IP 的游戏整体收入水平高于无 IP 游戏，是无 IP 游戏收入的 2 倍，而在留存率方面，有 IP 的游戏略高于无 IP 游戏，但二者差距不大.

❸ 腾讯游戏与网易游戏的王者之争［EB/OL］. https：//www.zhongguocaifu.com.cn/news/details-99981.html，2017-03-12.

❹ 令狐. 网易续约暴雪游戏代理权至 2020 年［EB/OL］. http：//ol.tgbus.com/201609/5330693707.html，2016-09-27.

应和忠实用户群留在网易公司的平台上。但不能否认的是，网易公司在游戏代理方面的成绩不尽如人意，如 2016 年网易公司代理重量级游戏《HIT》，此款游戏在国外十分火爆，曾蝉联 App Store 榜首，但是网易公司引入国内后却反响平平，效果远不及其自研游戏。网易公司要想实现自研和代理并重还有很长的路要走。

（二）在线游戏的著作权许可

近年来，随着网游品牌的不断壮大，网游行业的著作权授权模式开始盛行。网易网游采取自营加授权的著作权运营模式，通过招商授权的方式将自研产品向外推广。网易公司拥有大量品牌游戏，这是其对外授权的资源优势。另外，网易公司多年来积累的"高质量，有态度"的好口碑以及三亿多的客户群，奠定了网易网游版权授权的市场优势地位。依托品牌优势和庞大的用户群体，网易公司在全国寻找有专业经验的授权生产商和销售商，为它们注入网易品牌优势的同时，反过来通过销售拓展网易网游的影响力，形成"游戏与周边"相结合的共同赢利体。

具体而言，网易公司通过许可协议的方式对其已取得的著作权以及具有合法权利的网游元素进行授权，如网游的角色、名称、背景、宣传海报等。取得授权许可的生产和销售商，围绕上述可授权的网游元素进行设计、生产、销售等。网易公司主要采取以下三种方式对公司的著作权相关权利进行授权：第一，在生产销售的商品上直接使用网易公司网游元素，被授权方可以在产品开发、生产销售以及宣传等一系列过程中使用该权利。可授权使用的商品包括，服饰、儿童布偶、家具、床上用品、零食等。第二，在产品促销过程中对赠送的福利进行授权，或者对相关的促销活动进行授权。这种授权方式是一种附带式授权，对公司主打产品起到辅助促销的作用，比如在零食包装内赠小卡片上使用网易品牌，或者在公司举办的活动中使用网游元素的布偶进行代言等。第三，向录音录像以及平面媒体等进行授权，允许被授权方将游戏元素在报刊、广播、CD 中进行使用。

三、网易云音乐的著作权管理

网易云音乐作为网易公司旗下音乐类产品，秉承网易公司"慢"的风格，用心打磨产品，终以精良的制作和良好的用户体验赢得口碑。相比于QQ、酷狗等老牌音乐产品，网易云音乐起步较晚，却在发展速度上赶超上述音乐品牌。截至 2017 年 4 月，网易云音乐拥有超过 3 亿的用户，并且估值超过 80 亿元人民币，网易云音乐已成为音乐产品里的一匹黑马。❶

近年来，我国版权保护境况向好，消费者付费欲望逐步提高，各个音乐平台纷纷抢占版权市场，分割版权资源，音乐市场三足鼎立的分配格局也逐渐明晰。❷ 腾讯在收购酷我音乐和酷狗音乐之后成为音乐版权产业的巨头，另外两个重要竞争对手分别是阿里系和百度系。面对激烈的竞争，网易公司认识到发展的短板和局限，积极调整版权战略，把控高质量音乐版权，在主流音乐版权板块占得先机，其主流音乐曲库规模紧随 QQ 音乐排名第二。在音乐版权的基础上进行个性化的整合，一方面，积极稳妥地推进版权合作，对音乐版权进行优化，另一方面，通过"社交与互动"相结合的方式打造网易标签，牢牢把握粉丝经济，扶持原创歌手，打造自己的原创音乐平台。

（一）寻求版权战略合作

网易云音乐的知识产权管理需要版权资源的支撑。鉴于音乐市场多家分流，通过获得歌曲的独家授权挽留用户的做法成本高昂、费时费力，加上网易云音乐在音乐版权市场的占比较低，促使网易云音乐选择版权授权合作的方式弥补自身版权资源的不足，通过合作授权分享资源，进而对现有资源进行精细化的整合操作。

在盗版侵权充斥的音乐行业环境中，网易云音乐数次卷入与腾讯、酷

---

❶ 搜狐号作者. 丁磊：网易云音乐已拥有 3 亿用户 超 4 亿歌单 [EB/OL]. http：//www.sohu.com/a/136767326_ 472903，2017-04-27.

❷ 王珑娟. 巨头瓜分千亿音乐市场：腾讯独大百度尴尬阿里野心 不计成本的资本角逐迎双寡时代 [EB/OL]. http：//www.sohu.com/a/115765763_ 439726，2016-10-10.

狗等其他音乐平台的知识产权诉讼纠纷中，这既限制各音乐平台的发展壮大，又阻碍整个音乐行业的良性运行，成为网易公司积极寻求版权战略合作，突破版权发展瓶颈的重要原因。2015年，网易公司与音乐巨头腾讯公司多次磋商，最终以预付加分成的方式达成转授权协议，当时转授权的音乐曲目也达到历史最高的150万首，内容涉及腾讯独家授权代理的音乐库如华纳、索尼、福茂等。在这一轮转授权中，网易公司实现了自身曲库的完整性，曲库数量基本与QQ音乐等音乐平台持平。❶ 但2017年出现网易公司与腾讯音乐版权转授权没谈成的新闻，网易云音乐出现下架部分歌曲的行为也印证这一传闻。由于腾讯音乐手握众多优质版权，即使网易云音乐的口碑不错，但缺乏丰富的内容必然会使现有用户外流入其他平台。❷ 由此可见，在我国推动建立良性的音乐版权转授权机制任重道远。

（二）打造"社交+互动"的版权产业链

网易云音乐版权战略的重心在于打造一个以社交为主的音乐模式，通过加大对版权资源的投入，完善版权产业链的布局。音乐平台的竞争力不完全体现在版权资源上，更多的是版权的运营模式上。从用户的角度看，一个优秀的音乐平台应当要拥有相对完整的曲库，但是单一的曲库已经不能满足用户的体验需求，信息化社会下个人更注重的是社交中的自我认同和他人认同，有良好用户体验的音乐平台也更易受到青睐。从音乐平台的角度出发，版权正版化的推进改善了盗版猖獗的音乐市场，但是版权的正版化并不必然与版权收费相挂钩。在当前用户版权付费习惯还未形成的情况下，音乐平台要想支付起一大笔版权费并在此基础上取得营收，必须发挥版权产业链的优势，吸引用户流量进而为其服务付费。

网易云音乐最大的闪光点在于其转变思维，由争夺版权转向用心经营版权，整合优质的音乐作品形成完整的产业链。网易公司以音乐为依托构

---

❶ QQ音乐与网易讲和双方已达成音乐版权转授权合作［EB/OL］．http：//media.people.com.cn/n/2015/1014/c40606-27694636.html，2015-10-14．

❷ 版权才是战场 QQ音乐与网易云音乐的版权之争［EB/OL］．http：//tech.sina.com.cn/roll/2017-09-16/doc-ifykynia7516990.shtml，2017-09-16．

建以用户为主导的音乐市场新模式，这个模式集合 UGC、歌单、评论等多元化的卖点，激发了用户的自发性和主动参与性。用户在网易平台的听歌过程是一个参与式的过程，在这个过程中用户可以发表对音乐的感想，用户对好听的音乐产生认同，形成音乐人和用户的互动社区，将这部分忠实用户转化为粉丝，留住老用户的同时也凭借良好的品牌形象和用户口碑吸引到更多的新用户。

（三）立足"粉丝经济"的版权布局

粉丝经济是一种以口碑营销提升用户黏性的商业运作模式，极有可能将访客转化为用户，进而向付费用户发展，实现音乐版权的变现。❶ 网易云音乐平台是一个集音乐人、粉丝、听众的三方互动平台，而粉丝是网易云音乐的重点维护对象，抓住粉丝经济成为网易公司实现版权商业价值的重点。❷ 据统计，网易云的学生用户比例高达 35.2%，学生粉丝群体远远超过其他音乐平台，❸ 这个群体乐于收听、评论、分享，为了留住这部分粉丝，网易云音乐平台以学生粉丝群体为主体布局音乐版权的投放。如，网易云音乐平台加强粉丝和偶像之间的联系，开展人气营销，以获取人气偶像歌曲版权为主，吸纳新粉丝，迎合既有用户，使他们心甘情愿为版权付费。

另外，网易云音乐平台主动寻求和音乐人的互利共赢模式，相比于唱片公司，这种模式使取得歌曲版权授权变得相对容易，也更具有营利性和便捷性。因此，网易公司会为艺人群体策划音乐宣传案、提供音乐分销的渠道，并负责将音乐产品向市场推广。网易云音乐尤其加大对原创音乐人的帮扶力度，从资金、资源推广、专辑制作、提供表演机会等对音乐人进行全方位的包装和培训。通过这样的方式，一方面向潜在的粉丝群发出体验的邀请，一方面为忠诚的粉丝提供更新鲜的选择和体验。

---

❶ 张倩. 粉丝经济如何玩转？粘性高而推广成本低［EB/OL］. http：//bschool.hexun.com/2016-08-24/185682791.html，2016-08-24.

❷❸ 韩韶君. 数字音乐产业的观察与思考——基于流媒体音乐的分析［J］. 人民音乐，2017（4）：66-69.

四、网易公司知识产权管理中的问题与对策

(一) 问题

1. 知识产权创造中同质化现象丛生

所谓同质化是经济学的概念，指同种产品在竞争上采取相同相近似的营销手段，从而得到趋同的产品的现象。❶ 网易公司同质化的重灾区是在线游戏产业。同质化现象的出现有多种原因：高额的游戏开发投入，优质游戏的巨大利益刺激，网络游戏创新难度大，以及相关法律法规的不健全使得大多数商家开始走竞相模仿的同质化捷径。以竞技赛车游戏"跑跑卡丁车"为例，其在风靡我国之后，市场上一下子涌现多种类似竞技类赛车游戏，作为抢走上述游戏部分市场的"QQ飞车"，不管从游戏的界面设置、外观还是操作手法方面，《QQ飞车》与前者不无相似之处，几乎可以认定其是对《跑跑卡丁车》的模仿。市场的无序竞争导致企业呈现跟风状态，产品逐渐趋同，提高了企业的创新成本、降低了原创者的生产积极性。

2. 企业知识产权维权面临困难

随着社会的发展，侵权的方式逐渐多元化，侵权标准也不断变化，侵权认定的难度使企业知识产权侵权诉讼面临很多问题。如2016年6月，网易公司面对北京乐动卓越的游戏《我叫MT3》的起诉，主动应诉，主张乐动卓越的涉诉游戏系对网易公司自研网游《梦幻西游》的抄袭，其游戏的设计界面、色彩搭配、样式以及操作规则等都具有高度的相似性，构成对《梦幻西游》著作权的侵犯，因此要求侵权者承担相应的赔偿责任。❷ 法庭审理中被告乐动卓越对网易公司的所有诉求表示反对，认为旗下游戏并未涉及业界所称的侵权行为。这起案件只是网易公司遭遇的多起类似的版权侵权案件中的一件。实际上，这些类似的案件在认定侵权方面均存在着侵权标准模糊、侵权认定难、赔偿数额低等一系列问题。如果游戏的版权侵

---

❶ 尚志红. 网络游戏同质化的知识产权问题 [J]. 人民司法, 2011 (19)：97-100.

❷ 网易起诉《我叫MT3》侵权 卓越游戏忍无可忍 [EB/OL]. http：//games.ifeng.com/a/20160805/44433080_ 0.shtml, 2016-08-05.

权问题一直得不到解决，会严重阻碍行业的健康发展。

3. 版权资源牵制网易云音乐的发展

2017年，网易云音乐微博发布公告称被迫下架其平台的众多歌曲，不少用户收藏的歌单中很多歌曲因下架无法收听。网易公司与腾讯等众多合作对象的版权之争一直起起伏伏，用户在同一平台能否收听到各个音乐库的资源取决于版权授权情况。虽然，网易云音乐的"情怀"使其具有其他平台不能匹敌的用户粘度，但缺少内容资源，长久以往也难保证用户资源不向其他资源更丰富的平台流动。互联网时代本就是信息爆炸的时代，即使有好的包装与营销手段等外部优势，缺乏内在的核心版权资源，仍会受制于其他版权大户。网易云音乐的粉丝经济也是建立在优质音乐版权的基础上，因此网易云音乐若无法获得更多更优质的音乐版权势必会被市场淘汰。

4. 缺少专门的知识产权管理机构

对于企业来说，一个成熟运作的知识产权管理机构是其公司无形财产规范化运转的标志。调查研究显示，中国多数企业缺少专门的知识产权管理机构，普遍混淆知识产权管理机构和法务部门的职责。[1] 网易公司作为发展中的大企业，建立专门的知识产权管理机构对企业具有至关重要的作用，简单的法务部门已经无法代替知识产权部门发挥效用。网易公司缺少综合的知识产权管理机构，容易造成公司知识产权决策上缺乏专业的指导，在日常公司运作中无法提供专业性的决策指导，公司出现侵权纠纷时无法给出及时合理的方案，很难从战略上推进企业知识产权战略的实施。

（二）对策建议

1. 建立知识产权跟踪机制

网络游戏侵权问题的频发，除竞争激烈的外部环境因素外，更重要的原因是网易公司尚未形成完善规范的知识产权管理体系。基于网易公司知识产权管理面临的同质化及侵权纠纷的多样化等难题，加强企业的知识产

---

[1] 陈倩思. 企业知识产权管理组织变革研究［D］. 武汉：华中科技大学，2009.

权信息利用能力，建立知识产权跟踪机制显得尤为重要。企业应当强化知识产权信息利用能力，由专人负责产品的研发、知识产权的登记、侵权维权等一系列过程信息的跟进，并且建立一整套相应的知识产权运营程序。❶具体到研发阶段，企业必须及时了解跟进新产品的知识产权市场分布情况，从产品和竞争对手的角度出发，分析其分布区域以及竞争力分布，给出跟踪数据，为企业决策层和执行机构提供参考，掌握市场动态开展产品的研发、创作工作；产品投入市场之后，对产品知识产权做好后期的监测，一旦发现相关产品侵犯本企业的知识产权，应当及时进行取样保存，并向相关部门投诉，做好维权或应诉准备，在监测过程中发现由于前期市场和数据调查中遗漏的知识产权侵权风险，也可以在后期迅速做出应急预案，停止侵权并消除因此带来的不良影响。

2. 加强知识产权管理组织体系建设

网易公司缺少专门的知识产权管理机构，公司的法务部门包揽公司的所有法律纠纷和日常法律行为，很难形成对知识产权的细致和有针对性的管理。知识产权管理是专业性极高的一项工作，企业应当重视知识产权管理组织（Intellectual Property Management，IPM）体系建设。发达国家在IPM的组织体系有三种不同模式，包括以法务部门管理知识产权业务模式，由研发部门行使知识产权业务，另外一种是由决策部门直接对知识产权业务进行部署。❷ 如表4.1所示，三种IPM模式各有优劣。网易公司作为网络综合服务提供商，IPM组织体系建设应当兼顾与公司研发人员、决策层以及法务的关系，建立一个从科研人员、法务部门及公司管理部门中遴选IPM组成人员的机制。

---

❶ 冯晓青. 企业知识产权战略管理研究——以战略管理过程为视角 [J]. 科技与法律，2008（5）：51-55.

❷ 王玉玺，高山行. 我国企业知识产权管理的现状分析及建议 [J]. 科技与法律，2008（3）：25-28.

表 4.1　知识产权管理组织体系模式的优劣势比较

模式	法务 IPM 部门	研发 IPM 部门	专门的 IPM 部门
部门	直属法务部门	直属研发部门	直属公司最高管理决策机构
优势	便捷处理法律实务	与研发部门沟通顺畅，为 IPM 提供专业技术支持	贴近企业战略决策
劣势	易与企业决策层脱节，缺乏技术支持	使 IPM 边缘化，很难作为整体进行把握	与研发部门和法律实务部门沟通难

网易公司应该明确 IPM 的职能，将工作重心放在产权归属、激励机制和纠纷处理上。首先，IPM 组织应当负责向全体员工宣传和普及知识产权保护的内容，跟踪专利、商标、著作权的申请注册以及相关的变更信息，对权利状态实时监测，同时做好上述事项的档案管理，以便更好地明确知识产权权属。其次，通过实物奖励、设置富有挑战性的项目等措施激励创作者，形成自主创新精神。最后，培养应诉答辩的能力，在公司业务中负责对外合作所涉及的知识产权布局、运用、应对侵权或被侵权时的处理工作。总体上，网易公司需要在企业内部培养一支熟悉法律实务、懂技术知识、懂内容产业、了解公司发展战略的专业知识产权管理队伍。

3. 建立长远的知识产权管理战略

网易公司的发展优势在网游、新闻等领域，其知识产权战略的布局主要在版权和商标上，且集中于作品的研发、商标的管理及保护。但是，如果网易公司在决策上缺乏宏观把控，将导致企业经常陷入"侵权"的雷区。[1] 因此，网易公司的知识产权战略应该针对公司业务发展全面铺开，突出版权管理和商标管理的同时，加强专利和商业秘密的保护。因此，网易的知识产权管理战略应当坚持长远的眼光，立足于国内市场，勇于开拓国外市场，建立覆盖专利、商标、著作权、商业秘密以及知识产权组合的管理和保护方式。在自主研发的基础上，广泛寻求战略合作，通过合作开

---

[1]　宋亚非. 跨国企业知识产权管理战略分析及其启示 [J]. 财经问题研究, 2008 (7): 95-102.

发、转授权等方式充分发挥自身优势，营造互利共赢的市场环境。

第四节　超星公司的知识产权管理*

北京世纪超星信息技术发展有限责任公司（以下简称超星公司）是我国规模最大的数字图书资源提供商和学术视频资源制作商之一。由于电子资源的获取和使用具有方便快捷的特点，以及数字处理技术越来越成熟的发展趋势，超星公司这类数字资源提供商成功获得广泛的认可。而超星公司的成功离不开其对知识产权的管理，尤其是对著作权的管理已经积累丰富的经验，值得同类企业参考借鉴。本节将分析超星公司的著作权、专利、商标以及域名等知识产权管理基本情况，重点关注著作权领域，聚焦"超星数字图书馆""超星学术视频""读秀学术搜索"三大平台，尝试对其知识产权管理存在的问题进行梳理，提出相应的对策建议。

一、企业概况

超星公司成立于1993年，其长期从事图书、文献、教育资源数字化工作，是国内最早从事纸质资料的数字化以及制作电子出版物的公司之一。❶ 经过20多年的发展，超星公司独立研发的产品达数十个，其中电子图书、教育视频、数字试题等系列产品在我国高等教育、基础教育、终身教育、社区教育、行业信息服务领域具有很高的市场占有率和社会影响。❷

由于长期和电子资源、数字出版领域打交道，超星公司的经营管理离不开知识产权，尤其版权问题是其不得不重点管理的知识产权领域。经过多年的探索，超星公司已建立一系列知识产权管理办法和独特的管理模式，研究其知识产权管理有助于了解我国数字版权保护的难点，并为我国其他

---

* 本节作者为南京理工大学知识产权学院硕士研究生朱南茜。
❶ 赵展."超星"之路——超星公司成功经验探索［D］.北京：中央民族大学，2012.
❷ 超星公司官网［EB/OL］. http：//about.chaoxing.com/，2017-04-13.

互联网内容共享平台的知识产权管理提供参考。

二、超星公司的著作权管理

(一) 超星公司主要平台的版权经营模式

1. 超星数字图书馆

超星数字图书馆是世界最大的中文在线数字图书馆，其运作模式是利用先进的图像处理技术对各类文献资源进行数字转换，目前已存储上百万册电子图书的数字化馆藏资源，包括自然科学、社会科学各类电子书50余大类。❶

(1) 一对一版权授权模式。

数字图书馆往往不自己产出作品，而是通过扫描其他著作权人的作品再上传至自家平台。这就需要提前取得著作权人的授权，以免侵犯他人著作权。对此，超星公司采用的是直接一对一的授权模式。超星公司给作者赠送10年免费读书卡来换取作品授权，授权作者可以免费使用超星数字图书馆资源作为交换条件，具体指先使用并预留适当比例的版税，如果作者有异议，再与作者商谈并取得作者授权，如果作者不同意，则支付已使用的版税并将该作品撤除。❷ 采用这一做法能够比较好地平衡版权资源传播者与著作权人之间的利益，一方面超星数字图书馆利用其平台开放这些资源给公众；另一方面著作权人由于作品可供一部分人群免费下载而将取得一定的补偿，同时超星公司表明了尊重作者意愿的态度，一旦著作权人不同意授权将立即撤除其作品。这体现超星公司作为互联网内容提供平台较强的知识产权保护以及防止侵权的意识。只是，面对超星图书馆的海量资源，这一授权模式效率低下且花费不菲。

(2) 版权保护技术措施。

---

❶ 祝婷婷. 知识产权在我国高校数字图书馆中的现状及意义 [J]. 金田, 2014 (9): 355-356.

❷ 柳莎. 超星数字图书馆版权授权模式研究 [J]. 农业网络信息, 2012 (1): 49-50.

数字技术与网络技术的发展使信息网络传播领域的版权保护受到史无前例的挑战，为了防止相关作者即内容合作方的版权受到侵害，超星公司采取一系列反盗版的技术措施。超星数字图书馆存储的电子图书主要为PDG格式，而此种格式只能通过超星阅读器进行浏览，这就是说虽然超星公司提供资源下载服务，但下载到本地的资料仅允许在指定阅读器上阅览，限制资源的随意传播。超星公司还利用技术措施使得每个用户一次打印不能超过10页，每个用户每个月打印页数不能超过1 000页，打印页上加有保护版权标识等。这些措施能有效限制打印和永久下载，保护其电子资源不被任意复制和传播，从而降低其合作作者的知识产权受到侵害的可能性。❶ 数字出版领域的版权隐患一直是老大难问题，虽然超星公司尚不能避免一切侵权纠纷，但利用一系列技术措施保证版权经营模式的顺利运营，是保护著作权人传播权的有效手段，值得数字出版领域的同行借鉴。

（3）与高校的合作模式。

目前国内的许多高校都与超星公司建立合作关系，具体合作模式是：超星公司与高校签订合作或共建协议，使高校图书馆的网站成为超星公司的镜像站点，保持与超星数字图书馆相同的数据功能。其中，超星公司负责数据及书目信息的上传、维护，高校图书馆则负责提供硬件设备与网络环境。同时，双方约定如引发任何著作权侵权纠纷，超星公司承担全部法律责任。❷ 为了保证这一模式的顺利运营，超星公司需要在合作达成之前就解决数据库内图书授权的问题，以避免著作权侵权纠纷的发生给高校合作方造成麻烦。曾经轰动一时的李某奎诉超星公司及多所高校的著作权侵权案就是一个典型代表，这一系列案件达20余起，原告都为自由撰稿人李某奎，诉讼事由皆为超星数字图书馆未经李某奎授权而将其作品复制传播，

---

❶ 赵展．"超星"之路——超星公司成功经验探索［D］．北京：中央民族大学，2012．

❷ 李某奎诉北京世纪超星信息技术发展有限责任公司、北京超星数图信息技术有限公司、贵州大学侵害著作权纠纷案［EB/OL］．http：//www.pkulaw.cn/case/pfnl_1970324837490967.html? keywords＝超星 &match＝Exact，2017－05－20．

案件波及多家高校，如北京理工大学、贵州大学等。由此可见，超星公司在继续加强版权授权工作的同时，还要及时对高校合作方的相应数据库进行维护，发生侵权纠纷时要根据诉讼判决及时消除影响，全面删除各家数据库内的侵权资源，以避免此类由同一事由导致的侵权纠纷。

2. 超星学术视频

超星学术视频是指由超星公司独立拍摄制作学术视频的网站。❶ 它利用影像技术将国内专家学者的学术研究成果记录保存，资源覆盖近 80 个学科门类，并向网站使用者传播。目前超星学术视频网已经改版为尔雅教育视频网。

超星学术视频的版权经营模式大致为：首先通过版权授权买进版权，其次经过自主研发与设计，利用技术手段将版权作品以视频的形式呈现，最后将视频上传至其网站供用户观看、下载并收取费用。在这一模式中，版权授权至关重要。超星学术视频对此主要采用直接授权模式和创作共用模式。在直接授权模式中，超星公司分布在全国各地的业务员会主动联系相关专家学者寻求合作，并争取所有签约者的授权许可；或者通过组织大型公关活动或会议，邀请专家学者敲定授权合作事宜。签订合作协议后，超星公司会支付主讲人课时费以买断视频版权，这是超星学术视频最常用的直接授权方式，此外也使用依据视频下载量或单独定价的抽成方式支付原版权所有者。而在创作共用模式中，超星公司和原著作权人能够共同参与视频的制作，完成的视频除了许可超星公司商用，也可用于个人主页等非商业用途。

然而，在视频资源上线后的传播阶段，超星公司并没有采取有力的反盗版措施。超星仅仅在其学术视频网站上标示"未经同意，不得转载"的声明，对非法转载的行为如何追责等具体条款没有做出公示。可以说，现阶段超星学术视频的版权保护主要是"出现问题解决问题"的防守式版权保护。❷ 这种消极的保护策略使得其视频资源面临一定的侵权风险，比如

---

❶ 乌艳梅. 超星学术视频版权经营研究 [D]. 保定：河北大学，2015：5-6.
❷ 乌艳梅. 超星学术视频版权经营研究 [D]. 保定：河北大学，2015：12-13.

2010年优酷未经许可转载超星公司的视频就引发一场影响较大的维权事件。综上，超星学术视频平台的版权管理工作在授权阶段实施得比较到位，在灵活可选的授权模式下，参与视频录制的专家学者基本不会与超星公司发生侵权纠纷，而在视频上线后的传播阶段则存在一定的版权被侵权风险。

3. 读秀学术搜索

读秀学术搜索是超星继数字图书馆之后推出的又一款产品，2005年面世后便大获成功。它是集文献搜索、试读、文献传递、参考咨询等多种功能为一体的一站式搜索平台，一改传统数字图书馆提供全本图书阅读的功能形式，而将馆藏图书打乱，分章节重新整合成海量数据库，使读者可以检索到具体的章节或页码进行阅读或通过文献传递获取资源。❶

读秀学术搜索存储的电子文献资源可以分为两个部分，一部分是取得相关作者授权许可使用的图书，另一部分则是未经授权的图书资源。对于第一部分图书，用户可以通过读秀学术搜索找到其纸质藏书或者直接阅读电子全文；而对于第二部分图书，读秀学术搜索仅仅提供对检索结果的部分正文页的阅读（约17页），而并不提供全文阅读。在此，读秀学术搜索对已经发表的作品进行适当的摘录，属于合理使用条款的延伸，并不造成对作品著作权的侵权。❷ 对版权风险的规避也属于版权管理的一种，超星公司在读秀学术搜索平台采用的分章节搜索、限制阅读页数的版权管理办法在一定程度上避免了版权风险。

综上所述，超星公司已具备较强的版权意识，并采取一系列保护措施与管理办法，管理效果也可圈可点，不过尚存较大的进步空间。

（二）计算机软件的著作权管理

超星公司属于高新技术企业和软件企业，其网站内容的呈现依托大量计算机软件技术。除了要保护合作作者的版权，超星自身的软件著作权也

---

❶ 赵展. "超星"之路——超星公司成功经验探索 [D]. 北京：中央民族大学，2012：19-20.

❷ 赵展. "超星"之路——超星公司成功经验探索 [D]. 北京：中央民族大学，2012：48-50.

需要受到保护。我国软件著作权和一般著作权一样，只要创作完成即自动享有著作权，不强制要求登记。然而对于企业来说，软件著作权登记能够在发生侵权纠纷时更有力地对抗他人，并产生更高的商业价值。有鉴于此，超星公司积极进行软件著作权管理，现已登记软件著作权 43 件，包括超星云盘软件、超星发现系统、超星名师讲坛数据库系统等。❶ 其中"超星阅览器 Linux 系统 V1.0 简称 LinuxSSReader"早在 2005 年就已进行登记，是其首次进行著作权登记的计算机软件。

早在 1997 年，超星公司在开发数字化图书技术之时就已推出其专用阅览器——超星阅读器（Superstar Reader）。这一阅读器专门用于浏览超星资源库里的 PDG 文件，并且相关下载与打印功能都需要使用这一阅读器实现。超星阅读器的出现一方面给用户提供比普通 IE 浏览器更为舒适的阅读体验，另一方面超星公司利用该技术措施限制数字图书馆中电子资源的任意复制和传播。如此一来，数据库内作品的版权得到保护，侵权纠纷的发生也能够得到有效控制。正是出于对版权保护的重视，以及意识到超星阅读器对超星公司的重大意义，超星首次登记的软件著作权就是超星阅览器 Linux 系统，在这之后还定期对超星阅读器系统进行维护升级，保持着约半年更新一次的频率，如今已升级到 SSReader 4.1.5 版本。

（三）著作权纠纷管理

在北大法宝网站上能够搜索到与超星公司有关的知识产权侵权诉讼近 200 件，其中大部分都是超星公司作为被告方，而诉讼事由则以版权侵权为主。

1. 应对著作权侵权诉讼

超星公司近年经历的知识产权被诉侵权案件数量众多，其中造成社会影响最大的是 2007 年发生的 "400 余位学者欲齐诉超星" 的侵权纠纷，轰动整个数字出版界。这一纠纷的起因是中国社会科学院的研究员吴某发现其作品在未经授权的情况下出现在超星公司的网站上，并标价出售，著作

---

❶ 通过"启信宝"企业信息查询平台查询。

权人吴某认为超星公司侵犯其版权。后来吴某意识到遭遇此种侵权行为的不止自己一人，身边不少老师、同事的学术著作也同样遭遇"盗版命运"。于是吴某联络到400余位专家，准备就版权侵权向超星公司讨要说法、追究责任。这一系列案件被看作是"中国最大的网络盗版诉讼案"。虽然最终吴某等人的上诉主张被判定无法成立，并被法院驳回，超星公司证明了自己并未侵权，但这一事件中超星公司的声誉无疑严重受损。不过，值得肯定的是，超星公司在遭遇这种大规模被诉侵权纠纷时保持积极应对的态度，第一时间进行调查分析，迅速搜集诸如授权书等证据，最终经过法院审理，超星公司胜诉。事情的真伪一度难以分辨，正是由于超星公司已形成比较完善的版权授权模式并且长期重视知识产权管理工作，在知识产权纠纷管理方面积累了一定的经验，使得情况发生逆转，还原了事实真相，逐步为自己洗脱了践踏知识产权的恶名。

2. 主动发起著作权诉讼攻击

知识产权诉讼攻击具有高投入、高风险的特征，一般来说选择知识产权纠纷管理方式需要慎重而为。不过，当侵权方的侵权行为明显且证据充分时，被侵权方应当果断采取行动，发起诉讼攻击，维护自身知识产权。在2010年的"优酷擅播学术视频"侵权纠纷中，超星公司对侵权方优酷主动发起诉讼攻击。

当时，优酷网出现大量未经授权的超星学术专题片，这一系列专题片由超星公司花费巨资录制，内容涵盖十几个学科，涉及57名教授和知名学者，视频总数多达3 000多部。优酷无视这些学术视频右下角的超星公司标志，将其大量上传至自家网站平台，供网友在其网站随意观看下载。部分涉案作品的片头或片尾还被替换成优酷自己的广告。在发现之初，超星公司就将优酷告上法庭，要求其删除视频并给予赔偿，在法院的调解下，优酷承诺尽快删除专题片，但半年过后视频依然在优酷网站非法传播。直到2010年年底，超星公司再次起诉优酷侵犯其著作权，并索赔千万元。显然，优酷这种未经授权随意传播他人版权作品是明确的侵权行为，特别是调解之后还毫不悔改，超星公司只得以知识产权诉讼攻击的方式维护其版权。最后，这一案件还是以法庭调解后超星公司主动撤诉告终。在超星与优酷这两大互联网平台的纠纷案中，超星公司最终取得胜利。这一应对过程产生良好的舆论效果，超星公司的社会知名度得到提高，知识产权纠纷管理取得成功。

三、超星公司专利管理

从 incopat 专利数据库中目前可检索到以"北京世纪超星信息技术发展有限责任公司"为申请人的专利仅三件，其中两件为发明专利，一件为实用新型专利。两件发明专利均为 2016 年申请，尚处于审中状态，一件实用新型专利因未缴年费已经失效。技术构成主要集中在与电数字数据处理有关的 G06F、G06Q、G09B 领域。仅有的两件发明专利分别关于数字资源检索系统以及互动教学系统。

"超星"对专利管理工作不够积极，专利申请量少且申请时间迟，基本不存在专利布局。超星公司主要依靠对著作权的管理来维持经营，然而，保护著作权需要使用的技术措施同样需要受到专利的保护。为保护数字内容，数字资源提供商普遍使用的版权技术包括用户访问控制技术、信息加密技术、信息隐藏技术、防拷贝技术和数字版权管理技术（DRM）等，正是这些技术措施保障了平台合作者的权利免受侵害，也为"提供方"避免了纠纷。超星公司目前尚未就这类技术进行专利申请可能是因为所使用的相关技术并非自行开发，而是购买他人所得，抑或是文化企业忽视专利管理工作的体现。总之，超星公司应当结合自身的需要进行必要的专利布局。

四、超星公司的商标管理

商标被企业用来标识自己的产品与服务并能彰显其个性。超星公司认识到商标对企业的重要意义，已进行一系列的商标注册申请。通过商标管理，"超星"这一品牌得以被公众认识并取得良好的口碑与品牌效益。

如表 4.2 显示（使用中国商标网检索），超星公司现已注册商标 38 件，包括"超星""读秀""百链"等文字及图形商标，注册类别集中在五个大类。如表 4.2 所示,超星公司注册商标数量最多的类别是第 42 类,达到 13 件,涉及科学技术服务、计算机硬件与软件的设计与开发等领域;第 41 类,教育、培训、文体活动类注册商标 12 件,其他注册类别还有第 35 类、第 38 类以及第 9 类。超星公司商标注册的类别较为集中,较少进行防御性注册。超星公司的商标注册与其业务产品建立了良好的对应关系,比如针对其百链云图书馆产品,超星公司注册三件商标,分别在设计研究、广告销售和通讯服务三类。超星公司首次进行商标注册是在 1997 年,在科学仪器类注册的一件"超星"文字商标,之后完成过对该商标的转让,由于企业没有进行续展,该商标如今处于失效状态。这可能是由于该商标已不符合企业的品牌形象,对企业不再具有价值,于是企业采用放弃商标权的方式管理该商标。综上,超星公司的商标管理采用一种较为保守的策略,针对其产品与服务注册一定数量的商标,未在多领域进行防御性注册,注册后的能够对大部分商标及时进行续展,使其保持较高的有效率;同时对个别商标进行取舍,不再符合企业经营战略的则放弃维持。

表 4.2 超星公司商标分类

国际分类号	商标类别	数量(件)
第 09 类	计算机和数据处理装置,摄影、电影重放声音和形象的器具,磁性数据载体,录音盘	4
第 35 类	广告,实业经营,实业管理,办公事务	5
第 38 类	电信	4
第 41 类	教育,提供培训,娱乐,文体活动	12
第 42 类	科学技术服务和与之相关的研究与设计服务,工业分析与研究,计算机硬件与软件的设计与开发,法律服务	13

五、超星公司的域名管理

超星公司现已登记域名 18 个,其主要平台及产品超星网、超星图书馆、超星学术视频、移动图书馆等网站的网址均已完成域名登记。这些域名的登记批准日期主要集中在 2016 年，最早发生在 2014 年，这说明超星公司近年才开始形成域名保护的意识。2011 年，超星公司从域名爱好者手中收购 chaoxing.com 域名，接着将此双拼域名在"超星网"正式启用，原域名 ssreader.com 实行跳转。chaoxing.com 这一双拼域名更具辨识度，与原域名 ssreader.com 相比更易让用户联想到超星公司，且具有"超级之星"的良好寓意。据专业人士评估，该域名可估价 10 万元左右。超星公司此次收购之举符合其知识产权管理战略需求，意义重大。除了 chaoxing.com，目前 chaoxing 的其他主流后缀 .cn/.com.cn/.net 等域名都已被注册。❶ 可以预见的是，超星公司下一步还会继续其域名收购的管理策略。

六、超星公司加强知识产权管理的对策建议

超星公司的知识产权管理工作主要以版权管理为中心，同时兼顾商标管理、域名管理等。由于超星公司数据库内存储的资源数量过于庞大，有些管理办法未必能完全规避侵权风险；而其不同的产品需要采用不同的管理办法，现存管理模式未必能面面俱到。超星公司常年遭遇知识产权侵权诉讼，说明其知识产权管理工作尚存风险，许多问题还有待解决。

（一）将著作权集体管理引入版权授权

超星公司目前采用的"一对一"版权授权模式已经比较成熟，且已与 35 万名著作权人取得授权合作，在业内居于领先水平。尽管如此，其现存版权授权模式并不能解决海量授权中成本高、效率低的问题。"海量授权"，顾名思义就是数字图书馆要在浩如烟海的作品与作者中进行调查搜索，接着通过一对一接触作者的方式取得相关作品的授权。超星公司单一使用这种方式仍不能很好地规避侵权风险，每年依然不可避免地遭遇一定数量的著作权诉讼案件。

为此，超星公司可以将著作权集体管理模式引入版权授权，在原授权

---

❶ 超星收购 chaoxing.com 下步或拿下 CN 域名［EB/OL］. http：//news.ename.cn/yumingjiaoyi_ 20110602_ 28852_ 1.html, 2017-05-20.

模式的基础上，对部分作品采用著作权集体管理式授权。我国《著作权集体管理条例》第2条规定，著作权集体管理组织经过权利人授权后可以集中行使权利人的有关权利，并以自己的名义进行一系列的法律活动。❶ 因此，数字图书馆可以通过中国文字著作权协会取得对一揽子授权。这种模式下的授权能够降低数字图书馆的谈判成本，以更合理的使用费达成合作协议；还能提高工作效率，同一时间取得授权的数量大大提高，使得数字图书馆的馆藏资源更加丰富。也许著作权集体管理制度尚不能完全解决"海量授权"的难题，但为数字出版领域提供了新的途径，超星公司不妨在此多做尝试。

（二）超星学术视频加强反盗版措施

如前所述，超星公司的主打产品"超星学术视频"虽然已建立行之有效的版权授权机制，但其在资源传播阶段的版权保护过于被动，特别是缺乏有效的反盗版措施。超星学术视频没有订立针对平台用户或其他使用者的版权保护协议，仅仅在其网站标注"禁止转载"的声明，如此弱的保护力与约束力自然容易引发"优酷大量转载"的侵权纠纷。

为了改变这一局面，超星学术视频应当设置面向所有平台使用者的版权保护协议条款，条款中明确规定大量复制传播的行为需要承担的侵权责任，比如赔偿额度等，并在其网站作醒目标示。与此同时，超星公司作为版权资源提供方还应大力宣传数字版权保护的重要性，比如利用其在线平台进行简单的知识产权知识普及，以此培养用户的知识产权意识，从而降低随意复制转载的数量。另外，超星学术视频不妨借助技术手段限制传播。如视频加密技术是目前最常用的视频版权保护手段。针对视频加密的破解手段也层出不穷，超星公司如果采用这些技术应当及时进行更新升级，通过强化文化技术的专利管理，以技术手段限制不法用户的无限量传播。

（三）加强知识产权纠纷管理

超星公司因其特殊的经营范围和营利性质，十分容易遭受知识产权诉

---

❶ 李杨. 数字图书馆信息资源开发利用中的著作权集体管理研究 [D]. 保定：河北大学，2015：36-37.

讼攻击。经查询北大法宝网站的相关案件发现，超星公司被起诉的第一起知识产权侵权案发生在 2000 年，之后每年都会遭遇一定数量的侵权纠纷，且以著作权侵权为主。侵权纠纷的数量之多使得超星公司不得不给予知识产权纠纷管理工作格外的关注。这些纠纷一旦得不到妥善处理，不仅会令公司蒙受损失，更会损害公司的声誉，给超星公司的企业形象造成不良影响。具体来说，大量的知识产权纠纷带来的不良影响主要包括：首先，这会让超星公司置于版权保护的对立面，甚至会抹杀超星公司之前为保护合作方版权所付出的努力；其次，著作权人可能会因此对超星公司失去信任，不再愿意将其作品授权给超星公司，当抱有此种想法的著作权人达到一定数量，将会影响超星公司平台未来的资源存量。所以，知识产权纠纷对超星公司造成的伤害不容小觑。

第五章　电子商务产业知识产权管理实证研究

我国电子商务产业在近十年取得爆发式发展，大量优秀电子商务企业不断涌现。这些企业在发展中一般都经历从无视、忽视知识产权管理到重视、强化知识产权保护的历程。以阿里巴巴、京东等为代表的电子商务企业在此过程中不断摸索，逐渐积累起较为丰富的知识产权管理经验。本章以电子商务产业的知识产权管理为主线，结合我国典型电子商务企业的实际运行情况，既分析电子商务产业的知识产权管理经验，也结合互联网特性对其知识产权管理中存在的问题进行梳理，以期营造良好的电子商务发展知识产权环境，促进我国经济发展。

第一节　概　　述[*]

电子商务是以信息网络技术为手段，以商品交换为中心的商务活动。它以商务活动信息网络为载体，改变了消费者选购产品与服务的方式，极大提高了交易信息的传播效率，有助于降低交易成本，促进社会经济发展。但与此同时，电子商务产业发展中知识产权侵权现象屡禁不止，企业知识产权管理面临着管理责任不明、侵权责任不清、权利主体复杂、侵权种类繁多等问题。电子商务企业与消费者对健康的网络交易环境需求之间的矛

---

[*] 本节作者为南京理工大学知识产权学院教授梅术文、中兴通讯股份有限公司丁昱玥。

盾日益突出，加强电子商务产业知识产权管理是电子商务交易活动良性发展的基本保障。

一、电子商务产业的发展概况

我国于1995年引进电子商务概念，随着互联网通信技术的成熟和支付环境的改善，互联网技术持续推进电子商务产业的发展。通过电子商务进行商品交易已经成为越来越多消费者的自觉选择。具体来说，我国电子商务产业的发展经历以下四个阶段。

第一阶段：萌芽起步阶段（1995~1998年）。在这一阶段，电子商务概念被引入我国且取得初步发展。政府机构、贸易企业开始尝试网上定购、交易管理等各项电子商务功能。由于支付方式等配套措施的缺乏，此阶段电子商务发展较为缓慢，交易主体主要是政府和企业。

第二阶段：实质商业化阶段（1999~2004年）。在这一阶段，我国电子商务产业开始实质商业化。8848网、易趣网、阿里巴巴、当当网等交易平台网站于1999年相继成立。在实质商业化过程中，配套的支付方式也进一步完善。例如，招商银行于1999年9月启动一网通网上银行服务，中国建设银行也于同年12月推出网上支付服务，线上交易效率高、成本低等优越性逐渐体现。2003年，eBay全盘收购当时中国最大C2C交易平台易趣网，海外资金的注入使电子商务平台经营商之间的竞争日趋激烈。

第三阶段：爆发增长阶段（2005~2010年）。在这一阶段，电子商务在我国取得爆发式增长。通过互联网进行交易的个体商家超过万数，2005年网上成交额由2004年的3 500亿元升至2005年的5 531亿元，增长158%。2005年以来，中国电子商务的交易额一直保持50%~60%的增长速度。电子商务交易种类从一般零售业商品发展至服务类商品乃至信息类商品，种类日益广泛。

第四阶段：融合协同阶段（2011年至今）。在这一阶段，电子商务产业进入繁荣时期，各大电子商务平台走向融合发展，同时一系列的配套政策、配套产业更为成熟。2015年，中国电子商务交易额达18.3万亿元，同比增长36.5%,增幅5.1%。电子商务产业的发展对线下实体商贸活动产生巨大冲击,对消费者消费习惯带来巨大改变。统计数据显示,72.7%用户因为线上消费而减少了外出购物次数。❶ 与此同时,在"互联网+"战略的指引下,电子商务形式不断创新发展,电子商务与传统产业不断融合。

在电子商务的发展历程中,第三方电子商务平台的出现与崛起为推动电子商务产业的繁荣发展起到不可忽视的重要作用。第三方电子商务平台又称为平台服务商或者平台商,是指在网络商品交易活动中为交易双方或者多方提供网页空间、虚拟经营场所、交易规则、交易撮合、信息发布等服务,供交易双方或者多方独立开展交易活动的信息网络系统。❷

二、电子商务产业知识产权管理现状

电子商务产业知识产权管理的最大特点集中表现为第三方电子商务平台对自有知识产权进行管理以及针对第三方侵犯知识产权行为进行监督,这两个层次知识产权管理复合交织,形成一个较为复杂的体系。质言之,第三方电子商务平台知识产权管理工作的对象不仅包括自身产生的知识产权,而且涵盖平台内部与网络交易活动有关的各类知识产权。对平台自有知识产权的管理与其他产业知识产权管理的差异不大,也就是平台商对知识产权进行有效开发、保护、运营,进而取得竞争优势的动态过程。对平台内部所涉及的各类知识产权进行监管,是电子商务产业知识产权管理的难点,也是最为特殊的环节。

(一)自有知识产权的管理

知识产权要素作为电子商务产业发展中重要的柔性资源,对增强产业竞争力具有重要影响。对于第三方电子商务平台来说,其自有知识产权管理的内容就是通过平台自主创新,打造自有商标品牌,形成专利、商标、著作权、域名等知识产权,同时对其进行有效开发、保护、运营,构筑平

---

❶ 中国电子商务研究中心.2015年度中国电子商务市场数据监测报告[EB/OL]. http://news.cfw.cn/v197726-1.htm,2016-05-19.

❷《网络交易管理办法》第23条。

台商的差异化竞争优势。

电子商务产业围绕产业链申请和注册商标，通过商标权的运营形成品牌效应，有助于在当前激烈的电子商务市场形成竞争优势。随着知识产权强国建设的深入推进，我国电子商务产业的商标品牌世界影响力也不断增强。据世界品牌实验室发布的 2017 年度《世界品牌 500 强》排行榜显示，中国电子商务产业的领军企业阿里巴巴排名上升 190 位，由 2016 年的第 264 位上升至 74 位，成为品牌榜上升最快的品牌，说明我国电子商务产业商标品牌"走出去"的步伐正不断加快。

电子商务产业开展自主专利技术的研发和布局具有重要意义。目前，高精度的文字识别、图像识别技术，是整个互联网领域的难题。我国最大的第三方电子商务平台阿里巴巴的主动识别技术，虽能对涉假文字、图片信息做出识别，但受限于客观原因，实际识别效果无法达到 100%。因此，电子商务产业需要加大研发力度，通过自主创新、引进消化吸收再创新、协同创新等方式，开发更多具有市场应用价值的电子商务专利技术。例如，聚橙网加强实时数据流程技术、机器学习、一站式运维平台管理等技术的开发和升级，在演出经纪电子商务技术研发方面走在行业前列。

（二）他有知识产权的管理

电子商务产业取得爆发式增长，提高了社会经济活动的效率，促进了我国经济的繁荣发展。然而目前第三方电子商务平台交易活动中侵犯知识产权问题日益突出，权利人的商标权、著作权、专利权、商业秘密等得不到有效保护，严重破坏网络交易环境，制约了第三方电子商务平台的发展。阿里巴巴集团在海外多次遭遇知识产权诉讼，法国开云集团先后两次在纽约曼哈顿联邦法院对阿里巴巴提起诉讼，称阿里巴巴与制假者共谋生产假货，帮助运输和销售假货，并认为假冒商品侵犯其奢侈品品牌的商标权。2010 年起，淘宝网多次被美国贸易办公室（USTR）列入假冒和盗版产品年度"恶名市场"（notorious market）名单。平台内泛滥的知识产权问题引起资本市场的关注与质疑。此外，京东、一号店、苏宁易购等平台都有出售假冒商品的相关报道，网络平台交易可靠性引发消费者质疑。

第五章　电子商务产业知识产权管理实证研究

互联网环境下,通过电商平台解决线上知识产权纠纷具有普遍性。以阿里巴巴为例,对于在其旗下的包括淘宝网、天猫、阿里1688等网站在内的所有电商平台发生的知识产权纠纷,阿里巴巴都统一制定一套一站式纠纷解决机制,并且设立专门的线上知识产权保护平台(www.ipp.alibaba-group.com),为商家以及消费者针对知识产权侵权行为的投诉、举报提供便捷有效的渠道。另外,对于不同的平台,阿里巴巴也制定针对性的知识产权保护侵权投诉处理规则,如针对淘宝的《淘宝网出售假冒商品认定和处罚规则与实施细则》《不当使用他人权利规则与实施细则》,细则中对于知识产权侵权行为以及对侵权商家的处罚措施都做出规定。实践中,相当多的企业利用淘宝网等网站的纠纷解决机制,较为迅速地处理侵权盗版等问题,既可以避免侵权者的被诉风险,也可以维护权利人的合法利益。

一般而言,知识产权权利人在电商平台上维权的具体流程为:(1)使用自己的电商平台账号或常用邮箱注册成为电商平台的会员;(2)上传身份证明材料以及权利证明材料;(3)选择要投诉的涉嫌侵权的商品/店铺所在的平台,提交相应的侵权商品和信息所在的链接,阐述自己所认为对方侵权的理由;(4)一旦投诉成立,电商平台会移除侵权链接并通知对方,若对方申诉,其申诉内容也会转送给举报人以便做出回应。

我国电子商务知识产权纠纷案件的争议焦点在于平台应当承担何种审查义务、承担义务的边界,以及由此派生的侵权责任的有无、范围大小、承担方式等问题。第三方电子商务平台商在知识产权管理过程中的主体责任没有清晰规定,交易过程中平台商的审查义务在法律适用时也无统一标准,因此在现实侵权案件的判定中存在着较大争议。平台间接侵权责任法律追究上的模糊,给第三方平台知识产权管理带来困惑,也影响和妨碍了知识产权管理过程中正当策略的采用。

在第三方电子商务平台生态系统内的知识产权管理过程中,行政监管介入下的政企合作模式具有重要意义。由于专利侵权纠纷相对于一般的消费者投诉纠纷的处理,专业性和技术性要求更高,由电商平台单独处理存在很大难度,且已超出法律规定的义务范围。因此,电商企业呼吁专利行政机关介入处理。[1] 2014 年 5 月 16 日，国家知识产权局发布《电子商务领域专利执法维权专项行动工作方案》，根据该方案，地方知识产权局及下属的维权中心应与当地的电子商务平台建立起稳定的沟通、合作机制，对于复杂的专利侵权案件，电子商务平台可以报送地方知识产权局的维权中心，请求其出具专利侵权判定意见书；同时引入纠纷调解机制，由具有执法职责的地方知识产权局负责组织调解、处理行政区域内电子商务平台上发生的专利侵权纠纷。

此外，建立跨区域的知识产权保护联盟和建立跨行业的知识产权保护机制，也是建立电子商务产业知识产权保护机制的应有之义。2017 年以来，北京等地相继成立电商知识产权保护联盟，通过建立高效快速的专利保护机制，帮助企业快速做出专利侵权判定和对自营专利商品的自查，针对电商领域隐蔽性强、辐射面广、成本低廉、举证难度大等知识产权侵权行为做出有效反击，为电商领域营造良好营商环境添油加力。

三、电子商务产业知识产权管理发展趋势和战略对策

电子商务产业知识产权管理的发展趋势具体表现在以下方面：（1）规范管理。从政府角度而言，需要设定电子商务产业的管理流程标准，明确电子商务产业承担注意义务、审查义务的具体情况，明晰"红旗标准""避风港标准"的适用范围，确立电子商务产业在不同类型知识产权管理中的共性要求和差别化政策。政府还需通过政策、标准和严格的市场监管等方式，提高电子商务产业的标准化管理能力。（2）主动管理。从电子商务产业中的利益相关者角度而言，无论是拥有知识产权的市场主体，还是参与电子商务活动的经营者、消费者，尤其是第三方电子商务平台，都应该主动做好知识产权管理工作，在投诉程序、纠纷处理以及平台搭建等方面主动作为，形成体系机制，提高风险防范和处置能力，结合自身情况进行前瞻布局，积极应对各种知识产权纠纷。（3）协同管理。电子商务产业

---

[1] 徐南轩. 我国电子商务知识产权保护的挑战与对策研究 [M]. 北京：中国政法大学出版社，2016.

的最大特点，就是出现了各种利益相关者，形成较为复杂的产业生态。未来该产业知识产权管理的重要举措是加强各个部门、各个利益相关者之间的分工协作，凝聚合作管理的合力。（4）高效管理。当前电子商务产业知识产权管理的最为突出问题，就是第三方电子商务平台面对的投诉量呈井喷式增长。由于线上处理方式得到越来越多的消费者、网店经营者以及权利人的欢迎，"线上纠纷"处理数量在短期内不会减少。提高第三方电子商务平台的知识产权处理能力和效率成为当务之急，也是未来的工作重点。这要求建立一支更为正规的第三方电子商务平台知识产权管理队伍，运用先进的技术手段提高知识产权纠纷处置效能，实现"线上处理"和"线下处理"的无缝对接，不断完善多元化的纠纷处理形式。

迈入"互联网+"时代，电子商务发展正盛，与我们的生活购物息息相关。为塑造良好营商环境，加快建设开放型经济新体制，建议从以下方面完善电子商务产业的知识产权管理。

（一）完善电子商务产业中的知识产权规则

针对电子商务中知识产权侵权问题，我国的法律制度存在缺位与滞后现象，平台主体侵权责任判定不明等问题依旧困扰着司法实践者与平台经营者。因此需要改善电子商务平台知识产权法律环境，及时修订《著作权法》《商标法》《专利法》《反不正当竞争法》等单行法，制定专门的《电子商务法》。

具体来讲，未来立法的重点包括：（1）明确平台主体审查义务。利益均衡原则决定了平台商承担知识产权侵权监管责任的有限性。考虑到目前的技术条件，电子商务平台一般不承担知识产权事前审查义务，但是面对知识产权意识进一步增强的权利人、消费者，平台商在线上交易过程中的主导地位越来越突出，平台商也应当以提升平台诚信形象、提升平台竞争力为目标，在考虑成本的条件下适当承担知识产权事先审查义务完全符合实际需要，也是营造良好的电子商务产业链的必然要求。（2）进一步完善避风港规则。明确网络交易中知识产权侵权、假冒的投诉处理途径和程序。规定统一的知识产权通知—删除机制，建立符合商业生态系统实际需要和发展阶段的"避风港"规则。(3) 完善电子商务领域的行政执法规范。例如，将重复侵权和有重大影响的专利侵权案件纳入专利行政部门主动查处范围，遏制电子商务领域日益严重的群体性、重复性等恶性侵权行为。

(二) 建立多层次的知识产权管理合作模式

首先，加强平台间的合作与交流。例如，微信、微博等社交网络平台在人们信息交流中的作用越来越大，站内经营者经常通过此类社交网络平台进行商品的传播，规避第三方电子商务平台对其知识产权侵权行为的监管，第三方电子商务平台与微信、微博平台的知识产权管理合作就显得很有必要。再例如，知识产权侵权判定往往涉及政府、企业、消费者等多方利益主体，证据的获取也需要各种利害关系人的相互配合。因此，可以通过政府牵头，建立电子商务平台间的知识产权侵权鉴定合作模式，电子商务平台提供已有的知识产权侵权监管数据筛选技术，由合作平台与政府数据库进行初步比对筛选，为所有类似、相同案件的处理创造有利条件。

其次，线上知识产权管理与线下管理相结合。该流程包括以下步骤：第一步，平台预处理。权利人对知识产权侵权行为进行投诉，由平台商对这些投诉的内容进行初审。第二步，案件分流。针对其中较为简单明了的投诉案件，平台对商家行为性质和侵权与否进行判定，然后根据判定结果选择对侵权商品进行下架处理，删除链接，查封网络店铺或者判定不侵权。针对投诉内容中较为复杂的案件移交相关的省级知识产权行政管理部门进行处理。第三步，行政处理。省级知识产权行政管理部门对平台移交的投诉及相关初步证据进行判定，对判定为非知识产权纠纷的投诉退回平台处理并说明理由，对属于知识产权侵权行为的投诉则按照地域管辖原则指定所属地市局进行纠纷处理。第四步，平台联动。根据知识产权行政管理部门反馈给平台的最终处理结果，平台对涉及纠纷的侵权商户采取一系列惩罚措施并扣除一定的诚信积分。平台与行政管理部门的知识产权合作模式逐渐成熟后，可将该协作系统逐步与人民法院等司法机构进行对接，将司法保护引入线上与线下的合作管理体系之中。

最后，改进与知识产权权利人的合作模式。目前，知识产权权利人面对权利被侵犯的事实只有通过投诉平台进行投诉，举证难度大，判断周期长，往往因为没有及时采取措施造成利益的极大损害。因此，平台商可事先通过与知识产权权利人建立合作登记关系，在侵权行为发生的第一时间，对侵犯的商标、版权、专利进行检索判定。权利人通过平台上开发的管理系统提取已经保存的权利信息作为侵权判定的佐证，一方面可以降低举证难度，另一方面可以提高判定效率，也将增强对知识产权侵权行为监管的针对性。

(三) 发挥行业协会、产业联盟的作用

行业协会、产业联盟在电子商务平台知识产权管理中可以发挥更大的作用。第三方电子商务平台应与具有较大覆盖面的行业协会或产业联盟建立联系，将其针对行业内部的知识产权管理规则纳入平台知识产权管理系统。当经营者注册进入第三方电子商务平台时，可以要求和建议其登记加入相应的行业协会或产业联盟。当发生知识产权侵权纠纷时，可以建议适用行业知识产权管理规则，在行业管理规则未做明确规定的情况下适用普通管理条款。如果没有加入任何一家行业协会，平台可以推荐其加入相关行业联盟，若不加入便按照经营者经营产品将其进行自动分类，并按照产业类别进行对应管理。与此同时，相关经营者为维护自身权益，也可积极自发组织相关联盟，统一处理该行业在电子商务平台内的知识产权纠纷。

(四) 丰富电商平台的技术监管手段

我国多数电子商务平台仍以被动应对知识产权投诉为主。然而，站内经营者采取各种侵权手段和技术，不断挑战信息层面的假货识别技术以规避知识产权侵权风险。高精度的文字识别、图像识别技术，是整个互联网领域的难题。大数据技术指引下的知识产权治理是指电商平台在法律允许范围内，对用户在电子商务行为中产生的海量数据进行分析、提炼、归纳、建模后，对有关侵犯知识产权行为进行直接处理，或者将侵犯知识产权信息提供给执法机关并协助开展线下打击。总之，第三方电子商务平台只有通过技术手段的不断创新，对卖家行为、商品信息、消费者评价、用户举报等数据进行整理，对不同维度特征的指标开展主动的监控，不断建立并

完善假货识别系统，才能在科技日新月异的背景下掌控知识产权管理上的主动权。

第二节　苏宁云商集团的知识产权管理*

苏宁云商集团股份有限公司（原苏宁电器股份有限公司，以下简称苏宁）是中国领先的商业零售企业和电子商务企业。随着"互联网+"时代的到来，以苏宁为代表的我国电商企业正处在转型升级的十字路口，而侵犯知识产权的行为仍频繁出现在我国电商平台上，损害了企业的信誉与消费者的利益。本节聚焦于苏宁的知识产权管理情况，分析苏宁的自有知识产权管理，包括专利管理、商标管理和域名管理，以及利用知识产权线上维权机构进行他有知识产权的管理，提出建立独立的知识产权管理部门、加强对第三方商家的监管并进一步完善其知识产权线上维权系统的对策建议。

一、苏宁知识产权管理概况

我国电子商务行业近年来迅速发展，以苏宁为代表的多家电商企业成功占领市场，并获得消费者的广泛认可。成立于1990年的苏宁，坚持零售企业本质，面对互联网、物联网、大数据时代，持续推进O2O变革，全品类经营、全渠道运营、全球化拓展，开放物流云、数据云和金融云，通过POS端、PC端、移动端和家庭端的四端协同，实现无处不在的一站式服务体验。❶ 开创至今，苏宁经营品类已覆盖家电、3C、母婴、超市、百货、美妆等。2013年年初，"苏宁电器"正式更名为"苏宁云商"，成为云商模式转型的标志。2016年，苏宁以1 582.68亿元的品牌价值位列《中国500

---

* 本节作者为南京理工大学知识产权学院硕士研究生朱南茜。
❶ 苏宁云商官网-公司概况 [EB/OL]. http：//www.suning.cn/cms/aboutCompany/1795.htm，2017-05-20.

最具价值品牌榜》第 13 名，稳居零售业第一位。❶ 电子商务平台具有开放性、虚拟性的交易特点，使得知识产权侵权行为更容易滋生。❷ 对于苏宁这类电子商务企业而言，知识产权管理不光涉及对其自有知识产权的管理，如专利管理、商标管理、域名管理等，还包括由电商平台入驻商家之间的侵权行为引起的他有知识产权管理。

与此同时，电商模式下的知识产权侵权纠纷日益增多，而行业内尚缺乏与之对应的保护机制。在此背景下，江苏省知识产权局于 2015 年开始设立电子商务平台的知识产权保护项目，要求电子商务平台建立知识产权管理机构和制度、建设知识产权信息管理系统、完善知识产权举报投诉机制等，目前已有 7 家省内电子商务平台承担该项目。❸ 2017 年年初，"苏宁易购知识产权保护中心"上线，这是江苏上线的首个全功能电子商务平台知识产权保护系统。❹ 苏宁易购知识产权保护中心主要用于受理知识产权相关举报投诉事务，能够为专利、商标、著作权权利人提供全流程、便捷透明的知识产权服务。通过此举，苏宁不仅能够保护企业本身创造的知识产权，还为其线上平台相关品牌商的知识产权提供保障。虽然苏宁目前尚未建立起专门的知识产权管理部门，但通过承接江苏省知识产权局相关项目，在企业知识产权管理领域做出有益探索。

除了设立苏宁易购知识产权保护中心以防范侵权，苏宁还在美国成立硅谷研究院作为其海外研发中心。硅谷研究院致力于智能搜索与精准营销、大数据、高性能计算、互联网金融等重点领域的研究与开发，为

---

❶ "中国 500 最具价值品牌"榜单发布 苏宁 1 582 亿稳居零售业第一 [EB/OL]. http://finance.takungpao.com/gscy/q/2016/0623/3337010.html，2017-05-20.

❷❹ 孙迪，孙易恒. 阿里巴巴牵手苏宁云商，引领电子商务新生态——"互联网+"时代电商知识产权保护路在何方？[N]. 中国知识产权报，2015-08-14（01）.

❸ 江苏首个电商平台知识产权保护系统上线 [EB/OL]. http://www.sipo.gov.cn/dtxx/gn/2017/201703/t20170314_1308776.html，2017-04-12.

苏宁的线上平台提供搜索、社交评论以及交易方面的技术支撑。❺苏宁在技术研发上投入大量资金，有助于企业的转型以及线上平台的优化升级。

二、苏宁自有知识产权管理

（一）专利管理

1. 苏宁专利申请趋势分析

从 incopat 专利数据库中能检索到苏宁提交的专利申请有 89 件，数量较少。如图 5.1 所示，2013 年之前，苏宁每年仅提交一两件专利申请，几乎没有开展专利布局，直到 2013 年开始进入专利申请量激增的阶段，2015 年达到历史最高值。2013 年是苏宁开始大量申请专利的年份，也是其进行互联网转型的年份，为了打造及完善其 O2O 平台，苏宁在接下来的数年进行了空前积极的专利申请与布局。

由图 5.1 可知，苏宁所申请专利的 80.9% 都处于审中状态，且失效率较低，这表明，苏宁的专利申请集中发生在近几年。

2. 苏宁专利类型与技术构成分析

苏宁所申请的专利绝大部分为发明专利，达到总数的 80.9%，涉及大量方法专利；其次为外观设计专利，涉及网站界面设计等，实用新型专利数量最少。在专利技术构成方面，申请专利最多的技术领域是 G06F17/30（信息检索，及其数据库结构），占比 35%；其次为 G06Q30/02（行销，例如，市场研究与分析、调查、促销、广告、买方剖析研究、客户管理或奖励、价格评估或确定），占比 15%；以及 H04L29/08（传输控制规程，例如，数据链级控制规程）也占有较大比重，达到总数的 13.75%。苏宁专利申请的技术领域分布较为集中，主要是数据库结构、商业金融数据处理方法以及市场分析、评估方法等领域。

综上，苏宁自 2013 年进入企业转型期后开始其专利管理工作。虽然苏

---

❺ 苏宁成立美国硅谷研究院 明年研发团队达 50 人 [EB/OL]. http：//tech.qq.com/a/20131120/004451.htm, 2018-10-27.

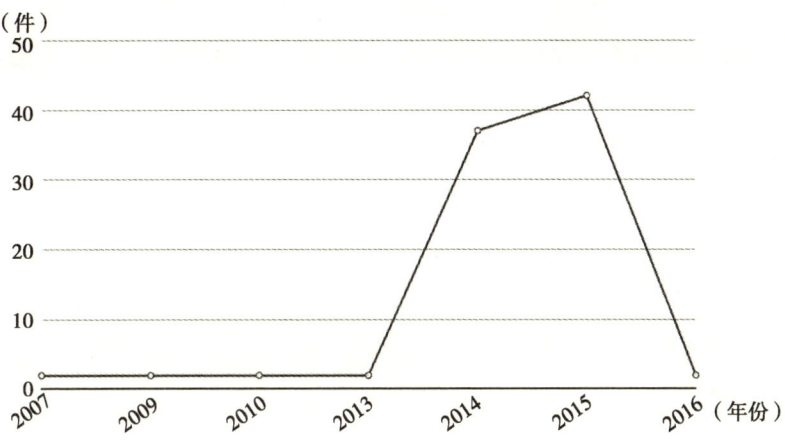

图 5.1 苏宁专利申请年度趋势

宁的专利申请数量较少,且直到近年才出现大幅增长,但其专利布局具有明显的计划性与针对性,依照其经营战略展开。从专利类型与技术构成方面来看,方法发明专利居多,涉及的领域也以为其电商平台提供技术支持的数据处理、数据库结构领域为主,与企业的主营业务紧密联系,进行了与企业战略规划相匹配的专利布局。

(二) 商标管理

对于苏宁这类电子商务企业而言,其经营过程中更是不可避免会涉及商标注册与管理的问题,因此苏宁现已注册大量商标并已覆盖全部商标类别。

1. 苏宁商标注册类别分析

如表 5.1 所示(使用中国商标网检索),苏宁自 1994 开始注册商标,截至 2017 年 4 月 25 日,累计申请注册商标 853 件。如表 5.1 中的商标注册类别分布所示,苏宁的商标注册申请覆盖全部 45 种商标类别。其中,注册较为集中的类别有第 36 类(金融物管)达到 61 件,第 42 类(设计研究)达到 78 件,第 37 类(建筑修理)达到 85 件,尤其是第 35 类(广告销售)注册件数高达 146 件。第 35 类商标是绝大多数电商平台都不会忽视的商标注册类别,这一类别的内容涉及广告、商业经营、商业管理、办公事务等,主要为商业企业的经营管理提供支持,包括企业的广告宣传、数据统计等。电商平台其实也是为消费者提供商品的场所,所以苏宁采取与一般的实体超市、商场一致的商标注册策略,即在涉及其核心业务的第35类商标类别进行大规模的注册。可见,苏宁的商标注册覆盖面广,且重点突出。

表 5.1 苏宁注册商标分类

商标类号	类别名称	申请件数	商标类号	类别名称	申请件数	商标类号	类别名称	申请件数
01	化学原料	4	16	办公品	13	31	饲料种籽	5
02	颜料油漆	5	17	橡胶制品	5	32	啤酒饮料	6
03	日化用品	10	18	皮革皮具	11	33	酒	4
04	染料油脂	4	19	建筑材料	5	34	烟草烟具	5
05	医药	5	20	家具	7	35	广告销售	146
06	金属材料	6	21	厨房洁具	8	36	金融物管	61
07	机械设备	20	22	绳网袋篷	6	37	建筑修理	85
08	手工器械	5	23	纱线丝	5	38	通讯服务	53
09	科学仪器	59	24	布料床单	6	39	运输贮藏	29
10	医疗器械	6	25	服装鞋帽	12	40	材料加工	5
11	灯具空调	25	26	纽扣拉链	7	41	教育娱乐	57
12	运输工具	6	27	地毯席垫	6	42	设计研究	78
13	军火烟火	4	28	健身器材	10	43	餐饮住宿	19
14	珠宝钟表	9	29	食品	5	44	医疗园艺	7
15	乐器	8	30	日化用品	5	45	社会法律	6

2. 苏宁商标注册时间与法律状态分析

苏宁的首次商标注册申请发生于 1994 年 4 月 18 日,是一件字样为繁体字"蘇寧"的文字商标(见图 5.2),该商标同时在第 35~42 类进行注册。这几件商标至今都处于有效状态,由此可见,苏宁对其商标进行按期续展,具备良好的商标维持意识。自此之后,苏宁每年都进行一定数量的商标注册申请,并注重与其新业务、新产品的配合,为其业务拓展保驾护航。值得一提的是,苏宁甚至在商标类别中的第 41 类(教育娱乐)注册"苏宁易购 彩虹跑 RAINBOW RUN"商标。苏宁彩虹跑是苏宁在全国数个城市举办的全民运动项目，在提倡全民运动的同时达到宣传企业的效果，为这一项目申请商标注册体现苏宁全方位的商标保护与管理意识。除此之外，苏宁对商标进行了较为积极的转让活动，目前正处于转让中的商标件数达到90件，如苏宁嘉悦、苏宁雅悦等商标。将不再符合企业经营计划的商标转让出去，用以换取其他收益，这是较为明智的商标管理策略。另外，由于2013年变更企业名称，苏宁及时对相关商标进行商标信息变更处理。

图5.2 苏宁首件注册商标

（三）域名管理

域名是企业在互联网上的一个地址或者标志，企业通过域名表示自己的存在，他人通过搜索域名找到企业的相关网站，可以说是企业重要的知识产权资源。

苏宁拥有较为齐全的域名保护体系。该企业目前已持有 suning.com/.cn/.com.cn 三个主流域名，其中，suning.cn 域名于2009年作为苏宁电器网上商城官网域名启用，当时，苏宁电器网上商城弃用原域名 suning-shop.com，曾引起业内关注。❶ 一个优质的域名应当简短而易于识别，且与企业自身特点紧密联系。因此，并非所有的域名都是通过自行构思再进行登记就可以获得，为了取得域名 suning.com，苏宁颇费一番周折。2010年，苏宁斥巨资从一位孙姓台湾企业家手中购得该域名，在谈判过程中曾出现竞争对手恶意抢购的情况，所幸台湾孙氏还是坚持原则按约出让其持

---

❶ 苏宁易购继 cn 后360度启动 suning.com 域名［EB/OL］. http：//news.ename.cn/yumingyingyong_ 20110525_ 28717_ 1.html，2017-05-20.

有多年的域名，随后苏宁将其用作网上商城的主流域名。❶

苏宁现拥有批准登记域名 28 个，包括苏宁易购、物流云平台、苏宁易付宝等网站网址。苏宁的首次域名注册在 2014 年，即是企业正式转型为云商模式之后的一年。苏宁的域名注册虽然起步较晚，却是在企业转型做 O2O 平台之后的一年，及时进行与企业经营战略相配合的域名管理。由域名门户网站"易名中国"的相关信息显示，苏宁对其新推出的平台，通常会在第一时间登记相关域名，例如，当苏宁推出其面向第三方平台的物流平台"苏宁快递"之后，先后注册"苏宁物流"suningwuliu.com、"苏宁快递"suningkuaidi.com/.cn/.com.cn 等相关域名。综上，苏宁现已采取积极而有针对性的域名管理策略，域名利用与保护的意识较强。

三、苏宁他有知识产权管理

苏宁易购现已成为苏宁全新一代的 O2O 购物平台，除"苏宁自营"这一供货渠道，还包括第三方商家入驻平台进行销售的模式。苏宁易购作为第三方电子商务交易平台，仅仅为卖家提供交易场所和相关服务，并不实际参与交易。然而，由于企业信用参差不齐以及平台监管不力等因素，这些通过苏宁易购进行销售的商品中有相当一部分存在侵犯他人知识产权的问题，例如，不法商家出售假冒伪劣商品，以自己的产品冒充知名品牌商品等。❷ 这些行为的出现严重扰乱了线上购物的市场秩序，同时对苏宁的商业信誉造成不良影响。

（一）开通线上维权系统

"苏宁易购知识产权保护中心"是苏宁为其电商平台开通的知识产权维权专用通道，只要权利人/品牌方注册苏宁易购知识产权保护中心账户（ipp.suning.com），就可以对苏宁易购上存在的侵权行为进行投诉、举报。

---

❶ 台湾孙氏 割爱 suning.com 背后的域名故事 [EB/OL]. https：//www.aliyun.com/zixun/content/ 6_ 18_ 352311. html，2017-05-20.

❷ 吴汉东. 知识产权法 [M]. 北京：法律出版社，2015：366-367.

苏宁易购将对接收的投诉、举报即时采取措施，复杂案件还将移交中国（江苏）知识产权维权援助中心进行处理。❶ 苏宁易购在其"知识产权维权平台使用协议"中明确其作为该平台的运营商，拥有本平台网站内容及资源的知识产权种类和范围，并强调未经苏宁易购书面许可，任何单位或个人不得以任何方式全部或部分复制、转载、引用、链接、抓取或以其他方式使用本站的信息内容，否则苏宁易购有权追究其法律责任。❷ 苏宁特意开通知识产权维权系统而与普通消费者线上维权通道区别开来，体现苏宁对电商平台知识产权侵权问题的重视与整改的决心。

入驻苏宁电商平台的第三方卖家和消费者可以举报、投诉的典型知识产权侵权行为包括：未经许可使用他人旗舰店、品牌官网、线下的画册及海报，冒用他人品牌商标 logo 销售假货以及抄袭他人产品再贴上自家商标进行销售等行为。这些商家的不法行为对品牌方造成的危害在于，压缩了企业的利润空间，并对企业的产品形象、品牌价值造成消极影响。基于知识产权的"通知—删除"规则，被投诉、举报的侵权产品将会被立即删除链接，同时苏宁易购会为店铺扣分，针对累计扣分较多、重复侵权的店家还会对其采取产品下架、交易清零等惩罚措施，力图在尽可能短的时间内将侵权危害降到最小，维护知识产权持有者的权益。相比于传统诉讼维权周期长、成本高的特点，线上维权成为一种更为便捷高效的纠纷解决方式，受到权利人的普遍认可。

(二) 建立知识产权保护联盟

2017 年 3 月，苏宁易购携手 50 家品牌商在南京共同创建"知识产权保护生态联盟"。该联盟是在江苏省知识产权局指导下，由苹果、小米、美的、惠普、联合利华等 50 家知名品牌以及 Yellow Brand Protection 等知识产权代

---

❶ 江苏首个电商平台知识产权保护系统上线［EB/OL］. http：//www.sipo.gov.cn/dtxx/gn/2017/201703/ t20170314_ 1308776. html，2017-04-12.

❷ 苏宁易购知识产权保护中心-登录系统［EB/OL］. https：//passport.suning.com/ids/login? service = https%3A%2F%2Fipp.suning.com%2Fsips%2Fauth%3FtargetUrl%3Dhttp%253A%252F%252Fipp.suning.com%252F&loginTheme=b2c，2017-11-24.

理机构加入，共同倡导建立知识产权生态保护组织。此举标志着苏宁正式向侵权盗版宣战，并开始直面电商平台日益增多的知识产权侵权问题。苏宁与品牌方和第三方专业机构组建的"知识产权保护生态联盟"能够协同处理侵权投诉事件和打击假冒伪劣行为。知识产权保护生态联盟将在江苏省知识产权局的指导以及第三方专业机构的支持下，协助苏宁易购进行资质审核和品质把控，配合苏宁易购开展平台净化、加强品牌保护、打击侵权盗版等事宜。❶ 电子商务平台的平稳运营有赖于其与第三方入驻商家之间的战略合作，电商平台承担起保护入驻商家知识产权的责任是实现互惠共赢的必要手段，所以我国的电商企业应当提高知识产权意识，在保护自身知识产权的同时，对合作方的知识产权给予足够的尊重，并提供适当的保护。

四、苏宁知识产权管理存在的问题

经过20多年的发展，苏宁已累积一定数量的知识产权资源，针对涉及第三方交易平台繁杂的知识产权纠纷，苏宁也开始积极地应对与处理。然而，苏宁的知识产权管理仍然存在一些问题，具体来看有以下几个方面。

（一）缺乏专门的知识产权管理部门

由前文的研究分析可知，无论是苏宁易购 B2C 模式还是转型后着力发展的 O2O 模式，苏宁的经营管理中都涉及大量知识产权问题。然而，苏宁却没有建立专门的知识产权部门来负责知识产权相关事务，企业内部的知识产权工作尚未形成管理体系。目前苏宁最主要的知识产权管理机构是"苏宁易购知识产权保护中心"，用于受理知识产权投诉举报事务。该机构作为知识产权线上维权的重要场所，能够解决一部分第三方知识产权纠纷，实现对他有知识产权的管理。然而苏宁却未成立专门部门对自有知识产权进行管理。专利申请、商标注册和著作权登记以及专利年费的缴纳、商标的定期续展等知识产权维护工作如果无法得到特定部门的统一管理，很有

---

❶ 苏宁携手 50 大品牌共建"知识产权保护生态联盟" [EB/OL]．http：//tech.cnr.cn/techgd/20170315/ t20170315_ 523659674. shtml，2017-04-12.

可能因为工作疏忽而丧失保护，后续的知识产权运用就更加无从谈起。

(二) 欠缺应对知识产权纠纷的高效处理机制

使用"聚法案例"可检索到"苏宁云商"近年所涉知识产权纠纷案件共计191件，其中，著作权纠纷最多，占比44%，专利纠纷占比43%、商标纠纷占比13%。而由图5.3显示的增长趋势来看，苏宁所涉知识产权案件从2015年开始出现数量激增，2016年审理案件数高达58件，远高于前三年的各年数据，且在下一年度仍有继续增长的趋势。由于从案件受理到法庭审判需要经过一段时间，可推测苏宁知识产权案件骤增的时间节点在于其转型为电商企业的2013年。苏宁近年来遭遇较多的知识产权纠纷，且主要的三大知识产权类型均有涉及，特别是在改变商业模式之后。

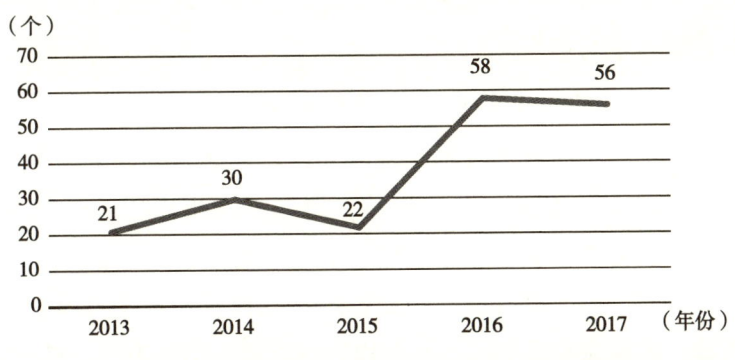

图5.3 2013~2017年苏宁知识产权案件发生数量趋势❶

除了与他方直接发生知识产权纠纷，苏宁还身陷交易平台入驻商家间的侵权纠纷中，此时苏宁将与被诉商家承担连带责任。例如，苏宁交易平台上的第三方商家所销售的产品被指控侵犯他人专利权，并且苏宁方面收到了相关投诉举报，如果苏宁不能私下给予此类纠纷妥善处理而被诉至法院，起诉方完全有理由要求苏宁对其承担间接侵权责任。由此可见，苏宁有必要建立更为便捷、高效的知识产权纠纷处理机制，维护良好的企业形象。

---

❶ 2017年数据统计截至该年8月。

(三) 对第三方电商平台商户的监管力度较弱

由第三方商家入驻的交易平台也属于苏宁易购在线商城的重要组成部分，虽然苏宁仅提供交易场所而不实际参与交易，却无法在知识产权侵权纠纷多发的形势下独善其身。以苏宁易购常有发生的商标侵权与著作权侵权为例，最为常见的侵权形式是不良商家未经品牌商授权而出售印有品牌标志的商品，并宣称是正品的商业假冒行为；著作权侵权则是指第三方商家出售盗版书籍、音像作品等以及商家未经著作权人许可直接使用某品牌旗舰店中的商品说明图片，或者仅作简单编辑的行为。这些行为的出现虽然不包含苏宁的主观故意，却是发生在苏宁自家的平台上，苏宁不应仅仅利用"避风港"原则为自己辩解而疏于处置这类行为。这些行为如此猖獗，与苏宁监管不力存在一定联系，长此以往将会使消费者对苏宁失去信任，影响其顾客量与销售额。

(四) 知识产权线上维权系统不够成熟

我国的多家电子商务平台都已开通知识产权线上维权通道，且都可以通过其购物网站直接链接至维权窗口，例如"阿里巴巴知识产权保护平台"和"苏宁易购知识产权保护中心"。苏宁的线上维权平台目前仅仅作为投诉、举报的入口，由权利人提交信息以及权属凭证进行维权。由于设立时间较短，尚存在功能单一、平台设置不够成熟等问题。相较而言，"阿里巴巴知识产权保护平台"是一个独立的网站，不仅设置知识产权侵权投诉的入口，还列示知识产权侵权的处理规则，并对每一条规则进行细致解读和举例说明，明确管理范围以及惩罚力度，同时承诺投诉将在1~3个工作日内受理，对平台商户起到良好的警示作用。

表5.2是淘宝网出售假冒商品的认定和处罚规则，淘宝网对于被投诉、举报的侵权行为除了立即适用"通知—删除"原则，还对不同侵权情节设置不同的处罚条款，采用扣分、查封账户、关闭店铺、限制发货、限制发布商品、限制网站登录、下架或删除全店商品等处理措施。除此之外，"阿里巴巴知识产权保护平台"能够集中处理阿里巴巴旗下所有电商平台的知识产权侵权纠纷，包括淘宝网、天猫、1688、全球速卖通以及阿里巴巴国

际站，并且根据不同平台的各自定位来设置不同的纠纷处理规则和惩罚措施，例如，"天猫"店铺一旦被发现出售假冒商品，将直接扣去 48 分，而不像"淘宝网"需要视情节轻重来决定惩罚力度。这些规则设置使得阿里巴巴的知识产权维权平台功能更为全面，侵权认定与惩罚措施一目了然，给权利人维权创造极大的便利。由此可见，苏宁的知识产权线上维权平台还有很大的完善空间。

表 5.2　淘宝网出售假冒商品认定和处罚规则❶

规则情形	处理措施	违规纠正	违规计分
（一）卖家出售假冒、盗版商品且情节特别严重的，每次扣 48 分	查封账户、限制发货	删除会员所发布过的假冒、盗版商品或信息	卖家因出售假冒商品的严重违规行为扣分将单独累计，不与其他严重违规行为合并计分。因出售假冒商品扣分累计达到 24 分及以上的，该年不进行清零，以 24 分计入次年；次年新增严重违规扣分未达 24 分的，于该年 12 月 31 日 24 时清零。累计扣分达 48 分及以上的，查封账户
（二）卖家出售假冒、盗版商品且情节严重的，每次扣 24 分	删除店铺、下架所有商品、限制创建店铺 21 天、限制发布商品 21 天、店铺屏蔽 21 天、限制发送站内信、限制社区功能 21 天		
（三）卖家出售假冒、盗版商品，通过信息层面判断的，每件扣 2 分（3 天内不超过 12 分）；实际出售的，每次扣 12 分。具备特殊情形的，只删除不扣分	实际出售的：限制发布商品 14 天、店铺屏蔽 14 天、限制创建店铺 14 天、限制发送站内信、限制社区功能 14 天		
	通过信息层面判断的：每累计扣分达 12 分，给予限制发布商品、店铺屏蔽 7 天、限制创建店铺 7 天、限制发送站内信、限制社区功能 7 天的处理		
（四）为出售假冒、盗版商品提供便利条件的，每次扣 2 分。情节严重的，每次扣 12 分	每累计扣分达 12 分，给予限制发布商品、店铺屏蔽 7 天、限制创建店铺 7 天、限制发送站内信、限制社区功能 7 天的处理		
涉嫌违反上述情形的卖家	视情节严重程度给予店铺监管、商品发布资质管控		
涉嫌违反上述情形的商品	给予两个工作日的单个商品监管进行系统排查		

---

❶　阿里巴巴知识产权保护平台 [EB/OL]. https://ipp.alibabagroup.com/infoContent.htm? skyWindowUrl=rules/cn-taobao1，2017-11-24.

五、完善苏宁知识产权管理的对策建议

（一）建立专门知识产权管理部门

从当前争议的焦点看，苏宁作为电商平台面临的知识产权纠纷更多的来自于入驻商家之间的侵权行为，可事实上，苏宁自己拥有的知识产权同样需要被保护、被管理。所以苏宁有必要成立专门的知识产权管理部门，分门别类地对这些知识产权资源进行管理。同时，建立一套完备的知识产权管理体系，包括知识产权管理制度与办法以及相关奖励机制等。这套体系应涵盖苏宁的全部自有知识产权与他有知识产权，对这两类知识产权进行区分并给予同样的重视。此外，还应该大力开展知识产权宣传工作，培养企业员工以及第三方合作商家的知识产权意识。

（二）加强知识产权纠纷管理

苏宁有必要针对知识产权侵权诉讼量增多的趋势，采取以下措施：首先，确保其自营商品的出售与宣传没有侵害他人的知识产权。商品上架要提前取得品牌方的授权，坚决拒绝上架假冒商品，在宣传标语的使用上也要按照授权方指定的方式进行。其次，针对第三方合作商家采取有效监督。例如，在与第三方商家签订的合同中明确知识产权相关细则，包括知识产权保护的范围、侵权责任以及惩处措施等，尽力从源头上规避侵权风险；在侵权纠纷发生之后，更要迅速做出反应，对相关方进行处理与惩罚，并及时消除影响。最后，法务部门与专门的知识产权部门应当相互配合，加强沟通与信息共享，共同应对潜在的以及已经发生的知识产权纠纷。

（三）提高对第三方商家的监管力度

首先，苏宁应当建立专门针对第三方入驻商家的监督机制。对相关知识产权内容进行事前审查，当侵权纠纷发生时，苏宁还应积极配合知识产权侵权调查，在最短的时间内解决交易相关方的纠纷，以免损害企业声誉。其次，建立更为严厉的惩罚机制。如发现入驻商家的侵权行为应当立即进行处罚。苏宁可以在与第三方商家合作的协议书中明确侵权责任，比如明

确规定被苏宁审查出侵权行为需要上缴罚款的数额以及引发侵权纠纷甚至被起诉需要赔偿苏宁的金额等。通过这些举措约束第三方商家，净化苏宁易购在线商城的交易环境，培养客户忠诚度，使苏宁在电商平台的竞争中累积更多的优势。

（四）完善知识产权线上维权系统

电子商务平台已成为知识产权纠纷高发的场所，线上维权凭借其高效便捷的特点越来越成为电商企业处理平台商户侵权纠纷的重要手段。苏宁有必要在其"苏宁易购知识产权保护中心"平台上添加知识产权侵权处理规则的说明，同时明确接受投诉、举报的侵权行为类型以及相对应的惩罚措施。在维权程序上，尽量精简权利人需要提交的材料并注意缩短审查周期，真正做到知识产权纠纷的快速解决。另外，近年电商平台出现恶意维权的现象，例如，投诉人专门挑选"双11"这种全网促销的时机进行恶意维权，利用"通知—删除"规则的漏洞，打乱竞争对手的销售计划。作为知识产权维权服务平台的"苏宁易购知识产权保护中心"不仅要维护消费者的利益，也要保证入驻商家的经营免受恶意侵扰，建立甄别机制以应对不诚信的投诉行为，同时给被投诉商家充分的申诉权，对申诉请求迅速做出处理，以遏制这些恶意竞争行为。

第三节 京东的知识产权管理[*]

近年来，随着全球电子商务迅速发展，形成一种新的市场格局以及运营规则。我国电子商务起步于20世纪90年代的电子数据交换时代，顺应了"三金工程"等国家战略的时代需求。北京京东世纪贸易有限公司（以下简称京东）就是在中国电子商务发展浪潮中成长起来的代表性企业。作为中国领先的网络综合零售企业，京东已经成为中国电子商务领域中点击率最高、影响力最大的电子商务平台之一。京东成立于1998年，作为自营

---

[*] 本节作者为南京理工大学知识产权学院硕士研究生曹昕蕙。

性电商企业，旗下设有京东商城、京东金融、拍拍网、京东智能、O2O 及海外事业部等。京东始终坚持制定并完善知识产权战略，将其作为同国内外其他电子商务企业竞争的有力武器。本节将对京东的知识产权管理体系、知识产权布局、知识产权诉讼与风险管理、京东知识产权管理中存在的问题与对策等进行探究。

一、京东的知识产权管理体系

知识产权战略是京东发展的重要手段，其在实现自己的知识产权不被侵犯的同时，还积极地保护其他人的知识产权。京东坚持销售"正品行货"，对假货"零容忍"，坚决拥护和尊重知识产权，拒绝假冒伪劣产品。对于企业内部，京东从组织机构、管理制度、企业员工选拔、知识产权技能培养、知识产权战略、共同价值观等六个方面着手建立起较为完备的知识产权管理体系。

（一）知识产权组织机构

京东于 2011 年专门设立知识产权部，由其来制定和执行京东发展所需的知识产权战略，保护企业相关的知识产权并进行规范化管理，并对知识产权使用防范风险方面提供专业的法律支持。京东知识产权部对知识产权进行全方位多层次的保护，涉及专利、商标、著作权、反不正当竞争等各种领域，实现京东技术、模式、产品上的创新，防止侵权事项的发生。

京东知识产权部立足于京东集团整体的经营发展战略，进行严密高效的知识产权战略布局，对集团的知识产权资产进行精细化管理，及时应对防范各类风险，为侵权事件提供解决办法。知识产权部为京东集团的发展做出巨大贡献，获得业内的高度认可。2017 年 1 月 14 日，在 China IP《中国知识产权》杂志主办的第七届中国知识产权新年论坛暨中国知识产权经理人年会中，京东知识产权部获得"2016 年度中国杰出企业知识产权管理

团队"的荣誉奖项。❶

(二) 知识产权管理制度

京东知识产权部负责制定与监督施行各种知识产权管理制度。从入驻的资质审查、运营过程中的监管以及侵权后的惩治多方面进行规制。譬如，如果用户发现京东网站上销售的商品、提供的服务或因销售商品或提供服务所展示的商品信息有可能侵犯用户的专利权、商标权或著作权等知识产权，用户可在京东的知识产权维权平台进行注册、登录，根据京东商城所提供的《维权处理规则》申请维权。若提交的投诉符合京东所要求的受理条件，京东会尽快对结果进行审核，并承诺在 10 个工作日内处理。与此同时，被投诉方在收到来自他人的知识产权侵权投诉之后，需要对自己潜在的侵权行为进行甄别，若其行为确实符合侵权要件，按照京东的请求，被投诉方应在第一时间下架涉案商品、删除侵权信息、断开侵权链接，避免他人合法权益遭受侵害；若不存在侵权行为，被投诉方可以提起申诉，申诉材料的提交期限规定为 2 个工作日。一旦查明确为侵权，则京东集团将依据《京东 JD.COM 开放平台卖家积分管理规则》进行知识产权处罚，数额较大或情节严重的，依据国内相关法律进行处理。❷ 京东一直以来倡导用户遵守国家法律、行政法规、部门规章等规范性文件。对任何违法行为绝不姑息，并给予构成违法行为的用户进行适当的处理。

(三) 知识产权人才培养

人才是第一生产力。以创新为核心的京东认识到人才的重要性。根据笔者了解，京东招收知识产权法务人才的基本要求是：具有全日制大学本科以上学历；通过国家司法考试，并具有 3 年以上从事法律工作的经验；工作严谨，具有团队精神，态度认真；语言表达能力及思辨能力强；35 周岁以下；英语 CET6 以上，可以使用英语进行工作。由于知识产权是一个

---

❶ 中国知识产权. 京东获评"2016 年度中国杰出企业知识产权管理团队"[EB/OL]. http://www.chinaipmagazine.com/news-show.asp?20325.html, 2018-10-27.

❷ 京东集团. 知识产权维权[EB/OL]. http://help.jd.com/user/issue/list-342.html, 2018-10-27.

复合型极强、融贯文理知识的领域，京东知识产权部人才招聘以及相关的责任人员均注重吸收具有理工科背景的人才，并且鼓励员工的科研活动。

与此同时，京东注重加强员工各方面技能的培训。京东集团创始人高度重视员工技能培训，建立"京东大学"，提出"把培训上升为公司战略之一"的口号，要求全体员工尤其是高级管理人员要有效结合运用互联网思维，实现企业的可持续发展。京东大学的成立适应了企业发展的需求，有效帮助新加入京东的员工快速融入公司的工作环境，深入领会工作理念。知识产权作为京东发展策略之一，更是每一个加入京东的员工所必须学习和掌握的知识和技能。作为自营式电子商务企业，网络销售必须重视维权和保证所营商品不涉侵权，知识产权相关培训与学习能够保证大多数员工能形成自觉保护企业知识产权、遵守国家相关法律法规和公司规章制度的基本意识。

（四）实施企业知识产权战略

从京东创建以来，一直奉行"销售正品行货，对假货零容忍"的理念。为了达到这一目的，就必须从源头上保证正品。为此，京东同国内外的多数企业达成直供协议，加大营销管理力度。总部把握全局，各分部具体负责，客服、售后、技术研发各部门协助配合，保证商品质量。商品从入驻资质划分、品质筛选、配送、售后等多方面进行全面监控，有时京东会有专门部门对产品进行随时抽检，也会关注各类商品的买家评价，对买家评价中存在"假货""质量差"字样的商品进行进一步鉴定。❶

从 2015 年 4 月起，京东"全球购"平台正式上线，并陆续开通"法国馆""韩国馆""日本馆""澳洲馆"和"美国馆"。该举措旨在实现海外商品的直接采买，从源头上确保正品。同时，京东加强同海外国家的知识产权合作，早在 2015 年 7 月，京东启动"京东美国馆"，刘强东在启动仪式上曾强调知识产权保护对于海外拓展的巨大意义。2016 年 11 月，京东

---

❶ 知产力．独家对话刘强东：关于电商知识产权保护的 8 个问题 [EB/OL]．http://www.sohu.com/a/31450240_223993, 2015-09-10.

集团又与韩国的知识产权保护院在北京签署知识产权合作备忘录,以加强京东同韩国企业在知识产权保护方面的合作与交流,共同打击电商领域中的知识产权侵权行为,给予消费者信心。❶ 京东在全球范围内进行庞大的知识产权战略布局,同全球多数国家进行了知识产权保护的战略合作。

二、京东的知识产权布局

(一) 商标布局

商标作为企业的一种无形财产,是企业发展壮大的关键要素之一。京东作为目前国家最大的自营式 B2C 电商企业,在全国具有较高的知名度和实际应用度。如何对京东商标进行全方位保护,一直是京东知识产权布局中的重要部分。

1. 国内商标布局

随着京东不断地发展壮大,经济实力的不断雄厚,京东在国内采取的是壁垒式防御措施,对商标进行最大程度的全类别全方位注册。根据笔者在中国商标网进行查询的结果显示,以京东旗下的北京京东叁佰陆拾度电子商务有限公司为例,其名下成功注册的商标共有 2 000 个。另外一家京东旗下的北京京东世纪贸易有限公司名下共注册商标 1 045 个。具体的布局策略包括以下方面。

"京东"商标在各类别的全方位注册,不仅在其主营商品范围内进行各类注册,还在第 9 类、第 38 类、第 39 类、第 41 类、第 42 类等与网站、电子商务相关的重要类别中注册了多枚"京东"商标。

如图 5.4 所示,对于与京东商标相近似的各类字样,诸如"京咚""惊东",以及带有京东商标外形特色的单独的"京"字,京东也同时进行个别类别的商标注册。通过对这些近似标记的抢先注册,有助于防止其他企业进行"山寨"式仿冒行为(见图 5.5、图 5.6)。

---

❶ 中国经济网. 京东与韩国知识产权保护院签署知识产权合作备忘录[EB/OL]. http://news.163.com/16/1125/11/C6NCHRVF000187V5.html,2016-11-25.

京东

商品/服务	开发票机; 邮戳检查装置; 电子记事器; 人脸识别设备; 量具; 网络通讯设备; 光学品; 测量装置; 半导体; 电子管; 电线; 电子芯片; 传感器; 光学纤维(光导纤维); 视频显示屏; 避雷针; 灭火设备; 电池; 电栅栏; 动画片; 发光式电子指示器; 便携式遥控阻车器; 可下载的手机应用软件; 自动售票机; 办公室用打卡机; 衡器; 照相机(摄影); …… 查看详细信息
类似群	0901;0902;0903;0904;0905;0906;0907;0908;0909;0910;0911;0912;0913;0914;0915;0916;0918;0919;0920;0921;0922;0923;0924;

申请/注册号	24920113	申请日期	2017年06月21日	国际分类	9
申请人名称(中文)	北京京东叁佰陆拾度电子商务有限公司				

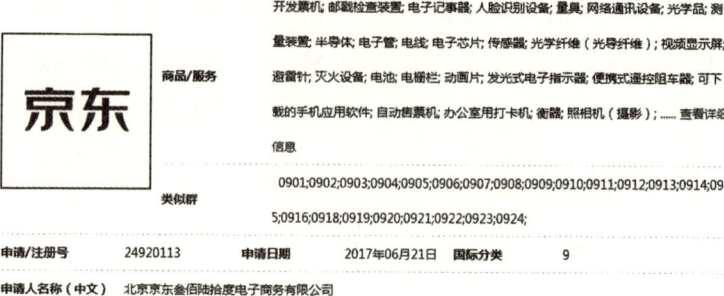

图 5.4 “京东”商标信息

申请日期	商标名称	申请人名称
2014年01月08日	京咚	北京京东叁佰陆拾度电子商务有限公司
2014年01月08日	京咚	北京京东叁佰陆拾度电子商务有限公司
2014年01月08日	京咚	北京京东叁佰陆拾度电子商务有限公司
2014年01月08日	京咚	北京京东叁佰陆拾度电子商务有限公司
2014年01月08日	京咚	北京京东叁佰陆拾度电子商务有限公司
2014年01月08日	京咚	北京京东叁佰陆拾度电子商务有限公司

图 5.5 “京咚”商标信息

申请日期	商标名称	申请人名称
2012年05月03日	惊东	北京京东叁佰陆拾度电子商务有限公司
2012年05月03日	惊东	北京京东叁佰陆拾度电子商务有限公司
2012年05月02日	惊东	北京京东叁佰陆拾度电子商务有限公司
2012年05月02日	惊东	北京京东叁佰陆拾度电子商务有限公司
2012年05月02日	惊东	北京京东叁佰陆拾度电子商务有限公司
2012年04月26日	惊东	北京京东叁佰陆拾度电子商务有限公司
2012年04月26日	惊东	北京京东叁佰陆拾度电子商务有限公司

图 5.6 “惊东”商标信息

除此之外，京东对与“京东”这个关键词相关的各类其他字样也进行了商标注册，诸如“京东 JD. COM”“京东狗”“京东帮”等，并且对京东商城的域名网址“360BUY. COM”也进行了商标注册，进行全方位的防御。

最后，由于京东的迅速发展，其创始人刘强东也受到全球的关注，知名度不断上升，所以该公司将京东公司创始人的名字“刘强东”“老刘”等字样也进行各类别的全方位商标注册。

2. 国外商标布局

很多国内企业在发展初期，可能考虑到企业发展规模与经营实力等多方面因素而没有进行海外的商标布局申请，但是境外商标注册意识的薄弱很容易让境外的其他企业有机可乘，使企业“莫名”丧失境外发展的商标权利。京东认识到商标境外注册的重要性，从 2013 年起在全球各国都进行了相应的商标注册，既维护自身的合法权利，也有助于京东海外业务的开展与壮大。基本注册情况如图 5. 7 所示。

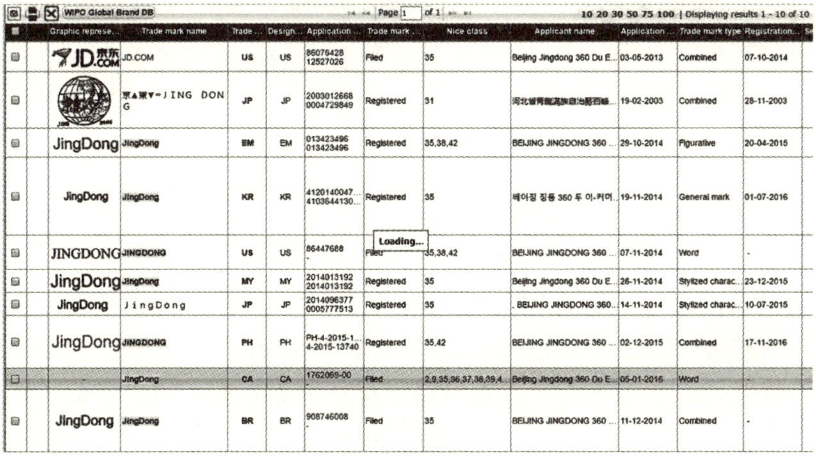

WIPO Global Brand DB　　Page 1 of 1　　10 20 30 50 75 100 | Displaying results 1 - 10 of 10

Graphic represe...	Trade mark name	Trade ...	Design...	Application ...	Trade mark ...	Nice class	Applicant name	Application ...	Trade mark type	Registration...	Se
JD.COM 京东	JD.COM	US	US	86076428 12527026	Filed	35	Beijing Jingdong 360 Du E...	03-05-2013	Combined	07-10-2014	
	京▲東▼~JING DONG	JP	JP	2003012668 0004729849	Registered	31	河北省青龍满族自治县百鳞...	19-02-2003	Combined	28-11-2003	
JingDong	JingDong	EM	EM	013423496 013423496	Registered	35,38,42	BEIJING JINGDONG 360 ...	29-10-2014	Figurative	20-04-2015	
JingDong	JingDong	KR	KR	4120140047... 4103644130...	Registered	35	베이징 징동 360 두 이.커머...	19-11-2014	General mark	01-07-2016	
JINGDONG	JINGDONG	US	US	86447688 -	Filed	35,38,42	BEIJING JINGDONG 360 ...	07-11-2014	Word	-	
JingDong	JingDong	MY	MY	2014013192 2014013192	Registered	35	Beijing Jingdong 360 Du E...	26-11-2014	Stylized charac...	23-12-2015	
JingDong	JingDong	JP	JP	2014096377 0005777513	Registered	35	. BEIJING JINGDONG 360...	14-11-2014	Stylized charac...	10-07-2015	
JingDong	JINGDONG	PH	PH	PH-4-2015-1... 4-2015-13740	Registered	35,42	BEIJING JINGDONG 360 ...	02-12-2015	Combined	17-11-2016	
-	JingDong	CA	CA	1762069-00 -	Filed	2,9,35,36,37,38,39,4...	Beijing Jingdong 360 Du E...	05-01-2016	Word	-	
JingDong	JingDong	BR	BR	908746008 -	Filed	35	BEIJING JINGDONG 360 ...	11-12-2014	Combined	-	

Loading...

图 5. 7　京东商标在各国注册情况

由此可见，京东对商标进行以其核心业务为重点，充分考虑市场需求的全面且拓展性的保护，以防止有不法商家借京东的商标知名度谋取不法利益。

（二）专利布局

1. 专利基本情况

截至目前，京东在全球范围内申请专利 1 745 件，国内专利 1 600 件，其中发明专利1 269件，外观设计专利271件，实用新型专利60件。在全球范围内京东所申请的1 745件专利中，有效专利共593件，占总量的37.06%；失效专利14件，占总量的0.88%；除此之外，仍有过半数的专利申请仍然处于审查阶段。

京东在国内进行专利布局的时间相对较晚，其专利申请起步于2010年10月。根据专利的申请趋势和公开趋势可知，自2010年起，京东的专利申请量呈现总体上升的趋势。2009年，京东获得来自于银行家梁伯韬先生的注资，逐渐走出金融危机的阴霾，开始在电子商务领域打造具有自身特色的经营模式。随着京东业务规模的扩大和知识产权意识的增强，京东的专利申请量在2012~2013年出现较为明显的增加。2014年，京东申请的专利中出现了金融类的专利产品，这和2013年10月京东成功入驻金融行业，开启对金融业务的独立运营不无关联。到了2015年，京东年专利申请量已经超过600件，较前一年更是增长一倍之多，这和京东近年来在知识产权领域的良好运作和科技创新水平的提高紧密相关。

除了国内申请的专利之外，京东同样重视在海外的专利布局。京东在全球范围内申请的1 745件专利中，有145件来自于海外，包括美国、中国香港、印度、日本、世界知识产权组织、欧洲专利局等多个国家、地区或机构。京东第一次在海外进行专利申请发生在2013年4月。值得注意的是，2015年以前京东的海外专利布局大多是国内专利的同族专利；2015年之后，随着"全球购"等业务在海外的展开，京东开始在海外尝试专利申请，在境外进行专利布局，虽然数量较少，但是通过在海外进行独立的专利申请有利于京东的业务拓展和市场范围的扩张，也有利于京东在海外规避专利侵权和专利流氓的侵袭。

专利申请和授权数量是体现企业技术创新水平的重要指标，同时也是企业在技术竞争中的重要资本。仅依赖于单个的专利并不能形成对于技术和思路的全面保护，因此专利族的打造可以方便企业在某一技术上形成较为完整的技术保护体系。京东在全球范围内拥有1 668个专利族，其中国内的专利族占了87.9%。京东早在2008年就开始海外的专利族布局，对应到国内的专利申请，京东在国内的第一件专利申请起始于 2010 年，因此单个海外专利族的建立收效甚微。如今京东已经在 14 个国家、地区或机构进行专利族的部署。2015 年，京东在全球范围内的专利族申请达到峰值，585 个专利族意味着京东将在全球专利领域得到更为全面的保护，这些专利族也势必会成为京东在与其他企业竞争中的有力武器。

2. 技术领域布局情况

京东最早在国内范围布局的专利内容大多包含终端装置和搜索引擎系统等技术。通过对京东的国内专利申请文件的 IPC 分类号进行汇总分析，京东所申请的专利中，IPC 分类号指向 G06F17/30 的共有 469 件，占所有已申请国内专利的 26.2%；G06F17/30 代表的是信息检索、搜索引擎及其数据库结构。

从 2013 年起，京东开始在货场经营这一技术领域进行专利布局，但是在京东所申请的货场经营专利中，大多仍然和终端装置、搜索引擎系统有关。因此，我们可以基本确定京东在其业务范围内重点保护的技术是终端装置和搜索引擎系统，这两个技术领域是京东在专利布局中的着力点。面向用户服务对优势技术进行研究和创新将是未来京东进行专利布局的重点。

3. 竞争对手专利基本情况

截至目前，阿里巴巴集团在全球范围内申请专利 10 808 件，其中国内专利申请共 7 162 件，在已申请的专利中发明专利共 6 227 件、外观设计专利共 907 件，实用新型专利 28 件。在所申请的 10 808 件专利中，有效专利 2 795 件、失效专利 286 件，其余近 7 000 件专利仍处于审查阶段。

阿里巴巴集团对专利的布局最早可以追溯到 2005 年，起步比京东早很多，专利申请数量总体呈现上升态势，且在 2015 年达到峰值，单从专利数据上看，阿里巴巴集团在专利布局方面基本没有受到 2008 年国际金融危机的影响。2012~2013 年，阿里巴巴集团的专利申请数量出现一个小的滑坡，阿里巴巴集团在该年度的年报中指出，阿里巴巴于 2012 年 6 月将其资本从香港联合交易所中撤出，该年度阿里巴巴集团的年度收益受此冲击较为明显，可能影响到企业在专利布局方面的资金投入。但是 2014 年之后，阿里巴巴集团的专利布局情况出现新的突破，年专利申请量首次突破1 500件。到了2015年，阿里巴巴集团的专利申请总量更是达到峰值，该年度阿里巴巴在全球范围内的专利申请量高达3 234件（见图5.8）。

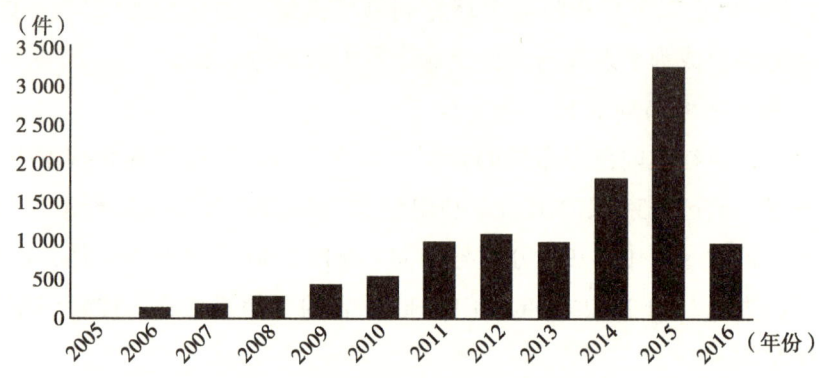

图5.8　阿里巴巴集团专利年申请趋势

通过对比分析，京东和阿里巴巴之间不管是在市场份额还是在专利申请数量上都仍存在较大的差距。阿里巴巴的专利布局起步较早，与企业的拓展、规划一脉相承，在专利布局方面具有预见性。在专利分布方面，京东相比于该竞争对手在专利布局的储备上略显匮乏。好在京东的专利申请质量较高，且进步较为明显，具有一定的上升空间。但是，京东也需在今后的专利布局过程中留意阿里巴巴的动态，谨防与其在专利方面产生纠纷，规避风险。

三、京东的知识产权诉讼与风险管理

2008年起，国内电子商务领域的知识产权纠纷开始增多，并且呈逐年上升的态势。京东作为国内电子商务行业的优势企业，自成立至今经历百余次知识产权诉讼，其中不乏和国内外知名企业之间产生的知识产权纠纷。

（一）微软诉京东商城侵权案

2011年，微软公司将北京京东世纪贸易有限公司和北京京东叁佰陆拾

度电子商务有限公司诉至北京市第二中级人民法院。❶ 此案中微软公司诉称,其是 Microsoft Server（微软服务器）、Microsoft Studio（微软开发工具）、Microsoft Office（微软办公）、Microsoft Windows（微软视窗）等系列计算机软件的著作权权利人,而被告却在其经营活动中擅自复制、安装并商业性使用上述系列软件,侵犯微软公司合法享有的著作权。北京市二中院民五庭受理此案后认为,著作权侵权案件在社会中屡禁不止,维权获得赔偿固然重要,但是此案中争议的双方都是规模巨大、具有一定社会影响力的公司,如果能够通过案件的合理解决,利用两方公司的影响力达到逐步推进软件的正版化应用,则具有更大的实践意义。于是,对于此案的解决,法官在核实案件事实后,多次与双方进行沟通,分析利弊得失,最终使得双方达成和解。

（二）《捉妖记》发行方诉京东侵权案

2015 年电影《捉妖记》的热烈上映,卡通形象"胡巴"受到热捧,其市场价值大幅提升。京东商城中的 40 余家注册商户抓住社会热点,销售具有"胡巴-WUBA"形象的毛绒玩具,但是却未取得相关授权许可。安乐（北京）电影发行有限公司作为电影《捉妖记》中"胡巴-WUBA"系列美术作品的著作权人,将京东商城以及相关商户诉诸法庭,要求停止侵权行为并赔偿相应损失。❷

此案中,京东商城作为自营式网络销售平台,对其所售商品是否涉及侵权具有审查的义务,而此案的发生,与京东一直所贯彻的"诚信"价值观相悖,但也是京东改进经营战略的重大契机。作为网购平台,因著作权侵权引起的知识产权诉讼不可避免且不在少数。虽然不是所有侵权事件皆由京东亲自所为,但是设立著作权侵权规定,对侵权行为进行有效且合理的审查,对于京东在未来一段时间内积极应对著作权纠纷相当重要。京东

---

❶ 中华人民共和国国家知识产权局. 案例报道——微软诉京东商城侵权案和解[EB/OL]. http://www.sipo.gov.cn/albd/2011/201110/t20111027_626679.html, 2017-10-28.

❷ 引自上海市浦东新区人民法院（2016）沪 0115 民初 50512 号案。

作为一个负责任的电子商务企业，除了设立相关规定和声明之外，对电子商务活动中出现的著作权侵权现象，可以向侵权者作出警告，通过协商解决纠纷；也可以设立平台接受举报和投诉，对涉嫌侵权的商品进行处理。与此同时，京东也要注重提升注册商户的知识产权意识，减少此类侵权案件的发生，以保护相关知识产权权利人的权益。

（三）"双十一"商标争议

阿里巴巴最先开始在每年11月11日进行大型的促销活动，通过多年的施行，"双十一"俨然已经成为购物的狂欢节。阿里巴巴在2011年将带有"双十一"字样的系列商标向商标局申请注册并获得核准。由于"双十一"对电商行业的巨大影响，阿里巴巴以外的诸多电商都加入"双十一"的大军，开始各种促销活动，并获得巨大收益。2014年，阿里巴巴发出公告函，表明其对"双十一"商标享有专有权，禁止其他企业擅自使用，引起争议。阿里巴巴特以京东为例，称京东的广告语中使用的"双十一"宣传语句和宣传行为构成对其商标权的侵犯。京东法务部发出声明以对此回应：以《商标法》第44条为依据，其认为阿里巴巴的行为构成垄断行为。阿里巴巴如对此回应不服，再宣称京东侵权，京东也提出将诉诸法律程序，要求法院明确该商标权的性质。京东强调其也注册了诸多如"6·18"等类似商标，但始终将此类商标用作防御功能，而不是对其他竞争者进行禁止性打压，这样才能促进电商企业的良性竞争。但是在此案中，面对阿里巴巴已将商标注册的铁证，京东只能被迫改为"11·11"，与阿里巴巴注册的"双十一"相区分。

四、完善京东知识产权管理的对策建议

（一）杜绝盗版，严格履行著作权侵权监管义务

对于京东等电子商务平台而言，盗版图书、音像制品、电子出版物以及网盘账号密码、盗版链接是造成著作权侵权、引发纠纷的主要原因。相比于事后应对复杂的纠纷案件并采取相应的解决措施，从根源上杜绝盗版商品造成著作权侵权的现象对于京东的知识产权管理而言则更为彻底。不

同于亚马逊等面向全球进行线上商品交易的电子商务平台,京东主要面向的是国内市场,因此在市场准入规则上并不如亚马逊等公司所规定的那么严明,对于商户入驻的资格和要求相对较低,因此也就存在将盗版商品一并准入市场的可能性。

首先,在应对盗版图书、音像制品、电子出版物的侵权问题方面,京东可以严格地对商户的资质进行审查,对于不符合《中华人民共和国网络安全法》第12条规定的商户,不给予其进入电子商务市场、从事商品流通的资格;其次,关于网络出版物的销售、互联网新闻信息服务转载的侵权问题方面,京东应当充分扮演行政保护与司法保护的"护航者"的形象,做到遵守著作权相关法律法规的规定,保护著作权人的合法权益,尤其注意遵循《关于加强网络文学作品版权管理的通知》明确自己作为网络服务提供商的主体责任。最后,对于网盘账号密码、盗版链接引发的著作权纠纷问题,京东应当恪守监管责任和配合调查义务,通过制定准入规定和监管条例的形式,阻止网盘账号密码、盗版链接进入流通领域,从源头上杜绝网盘账号密码、盗版链接引发的著作权的侵权问题。

(二) 基于服务,完善商标布局体系

自公司创立以来,京东一直致力于合理有效地运营自身的知识产权。商标运营方面,京东在国内主要采取的是壁垒式防御措施,对商标进行最大程度的全类别全方位注册,对"京东""JD"等主体商标及与其具有一定相似度的防御商标注册了商标并申请予以保护。但是究其商标运营状况来看,仍然存在一定的问题。

首先,商标抢注的现象不利于抢占市场先机、影响企业市场地位的构建。"双十一"商标争议案中,尽管阿里巴巴可能存在滥用市场支配地位的嫌疑,京东本身未对相关商标进行注册和保护也是造成其在相关市场内处于不利地位的原因之一。因此,京东在日后的商标运营的过程中,应当把握时效性,及时对与商业运营策略相关的商标予以注册,避免发生商标被抢注的现象,引发侵权风险。其次,全类别全方位的商标注册成本较高,不利于长期运营与维护。由于商标数量众多,缺乏合理的商标管理机制,很难统一地对数量巨大的商标进行管理，也很难鉴定单个商标的侵权风险。除此之外，大范围的商标注册成本较高，大量的续展费用将逐渐成为京东的一笔不小的开支。因此，京东可以根据其自身的需要，筛选一部分符合自身未来发展规划需要的商标，立足于自身服务，进一步完善商标布局的体系，使之更加趋于合理。最后，海外商标注册起步较晚、数量较少，不利于京东海外维权。京东于2013年才开始在海外进行商标注册，且其海外商标申请数量较少，仅分布于日本、美国、德国等主要的发达国家。因此，京东在日后的知识产权运营的过程中更加强调立足于自身服务类别，在海外进行范围更广、规模更加合理的商标布局，真正使其商标深入人心、商品远销海外，在面对海外商标纠纷时也能为自身利益维护提供足够帮助。

（三）严格审查，规避专利侵权风险

相比于竞争对手阿里巴巴，京东的专利布局略显匮乏，但是专利质量相对较高，发展前景较好。当前京东在专利运营方面面临的主要问题在于在其平台上销售的商品可能具有潜在的侵权风险，且统一监管的难度较大，举证和维权的成本较高。

针对上述问题，对涉事的侵权商户设置追偿甚至惩罚性赔偿的赔偿机制在一定程度上可能具有警示作用，但是不能完全杜绝部分商户因铤而走险、无视赔偿机制，违规售卖存在专利权争议的商品所导致的侵权行为。相比于设置赔偿机制，还应当从根源上对商户的运营资质和所销售的商品进行审查，判断其是否有资格在互联网领域售卖商品，并判断所售卖的商品是否存在专利权的纠纷和争议，在严格的审查制度的履行实施的基础上，配合严厉的惩罚赔偿机制，可以在最大程度上减少侵权现象的发生。在面临涉事商户违约销售存在专利权争议的商品时，京东除了被动地应诉之外，应当在事后及时跟踪各商户的商品的专利权状态，违反国家相应专利法律法规的涉事商品应及时勒令下架；除此之外，可以建立商品销售监管的"黑白名单制度"，对于存在侵权风险且未作调整的商户及时地放入黑名单，并禁止相关人员从事销售活动。避免因为专利侵权带给京东本身的商品环境不必要的冲击，也在明确自身主体监管责任的同时，降低因为商户的侵权行为而遭遇侵权纠纷的风险。

第四节　亚马逊公司的知识产权管理*

亚马逊公司（以下简称亚马逊）是一家成立于1997年的美国知名电子商务公司，总部位于美国西海岸的西雅图，成立初期致力于在互联网上进行书籍的销售。为顺应信息技术的发展，亚马逊逐步进行业务升级，在影视、音乐、电子产品等多个领域实现业务拓展；积极进行企业并购，克服行业壁垒，开拓技术领域和消费市场，如今已然成为全球第三大互联网公司、全球商品种类最多的网上零售商，公司旗下囊括互联网电影数据库、Alexa网站等多个子品牌。受到美国西海岸自由主义文化和雄厚人才资源的深刻影响，亚马逊的领导层一直注重创新，旨在将亚马逊打造成以技术为主导的零售业先进企业。亚马逊将知识产权的发展和企业创新发展紧密结合，始终恪守行业规范和诚信道德，构建企业知识产权管理体系，合理利用知识产权应对产业竞争。

一、亚马逊的知识产权管理体系

亚马逊在全球范围内的成功，知识产权战略功不可没。亚马逊合理利用知识产权维护自身的合法权益，提升知识产权保护的意识和水平，积极应对产业竞争，避免侵犯他人知识产权的同时，为企业的正常运营保驾护航。亚马逊积极构建知识产权管理体系的具体措施包括以下方面。

（一）知识产权战略

亚马逊自1997年成立以来，旨在打造全球最大的网上书店，其前身是于1995年由杰夫·贝佐斯建立的亚马逊书店。作为全球最早一家致力于网络图书销售的企业，亚马逊自成立以来一直注重知识产权的保护：在保护自身知识产权不受侵犯的同时，更注重维护他人的知识产权等合法权益。

---

* 本节作者为南京理工大学知识产权学院硕士研究生曹昕蕙。

其一，亚马逊在进行知识产权战略部署的过程中始终坚持以客户的需要和权益为工作的重点。一方面，亚马逊严格把关货源、坚决抵制假货，从源头上阻止假货进入其销售渠道；另一方面，通过制定严格的知识产权规范保护客户的合法权益，尊重并竭力维护客户的知识产权。其二，亚马逊重视品牌的定位与培养，致力于打造具有知名度和美誉度的全球品牌。亚马逊将其品牌定位为全球最大的网络书店，通过供销一体化，避免出现假货流通、扰乱市场秩序的现象，保证品牌实力不受到假货的侵蚀。2017年，亚马逊正式推行品牌注册制，任何在亚马逊进行销售行为的企业或个人均须在亚马逊指定页面进行商标和其他知识产权的登记和备案。❶ 一旦出现假冒产品，亚马逊将关闭销售方的账户，并永久下架涉案商品，禁止其出现在亚马逊销售市场进行再次流通。其三，亚马逊坚持自主研发专利产品。值得一提的是，亚马逊围绕 kindle 系列打造全新的数字媒体生态。该品牌的推出，不但提高了亚马逊的销售额，更加奠定亚马逊的群众基础。2013年，亚马逊公开 PrimeAir 项目计划，无人机领域的研发和专利申请已经迭代至第八代。面对外界的诸多质疑，亚马逊始终坚持研发，目前在无人机领域所布局的同族专利数量已经多达 50 余件。根据亚马逊企业年报，截至 2015 年，亚马逊通过技术创新和知识产权所获得的企业利润高达 15 亿美元。

（二）知识产权管理制度

亚马逊从建立初期以来就一直致力于保护客户的知识产权：一方面，保护用户本身所拥有的知识产权不受侵犯；另一方面，在用户对亚马逊相关产品的使用中杜绝对他人知识产权的侵犯。

（1）在版权方面，亚马逊服务所包含或提供的所有有关文字、图片、图表、声音等作品的创作和运用等内容以及该部分内容的编译文件均受各国版权法和国际版权法的保护。用户和网站之间发生的任何争议均适用相

---

❶ 严打假冒产品：亚马逊推行品牌注册制［EB/OL］. http://tech.sina.com.cn/i/2017-03-22/ doc-ifycnpiu9415889.shtml，2018-10-27.

关国家或地区的法律保护。如果用户认为对其作品的使用构成版权侵权，可以通过亚马逊所提供的登记表格向亚马逊提供涉嫌侵权的相关信息，亚马逊会尽快对权利人可能遭受的任何侵害进行处理。

（2）在商标权方面，其对于商标权的管理规范较为详尽。主要有如下几个方面内容：第一，亚马逊为其所拥有和进驻企业所持有的商标提供了一份商标清单。第二，亚马逊服务所包含或者提供的商标类产品均已通过商标申请的方式进行注册。第三，亚马逊已申请保护的商标或商业外观不得以混淆或诋毁诽谤的方式被冒用。第四，在亚马逊已申请保护的商标或商业外观以外的其他商标也受到相关法律的保护。

（3）在专利方面，亚马逊为其专利信息和专利许可信息提供了一份较为权威的清单。这部分专利适用于亚马逊服务及通过亚马逊服务获得的功能。这也就意味着，超出亚马逊规定范畴的专利使用行为都是不被允许的，亚马逊会依据相关法律的规定对于侵权行为加以制止并进行追责。

（三）知识产权人力资源配置

亚马逊没有单独设立的知识产权部门，但是在其现有的所有部门内都有大量从事知识产权工作的法务人员，实时监控亚马逊的知识产权状况。尤其是在市场部、技术部和运营部中，知识产权法务工作者的数量占据很大的比重。❶ 亚马逊为进入企业工作的法务人员提供五个职能不同的岗位：企业法律顾问、法务助理、律师助理、合同经理和档案管理员。作为一家将技术创新与企业发展紧密结合的电子商务公司，亚马逊对于其法务工作人员的工作内容提出如下要求：一方面，法务人员需在日常工作中处理好知识产权事务、参与制定相关的知识产权制度和政策，帮助参与亚马逊电子商务的主体树立商业道德；另一方面，法务人员需要履行其在知识产权管理工作中的责任，对参与电子商务活动的产品进行知识产权风险管理和监控，避免出现侵权行为，此外还应积极参与和筹备亚马逊与其他个人、

---

❶ 有关亚马逊的知识产权人力资源配置情况，请参见其官方网站。［EB/OL］. https：//www.amazon.jobs/zh/job_ categories/legal，2018-10-27.

企业或组织的诉讼工作。

除此之外，亚马逊积极组织各类培训活动，包括对内部工作人员、电商平台销售商家以及公众进行的培训。2017年，亚马逊公司在印度成立"亚马逊"课堂项目组，面向公众进行交互式的销售技巧和知识产权的线上培训。❶ 面向公众的培训活动让公众了解亚马逊的同时，还能够帮助公众清楚地认识国内电子商务领域的新形势，吸引更多公众参与亚马逊的电子商务活动，强化公众对于电子商务的理解，增强公众对知识产权的保护意识。

二、亚马逊知识产权布局

（一）商标布局

亚马逊在成立之初就一直重视知识产权的保护。商标作为知识产权体系中重要的组成部分，亚马逊一直以来搭建的是扁平型的商标布局体系架构，由"Amazon"这一主商标衍生出若干个和该商标相关的防御商标、联合商标等，并通过注册和统一保护，搭建起一套完整的、可识别性强的商标布局体系。通过欧洲专利商标局和中国商标网进行查询，结果显示，以亚马逊技术公司（Amazon Technologies Inc）为例，其名下成功注册的商标总数超过2 500件，其中国外商标1 388件，国内商标1 223件。

首先，亚马逊针对其名称为"Amazon""亚马逊""Amazon.cn"等商标进行各类别的全方位注册，并对这一类主商标给予重点保护。与此同时，对已注册的主商标在不同类别下进行防御商标的注册。避免他人在这些类别的商品或服务上使用企业未注册的防御商标引起对主商标的混淆，构成对企业商标权的侵犯。亚马逊在实际的商标运营中较为注意对主商标的保护和监管，因此鲜有出现因主商标被侵权而导致经济损失的局面。其次，亚马逊对与主商标相类似的商标在同一类别下也进行商标注册。这类商标

---

❶ 亚马逊印度针对新入驻商家发布线上培训项目［EB/OL］. http：//www.yuncaijing.com/ news/id_ 8372737.html，2018-10-27.

的申请不仅在纵深方向实现了对主商标的保护，更能让这一系列商标的使用实现扩大市场范围、加深品牌影响力的作用。

综上所述，亚马逊对其商标进行了较为完善的商标注册，充分考虑企业品牌战略的需要和对于市场的保护，有助于降低因商标注册遗漏并最终导致侵权的风险，也在一定程度上降低其侵犯他人商标权的可能性。

（二）专利布局

作为全球电子商务行业的领军企业，亚马逊重视提高科技创新水平，针对性地加强知识产权保护力度，对企业长线发展进行专利布局。根据在美国专利商标局和 incoPat 科技创新情报平台进行检索的结果显示，亚马逊在美国专利商标局共申请专利 2 386 件，涉及近 1 000 多个专利族；在中国国内申请专利 637 件，已获得发明授权的专利 117 件，其中有 4 件是美国在中国的同族专利申请。

1. 专利基本情况

以亚马逊在中国的专利申请为例，截至目前，亚马逊在中国申请专利 637 件，其中发明专利 583 件、外观设计专利 54 件。亚马逊在中国申请的 637 件专利中，有效专利共 283 件，占总量的 44.42%；失效专利仅 17 件，占总量的 2.66%；除此之外，仍有过半数的专利申请处于审查阶段。

亚马逊在中国进行专利布局起步于 2005 年，之后的数年，专利申请量呈现总体上升的趋势。2008 年，受到国际金融危机的冲击，亚马逊在该年度的中国专利申请量有一个小滑坡；但是在 2009 年，亚马逊在中国又重新开始专利规模化申请，申请量也首次突破 50 件。随着亚马逊在中国的业务、市场规模的扩大，面对行业竞争，亚马逊加大在中国的专利布局力度，2010~2012 年，亚马逊的专利数量实现稳步增长。根据亚马逊企业年报显示，2013 年亚马逊因税务问题受到欧洲反垄断机构的指控，第二季度亚马逊净亏损 700 万美元，该年度亚马逊的科研经费较往年同期大幅度减少，专利布局也因此受到较为严重的影响，因此该年度亚马逊的中国专利申请受到波及，全年仅申请专利 61 件。2014 年，亚马逊逐渐走出税务危机的阴影，重新开始掌控其在技术创新中的主动权，中国专利申请首次突破

140件，创历年新高。亚马逊用以申请专利的技术产品通常具备较高的技术含量，因此所申请的专利已经基本获得授权或公开，高效的专利申请不仅有利于亚马逊利用知识产权保护自身的合法利益，更有利于亚马逊在电子商务领域的可持续发展，有效地规避同中国竞争对手的专利侵权问题和风险。

分析亚马逊的专利族全球分布情况可知，虽然亚马逊的专利数量有限，但是其在全球范围内2 420个专利族，专利族网络庞大且复杂，几乎每一件专利都有对应的专利族。亚马逊在24个国家完成专利族布局，主要分布在北半球的相对发达的国家或地区，其中在中国的专利族分布最多，在中国本土共布局483个专利族。到目前为止，亚马逊的年专利族增长数量整体呈现上升趋势，仅在2007年和2013年有短暂的下滑，2014年亚马逊在全球范围内共布局103个专利族，为历年来最高。通过专利族的布局，亚马逊逐渐在国际电子商务竞争中占据优势，对专利族的全面布局也必然会给亚马逊的专利保护带来极大的便利。

2. 技术领域布局情况

亚马逊的主要技术领域包括电子阅读器、电子商务服务、网站输入、数据中心、搜索引擎系统。根据专利分析数据，亚马逊最先进行专利布局的技术领域是电子商务服务和搜索引擎系统。通过对亚马逊在国内的专利申请文件的IPC分类号进行汇总，IPC分类号指向G06F17/30小组的共有56件，在所有已申请国内专利中占将近一成；通过对IPC分类法进行比对，G06F17/30小组代表的是信息检索、搜索引擎及其数据库结构。

3. 竞争对手专利基本情况

通过对亚马逊的诉讼和市场占有率情况的调研，根据国际电子商务发展历史和基本发展概况，选取在专利布局领域发展情况良好、进入电子商务领域时间较早且有一定知名度、在国际市场范围内与亚马逊存在竞争关系的电子商务公司eBay电子商务公司作为亚马逊竞争对手专利布局分析的参照。

截至目前，eBay公司在全球范围内申请专利5 891件，其中在中国国内申请专利仅 166 件。在已申请的中国专利中，发明专利共 163 件，外观设计专利共 3 件，没有实用新型专利。其在全球范围内所申请的 5 891 件专利中，有效专利仅 1 346 件，近半数专利仍处于审查阶段，有接近三成的专利处于失效状态。

eBay 公司进行专利申请的实践较早，专利数量整体呈现上升态势。相比于亚马逊，eBay 公司受到 2008 年国际金融危机的冲击较小，但是其也因税务问题于 2013 年遭到欧洲反垄断机构的指控，该年度专利数量严重下滑。相比于亚马逊，其在中国国内的专利布局略显薄弱，虽然布局时间远早于亚马逊，但是不管是在数量还是在总体变化趋势上，eBay 公司在华专利布局与亚马逊有着很大的差距。

三、亚马逊知识产权诉讼与风险管理

知识产权具有无形性和财产性的特征，因此在企业的实际运营过程中，知识产权纠纷不可避免。如果因知识产权产生的矛盾和冲突不能及时得到解决，必然会影响企业的正常运作和长远发展。诉讼是解决知识产权纠纷问题较为理想的方式，知识产权诉讼不但能够实现商业阻击，获得侵权赔偿，使知识产权纠纷得到合理的解决，合理地保护自身的知识产权不受侵犯，更可以在诉讼中方便企业实现对竞争对手知识产权发展情况的全面了解，通过诉讼赢取某些方面的竞争优势。

（一）亚马逊和 TRX 对造假者的知识产权诉讼

2016 年 11 月，亚马逊和美国健身器材企业 Fitness Anywhere（TRX）公司将周某某、程某某等在内的一批造假者诉至美国华盛顿州国王郡高等法院。此案中，亚马逊和 TRX 公司诉称被告于 2016 年 9 月侵犯它们已注册的商标，在线售卖含有亚马逊和 TRX 公司标识的假冒产品和虚假宣传产品。该行为侵犯并滥用 TRX 公司的知识产权，欺骗了亚马逊公司和亚马逊的客户，玷污了亚马逊和 TRX 的品牌，削弱了客户、商家对于亚马逊的信任，给亚马逊的信誉带来无法估量的损失。最终法院认定被告的行为构成对 TRX 公司以及亚马逊公司商标权的蓄意侵犯。亚马逊作为电子商务企

业，在其销售平台上有产品造假现象实属常见，由此造成的侵犯知识产权的诉讼也不占少数。诉讼的确可以促进相关问题的解决，但是如何从根源上杜绝此类事件的发生，则需要依赖亚马逊相关监审制度的完善。

（二）亚马逊诉巴诺书店专利侵权案

巴诺书店（Barnes and Noble）是美国最大的实体零售书店，其在1998年开发了自己的快速结算系统，并采用一键下单的方式实现实体图书的结算。1999年10月，亚马逊以巴诺公司的快速结算系统侵犯其已获得专利法保护的"一次点击"（One-Click）系统的专利权为由，将巴诺公司诉至美国华盛顿市联邦巡回法庭。

法官认为巴诺公司的快速结算系统与亚马逊的"一次点击"（One-Click）系统在使用方法和效果上相似，巴诺公司侵犯亚马逊的专利权，并于同年11月做出裁决，要求被告禁止使用该快速结算系统、停止侵权行为并依法赔偿原告经济损失。但是后者立即提出上诉，认为其开发的快速结算系统在初次使用时，亚马逊的专利并未得到申请，且在案发时亚马逊的专利刚刚授权满3个月，在专利授权之日，该技术已经在互联网范围内得到广泛使用。该快速结算系统只是对亚马逊公司的该产品构成竞争和挑战，并不意味着巴诺公司不能继续使用该产品，更不意味着亚马逊的专利权受到侵犯。亚马逊的发言人辩称，巴诺公司在接到亚马逊的起诉后仍然继续使用相关的技术和系统已经构成对亚马逊相关权利的侵犯，巴诺公司理应赔偿亚马逊的经济损失。最终案件在法院的沟通调解下，双方当事人达成和解协议。

上述案件给亚马逊留下经验教训。自此之后，亚马逊未雨绸缪，开始在加拿大、日本等多个国家和地区申请该"一次点击"（One-Click）系统的专利，对该专利进行专利族保护，围绕专利族进行知识产权布局。

（三）"App store"商标争议案

众所周知，App store是苹果公司为用户提供的浏览和下载iPhone等苹果系列电子产品应用开发软件的服务平台。2010年8月，苹果公司对亚马逊发出律师函，指控亚马逊侵犯苹果公司已核准申请的"App store"商标的商标权，该产品于 2008 年投入使用，并一直使用"App store"作为该产品的名称。亚马逊的发言人于 2010 年 9 月辩称，"App store"作为一个网络上广泛传播的通用词汇，不应也不适合作为数字服务的标识注册商标。由于双方没有达成合意，所以 2011 年 1 月，苹果就以亚马逊在广告中错误使用"App store"商标为由将亚马逊诉至旧金山地方法院。同年 3 月，两家公司在法院的主持下就该问题展开和解谈判，并最终达成共识。对于亚马逊而言，其应当注重企业运营中对其他企业相关知识产权的维护，从而才能更好地树立自己诚信经营者的品牌形象。

（四）亚马逊起诉 1 114 名刷单者

亚马逊是一家非常注重客户体验的电子商务公司，因此亚马逊对于其在客户中的信誉格外重视。客户反馈的评价信息是亚马逊了解客户信息，发现并打击假冒产品、维护客户知识产权的主要方式。因此，2015 年亚马逊在西雅图地方法院起诉 1 114 名在亚马逊网站有偿发布虚假评论、损害亚马逊品牌和声誉的刷单者。亚马逊发言人诉称这 1 114 名刷单者存在有偿收取名为约翰卖家的费用，在该卖家所售货物的留言板内发布虚假评论，并给予卖家好评的行为。亚马逊随后收到消费者对于该货物的投诉与意见，这 1 114 名刷单者的行为严重影响到亚马逊消费者、广大销售商对于亚马逊的信任，严重影响到亚马逊的信誉和品牌形象，不利于亚马逊展开知识产权的监控和维权活动。

该案最终判定亚马逊胜诉，禁止该卖家在亚马逊及有关网站售卖商品，且不允许其使用任何亚马逊提供的服务。所有的诉讼费用由卖家承担，卖家还需赔偿超过 2.5 万美元的损失。但是亚马逊的知识产权制度和政策中缺乏震慑刷单者和"网络水军"的条款，尽管亚马逊在后续的工作中严打刷单行为，但是刷单行为一直屡见不鲜。从著作权的角度，刷单者的原创性评论受到著作权法的保护，贸然进行删除有侵犯刷单者著作权的嫌疑，最终亚马逊只能选择成本相对较高的诉讼方式去解决刷单问题。因此，亚马逊在进行知识产权管理部署的时候仍然存在很多制度上的缺陷，需要在未来的工作中进行经验总结，从而得到更好的完善。

四、完善亚马逊知识产权管理的对策建议

（一）明确监管责任，杜绝著作权侵权风险

首先，亚马逊仍需要进一步鉴别通过审查的商户在日后的经营过程中是否侵权使用他人的著作权，紧密跟踪商户所销售的商品是否为侵权盗版商品。亚马逊需在著作权管理中，明确自身的监管责任和配合调查的义务，以身作则防范可能出现的著作权侵权的风险。其次，针对因商户添加超文本链接引发对他人著作权侵权问题的管理，我国现有著作权法对于超文本链接侵犯著作权的行为法律责任的确定主要适用的是过错推定原则，需由设置链接的商户与网络服务商共同承担法律责任，网络服务商主要承担间接侵权的责任。由于电子商务平台本身承载的商务数量庞大，面临的超文本链接著作权侵权的风险较大。因此，亚马逊作为一家致力于恪守行业规范和诚信道德的电商品牌，应当加强监管，严格审查，谨防因商户附加的超文本链接而构成对他人著作权的间接侵权。

（二）完善商标布局，形成市场核心竞争力

首先，由于现阶段亚马逊主要是对主体商标"Amazon"以及相关产品和功能进行全方位、扁平化的商标注册。在亚马逊日后进行商标注册的过程中，应当注意其他企业在相关商品类别下申请近似商标，必要的时候考虑对具有较高相似性的商标进行有效规避，以避免造成对他人商标权的侵犯。其次，亚马逊申请的商标涵盖尼斯国际分类号的40余类，商标的商品类别较为广泛。以亚马逊的主体商标"Amazon"为例，该商标已在43个商品服务类别下进行申请注册，但是实际上亚马逊的商标服务类别并没有那么广泛，这使得部分类别的商标出现闲置，鉴于亚马逊本身的商标申请数量庞大，维护成本相对较高，在合理的范围内，可以适当减少对与主体业务毫无关联的商品服务类别下商标的持有，将更多精力投入主体商标的运营与保护中。最后，在"App store"案中，亚马逊在广告中错误使用苹果公司已申请注册的"App store"商标引发诉讼。亚马逊在对自身以及他人的商标使用的过程中，应当尽可能避免风险，在相关的商标运营中应当

恪守行业规范和诚信道德。商标除了其本身的价值和潜在价值之外，还是企业商业信誉的凝结。因此，亚马逊更应当注重企业运营中对其他企业相关知识产权的维护，从而才能更好树立诚信经营者的品牌形象。

（三）创新与维权并举，提升专利运营水平

作为全球第三大互联网公司，亚马逊一直以来走在技术创新的最前端。在美国商业杂志《Fast Company》所评选的全球50家最具创新力的公司榜单中，亚马逊排名首位。亚马逊从一家运营图书售卖的电子商务公司，逐渐将其业务范围拓展到各个领域，Kindle的问世更是逐渐奠定亚马逊在电子图书配件市场的优势地位。

在亚马逊的实际运营中，专利是服务于技术创新的主要支撑。亚马逊在美国专利商标局共申请专利2 386件，在中国国内申请专利637件。亚马逊秉承移动第一、按需提供服务的创始理念，在专利的运营过程中，逐渐通过技术创新，将业务范围拓展到相邻产业，例如在2017年，亚马逊的最新视频播放平台Prime Video已经实现对200个国家或地区的覆盖。

与此同时，亚马逊从未放松对专利的保护。但是，不论巴诺书店侵权案还是其余的相关知识产权的纠纷案件，亚马逊在案件审理过程中始终处于较为被动的局面，鲜有亚马逊主动寻求诉讼以维护自身合法权益的典型案例。随着亚马逊的技术规模逐渐扩张，亚马逊也需将自身的专利维权置于一个更高的地位，平衡其在创新与维权之中的投入，严格地进行专利布局，提升其在专利运营中的水平与能力。

第六章 软件和集成电路产业知识产权管理实证研究

软件和集成电路是当今信息技术产业高速发展的源动力,已广泛渗透与融合到国民经济和社会发展的每个角落。加快构建以软件和集成电路为核心的现代信息技术产业体系,是推进信息化和工业化深度融合、落实《中国制造 2025》《"互联网+"行动指导意见》等国家战略的迫切要求,是推动我国经济结构战略性调整的必然选择。❶ 近年来,在市场需求带动下,我国软件和集成电路产业整体实力显著提升,基础软件、集成电路设计、制造、封装测试等产业链各环节快速发展,已初步具备参与国际市场竞争、支撑信息技术产业发展的基础。《"十三五"国家信息化规划》《"十三五"国家战略性新兴产业发展规划》《"十三五"国家科技创新规划》等都以集成电路、基础软件等核心技术自主创新实现系统性突破作为发展目标之一。❷ 现阶段高价值自主知识产权是软件和集成电路产业的核心竞争力,而高效协同的知识产权管理已经成为提升产业核心竞争力的重要途径。

---

❶ 工业和信息化部电子信息司. 注重创新协同聚焦开放发展推动集成电路产业突破跨越 [N]. 中国电子报,2015.
❷ 国务院关于印发"十三五"国家信息化规划的通知 [EB/OL]. http://www.gov.cn/zhengce/content/2016-12/27/content_ 5153411.htm, 2017-01-27.

第一节 概 述[*]

软件产业和集成电路产业是国家战略性新兴产业,是国民经济和社会信息化的重要基础。[❶] 与国际先进水平相比,我国软件产业和集成电路产业还存在发展基础较为薄弱、企业科技创新和自我发展能力不强、应用开发水平亟待提高、产业链有待完善、知识产权管理水平相对较低等问题。软件产业中多为轻资产企业,面临的知识产权管理问题复杂多样,集成电路产业因其垂直分工的特点,设计业、晶圆制造业和封装测试业等不同业务种类所带来的知识产权管理模式及困境各有不同。

一、软件产业和集成电路产业

软件是引领科技创新的核心力量,建设强大的软件产业,是我国构建全球竞争新优势、抢占新工业革命制高点的必然选择。软件产业是指有效地利用计算机资源而从事计算机程序编制、信息系统开发和集成及相关服务的产业,是包含软件产品与软件服务相关的一切经济活动和关系的总称,[❷] 其中软件产品指向用户提供的计算机软件、信息系统或设备中嵌入的软件或在提供计算机信息系统集成、应用服务等技术服务时提供的计算机软件,主要包括基础软件、应用软件、嵌入式软件。软件服务又称信息技术服务,指与计算机软件相关的一些服务,主要包括信息系统集成服务、信息技术咨询服务、数据处理和存储服务、集成电路设计服务以及数字内容和呼叫中心等其他服务。随着云计算、大数据、移动互联网等新兴信息技术服务蓬勃发展,全球软件产业持续服务化转型调整,信息技术服务在产业整体所占比重有所提高。美国、欧盟、日本仍然是世界软件产业发展

---

[*] 本节作者为南京理工大学知识产权学院讲师郝世博。
[❶] 张琪. 我国集成电路产业知识创新链研究 [J]. 价值工程, 2018 (29): 115-117.
[❷] 王皓. 我国软件产业目前存在的问题及对策研究 [D]. 太原: 山西财经大学, 2010: 4.

的主体，中国、印度、越南等新兴市场经济体在全球软件产业调整中快速发展。全球软件产业发展呈现出产业进入周期性转型期、IT巨头加快并购整合步伐、软件产业新兴业态迅猛发展等特点。近年来，我国软件产业保持平稳发展，但软件产业出口持续疲软。当前我国软件产业分类包括传统软件产品、系统集成服务、数据处理和存储类、嵌入式系统软件、信息技术咨询和集成电路设计。❶ 我国软件产业发展呈现出基础软件和工业软件等重点细分领域表现良好、传统软件企业加快互联网服务转型、跨界合作成为产业发展主旋律等特点。目前软件产业在技术与产品创新方面，主要表现为操作系统、管理软件、开源软件等领域技术创新进展较快；在发展模式创新方面，免费与增值服务收费相结合成为重要盈利模式，软件业务由单一转向多功能综合集成。我国软件产业规模快速壮大，结构不断优化，创新能力增强，部分领域实现突破。但仍然面临着基础领域创新能力和动力不足，与各行业领域融合应用不够，信息安全保障能力亟须加强等问题。

集成电路是信息技术产业的核心，是支撑经济社会发展和保障国家安全的战略性、基础性和先导性产业。集成电路是一种微型电子器件或部件，采用专门的设计技术和特殊的集成工艺技术，把所需的晶体管、二极管、电阻、电容等基本元件及布线互连，制作在半导体晶片或介质基片上，再封装在管壳内，完成特定电路功能或系统功能。❷ 集成电路产业作为典型的知识密集型、技术密集型、资本密集型、人才密集型的高科技产业，其完整的产业链包括设计、芯片制造、封装测试、集成电路设备制造、关键材料生产等。集成电路产业具有垂直分工的特点，即设计业、晶圆制造企业和封装测试企业依次上下游分工合作，能够充分发挥自身核心优势。集成电路产业具有周期化、专业化、国际化、利润高、附加值高、风险高等主要特征。集成电路产业链的演变经历了系统公司、IDM、Foundry 和后

---

❶ 2016 年中国软件行业市场现状及发展趋势预测 [EB/OL]. http：//www.chyxx.com/industry/201607/428489.html，2016-11-05.

❷ 王龙兴. 2015 年中国集成电路产业的基本情况分析 [J]. 集成电路应用，2016，33 (9)：10-14.

Foundry 四个时期,集成电路企业的经营模式包括集成器件制造商模式、代工模式和无生产线芯片设计模式。❶ 全球集成电路产业半导体市场主要由分立半导体器件、光电器件、传感器和集成电路构成,其中集成电路产品有模拟芯片、处理器芯片、逻辑芯片、存储芯片。区域分布方面,亚太地区(除日本)是全球最大的市场,北美地区排名第二。当前全球集成电路产业规模由周期性大幅波动转为低速平稳增长;产业结构调整加速,集成电路设计业与晶圆代工业异军突起;产业整合进程加快,寡头垄断特征日益显著;技术更新换代加速,落后产能加速退出市场。我国集成电路主要的应用市场有计算机、通信、消费电子、智能卡、功率器件、多媒体、模拟电路、导航等。中国大陆集成电路产业主要集中于长三角、京津环渤海湾、珠三角、中西部四大区域。现阶段我国集成电路产业规模快速增长,上游技术取得突破而下游产能略显吃紧,企业跨国合作愈加频繁,海外并购逐渐增多。应用推广方面,第四代北斗导航芯片成功应用于公安警务系统,金融 IC 卡国产化替代步伐逐步加快,新型电力载波芯片在智能家居领域得到推广应用。我国集成电路产业仍然存在芯片制造企业融资难、持续创新能力薄弱、产业发展与市场需求脱节、产业链各环节缺乏协同、适应产业特点的政策环境不完善等突出问题,产业发展水平与先进国家(地区)相比依然存在较大差距,集成电路产品大量依赖进口,难以对构建国家产业核心竞争力、保障信息安全等形成有力支撑。

二、软件和集成电路产业知识产权管理现状

软件和集成电路产业知识产权管理具有一般产业的共性特征,注重专利创造和布局,同时在知识产权运用和保护方面也存在特殊之处。软件和集成电路产业知识产权管理现状可以概括为以下方面。

(一)知识产权创造与布局

截至 2015 年年底,我国集成电路领域专利公开累计共有 285 616 件,

---

❶ 魏少军. 2017 年中国集成电路产业现状分析 [J]. 集成电路应用, 2017, 34(4): 6-11.

其中发明专利公告222 936件，实用新型专利公开62 680件。[1] 国内专利权人公开/公告的集成电路领域专利数占所有集成电路中国专利的60.1%，仍有近40%的专利被国外专利权人掌握。此外，我国大陆发明专利的授权比例相较于其他国家或地区有一定的差距，国内企业应当继续加强发明专利申请，注重发明专利质量。基于集成电路产业链特点，集成电路领域的专利可以分为设计类、制造类、封装测试类和设备材料类，而设计类包括模拟电路类、逻辑电路类、存储器类、处理器类。设计类专利公开/公告量前三位省市是广东、北京和上海。模拟电路类专利主要集中在 H04N5、H04B1 和 G06F13 领域，权利人专利累计排名靠前的是华为、中兴通讯和松下电器，其中国内权利人排名前三位是华为、中兴通讯和东南大学，在模拟电路领域中国企业的技术研发正在紧跟世界主要半导体公司；逻辑电路类专利主要集中在 H04N7 领域，权利人专利累计排名靠前的是三星电子、索尼和飞利浦电子，其中国内权利人排名前三位是华为、中兴通讯和清华大学，在逻辑电路领域国内专利权人已经开始积极开展专利布局；存储器类专利主要集中在 G06F12 领域，权利人专利累计排名靠前的是三星电子、IBM 和海力士，其中国内权利人排名前三位是华为、上海华虹和京东方，然而日本专利权人在存储领域占有明显优势；处理器类专利主要集中在 G06F9 领域，权利人专利累计排名靠前的是英特尔、IBM 和华为，其中国内权利人排名前三位是华为、浪潮和中兴通讯，高端处理器领域的核心技术主要掌握在美国公司手中。集成电路制造是指利用半导体加工技术在半导体衬底上形成具有特定功能集成电路芯片的过程，世界各主要集成电路强国非常重视在中国申请集成电路制造领域专利，其中专利最多的是日本；国内省市分布方面，上海明显领先于其他地区，说明集成电路制造企业比较集中的上海在集成电路制造领域的技术优势明显；制造类专利主要集中在 H01L21 领域，权利人专利累计排名靠前的是中芯国际、上海

---

[1] 中国集成电路产业知识产权年度报告（2016版）[EB/OL]. http://www.csia.net.cn/Article/ShowInfo.asp? InfoID=59141，2016-12-15.

华虹和台积电。封装测试类专利,中国大陆地区始终占据领先地位,其次是中国台湾地区和日本;国内省市中,江苏省在封装测试领域专利公开量领先;封装测试类专利主要集中在 H01L23 和 H01L21 领域,权利人专利累计排名靠前的是江苏长电科技、中芯国际和上海华虹,中国台湾地区在封装测试领域具有领先地位,但大陆地区专利权人的竞争力也在不断加强。设备材料类中国专利中,大陆地区公开/公告的数量最多,上海和北京在设备材料领域的技术优势较为明显;设备材料类专利主要集中在 H01L21、G03F7 和 B08B3 领域,权利人专利累计排名靠前的是美国应用材料公司、上海微电子装备有限公司和 ASML 荷兰有限公司,近年来国内专利权人在集成电路设备材料领域取得长足发展。国内集成电路布图设计专有权主要分布在长三角地区、广东和北京,国内主要权利人有中芯国际、上海华虹和杭州士兰微电子。

2016 年 1 月 20 日中国集成电路知识产权联盟正式宣告成立,该联盟在有关部门指导下,由工业和信息化部电子科学技术情报研究所发起成立,旨在整合全产业链资源,建成具有全球影响力的集成电路产业新兴知识产权组织。❶ 联盟成员覆盖集成电路设计、制造、封装、测试、相关装备和材料等产业链上下游企业,以及标准化、科研院所、相关软件开发、系统集成、互联网、内容与服务等企事业单位和社会团体组织。联盟核心管理团队由集成电路和有关领域专家,以及知识产权、标准、管理运营、许可谈判、诉讼和财经专家组成,通过对集成电路知识产权的整合与管理,在推动做大做强优势企业的同时,注重对下游中小弱势企业知识产权保护。❷

当前我国软件产业虽然取得较快发展,但与国际先进水平相比,还存在科技创新和自我发展能力不强,知识产权运用、保护、管理水平较低等问题。通过知识产权制度对软件产业的知识产权进行保护,是矫正软件产品的外部性、维持软件市场秩序的必要手段,也是软件产业发展与演进的

---

❶ 中国集成电路知识产权联盟正式成立 [EB/OL]. http://finance.sina.com.cn/roll/2016-01-20/ doc-ifxnqriy3214194. shtml,2017-03-20.

❷ SICA. 中国集成电路知识产权联盟正式成立 [J]. 集成电路应用,2016 (2):42.

内在要求。❶ 各国软件企业的技术创新模式大体都经过了模仿创新、合作创新、自主创新的演化轨迹。软件产业的主流软件产品与技术服务市场呈现由本土化垄断向全球化垄断演变,而非主流软件产品与技术服务市场也由对抗性竞争向互补性竞争演变。❷ 知识产权对软件产业技术创新的影响表现为:一是知识产权有利于软件产业技术创新资源的合理配置,节省研发成本;二是知识产权通过明晰产权,保障软件开发者的利益,防止技术成果被侵权和滥用,有效激励技术创新;三是知识产权有利于软件产业的知识传播与积累,为软件企业技术创新提供丰富的信息资源;四是知识产权有利于软件产业的技术交流与合作,为技术创新奠定基础。在软件知识产权的不同类型中,软件专利较之软件版权、软件商标权和软件商业秘密等传统知识产权保护方式而言,保护强度更大,对不同类型软件企业产生的效应也更加猛烈。版权导致的至多是寡头垄断的市场结构,而专利导致的则是完全垄断的市场结构。软件专利保护对大型企业而言,正面效应更多,但兼具风险。一方面,大型企业通常处于市场垄断地位,拥有较大规模的专利组合和成本优势,可通过交叉许可开发和实施各自的软件专利,更易实现规模经济。另一方面,大型企业可采取休眠专利策略或者其他严格控制技术扩散的手段,对专利技术有所保留,阻止其他竞争企业进入市场。软件专利的保护期限越长,对其垄断地位的巩固越有利。但软件专利的高垄断性,势必会引起软件开发者围绕产业核心领域展开激烈争夺,专利战不可避免。一旦大型企业疏于创新或由于其他原因丧失对产业核心专利的所有权,抑或是其他企业通过研发创新获得更先进技术的专利授权,则其所谓的技术优势地位将被大大削弱。

(二) 知识产权商业化运用

集成电路产业方面,2015年全球半导体领域并购金额超过1 280亿美

---

❶ 陈蕾. 软件产业组织演进与知识产权的作用机制 [J]. 经济导刊, 2011 (5): 62-63.

❷ 田宇. 我国软件产业发展与知识产权保护状况分析 [J]. 电子知识产权, 2011 (9): 42-47.

元，2016年达1 560亿美元，当前产业整合的突出现象是超百亿美元的大型并购不断出现。❶ 2015年3月英特尔以153亿美元收购Mobileye，恩智浦（NXP）以118亿美元收购飞思卡尔（Freescale）；2015年5月安华高（Avago）以370亿美元收购博通（Broadcom）；2015年6月英特尔以167亿美元收购Altera；2015年10月西部数据（Western Digital）以190亿美元收购闪迪（Sandisk）；2016年7月软银（SoftBank）以320亿美元收购ARM，亚诺德以148亿美元收购凌力尔特（Linear）；2016年10月高通（Qualcomm）以470亿美元收购恩智浦（NXP）。❷ 全球集成电路产业资源加速整合，知识产权等资源越来越向优势企业集中，国际大型企业的垄断竞争优势越来越强，后发企业面临的竞争压力越来越大。国内集成电路产业呈现加速发展态势，七星电子通过整合北方微电子，双方优势互补，有望实现跨越式发展；国际并购方面，北京清芯华创收购豪威科技（OmniVision），建广资本收购恩智浦的RF Power部门和标准产品部门，闪胜投资收购美国芯成半导体（ISSI），北京屹唐盛龙收购Mattson，紫光科技入股西部数据等。

软件产业方面，微软2016年6月以262亿美元收购全球职业社交网站领英（LinkedIn），2013年9月以71.7亿美元收购诺基亚手机业务，2012年7月以12亿美元收购企业社交网络服务商Yammer，2011年5月以85亿美元收购Skype；2016年7月甲骨文以93亿美元收购云服务解决方案供应商NetSuite；2014年12月SAP以83亿美元收购差旅管理平台Concur；赛门铁克2016年6月以46.5亿美元收购网络安全公司BlueCoat System，2016年11月以23亿美元收购防盗软件商LifeLock，2017年7月收购以色列移动安全初创公司Skycure；惠普2017年1月以6.5亿美元收购超融合技术公司SimpliVity；2016年6月全球领先的客户关系管理软件服务提供商Salesforce

---

❶ 集成电路海外并购艰难行 [EB/OL]. http：//finance.sina.com.cn/manage/mroll/2017-04-19/doc-ifyeimqy 2616786. shtml, 2017-04-19.

❷ 集成电路大并购时代 为何难见中国企业身影 [EB/OL]. http：//www.ck365.cn/news/9/43906.html, 2017-03-22.

以 28 亿美元收购电子商务解决方案提供商 Demandware，2016 年 10 月 Salesforce 以 7 亿美元收购营销数据初创企业 Krux。软件企业作为"轻资产"企业，资产多体现自身拥有的技术、专利、人才等无形资产，而市场缺乏专业机构评估企业的技术价值，缺乏知识产权处置交易通道。通过提供知识产权评估、知识产权质押、知识产权贴息政策办理及知识产权处置一站式服务，提升企业知识产权向资产转化的能力，实现知识产权商业化价值。❶ 由于知识产权的无形性、收益不确定性和高风险性，知识产权交易在我国发展较为缓慢。政府建立知识产权评估体系标准，为交易双方提供相对公正的第三方评判意见，为知识产权授权、转让、资本化等提供价值基础。

（三）知识产权诉讼和竞争

软件和集成电路产业的知识产权对抗较为激烈，相应的诉讼和专利战争从未停息。这种专利战争既包括国内企业之间的诉讼，也包括国内企业与国际跨国巨头之间的纷争，还包括在产品出口过程中所面对的美国"337 调查"等国际贸易纠纷。集成电路领域专利诉讼的特征包括技术难度高、诉讼金额高、诉讼周期长、影响广泛等。2010 年开始的旷日持久的甲骨文诉谷歌案，其核心指控是：谷歌在未支付许可费的情况下在 Android 系统中非法使用了 Java 技术的部分内容，甲骨文在第二次庭审时提出了 90 亿美元的索赔要求。❷ 2017 年 5 月，以色列乌里·科恩（UriCohen）博士，在德州东区联邦地院控告台积电及其北美子公司、华为和子公司海思半导体、苹果公司，所生产制造并使用在智能手机等产品的半导体芯片，主要涉及半导体晶圆多种子层封装结构及制造方法。面对国外巨头的控诉，国内集成电路企业往往处于弱势地位。2016 年 3 月，美国触控芯片商新思（Synaptics）与深圳汇顶科技的专利诉讼案以和解收场，新思与汇顶的专利纠纷最早源于 2015 年，新思对汇顶科技发起专利侵权诉讼及"337 调查"，主

---

❶ 胡才勇. 软件产业知识产权运用案例解析［J］. 2016（5）：48-52.
❷ 谷歌和甲骨文诉讼案到底在争什么？可能影响整个技术行业［EB/OL］. http://tech.qq.com/a/ 20160513/045139.htm, 2017-05-13.

要指控汇顶科技的 GT915 触控芯片产品涉及其在美国的 4 件专利。❶ 2016 年 2 月，国内最大射频集成电路公司唯捷创芯对外公告，公司再次被威讯联合半导体有限公司起诉，并索要 7 100 万元人民币的赔偿，双方最终达成和解。然而中微半导体应对美国应用材料及科林研发等行业巨头的诉讼，最终以"一撤诉四连胜"成功化解危机。2014 年上海高院就上海首例集成电路布图设计纠纷"钜锐案"做出终审判决，判决中细致诠释了集成电路布图设计专有权保护的"中国标准"。

法国专利与技术分析公司 KnowMade 认为半导体产业具有吸引专利授权公司的特性。2014 年，非经营性实体（NPE）让经营性企业付出了包括法律费用、和解或判决及其他法律成本等总计约 122 亿美元。❷ 2015 年 Wi-LAN 从英飞凌、奇梦达、飞思卡尔等公司购买了多项专利，并透过 WiLAN 全资子公司提出诉讼。专利授权公司通常是非经营性企业，营收主要来自于专利授权或专利诉讼，目标在于针对潜在侵犯其专利权的经营性企业，其形式包括非经营性实体、专利控股公司（PHC）、专利授权公司（PME）、专利声明实体（PAE）和专利蟑螂（Patent Troll）。专利许可公司一般在专利侵权可能性较高的地区经营，美国的专利侵权诉讼赔偿要远高于欧洲和亚洲地区。专利许可公司会在市场达到一定规模时发起诉讼，因为潜在的销售规模对于赔偿金额的评估非常重要。

三、软件和集成电路产业知识产权管理发展趋势及战略措施

国际社会在软件和集成电路领域的竞争非常激烈，知识产权管理在提升企业核心竞争力中发挥的作用非常重要。面对主导企业发起的知识产权攻势，企业界应该高度重视知识产权布局、申请、运用和诉讼，把握产业特征和知识产权发展趋势，不断提升自身的核心竞争力。

---

❶ 触控芯片产业专利纠纷一"触"即发［EB/OL］. http：//ip. people. com. cn/n/2015/0521/c136655-27036699. html，2017-05-21.

❷ 美国 RPX 公司发布 2014 年 NPE 成本分析报告［EB/OL］. http：//www. casip. ac. cn/website/ipr/iprnewsview/700，2017-05-12.

第六章　软件和集成电路产业知识产权管理实证研究

软件和集成电路产业知识产权管理发展趋势表现在以下方面：（1）知识产权"质量导向"越来越成为知识产权管理的核心要素。对提高自主创新成果保护水平、保障知识产权管理高效运行具有重要意义。当前软件和集成电路产业巨头往往是拥有核心知识产权且规模庞大的跨国公司，或是拥有关键技术并具有攻击性的高新技术企业，没有高质量的知识产权作为支撑，中小企业会长期处于弱势地位。（2）知识产权预警机制成为知识产权管理过程中不可或缺的组成部分。研发立项知识产权调查、研发过程知识产权追踪、研发成果综合布局、重大项目风险评估、知识产权运营风险管控、侵权防御与风险评估、诉讼应对及改型规避等都是知识产权预警机制的有机组成部分。预警机制有助于企事业单位随时掌握知识产权竞争态势，提前准备应对竞争威胁，正确处理知识产权争端，促进企业公平健康地参与国际竞争。（3）知识产权运营的地位和作用愈加凸显。软件和集成电路企业通过纵向并购整合，提升对全产业链的掌控力和竞争力，通过横向并购整合业务相似的企业，迅速减少竞争对手、弥补自身业务技术短板。2014年9月，清华紫光以9.07亿美元的价格完成对锐迪科微电子的收购，标志着锐迪科微与展讯通信的关系由竞争变成协同效应，此轮并购对提升我国移动芯片产业的国际竞争力具有重大意义。（4）专利蟑螂发起的知识产权诉讼压力与日俱增。2001~2011年，在美国被NPE发起诉讼的企业由11家激增到336家。2014年由专利蟑螂提起的专利诉讼占美国全部专利诉讼的67%。2015年11月，一家名为BlueSpike的NPE起诉小米，指责小米通过通拓科技销售的智能通信设备涉嫌侵犯其在美国拥有的专利权。我国高校、科研机构和相关企业已悄然遭遇到专利蟑螂的布局或者诉讼侵扰，过分强化专利权人利益保护，忽略专利权人滥诉行为，将加大专利蟑螂在我国爆发的风险。

基于以上发展趋势的考量，我国发展软件和集成电路产业的知识产权战略措施包括以下方面。

一是持续推进高价值知识产权的创造。高价值知识产权在重点产业、战略性产业中发挥引领带动作用，对企业发展作用显著并大幅提升企业的市场竞争力。❶ 不断创新、掌握包括高价值专利在内的知识产权，是赢得发展、占领市场的有力武器。软件和集成电路领域的国内企业，应在原有技术和财务实力的基础上，通过开发创新技术、建设技术标准和拓展产品市场，逐步拓宽和提升软件和集成电路产品种类，逐渐结束我国在基础软件及高端集成电路领域的空白状态。坚持提升知识产权质量，培育高价值核心知识产权。将高质量创造、高质量申请、高标准授权、高精准布局、高水平遴选与评估密切结合。高价值知识产权的创造与运用作为系统工程，需要政府、高校、科研院所、企业和服务中介等多方主体共同发力。

二是充分利用知识产权预警机制持续加强知识产权前瞻布局。2015年中国集成电路设计企业海思半导体和展讯进入全球 Top 10，体现出国内企业对集成电路设计领域的重视和大力发展的势头，但产业规模仍然相对较小。国外集成电路设计企业在发明专利授权数量上远远超过国内企业。国外集成电路设计企业比国内企业更加重视在中国的知识产权布局，不仅在数量上超过国内企业，并且发明专利的授权比例也比较高。国内软件和集成电路领域的企业应着眼未来公司和消费者的需求，增强在研发上的投入与技术创新，持续加强前瞻性知识产权布局，更加注重专利申请质量，酌情结合业务并购等外购必要的专利，以提升市场与技术的竞争优势。

三是加强软件和集成电路领域的技术标准建设。标准能成为自主创新的技术基础，源于标准制定者拥有标准中的技术要素、指标及其衍生的知识产权。以原创性专利技术为主，通常由专利群支撑，通过对核心技术的控制形成排他性的技术垄断，可采取许可方式排斥竞争对手的进入，达到市场垄断的目的。国内软件和集成电路领域的企业及产业关联企业，应以技术单点的创新成就为基础，加强产品价值链上下游环节技术创新和专利开发，以点带面，逐步形成本国自主知识产权技术标准集群。企业和政府共同努力，将谋求事实国际标准与国际标准认定相结合，大力推进技术标准国际化。企业应积极建设产业联盟，集中同行技术实力，削弱国际同行

---

❶ 高价值专利，增强企业核心竞争力［EB/OL］. http：//www.sipo.gov.cn/ztzl/jjgjzzl/gjzzldjt/1080071.htm，2017-09-04.

竞争性标准影响力，促进自主产权技术标准建设。政府应完善技术标准国内管理，同时积极参加技术标准国际组织和论坛，推动技术标准国际合作机制改革。

四是深入开展知识产权运营实践。软件和集成电路企业的主要资产多体现于企业的技术、专利、人才等无形资产，当前市场缺乏专业机构对企业的技术价值进行评估，缺乏知识产权处置交易通道。国家知识产权局开展知识产权质押融资工作试点、知识产权质押融资工作示范、专利保险工作试点、专利保险工作示范等。2017年8月，知识产权质押融资风险补偿基金网上申报系统上线试行，该平台将通过展示推广、金融服务，资源对接等功能，为科技型中小微企业提供知识产权投融资、专利运营等服务，所有服务都将通过线上线下结合的渠道实现，开启"互联网+知识产权服务"新模式。软件和集成电路领域的知识产权更新换代速度较快，需求量较大，大宗知识产权交易层出不穷，但我国的知识产权交易进展始终比较缓慢，需要构建知识产权交易平台，建设知识产权挂牌交易市场，制定交易管理办法、规范知识产权价格标准体系及技术评价规则，建立知识产权挂牌路演机制。

五是强化政府、行业组织的知识产权管理政策及实践引导。通过政策指引和实践指导深化知识产权管理改革，全方位践行知识产权管理，促进知识产权高效运用。完善知识产权法律制度、提升知识产权保护水平；提高知识产权质量效益、提升企业知识产权综合管理能力；推动软件和集成电路产业升级发展、支持产业知识产权联盟发展；加强软件和集成电路领域知识产权国际交流合作、健全风险预警机制和海外维权援助机制；强化知识产权交易运营体系建设、完善知识产权运营服务平台、加强知识产权金融服务和协同运用。优化有助于提升知识产权质量的政策导向、建立有助于提升知识产权质量的监管机制。构建包括司法审判、行政执法、快速维权、仲裁调解、行业自律、社会监督的知识产权保护工作格局。

第二节　中芯国际知识产权管理实证研究[*]

一、概　　述

（一）公司简介

中芯国际集成电路有限公司作为一家世界领先的集成电路晶圆代工企业，自成立至今始终在国内集成电路领域保持优势地位，逐渐在国内建立起一套完备的集成电路生产体系和供应链，已然成为国内规模最大、设施先进的集成电路晶圆代工供应商。中芯国际通过技术研发和科技创新，立足于打造全球化的集成电路制造和服务基地，提供 0.35 微米到 28 纳米不同技术节点的晶圆代工与技术服务。[1] 如今，中芯国际已经在原先充分发展和打造代工制造业产品的基础上，对于技术研发提出了更高的要求。

但中芯国际相对缺乏的是对市场的合理认识和对知识产权的保护。作为中国晶圆加工的龙头企业，进一步提高科技创新水平，针对性地提高知识产权保护力度，合理对企业长线发展进行专利布局，对于中芯国际在国内外市场的长期发展相当重要。本节旨在已有专利数据的基础上，基于中芯国际在生产和运营中的专利需求，发现现有专利保护中存在的问题，提出解决方案。

（二）分析工具与分析内容

1. 分析工具

本节采用 Incopat 专利数据库，数据处理环节采用内置的数据分析工具。在进行核心专利的查找和对竞争对手的情报搜集中，采用 IBM 公司 SPSS 系列软件中的数据挖掘工具 Clementine 内置的 Text Mining 拓展包。数

---

[*] 本节作者为南京理工大学知识产权学院硕士研究生唐正韵、曹昕蕙、张博玮。

[1] 中芯国际集成电路有限公司. 中芯国际—公司简介［EB/OL］. http：//www.smics.com/chn/about/about.php，2016-10-22.

据可视化采用的是 SPSS 数据分析软件和 R 语言。

2. 分析内容

解读中芯国际国内专利布局状况，根据引证情况分析获取核心专利；通过核心专利情况，对比竞争对手在相同专利（族）的保护情况；总结中芯国际在专利保护和预警中需要注意的细节；搜集主要竞争对手潜在的核心专利等有关情报；为中芯国际的专利布局提出建议；对中芯国际未来规避无效专利风险提出建议和意见；评估专利布局对于中芯国际的实际价值和可行性；参考商业运营策略对所涉及的知识产权诉讼案例进行分析。

二、中芯国际国内专利布局

（一）专利分布概述

中芯国际自 2002 年起，在国内申请专利 14 179 件，其中包括在台湾地区申请的 107 件。有效专利共 9 488 件，占总申请量的 66.91%；其中，发明专利 7 936 件，实用新型专利 1 552 件。审中专利 3 445 件，占总量的 24.39%，全部为发明专利。失效专利 1 139 件，占总量的 8.03%，其中发明专利 1 107 件，实用新型专利 32 件。

在申请人当中，中芯国际集成电路制造（上海）有限公司共申请专利 12 753 件，占总量的 71.45%；中芯国际集成电路制造（北京）有限公司共申请专利 2 279 件，占总量的 12.77%。在发明人中，张海洋持有有效专利 923 件，占总量的 6.5%。其中，中芯国际申请量最多的区域是上海，其次是北京分公司，天津分公司和武汉子公司位列其后。

自 2002 年来，中芯国际申请量呈现总体上升的趋势。2005 年以来，随着中芯国际在运作模式和企业结构上的调整和规范的进一步改革深化，中芯国际在知识产权方面的投入逐渐增多；受金融危机的波及，2008 年中芯国际的专利申请量有所下滑，但是从 2009 年开始，中芯国际的专利申请量逐步保持在每年 1 500 件以上的水平，这对于一家国内的电子配件制造代工企业而言是难能可贵的。如图 6.1 所示。

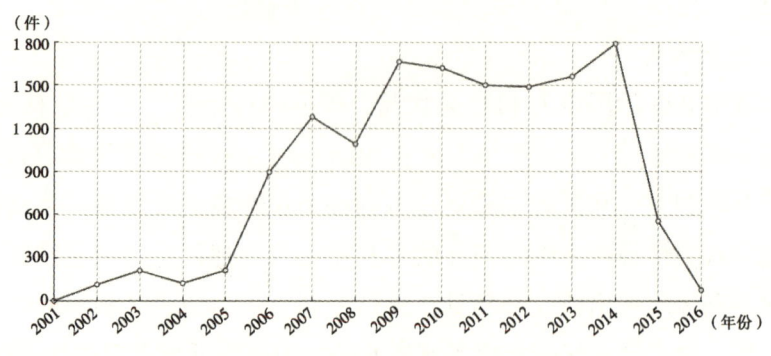

图 6.1　2002~2016 年中芯国际专利申请趋势

(二) 中芯国际国内专利布局解读

前文对中芯国际专利布局情况进行了基本概述，鉴于中芯国际现阶段的主要市场还是面向国内，因此本部分对其在国内专利布局的情况进行更为细致具体的分析和解读。

1. 专利基本情况及竞争对手技术对比

(1) 专利申请及授权情况分析。

自 2002 年 1 月 2 日至 2015 年 12 月 24 日，中芯国际一直积极地在知识产权领域进行专利探索。从 2005 年起，中芯国际积极在专利申请上进行投入，除 2015 年起未公开的数据外，近七年每年的专利申请量保持在 1 500 件以上。其中 2014 年专利申请量达到峰值 1 788 件。根据现有国内集成电路产业发展状况，选取两家有国资背景且在相关领域卓有建树的微电子企业：上海华力微电子有限公司、上海华虹集成电路有限责任公司作为参照。将中芯国际的专利申请数据与上述两个企业的相关数据进行对比。

上海华力微电子专利申请数据如图 6.2 所示。申请量方面，上海华力微电子仅有 3 837 件；上海华力微电子的申请量最高的年份是 2013 年，专利申请量 878 件；除 2015 年起未公开的数据外，上海华力微电子国内专利申请开始于 2010 年，专利申请量每年约 800 件左右，从申请量方面考察，和中芯国际有一定差距。

申请量方面，上海华虹仅有 720 件，其中包括在世界知识产权组织申

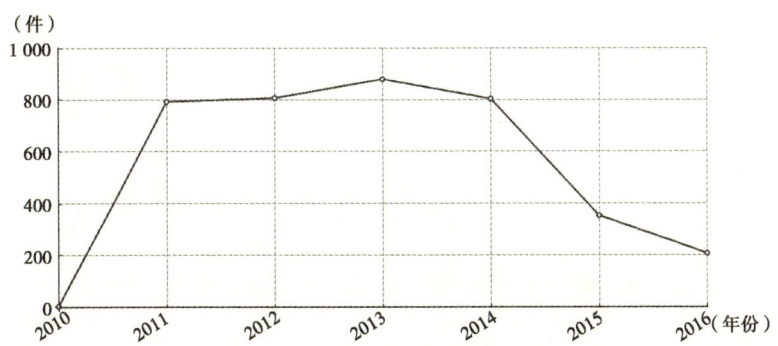

图 6.2　2002~2016 年上海华力微电子专利申请趋势

请的 PCT 专利 1 件；上海华虹申请量最高的年份是 2010 年，有 103 件，但是开始申请的时间较早，上海华虹的第一件专利是在 2002 年申请；上海华虹的专利年度分布趋势较为不稳定，在 2008~2009 年有一次专利申请量的骤增，但是短期专利申请量又有比较明显的下滑，总体而言，专利申请的周期较长且数量相对较少。上海华力微电子与上海华虹在专利申请方面的投入均不如中芯国际；中芯国际在专利申请上所取得的专利数量在一定程度上比它的竞争对手更有优势。

截至目前，全国尚有 3 969 件公开并授权的中芯国际专利仍处于有效状态。从图 6.3 可以看出近七年来，中芯国际已申请专利公开量维持在每年 1 000 件以上；近三年已经突破每年 1 500 件。从 2009 年起公开量七年内总体呈现平均每年接近 39% 的增长态势。2003 年已有被申请的专利被公开，2008 年的已申请专利公开量较 2008 年之前有了明显的增长，2011 年的已申请专利公开量较 2010 年有所增长。中芯国际专利授权的峰值出现在 2015 年，达到 2 194 件，这个数量是大多数国内微电子企业难以企及的。

（2）技术领域分析。

作为一家专注于集成电路晶圆代工的企业，中芯国际在技术领域方面涉猎较广，横跨 H（电学）、G（物理）、B（作业；运输）、C（化学；冶金）、F（机械工程；照明；加热；武器；爆破）、A（人类生活必需）、E（固定建筑物）七个大部，其中关于 H（电学）大部的申请最多，占

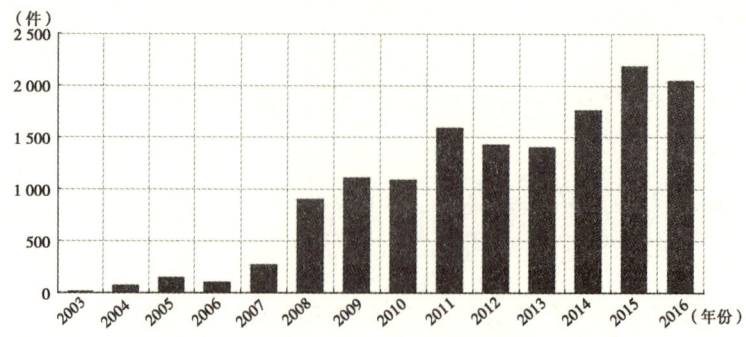

图 6.3　2002~2016 年中芯国际专利公开情况

比 80.04%。

在 H（电学）大部中，H01（基本电器元件）大类的申请数量占较高比重，共有 11 082 件专利隶属于 H01（基本电器元件）大类，这与中芯国际的公司背景相吻合。在 H01（基本电器元件）大类中 H01L（半导体器件；电固体器件）小类是主要构成部分，其中 H01L21 大组（专门适用于制造或处理半导体或固体器件或其部件的方法和设备）是该小类中的重要组成部分。

在这个 IPC 小类中，具有较大份额的小组有四个部分所申请的专利最多，这四个部分也基本揭示出中芯国际的研发方向：带绝缘栅的固体器件（H01L21/336）、利用互连在器件中的分离元件间传输电流（H01L21/768）、在半导体材料上制造电极的固体器件（H01L21/28）和在制造或处理过程中的测试或测量使用的固体器件（H01L21/66）。上述研发方向受到中芯国际的重点保护，且通过这四个方向可以大致定位核心专利的布局情况。

2. 专利数据深度分析

（1）专利授权类型分析。

通过对授权时间和授权类型进行比对可以基本了解中芯国际的授权类型时间分布情况。自 2007 年中芯国际进入专利重点申请和研发阶段开始，发明专利申请一直在中芯国际的专利布局中占有较高比重，实用新型比重相对较少，由于集成电路的类别限制，中芯国际所申请的专利中没有包含外观设计。发明专利比重较高可以间接反映出中芯国际有一定的自主创新能力。近三年中芯国际的发明专利授权年均超过 1 000 件。

（2）专利价值趋势分析。

单纯的发明数量不能保证专利的实效性和价值能够满足企业的发展需求，因此专利价值评估对于鉴定专利对企业的价值有一定的实际意义。

通过专利分析工具对成本、市场、收益构筑专利价值评估模型，以专利价值模型为基准、专利授权年份为维度进行分析评测可以基本了解中芯国际每年的专利对应的具体价值分布与比较。在十个价值评价维度当中，专利申请所对应的专利价值最高的年份是 2011 年和 2012 年，在这两个年份中，专利申请的相对价值更高，质量更好，2010 年和 2013 年位居其次，因此 2010~2013 年这段时间之内，中芯国际所授权的专利质量始终处于较高的水准，核心专利很可能分布在这个阶段中；从 2014 年开始，专利价值开始急剧下滑，相对专利价值最低的年份出现在 2015 年和 2016 年，对应于专利授权量，近两年来，随着专利授权数量的增大，中芯国际所申请的专利质量有一定程度的下滑，这对于科技创新的长期发展而言是不利的；虽然专利价值评估并不能完全反映专利对于企业的实际效益，但是根据专利价值评估的走势足够证明相关企业需要对专利质量问题加以重视。

（3）专利有效性分析。

专利有效性分析是建立在有效专利情况和时间分布比对的基础上。除了近三年中芯国际有大量专利仍处于专利审核阶段之外，专利有效性最高的年份是 2011 年、2012 年和 2013 年，对应专利价值评估趋势分析，这三个年份恰好也是专利质量相对最高的年份；中芯国际的失效专利数量非常少，对于重视科技创新和技术研发的企业而言非常重要，因为保证专利的有效性有利于规避专利被侵犯的风险，进一步保护甚至扩大自己的市场优势；值得担忧的问题是，虽然失效专利总体数量非常少，但是这些失效专利的分布也恰好落在专利质量相对最高的年份上。除了专利申请人自主放弃的可能性外，这一段时间内造成专利权丧失的主要原因是在实质审查阶段发明专利申请公布后的驳回。在保证专利质量的同时，如何合理地保护专利的有效性也需要引起相关企业的足够重视。

（三）专利布局状况解读

综合专利分析数据得出的结果和已搜集的文献材料可以初步总结，过去7年里，国家大力推动中国集成电路产业发展。截至2015年，我国集成电路规模已达11 024亿元，同比增长6.1%。微电子产品芯片市场的稳定增长成为集成电路产业的主要支撑点。2014年，国务院制定《国家集成电路产业推进纲要》。除了已有政策的支持优势，中芯国际自企业成立初期一直重视品牌打造，并吸取其在与台积电公司专利诉讼官司中获取的经验与教训，着力打造自己的专利网络。

对于微电子及集成电路行业而言，技术水平和设备先进程度是和企业发展紧密联系的。在集成电路刚走进中国市场时，中国无法掌握精密制造设备的生产技术，在技术和设备上很大程度受制于美国、日本、德国以及中国台湾的设备供应商，这对于国内集成电路行业发展是极为不利的。因此，中芯国际在专利等方面的投入符合现阶段国内集成电路市场的发展需要，其规模化的生产、技能化的流水线也让中国集成电路逐渐进入国际市场，并占有一席之地。

但是通过专利数据分析，也可以清楚认识到其不足：首先，中芯国际近两年的专利质量出现一定程度的滑坡，在总体利好的大环境下如何保证专利数量和专利质量的双丰收对于企业的长远利益来说相当重要；其次，专利价值较高的年份，有效专利有一定程度的流失，对于中芯国际核心专利和总体专利网络的保护相对不利。

三、中芯国际专利布局策略

（一）核心专利布局

1. 核心专利布局的意义

核心专利是一个企业在某一技术领域内必须使用且无法替代、不能用规避手段绕开的、最基础的核心技术所对应的专利。核心专利往往需要一批外围专利对核心专利所包含的技术细节进行保护，因此形成了企业最核心的专利族。

专利族是指企业将具有共同优先权的专利在不同国家不同地区、多次公布或批准内容相似或基本相似的一组专利。众多的专利族共同构成了企业的专利保护核心体系；而核心专利所在的专利族更是象征位居金字塔顶端的企业核心命脉。❶因此研究核心专利的布局，对确定中芯国际的总体专利布局策略至关重要。

2. 中芯国际核心专利分析

对中芯国际潜在核心专利的定位范围进行简单的限定和抽取，利用专利检索工具对中芯国际所有的专利进行筛选，得到 1 341 条数据。检索出有 5 个以上组成员的专利族 123 个。根据专利被引用（前引）和引用（后引）的状况，确定 4 件被引量大于 40 或拓展专利族成员个数在 9 个以上的专利。这 4 件专利的名称（申请号）分别为：半导体器件、含包围圆柱形沟道的栅的晶体管及制造方法（CN200910057965.3）；用于 CMOS 技术的应变感应迁移率增强纳米器件及工艺（CN200510030311.3）；原子层沉积方法以及形成的半导体器件（CN200710042461.5）；用于 CMOS 技术的应变感应迁移率增强纳米器件及工艺（CN200510030311.3）。

上述 4 件专利构成的专利族涵盖 IPC 大部 H（基本电器元件）中的 H01L21 大组。半导体器件、含包围圆柱形沟道的栅的晶体管及制造方法（CN200910057965.3）这一专利有 10 个拓展专利族成员、被 48 次引用且没有后向引用，涉及 59 项权利要求和 7 个研发团队，上述数据在这 4 个专利族中均处于前列。

晶体管作为集成电路中的核心部件不可或缺。中芯国际在公司定位中有意将其打造成为优质、创新、值得信赖的国际一流集成电路制造企业，相比于其他辅助制造技术，掌握晶体管的专利对于中芯国际而言更加重要。因此对于中芯国际来说，半导体器件、含包围圆柱形沟道的栅的晶体管及

---

❶ 马天旗. 专利分析：方法、图表解读与情报挖掘［M］. 北京：知识产权出版社，2015：86.

制造方法（CN200910057965.3）这一专利很有可能是其核心专利。

3. 核心专利保护状况和核心专利发展情况

（1）中芯国际潜在核心专利保护状况。

中芯国际对核心专利保护状况主要体现在法律状态变化和专利族保护两个方面。

核心专利保护的法律状态变化方面，半导体器件、含包围圆柱形沟道的栅的晶体管及制造方法（CN200910057965.3）这一专利于2009年9月28日被申请，并于2011年4月27日被公开；2011年6月15日通过实质审查，生效IPC（主分类）：H01L29/78，2012年10月31日被授予专利权。2012年12月12日，该专利发生专利申请权、专利权的转移，变更事项是专利权人，中芯国际集成电路制造（上海）有限公司将专利权转让给中芯国际集成电路制造（北京）有限公司。这样做有利于分散保护原有的知识产权，提高专利的布局优势，降低专利侵权和诉讼的风险。

核心专利的专利族保护最先体现在专利族的构建方面。在该专利的国内同族专利申请上，同族专利（CN102034863B）于2009年9月28日被最先申请。最先被申请的这个同族专利是对于该核心专利权利要求的补充，对于国内同族专利的保护而言，各同族专利稳定性和法律保护都相对完善。在国外同族专利申请上，同族专利（US9224812B2）于2014年10月9日在美国最先被申请，该专利权利要求与国内原专利内容一致。根据美国专利制度所采用的先使用原则，不能保证该同族专利可能会遭遇专利权侵权的风险。❶

（2）核心专利发展情况。

核心专利发展情况主要体现在国内外发展状况和技术生命周期方面。

国内外关于晶体管及制造方法的专利申请从1996年开始，最早关于晶体管及制造方法是由三星集团提出的。在晶体管及制造方法领域，共有国内专利87件，国外专利涵盖美国、日本、中国香港、欧洲专利局、

---

❶ 吴汉东. 知识产权法学（第六版）[M]. 北京：北京大学出版社，2014.

韩国所申请的42项专利，共计129项专利。国内申请的晶体管及制造方法专利中已有12件失效，在国内申请且有效的专利中，仅有34件由本国个人或企业申请，其余均为国外企业专利的同族申请。国内关于晶体管及制造方法的申请始于2003年，由友达光电申请；中芯国际第一件晶体管及制造方法专利是2009年申请的半导体器件、含包围圆柱形沟道的栅的晶体管及制造方法（CN200910057965.3）。总体而言，就晶体管及制造方法领域来说，地域分布较为局限，但是该技术发展较晚，技术较新，技术创新的空间仍然很大，已申请的专利被侵权的风险不大，但仍需提高专利保护的意识。

此处采用的技术生命周期计算方法是相对增长率—相对潜力率法。相对增长率是某企业专利申请数的平均增长率和该技术领域内所有专利申请数的平均增长率的比值。经过计算，中芯国际自第一次晶体管及制造方法申请专利至第一次出现拐点，年均增长率为50%；而全球晶体管及制造方法自中芯国际自第一次申请至第一次出现拐点，年均增长率为54%；因此相对增长率为0.926。相对潜力率是某企业的n年后的专利申请数的平均增长率和该技术领域前n年的所有专利申请数的平均增长率的比值，现已知前n年年均增长率为50%，经过计算从第一次拐点至今中芯国际的晶体管及制造方法领域的年均增长率为16.7%；因此相对潜力率为0.334。据此可计算得到，中芯国际在晶体管及制造方法领域的相对增长率较高，但是相对潜力率偏低，证明中芯国际在晶体管及制造方法技术已经相对成熟；与国内外晶体管及制造方法行业总体的发展相比，中芯国际在前人的基础上，对晶体管及制造方法做出了新的尝试并已逐渐形成产业化，该技术已经渐趋成熟，但是不可避免地需要面对被侵犯的风险，这也是该核心专利所需要面对的主要问题。

（二）竞争对手专利布局状况分析

了解竞争对手的专利布局情况对制定合理的专利布局策略和构建专利预警机制很关键，相比于大范围地搜集情报，了解竞争对手的专利布局情报会更加直接且行之有效。

1. 主要竞争对手分析

通过检索平台检索所有和集成电路有关的字段（如：集成电路、半导体、晶圆、微电子等）可以清晰地筛选出近 20 年来国内外所有集成电路专利申请共 427 047 件。此处所提供的所有数据均只包括在中国专利保护范围内的专利数据。

在申请人当中，中芯国际集成电路制造（上海）有限公司共拥有专利 12 646 件，占在中国所申请的集成电路相关专利数量的 2.96%。以专利申请量为依据，选择其他 9 个在专利方面可能对中芯国际产生竞争关系的企业，如表 6.1 所示。

表 6.1 集成电路产业专利申请量排行　　　　　　　　　单位：件

公司	所属国家	中国专利申请量	全球专利申请量
中芯国际集成电路制造（上海）有限公司	中国	12 646	12 753
松下电器产业株式会社	日本	6 911	6 926
株式会社半导体能源研究所	日本	6 637	6 652
台湾积体电路制造股份有限公司	中国	6 082	13 297
中国科学院微电子研究所	中国	5 757	5 757
三星电子株式会社	韩国	5 665	5 666
中国科学院半导体研究所	中国	4 321	4 321
株式会社东芝	日本	4 157	4 168
国际商业机器公司	美国	3 898	3 957
上海华力微电子有限公司	中国	3 837	3 837

除了中芯国际集成电路制造（上海）有限公司之外，还有 9 所来自亚洲的企业/研究所在中国申请集成电路相关专利，1 所非亚洲的企业是美国的国际商业机器公司（IBM）；这些公司中全球专利申请数量最多的是台积电，总共在全球享有 13 297 件专利；国内除各研究所外，在国内申请量方面能与中芯国际产生竞争关系的是上海华力微电子，在国内外共申请专利

3 837 件。

2. 竞争对手研发重点分析

一般通过申请数量最多的 IPC 分类号可以基本确定目标企业的技术领域和重点。以时间为轴，通过对 IPC 分类号进行有效排序可以基本确定申请数量最多的 IPC 分类号，可以视作是该目标企业的技术重点。

台积电作为专利竞争对手的首要目标，一方面因为其在全球范围内所申请的专利数量众多，另一方面中芯国际早期发展过程中曾经和台积电产生过专利诉讼纠纷。

台积电在华申请专利共 8 213 件，其中集成电路相关专利 6 082 件。台积电 1998 年首次在国内申请专利，2003 年之前台积电年均专利申请量低于 300 件，因此将 1998~2003 年作为台积电在中国申请专利的第一个阶段；2004 年台积电的专利开始增多，到 2007 年台积电年均申请专利 600 件，因此将 2004~2007 年作为台积电在中国申请专利的第二个阶段；2008 年全球遭遇经济危机，台积电所遭受的影响相对较大。但是自此之后，两年内专利申请数量迅速增多，截至 2012 年年均专利申请量已经达到 1 200 件以上，因此将 2008~2012 年作为台积电在中国申请专利的第三个阶段；从 2013~2016 年，受到我国专利制度的影响，台积电的部分专利信息并未被公开或授权，因此这部分的专利信息并不完整。

从表 6.2 可知，台积电的研究重心偏重 H01L21，H01L27、H01L29 的比重一直以来也相对较高，从 2004 年开始 H01L23 逐渐增高。台积电的技术重点主要在由绝缘栅产生场效应的半导体（H01L29/78）和带绝缘栅的半导体（H01L21/336）两个领域。通过分析台积电的同族专利和专利价值可知，可同时具有部分耗尽晶体管与完全耗尽晶体管的芯片及其制作方法（CN03156532.8）是该企业潜在的核心专利。虽然台积电这一潜在核心专利和中芯国际潜在的核心专利 CN200910057965.3 都是对晶体管及其部件相关技术的制造，但是从权利要求看，两者所规定的权利要求大体表现不一致：前者在首项权利要求中载明其保护的重点在晶体管芯片而不在晶体管本身；后者则更加重视保护晶体管本身的专利价值。

表 6.2　台积电技术领域时间分布情况

阶段	使用最多的 3 个主分类号	占所在阶段占比（%）
1998~2003 年	H01L21	75.0
	H01L27	19.2
	H01L29	11.1
2004~2007 年	H01L21	58.4
	H01L27	31.0
	H01L23	23.0
2008~2012 年	H01L21	55.0
	H01L23	25.1
	H01L29	19.2
2013~2016 年	H01L21	64.0
	H01L23	25.6
	H01L29	24.1

需要引起中芯国际重视的是，虽然技术领域有所相似，但是在台积电众多同族专利和高价值专利中，所申请的技术专利占很大比重；中芯国际仍然要规避在日常的专利申请中，和台积电的有关专利发生纠纷的可能性。进行更加严格的专利检索和专利审查至关重要，另外要注意和防范台积电对于其核心专利半导体器件、含包围圆柱形沟道的栅的晶体管及制造方法（CN200910057965.3）在国内的专利布局和同族专利申请，该专利的布局和发展在一定程度上会影响到中芯国际部分已有专利的价值成长和市场优势。

（三）专利布局分析的启示和建议

通过对中芯国际以核心专利为主的专利分析以及对竞争对手的了解，可得出以下启示。

1. 亟须强化核心专利保护

根据中芯国际技术领域分析，国内乃至全球的集成电路领域技术渐趋成熟，相对潜力率随时间发展会逐渐降低，但尚未达到衰退期，相关领域专利数量仍在增长，新一轮技术革命的开启可能会对现有专利布局造成影响。在此背景下，核心专利作为中芯国际专利保护的基础，强化对核心专利的保护有利于构建严谨有序的专利法律体系：一方面，加强构建核心专利的专利族，使已有的高质量发明或产品创新合法化，使之能够受到法律保护，消除或降低潜在的经济损失；另一方面，根据主要竞争对手专利布局状况和市场运营策略，在市场抢得先机，努力在市场竞争中取得优势地位。除了提高创新能力，提升研发水平，还需打造专业的专利申请团队，不再受限于专利代理的高额费用。通过高质量的专利申请，切实降低遭受专利侵权的风险。

2. 积极跟踪监测知识产权状态

有部分实用新型专利因为保护期限届满丧失专利权或者即将面临保护期限届满导致专利权丧失的危险，总体而言中芯国际暂时不必担心因为知识产权丧失导致经济效益亏损的问题。数据表明，中芯国际的失效专利体现出三个特征：总体数量较少；失效专利的年份分布较为集中；失效主要发生在实质审查阶段。因此开展专利跟踪监测非常重要：一方面，对于核心专利的布局而言，专利的权利要求在被公开后存在被竞争对手窃取的风险，在完善同族专利布局的同时，对竞争对手的专利跟踪监测，也有利于保护自身权利；另一方面，通过专利跟踪监测有利于及时观察专利的法律状态，若发生法律状态变更，要及时修正专利布局策略，针对不同情况调整专利布局，以保证在专利竞争中的优势地位。

3. 持续开展现有技术改进

集成电路制造领域，尤其是晶体管及制造方法领域，国内外的技术成熟度和面向的市场范围已经趋向饱和。虽然在专利数量和质量方面有所进步，但国内相关领域的研究进展仍然落后于国外。从对中芯国际和台积电的技术对比上可以清楚地看到中芯国际在技术研发方面相对不足，进行革命性创新难度很大。对于中芯国际研发人员而言，在核心专利基础上对原有技术进行改进，力图在小范围内创新得到最大化收益需要重视。对已有的核心专利进行合理改进，在同族专利上开展更多尝试，着手研发突破性的技术创新也是当务之急。

四、结　语

中芯国际作为国内集成电路晶圆代工领域龙头企业，旨在打造优质、创新、值得信赖的国际一流集成电路制造的企业定位决定了它的发展方向及潜力。中芯国际飞跃性的发展也充分展现出综合实力。虽然中芯国际已逐渐走出与台积电的专利诉讼所带来的阴影，也在专利申请和授权上做出很多努力，但是其专利布局与国际一流集成电路领域企业相比仍有差距。从企业运营角度通过较为严谨的专利分析寻求中芯国际在专利层面存在的问题，并提出合理化建议。

第三节　甲骨文云存储技术知识产权管理实证研究[*]

一、甲骨文公司简介

作为全球知名的企业级数据库软件公司，一直以来甲骨文（Oracle）在数据库、软件业务方面闻名业界。而正如所有大型软件公司一样，来自传统软件许可的收入正在可见地下滑，甲骨文也正处于从销售软件使用许可证到新一代技术的重要转型期。❶ 随着云计算技术的发展，甲骨文积极向"云"转型。作为云存储领域的重要组成部分，甲骨文的数据库业务已有 38 年的历史，在数据存储技术上具有较大优势。

除此之外，甲骨文非常重视对自身已有技术的知识产权保护。2010 年甲骨文起诉谷歌，宣称谷歌侵犯其 Java 相关技术的版权及专利，该专利诉讼期限已长达 6 年，引起世界范围内的广泛关注。为了快速转型，自 2010

---

[*] 本节作者为南京理工大学知识产权学院硕士研究生席怡、周璇，机械工程学院硕士研究生韩松彤。

❶ 甲骨文北京研发中心裁员 200 人［EB/OL］. http：//www.e-works.net.cn/news/category8/news70336.htm，2016-11-25.

年起甲骨文不断收购云技术公司。从上述分析中可以看出，甲骨文为寻求公司转型在 6 年前就已开始多维度布局云计算业务，其具有传统优势的数据存储技术即与云存储相关的技术是其转型的关键。

本节围绕甲骨文在云存储技术上世界专利申请的总体情况，在华专利申请情况，并与国内公司和高校进行对比，对甲骨文的专利布局策略等进行分析，以期帮助相关发展云存储业务的国内公司了解甲骨文在云存储技术上的专利申请布局策略，希望能对国内相关公司产生启示和提供借鉴。

二、甲骨文云存储技术专利的总体情况

（一）世界专利申请的总体情况

截至 2017 年甲骨文在世界范围内已经拥有 8 000 多项授权专利。通过检索甲骨文云存储技术专利的年代申请状况，如图 6.4 所示，甲骨文关于云存储技术领域内全球申请趋势可分为四个阶段，缓慢发展期（1997~2000 年）、第一快速发展期（2000~2008 年），调整期（2008~2011 年），第二快速发展期（2011 年至今）。

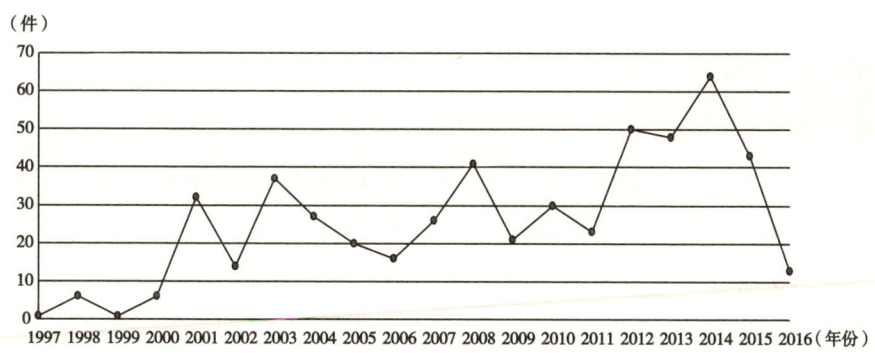

图 6.4　1997~2016 年甲骨文云存储技术专利申请量年代分布

2000 年并行计算技术和虚拟技术发展成熟，IT 基础设施实现了快速的规模化扩展，海量信息存储、管理与利用的市场需求开始出现迅速增长，甲骨文在数据存储领域的专利申请量随之加大。2008~2011 年，云计算不再是新型的概念，甲骨文受经济危机影响，许可传统软件的利润下降，面

临将业务全面向云转型的调整期，甲骨文减少专利申请，重写了所有软件产品，并对应用交互进行重新设计。2011年，甲骨文通过加快对云计算公司的投资、并购，在云存储技术的专利申请量进入第二快速发展期，并在2014年专利申请量达到最高的64件。

发明专利申请自申请日起18个月才能公布，PCT专利申请自申请之日起可能需要30个月甚至更长时间才能进入国家阶段。因此2016年后还有专利申请尚未公开，预计在未来的一段时间甲骨文在专利申请量还会保持快速增长趋势。

除了专利申请量总体呈上升趋势以外，甲骨文在全球11个国家或地区都申请有专利，申请地域非常广。关于云存储技术，甲骨文在美国申请的专利数量高达320件，在日本申请的专利数量为34件。为了加强专利的全球保护，甲骨文也向世界知识产权组织与欧洲专利局申请大量专利。

甲骨文研发总部位于美国，所以美国是其云存储技术研发的核心地域，其发明创造几乎均在美国申请专利。此外，由于其海外云存储专利申请主要通过PCT途径，故在世界知识产权组织的专利申请量仅次于美国。同时甲骨文也较为注重在云存储技术上应用市场较广的日本、中国、澳大利亚、加拿大等国家的专利布局。

（二）在华专利申请的总体情况

目前，甲骨文在中国成立了13家分公司和16家办事处，并建立了位于北京、深圳、上海、苏州的研发中心。❶ 甲骨文已经将中国作为云存储领域专利申请的主要目标市场国，截至2016年12月，甲骨文已经在中国申请了44件云存储领域方面的专利，其中发明专利为32件，占比73%。

通过检索甲骨文云存储专利的在华申请量可知，甲骨文在中国专利申请开始时间较早，但真正大规模开始申请是在2010年以后。原因可能是中国作为云计算领域的新兴市场，甲骨文迫切需要对其技术进行知识产权保

---

❶ 甲骨文软件系统有限公司［EB/OL］. http：//www.simwe.com/index.php？m = yp&c=com_ index& userid=11231，2016-11-23.

护，以抢占中国云存储领域的市场份额（见图6.5）。

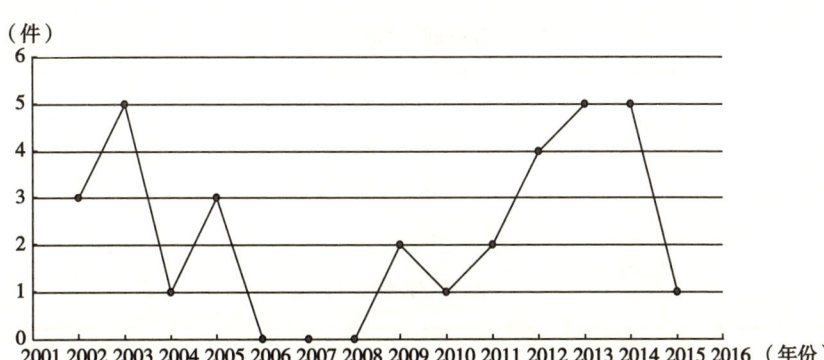

图6.5　甲骨文云存储领域的发明在华申请量年代分布

截至2016年12月1日，甲骨文云存储技术发明专利在华申请量共44件，其中获得授权25件，实质审查在审17件，撤回2件。甲骨文不仅发明专利全部处于有效状态，并且超过一半都获得专利授权。由此可知，甲骨文云存储技术在华发明专利授权率是非常高的。

究其原因，首先，甲骨文是世界知名的软件公司，具备雄厚的技术实力，一直较为关注中国市场；其次，通常只有技术创新度或者市场价值较高的专利才会考虑进行海外专利申请，因此在中国发明专利授权率非常高。甲骨文在华申请的过半发明专利仍处于实质审查阶段，预计未来会给相关国内公司带来较大的竞争压力。

三、甲骨文在云存储领域内的专利布局

（一）甲骨文在云存储领域内的专利分布

通过具体的技术划分可知，云储存领域内最重要的技术就是数据存储技术。如表6.3所示，数据存储技术分支主要分为分布式存储技术和副本冗余存储技术。分布式云存储技术是一个同时运行多个服务、多种应用及多个设备的集合体，以多种技术的实现作为基础来存储数据，包括支持多个主节点的主从模式的分布式文件系统、存储数据的预警与监控技术、灾

难恢复技术三个技术分支。❶❷❸

表 6.3 云存储技术的技术分解

数据存储技术	分布式存储技术	主从模式的分布式文件系统
		存储数据的预警与监控技术
		存储系统的灾难恢复技术
	冗余存储技术	副本冗余
		纠删码冗余技术（Erasure code redundant）

甲骨文在数据存储技术的五个技术分支上的专利分布较为平均，在主从模式的分布式文件系统以及存储系统的灾难恢复技术上的专利布局最早，于 20 世纪 90 年代就申请了专利，主要因为这两个技术关系到云存储系统的框架搭建。甲骨文在云存储系统上拥有众多核心专利，并且延续了自己的技术优势。如专利 US8069435B1 涉及一种用于集成的 Web 服务的系统和方法，主要是生成综合 Web 服务架构，提供输出用于指示所生成集成 Web 服务架构集成的特定网络服务与业务系统，该专利及其同族专利权有 90 项权利保护要求，有 34 项引证专利，被 165 个专利所引证，说明该技术在云存储领域具有重要地位。此外，甲骨文的专利 US6523032 及其同族专利在全球被引用 41 次；专利 US8346929 及其同族专利在全球被引用 81 次，都具有很高的价值。

从 2009 年开始，关于云存储系统框架技术上的专利数量开始减少。虽然起步较晚，但纠删码技术和完全副本冗余技术上的专利却仍然保持了较多数量的稳定增长，如在 2009 年甲骨文在纠删码技术上的专利申请量达到 9 件的小高峰。而纠删码技术和完全副本冗余技术主要用于数据备份，涉

---

❶ 袁继会. 刍议面向大数据分析的分布式文件系统关键技术 [J]. 电子世界，2016 (18)：163.

❷ 张胜伟. 云存储中副本冗余技术的研究 [J]. 无线互联科技，2012 (9)：33-34.

❸ 李屹炘，魏宝林. 分布式云存储技术的分析 [J]. 信息系统工程，2013 (9)：98.

及数据安全，表明近年来甲骨文更加重视数据的安全和保护。

虽然近年来甲骨文在数据安全技术上布局了大量专利，但这些专利的价值度都较低，如专利 US8756363B2（一种用于高效的存储器破坏检测处理器中的系统和方法）有 17 个引证，但仅有 1 个被引证专利；专利 US9274770B2（一种容错和自动误差校正的编译方法）有 31 个引证专利，但在全球被引用 12 次；US8751736B2（一个位于处理器用于提供附加的系统和方法用于支撑高效存储器破坏检测的指令）拥有 20 个引证，但仅有 2 个被引证。原因可能是为了绕开竞争对手的专利地雷，甲骨文对多个具有较高价值度的技术都申请了专利，进行防御性的专利布局。

甲骨文近两年的申请量总体有所下降，而且包括前期进行主要专利布局的分支，这与数据存储技术趋于成熟不无关系。关键技术越来越成熟，缺少新的研究空间，因此研发力度减弱，申请量也随之减少。

(二) 国内公司在云存储领域内的专利分布

在国内的大型公司中，腾讯和浪潮在云存储领域内的技术专利申请量较多。2015 年 7 月浪潮投资 100 亿元用于建设全国 7 个核心云计算数据中心、50 个地市云计算中心，加快向云转型。[1] 而 2015 年在互联网领域，腾讯的中国专利申请公开数量约有近万件，位居第一。因此对上述两家具有代表性的公司，分析其在云数据存储领域 5 个技术分支上的专利年代分布，以期给国内公司在今后的专利布局方向提供参考。

1. 腾讯在云存储领域内的专利分布

腾讯在云存储的 5 个技术分支中技术分布不均衡，且专利申请数量较少。2011 年在预警监控技术分支下申请量最多，2012 年在纠删码技术上申请量达 7 件。副本冗余技术和存储系统的灾难恢复技术几乎没有申请专利，主从模式的分布式文件系统上专利数量较少且近几年也没有明显增加，可以看出腾讯在云存储系统基本框架上的技术投入较少。

---

[1] 浪潮集团宣布投资 100 亿元建设全国云中心 [EB/OL]. http://tech.qq.com/a/20150717/039841.htm, 2016-10-26.

腾讯自 2011 年后明显加大了数据监控预警技术以及纠删码技术的专利申请，但腾讯在纠删码冗余技术方面获得授权的专利价值较低。通过检索，如 CN101359981B（一种数据包冗余编解码的方法、装置及系统）、CN104166600B（一种数据备份与恢复方法及装置）、CN103106196B（一种恢复浏览器网页的方法和装置）没有同族专利，在全球被引证次数为 0。这反映出腾讯一开始就比较重视数据安全，但现阶段在有关数据安全方面的技术创新性仍较低。

2. 浪潮在云存储领域内的专利分布

浪潮关于数据存储技术专利分支的布局年代状况分布相对比较均匀，涉及领域较为完备。在存储系统的监控与预警技术分支上专利最多，从 2010～2013 年每年都有 5 件以上专利，存储系统的灾难恢复技术分支上自 2010 年开始每年也有稳定的专利分布。

浪潮在关于云存储系统架构技术上专利分布较多且专利价值较高。如 CN101833497B（一种基于专家系统方法的计算机故障管理系统）在全球被引用 12 次；CN101594383B（一种双控制器存储系统的服务和控制器状态监控方法）在全球被引用 4 次；CN102968279B（一种存储系统自动精简配置的方法）在全球被引用 3 次；CN102625349B（一种告警风暴下的数据处理方法）、CN104102559B（一种基于冗余心跳链路和对端重启链路的双控制器存储系统）也被引用 1 次。表明浪潮的技术研发重点主要集中在云存储系统基础架构方面，并研发出部分具有高创新性的技术。

浪潮自 2010 年开始在纠删码技术和完全副本冗余技术上有专利分布，虽然数量仍较少，但开始较为稳定地增加。这表明浪潮开始重视副本冗余存储技术等有关数据安全方面的专利布局，符合技术发展趋势。

腾讯和浪潮在专利申请上存在一些相似点，如都在还没有正式进军云存储领域时，已经在冗余技术和存储数据预警技术上有一些技术分布。因为云存储技术刚刚兴起时，国内公司大都保持观望态度，所以采取一些防御性布局，先在该领域申请一些专利，在云存储技术发展前景并不明确的时候先保持适当的投入和基础的技术积累。当确定云存储技术领域发展前景较好后，国内公司可以依靠其强大的用户基数，再通过大力招揽人才或并购相关技术公司，赶上行业大趋势。

我国国内大型公司在云存储技术上发展虽然较晚，但是近年来发展迅速。同时，腾讯和浪潮不约而同地从 2010 年加大了专利申请保护，一方面是因为市场上的竞争进一步加剧，另一方面可能与国家出台的专利申请奖励政策有关。❶

3. 甲骨文与腾讯、浪潮之比较

通过将甲骨文与腾讯、浪潮在 5 个技术分支上的专利申请量进行对比，甲骨文在云存储领域内的 5 个技术分支的授权专利数量整体都比国内两家公司多，而在主从模式的分布式文件系统和副本冗余技术上占比最多。这是因为虽然甲骨文正在进入整合优化和向云交付的架构转型的新阶段，但是由于该公司在数据存储方面发展较早，保持较高的技术积累，所以向云转型时占有优势。

腾讯和浪潮整体少于甲骨文的授权专利数量，其中腾讯在纠删码冗余技术上的专利数量最多，达到 31 件。说明腾讯近年来已经较为注重数据备份存储即数据安全方面的技术，符合技术发展趋势。而浪潮则在存储数据的预警与监控技术上的专利数量最多，达到 32 件，说明浪潮总体还是比较注重云存储系统的框架搭建，而在纠删码技术和完全副本冗余技术上专利较少。

在云存储技术开始兴起时，技术人员主要关注的是如何为云存储系统搭建框架，利用系统管理数据。近年来，随着云存储技术的迅速发展，技术人员将研究重点逐渐转移到云存储系统的安全性上。❷ 从甲骨文云存储

---

❶ 根据 2010 年修订的《中华人民共和国专利法实施细则》第 98 条增加了专利费用减缓相关规定，各地方政府都纷纷出台了专利奖励和费用减免规定；2011 年国务院颁布了《中国国家专利发展战略（2011~2020）》，刺激了中国专利的申请数量，《江苏省省级专利资助资金管理办法》规定："国内发明专利的申请费、实审费，由省级专利资助资金资助 50%，其余由申请人所在地市、县财政承担。"

❷ 刘佳，刘力. 浅析浪潮集团关于云存储技术的专利布局 [J]. 中国发明与专利，2016（10）：61-65.

技术分支专利年代走势可以看出,随着云存储技术的成熟和普及,人们更期待看到更安全可靠的云存储服务。跨国企业的专利布局重点已经逐渐向数据安全技术倾斜,体现为纠删码技术和完全副本冗余两个分支的申请量所占比重逐渐增大。

四、甲骨文的专利布局策略

技术创新和知识产权保护是甲骨文保持市场竞争优势的有力武器。甲骨文非常重视云存储领域内有关技术的创新与保护,不断加大对云存储领域的科研投入,大力收购对自身发展有利的公司,围绕自身技术和市场需求积极进行专利布局,以市场为导向,注重提升自身产品的安全,不断满足客户对数据安全与保护的要求。

(一) 实施积极的专利布局策略

首先,甲骨文积极研发云存储技术。甲骨文每年在全球投入约50亿美元进行自主研发,在全球不断设立新的研发中心,巩固在存储方面的技术优势,巩固自身的云存储系统框架和数据安全技术的知识产权积累。

其次,甲骨文采取积极的收购策略。作为传统IT厂商,甲骨文对于自身的弱势采取积极的收购策略,2011年,甲骨文以15亿美元收购 Right Now Technologies,开启第一个基于云的客户互动公司收购案的征程。2016年7月,甲骨文斥巨资93亿美元收购了云服务解决方案的供应商 NetSuite。❶ 近些年,甲骨文在云计算领域投入数百亿美金进行投资并购,获得大量转让专利,为自身发展扫清专利障碍。

最后,甲骨文积极提起专利诉讼。甲骨文充分利用已有专利进行市场竞争,积极对竞争对手提起多起专利诉讼,2010年甲骨文先后起诉谷歌,要求90亿美元的赔偿;起诉TERiX,甲骨文获得5 770万美元的赔偿金;起诉德国软件巨头SAP,最终以SAP向甲骨文支付3.567亿美元赔偿金的

---

❶ 甲骨文推进云战略的十大收购案 [EB/OL]. http://cloud.chinabyte.com/46/13886546.shtml, 2017-03-05.

方式和解；2016年3月，甲骨文又起诉惠普并要求高额赔偿。甲骨文能够充分运用已经掌握的核心技术和知识产权，在未来激烈的云存储领域竞争中抢占先机。

（二）以产品差异化竞争为导向进行布局

数据库是甲骨文最大的软件业务。随着云计算、大数据等新兴技术的发展，数据库的信息安全面临前所未有的挑战。为推动技术的发展积极向"云"转型，在延续自身传统的数据库优势时，甲骨文把云存储数据安全视为自身产品的差异化竞争策略，不断加强对数据库安全技术的研发。甲骨文在纠删码技术和完全副本冗余技术上的专利申请量一直保持平稳增长。2009年以后甲骨文更加大了对涉及数据安全技术分支的研发与专利申请，表明甲骨文更加重视数据安全和保护。

甲骨文通过不断更新数据库产品，提供从前端到后端，从应用到数据库的全面防御和阻断的整体解决方案，实现严密的数据访问控制，并实时监控和审计整个数据库活动、精确阻断和记录非法操作，从而完成立体化的数据保护。

（三）以市场为导向进行专利布局

甲骨文专利保护区域以目标市场为导向，为技术及产品的市场开辟道路，在目标市场形成保护体系，不断将技术优势转化为市场优势。目前为止，甲骨文已经在全球建立19个公有云数据中心：其中有6个分布在美国，1个在加拿大，3个在英国，2个在德国，在其他欧洲地区还有两个数据中心，在亚太地区的数据中心则分别位于悉尼、新加坡和日本。可以看出，20世纪甲骨文以美欧等国家为主要市场国建立研发中心。

进入21世纪，中国已经成为全球增速最快及最重要的经济体之一，中国的云计算市场展现出巨大潜力，成为甲骨文的重要目标市场国。现在中国已经是甲骨文全球第四大开发人员社区，2016年甲骨文与腾讯云的合作已经进行到签约阶段，甲骨文数据中心业务将在中国云计算市场落地，甲骨文公有云也将迅速推向中国市场。

五、总结与建议

（一）国内公司应加强技术研发

从腾讯和浪潮 2010 年前的专利申请量可以看出，国内公司早期普遍对专利申请的重视度不够，专利意识较为淡薄。随着国家知识产权战略的推广、国内对专利的重视以及政策扶持，国内公司专利申请的热度已经越来越高。2010 年以后，腾讯和浪潮等国内公司不约而同加大在数据存储技术中的五个技术分支下的专利申请。

甲骨文的专利布局重心已逐渐向数据安全倾斜，具体表现为甲骨文加大数据存储技术中纠删码技术和完全副本冗余技术两个分支的专利申请。而腾讯和浪潮在这两个技术分支的专利申请量较少。建议国内公司加强上述技术分支的专利布局。对腾讯和浪潮来说，最重要的是加强对自身研发投入，提高企业创新能力，是企业提高核心竞争力，在国际市场上立足的根本。

（二）国内公司应加强海外专利布局

腾讯和浪潮在国外的申请涉及云存储技术专利较少，不利于企业走出国门，虽然目前腾讯、浪潮的市场主要在国内，但随着企业发展，若有进军海外市场的计划，亟需提前做好海外专利布局。我国正处于进一步推进"一带一路"建设的大背景下，不但会巩固贸易大国的地位，而且还将成为对外投资大国，国内企业"走出去"的步伐将明显加快，现阶段中国企业海外投资的五大困局是政治壁垒、标准壁垒、融资模式、知识产权和绿色壁垒，知识产权是国内公司"走出去"必须要攻克的环节。

首先，腾讯和浪潮等企业在进行海外专利申请前必须做好充分的调研工作。对目标市场国的政策、技术实用性和文化差异等进行深入分析。如果对所有的技术都申请海外专利保护，无疑需要庞大资金，对企业而言是很大的负担。所以国内企业应根据自身的发展战略和优劣势进行海外专利申请，对海外专利扩展所需的资金、人才等方面做好分析与储备，对海外专利的预期收益与侵权风险做好评估。

其次，甲骨文为了在国外进行专利布局，不仅在众多目标市场国设立众多研发中心，而且招揽大量本土化人才。大大促进甲骨文与当地市场、文化的融合。国内企业要加强国外市场国的专利布局，可以在当地建立子公司或研发中心。中国企业"走出去"不仅需要国际化人才，也需要本土化人才，通过对当地管理、技术人员的选拔和任用，可以提高跨文化管理水平，从而对海外市场国的相关技术发展现状有更深入的了解。

（三）国内公司要采取积极的专利布局策略

甲骨文不仅拥有众多专利，而且还积极对可能侵犯其知识产权的公司提起专利诉讼。在国际专利诉讼案件中，中国企业几乎都以被告身份出现。2016年5月27日，华为起诉三星，被视为中国厂商第一次向国际知名品牌发起专利诉讼，也掀起国内企业对专利的广泛关注。

国内公司应该采取积极的专利布局策略，首先，国内公司可以积极提起诉讼，当意识到竞争对手可能侵犯自身专利或对方某个授权专利可能对自己的市场竞争形成威胁时，积极提起专利侵权诉讼或请求宣告专利无效来保护自身利益。其次，国内公司如腾讯、浪潮等在自身不擅长的技术领域可以实施积极的收购策略，通过收购中小公司获得专利授权，为自身发展扫清专利障碍。最后，国内公司可以成立专门的知识产权公司使公司专利运作专业化，围绕自身产品构建专利网，同时密切监控竞争对手的技术发展状态，积极开展专利防御。

第四节　微软知识产权管理实证研究[*]

Microsoft Corporation 微型计算机软件公司（下文简称微软），作为全球最大的软件公司，一直是技术变革的领导者。近年来，随着云计算技术的进步，越来越多的软件已经集成到互联网客户端，形成网络服务，不需要独立下载安装。微软面临着众多新兴的竞争对手像谷歌、亚马逊、

---

[*] 本节作者为南京理工大学知识产权学院本科生魏铖雨、肖俊涛、曾彦哲。

Facebook 等互联网公司的挑战。本节基于对微软的专利分析，研究其整体专利布局现状及发展趋势，以期从专利技术及其成果角度评析微软的整体技术发展现状，深度分析转型的原因及过程，为微软及其产品和技术在行业的发展提出建议。

一、专利申请总体态势

（一）全球专利申请总体态势

1. 申请趋势

针对微软全球专利布局分析，从 1997~2016 年，检索到专利 156 233 件。从图 6.6 可以看出，微软在全球的专利申请量大致可以分为四个时期。

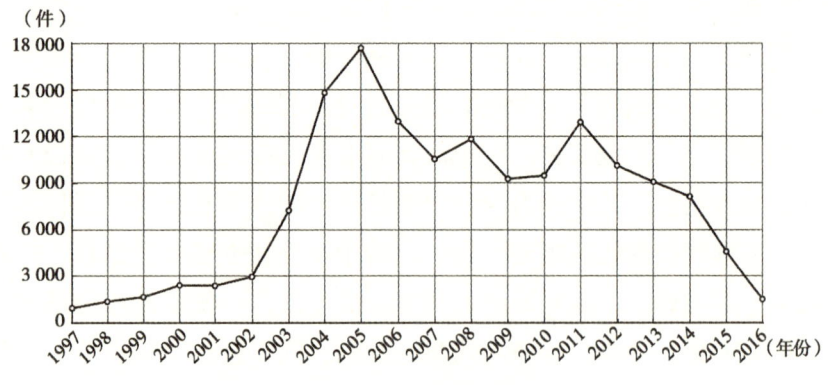

图 6.6 微软全球专利申请趋势

第一时期是 1997~2002 年，为微软专利发展的萌芽起步时期。1995 年，微软正式推出 Windows95 操作系统；1998 年，微软推出历史上最成功的操作系统 Windows98。此时，Windows 系统几乎垄断全球个人计算机操作系统市场。❶ 微软也看到其操作系统和应用软件拥有的广阔市场，开始在全球布局专利。从 1997 年的 946 件到 2002 年的 2 950 件，专利申请量逐步增长。

---

❶ 百度文库. 微软发展史 [EB/OL]. https：//wenku.baidu.com/view/064cb295daef5ef7ba0d3cc3.html，2017-07-13.

第二时期是 2002~2005 年，为微软专利发展的快速增长期。微软推出的操作系统及配套软件进一步走向成熟，凭借在 PC 操作系统领域的控制优势，广泛开发浏览器、音频播放器、电子邮件、办公软件等产品，使其在操作系统方面的专利取得绝对优势，从 2003 年的 7 226 件，逐年增加到 2005 年的 17 668 件，微软在 PC 操作系统与应用软件方面的发展达到顶峰。

第三时期是 2005~2011 年，为微软专利发展的不稳定波动时期。随着互联网行业兴起，迅速与软件行业融合，大部分软件都实现网络化。但是，微软并没有意识到这种变化，更没有意识到危机已经逼近。微软操作系统与计算机应用软件捆绑销售的模式受到前所未有的挑战。一方面，微软因捆绑销售模式受到多国政府以不正当竞争为由的控诉；另一方面，用户越来越反感甚至反对微软捆绑销售。越来越多开源软件免费推出，受到用户的广泛欢迎。因此，微软对于其专利申请受到影响，有所波动，总体呈下降趋势。

第四时期是 2011 年至今，为微软专利发展的衰退期。其全球专利申请量从 2012 年的 10 102 件，逐年下降到 2015 年的 4 588 件。究其原因，随着软件行业与互联网行业加速融合，软件网络化、服务化趋势的不可逆转，软件已经不再是一种产品，而是一种服务。

2. 申请地域

目前，微软主要在 11 个国家、地区或组织进行专利布局。其中在美国申请的专利数量最多，共 70 331 件，占总申请量的 47.63%；其次是欧洲专利局，共 15 163 件，占总申请量的 10.27%；第三是中国，共 13 738 件，占总申请量的 9.3%；第四是世界知识产权组织，共 13 593 件，占总申请量的 9.2%；第五是日本，共 12 498 件，占总申请量的 8.46%。微软在全球许多国家都有专利布局，并主要集中在美国，可见其主要市场仍在美国，并影响到全球。

3. 申请人

从图 6.7 中可以看出，前五名申请人的专利申请数量远远大于后五名。前五名中有四家是微软位于美国的公司，申请量第三的申请人是位于中国

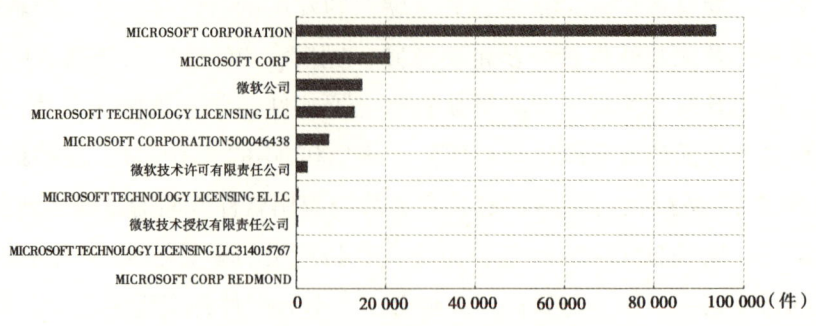

图 6.7 微软全球专利申请人排名

的公司,专利申请量为 14 788 件。由此可见,微软的主要战场在美国本土,有其庞大的市场和影响力。近年来中国在软件和互联网行业中发展迅速,微软看中了中国这一广阔的市场,并积极布局专利,再次证明市场是专利的导向。

4. 技术领域

从微软在全球的专利技术构成可以看出核心技术领域和技术发展方向。专利分类号(小类)为 G06F(电数字数据处理)的数量最多,共有 103 396 件,占总量的 55.66%,该类型的专利在全球各地区的布局较其他类型都是最多的。现阶段微软的操作系统如 Windows 系列以及与其配套的应用软件 Office,还有新兴的云计算技术等相关专利大多属于此类。由此可见,在 G06F 上所布局的专利是微软的重点研发方向。

将专利按分类号进一步细分,其中 G06F17/30 占总量的 23.82%,G06F9/44 占总量的 12.83%,G06F15/16 占总量的 12.51%,G06F17/00 占总量的 11.39%。G06F17/30 为信息检索及其数据库结构,G06F9/44 为用于执行专门程序的装置,G06F15/16 为两个或多个数字计算机的组合。由此可见,如今微软在其原有操作系统领域的优势上,不断向互联网方向发展。

进一步分析在所有专利中占比最大的 G06F17/30 方面的专利技术。G06F17/30 作为信息检索及其数据库结构技术领域,其所属专利并不是微软赖以成名的操作系统,而是现如今依赖于互联网的搜索相关技术。随着市场导向发生变化，微软要全方位发展。目前而言，微软虽然在信息检索及其数据库结构这方面积极布局专利，但这在其所有专利申请量中并没有凸显出绝对优势。2015年9月份财报提到，微软将原有7大部门合并为3个部门——生产力和业务流程部门、智能云部门、更多个人计算部门，并提出"移动为先，云为先"战略。❶微软已经放弃原有依赖操作系统的单一发展，变成更为综合性的发展。

(二) 中国专利申请总体态势

1. 申请趋势

微软在1992年进入中国，设立北京代表处。目前形成以北京为总部，上海、广州设有分公司的成熟架构。针对微软在华专利布局分析的数据搜集从1997~2016年，共检索到专利13 738件，其在中国的专利布局情况大致可以分为五个阶段，如图6.8所示。

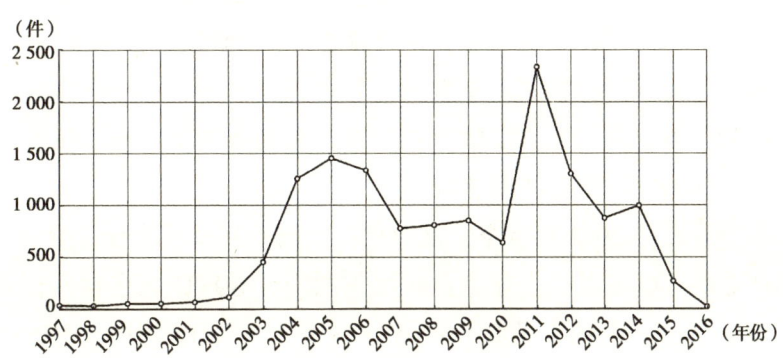

图6.8　微软在华专利申请趋势

第一阶段为1997~2001年，是微软在中国专利布局的起步阶段。微软刚进入中国市场，正处于发展阶段，专利申请数量明显较少，且增长缓慢，从1997年的36件增长到2001年的68件。

第二阶段为2002~2005年，是微软在中国专利布局的发展阶段。2001

---

❶　帅飞. 了解微软未来的发展方向，看这份财报就够了 [EB/OL]. http://www.citnews.com.cn/news/201607/17736.html, 2017-07-21.

年，中国加入世界贸易组织，中国软件行业开始迅猛发展，微软在华经过近10年的发展，开始积极布局专利，从2002年的115件迅速增长到2005年的1 455件。这一时期专利申请量的增长一方面受中国软件市场发展的刺激，另一方面也是为保护其核心技术在中国软件行业发展大浪潮中不被他人窃取。

第三阶段为2006~2009年，是微软在中国专利布局的波动阶段。前两个阶段，微软在操作系统方面确定了独一无二的优势。而2005年以后，互联网开始兴起，并迅速在全球各地涌现出一批互联网企业。微软在2005年9月公布一项重组计划，这份计划也为微软后来的发展提供了必要的帮助。这一阶段的专利布局时涨时消，但总体呈下降状态。

第四阶段为2010~2011年，是微软在中国专利布局的迅速发展阶段。专利申请量从2010年的640件增长到2011年的2 333件，此阶段微软开始重视云计算，逐渐向互联网领域转型。微软把云计算列为能够保证公司持续增长和成功的首要关键因素，并于2010年在研发上投入87亿美元，其中大部分都与云计算相关。微软约4万名工程师中，已经有70%与云计算的产品和服务有关。此阶段微软在中国的专利布局不再局限于操作系统方面，而转向云计算等互联网领域。

第五阶段为2012年至今，是微软在中国专利布局的衰退阶段。由于互联网产业的不断发展，全球企业间竞争激烈，导致微软在软件行业的主导地位渐渐丧失，专利申请量也在逐年减少。从2012年的1 303件下降到2015年的269件。尽管2015年的数据不尽完整，但整体的下降趋势还是比较明显。❶

虽然近年来在软件行业新的游戏规则下，微软在华专利布局呈下降趋势，但其主要产品如Windows操作系统仍保持较强的活力。而微软要想保持其长盛不衰的状态，仍需紧跟潮流，创造出更多更适合如今软件业的新兴技术。从刚进入中国市场的咄咄逼人到如今更具有亲和力，微软一方面

---

❶ 孙莹，李坤. 微软公司在华专利布局研究［EB/OL］. https：//wenku.baidu.com/view/9e1a67682e3f572 7a5e96255.html，2017-09-15.

逐渐融入中国市场，另一方面更为重要的是为以后的发展道路奠定良好的基础。

2. 法律状态分析

截至 2016 年，微软在中国申请的专利实际授权的数量为 8 399 件，占比 61.14%；处于实质审查阶段的专利数量为 2 747 件，占比 20%；撤回的专利数量为 1 030 件，占比 7.5%；权利终止的专利数量为 939 件，占比 6.84%；驳回的专利数量为 448 件，占比 3.26%；公开的专利数量为 95 件，占比 0.69%；放弃的专利数量为 80 件，占比 0.58%。微软在华专利授权率较高，失效率与驳回率明显较低，说明微软所申请的专利技术较为先进，也说明微软在中国对知识产权布局和市场风险开展精细评估，了解并掌握竞争对手的策略。由此可见，微软在中国的专利法律状态较为稳定。

3. 申请人分析

由图 6.9 可以看出，微软在中国的专利申请人主要有两个：微软公司，申请量为 11 085 件；微软技术许可有限公司，申请量为 2 569 件。

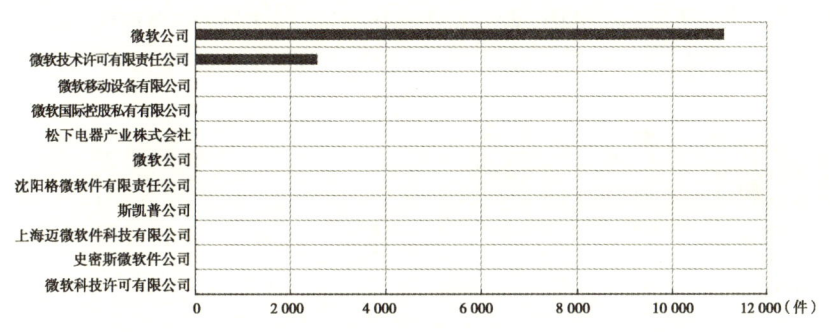

图 6.9　微软在华专利申请人排名

4. 技术领域分析

微软在中国的专利布局与其在全球的专利布局情况大致相同。专利分类号（小类）为 G06F 的数量最多，共有 8 775 件，占比 59.24%。微软在中国的重点研究领域仍以 G06F（电数字数据处理）为主导。

将专利按分类号进一步细分。其中 G06F17/30 占比 28.47%，G06F9/

44占比15.49%，G06F17/00占比12.97%，G06F15/16占比10.98%。G06F17/30为信息检索及其数据库结构，G06F9/44为用于执行专门程序的装置，G06F17/00为特别适用于特定功能的数字计算设备或数据处理设备或数据处理方法。微软在中国的专利布局和主要研发方向与其在全球发展的战略方向相差无几，与此同时，它也在不断发展互联网领域技术。

二、技术领域布局及其关键技术

微软自成立以来一直是科技创新的领头羊，其产品和技术研发涉及领域广泛，包括操作系统、应用软件、硬件产品、网络服务等。但微软的研发方向十分明确，主要集中在电数字数据处理和数字信息的传输等技术领域。

（一）操作系统

1. 操作系统专利申请量趋势

图6.10是微软在美国操作系统领域专利（包含进程管理、存储管理、文件系统、I\O系统、网络连接、系统安全、程序设计等技术）的申请量随时间变化趋势。

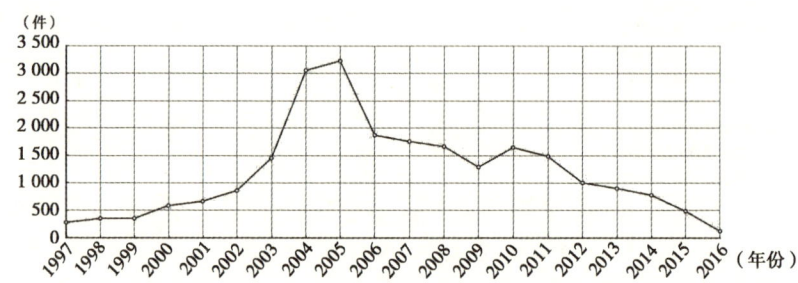

图6.10　微软在美操作系统领域专利申请量随时间变化趋势

2005年微软在操作系统领域专利申请量达到峰值，随后专利申请趋于平缓，近年来专利申请量不断减少。可以推断出，微软在操作系统领域的技术水平已然成熟。

如图6.11所示，微软在华关于操作系统的专利布局，自微软进入中国直到 2010 年，申请量变化趋势大体一致，2011 年又迎来专利申请数量高峰，这一时期微软更注重对中国市场的开发，并且对 Windows 8 做出重大改革，引入针对 Metro 界面而开发的应用商店，推动用户放弃使用过于陈旧的软件，同时将 Windows8 引入平板电脑。尽管微软对操作系统适用于平板电脑略显迟钝，但作为向云计算转移的组成部分，微软此时对 Windows 进行调整仍不失为明智之举。

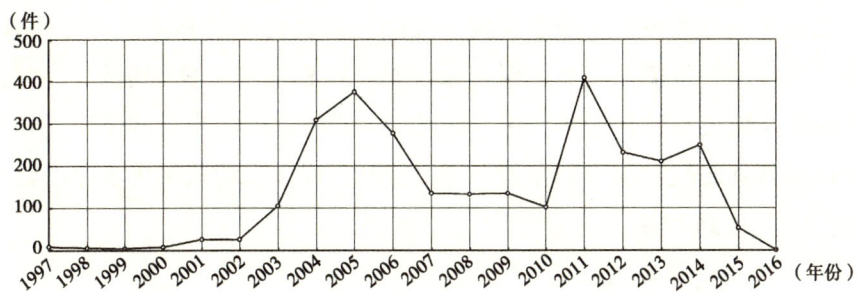

图 6.11　微软在华操作系统领域专利申请量随时间变化趋势

2. 微软在华操作系统领域代表性专利

在微软操作系统领域专利中，以被引证次数、同族数量、权利状态、权利要求数等为标准衡量专利价值，总结在该领域具有代表性的在华发明专利，如表 6.4 所示。

表 6.4　微软在华操作系统领域代表性专利

申请号	专利名称	被引证次数	同族数量	权利要求数
200410030441	操作系统配置的方法和系统	5	5	76
200410087707	维持多操作系统环境中显示的数据的安全的方法和系统	38	24	30
200510051919	用于提供通用操作系统的方法和系统	13	11	24
200510076071	用于在虚拟机环境中实现操作系统的系统和方法	28	12	24
200510076073	使用状态证实的受保护操作系统引导的系统和方法	57	35	30
200680046396	用于运行多个环境的操作系统小型引导	40	8	20
200780017791	在运行中的操作系统下启动系统管理程序	16	18	20

续表

申请号	专利名称	被引证次数	同族数量	权利要求数
200780050510	保护操作系统资源	64	19	20
200880003845	在媒体设备中支持多个操作系统	17	8	20
201210063035	可扩展文件系统	44	22	22

表 6.4 中专利多数是用于实现一种操作系统的系统和方法，是对系统的最大化使用和价值开发，能保证系统确认操作环境并良好运行，使访客对于操作系统更有效轻松的使用，同时最大程度保证用户的网络环境安全。微软以其独到的技术水平和专利布局，让其在操作系统领域市场独占鳌头。

（二）移动市场

1. 智能手机操作系统

智能手机基本不是微软的研发重点，但其在此领域的收入可谓不菲。微软通过收购公司和技术使得 Google 基于 Linux 开发的手机操作系统（Android）的大量专利掌握在自己手中。与微软在 Android 设备上达成专利协议的包括 HTC、联想、三星等公司，每年微软通过在 Android 设备上收取专利授权费用可达数十亿美元。微软在面对 Android 占据移动市场主流这一现实和苹果公司的处理方式有很大差异，习惯私下解决，不公之于众。

2. 拥有 Android 专利情况

2014 年，中国商务部对微软收购诺基亚一案发起调查之际，在名为《关于附加限制性条件批准微软收购诺基亚设备和服务业务案经营者集中反垄断审查决定的公告》❶ 中提到对 Android 的部分授权专利。微软的 Android 专利随后完全公开。以下列举部分，如表 6.5 所示。

---

❶ 中华人民共和国商务部．商务部公告 2014 年第 24 号关于附加限制性条件批准微软收购诺基亚设备和服务业务案经营者集中反垄断审查决定的公告［EB/OL］．http：//www.mofcom.gov.cn/article/b/e/201404/2014 0400542508.shtml，2017-04-08．

表 6.5 微软部分 Android 专利

美国专利号	名称
5579517	公共名称空间用于长和短的文件名
6621746	监测熵条件的快闪存储器装置作为一个指示器用于调用擦除操作
6909910	用于管理方法和系统改变到一接触数据库
7644376	灵活的结构，用于通知状态改变的应用
6578054	用于支持离线模式的方法和系统操作和使用资源状态信息的同步
6370566	产生满足请求和从一移动装置组调度

上述专利涉及长文件名的支持、闪存擦除、联系人创建与更新等如今已普遍应用在智能手机操作系统中的技术。Android 操作系统更涉及微软的 RDP、EAS、3G、4G、WIFI 等领域的专利。定时器配置方法与系统、浏览器加载状态显示、外置通知系统、触控笔输入方法、触摸屏区分指令、多语言软件等 127 项 Android 中实现的专利帮助微软获取高额专利费。微软在智能手机系统领域拥有的许多专利几乎相当于呼吸般的基础功能，尤其是在收购诺基亚之后，微软掌握的 Android 技术更是让其对手望尘莫及，而绕开这一壁垒尝试创新的研发成本令多数公司无法接受。

3. 智能手机 Windows Phone

2016 年，微软与多家手机厂商签订专利授权与应用预装协议，❶ 这是因为 Windows 手机在移动市场中已处在消失之际，与 Android 授权日进斗金相比，微软 Windows Phone 的销量却是一路下滑。2016 年第二季度手机业务收入更是较同期下降 71%。❷ 与此同时 Android 授权费日渐走低，微软在移动市场唯一的作为只剩下以专利授权换取应用预装。但这种授权却不会让微软与合作企业的竞争力有多大变化，甚至预装 Office 对手机销售是否能起促进作用都犹未可知。微软对 Android 收取专利费的做法并不会在

---

❶ 中研网. 为何微软近期频频与手机厂商签订专利授权与应用预装？[EB/OL]. http://www.chinairn.com/scfx/20160830/105107474.shtml，2016-08-30.

❷ LiveSino. 微软 2016 财年 Q4 财报：云业务和 Surface 依然增长 [EB/OL]. http://livesino.net/archives/9391.live，2016-07-20.

市场上建立美誉，相反会引来政府的监督和罚款。尽管微软始终不愿意放弃智能手机市场，[1]但始终无法打开局面的事实使得公司高层似乎无法再对 Windows Phone 的开发继续保持耐心和兴趣。

（三）近年微软核心产品发展路线与研发方向

1. 核心产品发展路线

表 6.6 展示近 8 年微软拥有核心竞争力的产品发展过程，各技术在随时间独立发展更新的同时有机结合，多数产品实现跨平台使用，尤其是至今仍占操作系统 90% 市场份额的 Windows 系列，几乎运用到微软的所有产品中，同时所有的产品基本都实现与微软云计算服务 Azure 的整合。

表 6.6 微软核心产品发展路线

产品年份	Office	Windows	Xbox	可穿戴设备
2009		Windows7：无限应用程序、增强视觉体验、高级网络支持、移动中心		
2010	Office 2010 加入更多的云技术，支持不同的终端设备在线协作		Kinect For Xbox 360 不需控制器，依靠相机捕捉三维空间中的运动	
2011	Office 365 云生产力解决方案			
2012		Windows8 全新 Windows 商店、虚拟化、Windows to go/Dictc 域连接		
2013	Office2013 平板触控，云端最优化		Xbox One Smart Glass 带来互联体验、Xbox Live 推动服务云计算化	
2014	Office365 进入平板电脑市场			Microsoft Band 智能手表、智能手环
2015		Windows10 语言助手、跨平台操作、通用应用、统一平台	Xbox One 游戏串流到 Windows 10 PC 中、Windows 服务登录 Xbox 平台	HoloLens 增强现实（AR）3D 全息影像

---

[1] ZOL 新闻中心. 微软再强调：不放弃 WP 爱 iOS 和 Android 所有设备 [EB/OL]. http://news.zol.com.cn/640/6408014.html，2017-05-25.

续表

产品年份	Office	Windows	Xbox	可穿戴设备
2016	Office2016 面向 Windows10 软件向服务转型			
	Azure 平台			

2. 近期布局重点

近年来，全息影像与现实增强成为各大科技巨头争夺的焦点，微软自不甘于人后。又以其"移动第一，云第一"的设想，微软减少对传统 PC 市场的依赖，把重心转向云服务市场和移动市场。而云计算市场成为微软未来发展和布局专利的重中之重。

以云计算领域为例（见表 6.7）。

表 6.7 云计算技术分解表❶

一级分类	二级分类
虚拟化技术	物理资源池化
	资源池管理
分布式计算技术	分布式文件系统
	Key/Value 存储引擎
并行计算技术	

以"云计算、云平台、云服务、云安全、云数据、云存储、云系统、云模式、云信息、云管理、云中间件、云构件、并行计算、分布式计算、虚拟化、物理资源池化、资源池管理、分布式文件系统、Key/Value 存储引擎、IaaS、PaaS、SaaS"等关键词，❷ 分析微软在美云计算技术专利布局结

---

❶ 刘鹏．云计算技术原理 [EB/OL]．http：//www.chinacloud.cn/show.aspx?id=1929&cid=12，2017-06-17.

❷ 龚金梅，刘肖寒，歹颖莉，肖红卫．基于专利分析的我国云计算技术发展研究 [J]．现代情报，2012，32（5）：72.

果如图 6.12 所示。

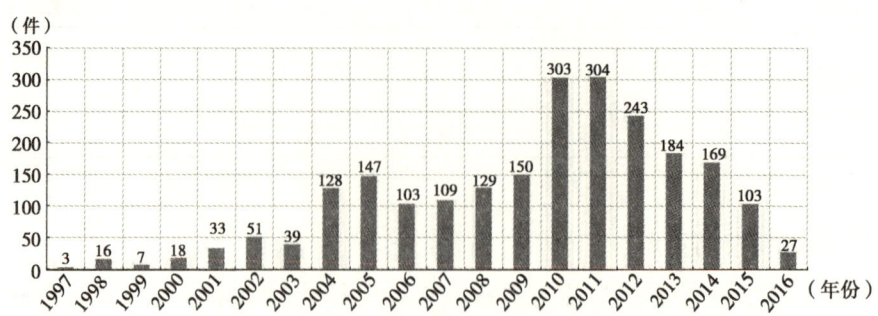

图 6.12　微软在美云计算技术专利申请趋势

微软自 1997 年踏入云计算领域，但因其软件+服务策略，对云计算领域关注不多，随后微软开始将云计算技术应用于 Office 等产品，专利数量持续增长，在 2010 年前后达到峰值。截至目前公开数据，在美国云计算技术领域，微软共申请专利 2 284 项。由于近两年数据不够完整，但结合趋势及微软转型后的策略以及领军科技巨头强劲的市场表现，❶ 不难预测微软仍将加大在云计算领域专利申请的力度。微软的云服务平台 Azure 已与微软固有的产品线无缝整合，很快形成从 IaaS 到 PaaS 再到 SaaS 一套极为完整的云生态体系。又据其始终以企业级产品为研究方向，其专利布局必然朝着"公有云+私有云"的混合运用方向研究。

三、主要竞争对手

（一）存在的竞争对手

根据数据调研机构 StatCounter 于 2016 年 1 月至 2017 年 1 月的调查结果显示，Windows 系列操作系统依旧占据全球 80% 以上的市场份额，OS 系统以及 linux 系统由于各自局限性，对微软无法产生威胁。微软 Office 办公软件的市场占有率也在 80% 以上。

---

❶　汇创网络. 微软云计算业务增长表现强劲，股价达历史最高［EB/OL］. http：//www.toutiao.com/a6445132912182821133/，2017-07-21.

在数据库领域，由 DB-Engines 机构对 2015 年 12 月至 2016 年 12 月数据库市场份额分析，可知甲骨文凭借其 Oracle 系列数据库软件及其旗下的 MYSQL 数据库占据大部分市场份额，其次是微软的 SQL server，其中 IBM 的 DB2 数据库虽然排名不高，但其实际是大型数据库软件中的佼佼者，DB2 在企业级应用中较为广泛，这种大型数据库构建所需相关技术较复杂，因此 IBM 拥有的数据库相关专利比较多。

在云计算领域，微软面临着强大的对手，据 Synergy Research Group 分析，❶ 2016 年第 3 季度仅就 IaaS 市场而言，亚马逊公司以 45% 的份额远超微软、IBM 和谷歌。同时据 Synergy Research Group2017 年 2 月的分析❷中可以看出亚马逊公司在云计算领域强劲的实力，不过 IBM、谷歌和微软在公有云计算市场的占有率也在上升。

（二）具体竞争关系及相关技术分析

1."数据库"之争

以"数据库管理系统、数据汇编、数据操纵、数据维护、数据建立、数据定义、分布处理、多承租方架构、关系数据库"为关键词对甲骨文和微软进行专利检索，其中微软及旗下公司申请 903 件，甲骨文及旗下公司申请 663 件。就专利申请量而言，微软略多于甲骨文。

在 2012 年以前，微软的专利申请量大体多于甲骨文。在这段时间里，微软与甲骨文的专利申请量都经历了申请高峰，2000 年时，甲骨文的专利申请量略超过微软，但微软在 2001~2004 年专利申请量的增长尤为迅速，甲骨文的增长率较低。2005 年以后，两家公司的专利申请量都开始逐渐减少。根据 IPC 分类号对微软与甲骨文在数据库领域申请的专利进行统计频

---

❶ snergy research group. Amazon Dominates Public IaaS and Ahead in PaaS; IBM Leads in Private Cloud ［EB/OL］. https：//www.srgresearch.com/articles/amazon-dominates-public-iaas-paas-ibm-leads-managed-private-cloud, 2016-10-12.

❷ snergy research group. Microsoft, Google and IBM Public Cloud Surge is at Expense of Smaller Providers ［EB/OL］. https：//www.srgresearch.com/articles/microsoft-google-and-ibm-charge-public-cloud-expense-smaller-providers, 2017-02-02.

次排序,[1] 如表 6.8 所示。

表 6.8 微软与甲骨文数据库领域专利前 10 名 IPC 排名对应技术领域

排名	IPC	技术领域	申请量（件）
1	G06F17/30	信息检索；及其数据库结构	1 078
2	G06F7/00	通过待处理的数据的指令或内容进行运算的数据处理的方法或装置	294
3	G06F17/00	特别适用于特定功能的数字计算设备或数据处理设备或数据处理方法	275
4	G06F12/00	在存储器系统或体系结构内的存取、寻址或分配（信息存储本身入 G11）	210
5	G06F9/44	‥用于执行专门程序的装置	120
6	G06F15/16	・两个或多个数字计算机的组合，其中每台至少具有一个运算器、一个程序器及一个寄存器	76
7	G06F9/46	‥多道程序装置	50
8	G06F17/21	‥文本处理（G06F17/27、G06F17/28 优先）	38
9	H04L29/08	…传输控制规程，例如数据链级控制规程	30
10	G06F3/14	・到显示设备上去的数字输出	27

从表 6.8 中对 IPC 分类号的描述可以看出数据库领域的技术主要集中在"数字计算设备或数据处理设备或数据处理方法"，包括 G06F17/30、G06F7/00、G06F17/00、G06F12/00。其中 G06F17/30（信息检索；及其数据库结构）小组的专利数量最多，因此针对甲骨文公司在 G06F17/30 专利小组的专利申请情况进行检索，并根据专利被引证次数进行排序，提取以下 5 项专利（见表 6.9）。

---

[1] 陈燕，黄迎燕，方建国. 专利信息采集与分析 [M]. 北京：清华大学出版社，2014：275-283.

表 6.9 甲骨文"信息检索；及其数据库结构"方面代表性专利

申请号	专利名称	被引证次数	权利要求数
US6038560A	Concept knowledge base search and retrieval system（概念知识库搜索和检索系统）	732	29
US5940821A	Information presentation in a knowledge base search and retrieval system（信息呈现—知识库中搜索和检索系统）	502	43
US5870759A	System for synchronizing data between computers using a before-image of data（用于之前使用一个计算机之间数据同步系统-图像的数据）	443	36
US5926816A	Database Synchronizer（数据库同步器）	439	38
US5806075A	Method and apparatus for peer-to-peer data replication（方法和装置用于对等网络的对等数据的复制）	389	47

上述专利主要分为两个方面，其一是信息检索相关，包括被公开的实际知识库查询和概念知识库查询，❶ 提供一种有指向性的检索方法；其二是数据传输相关，主要描述的是不同计算系统之间的数据同步，包括将数据的添加、修改、删除同步到不同的远程主体之间。通过对以上专利文献的简单分析可以看出数据库领域技术的关键在于能够高效率、大范围进行信息查询，能够实时完成数据更新、修改并进行各计算系统间的数据传输。所以微软在数据库领域应当重视信息检索的效率以及数据传输的准确率，以此为基础加大对"信息检索；及其数据库结构"技术研发，同时要注意数据安全。

2. "云计算"之争

主要比较微软、甲骨文、亚马逊和 IBM。亚马逊、微软和 IBM 云计算技术发展相对较早，这三家公司在云计算方面相关专利的申请量都在 2008 年后开始较快增长，其中 IBM 在 2008 年后增长最为迅速，在 2013 年之前

---

❶ Oracle crop. Concept knowledge base search and retrieval system. US，US6038560A. [p]. 2000-03-14.

出现两次专利申请高峰，并一直多于亚马逊和甲骨文。亚马逊相关专利申请量较少，其专利申请也是自 2008 年开始增长，在 2014 年达到峰值。甲骨文则是在 2012 年之后出现较快增长。

微软云计算领域的专利技术构成前五名分别是 G06F15/16、H04L29/08、G06F9/44、H04L29/06 和 G06F17/30。上述技术领域与 SaaS 关联密切，Windows Azure 就是偏向于这一领域的产品。

IBM 云计算领域的技术构成前五名则是 G06F15/16、H04L29/08、G06F15/173、G06F9/46 和 G06F9/50。通过对比，IBM 在相关程序或软件控制方面专利申请占比较高。上述技术构成主要偏向云计算 PaaS 领域，即用户能够参与一定程度软件的管理，IBM 的产品 Bluemix 确实是朝着这一方面发展。

亚马逊云计算领域专利技术构成前五名分别是 H04L29/06、G06F15/16、H04L29/08、G06F21/62 和 G06F7/00，亚马逊在信息传输领域专利申请量较多。通过对亚马逊在云计算领域被引证次数较多专利的简要查阅后，发现这些专利主要与用户选择模块或云计算程序获取相关信息及寻址有关。

由于云计算相关专利技术构成较为广泛，所以不同企业的技术分布比重都比较平均，技术分布的重点小组有所不同。通过与 IBM 和亚马逊比较，微软如果要全面把控云计算市场，其在云安全、云程序的可控性需要进一步投入研发，在 G06F15/173、G06F21/62、G06F9/00 等专利小组申请更多专利，提高市场竞争力。

四、总结与建议

总体而言，微软在软件行业的龙头地位不可撼动，但其"软件+服务"的策略已然遭遇瓶颈，随着科技进步与时代革新，微软"以移动为先，以云为先"的改变似乎切合时代发展的主旋律，微软转型标志着市场的争夺方向和趋势。提升竞争力仍是微软领跑创新的重要途径。微软需要重新审视赖以生存的软件产业，在世界范围内完成更精准的专利布局。微软通过收购诺基亚，集领先于世界的软硬件技术于一身，但实际发展不尽人意。

微软可以静待市场份额的变化或关键技术变革再取适当时机加入争夺。云计算领域的研发和布局一定是未来科技巨头争夺的焦点，主动布局分布式计算、虚拟资源等技术领域，以 Azure 为云平台，更早适应市场，以应对谷歌。

第七章　互联网信息安全产业知识产权管理实证研究

信息安全是国家安全的重要组成部分，已经上升到与政治安全、经济安全、领土安全等并驾齐驱的战略高度。❶ 信息安全产业是支撑和保障国家信息安全的重要基础，肩负着为国家信息化基础设施和信息系统安全保障提供安全产品及服务的战略任务。2014年中央网络安全和信息化领导小组成立，成为负责国家信息安全的重要机构，有效推动信息安全行业加速成长。《软件和信息技术服务业发展规划（2016~2020年）》《"十三五"国家战略性新兴产业发展规划》《"十三五"国家信息化规划》等要求重点发展信息安全产业，强化互联网信息安全保障，围绕信息安全发展新形势和安全保障需求，开展关键技术产品研发及产业化，增强互联网信息安全保障支撑能力。❷ 互联网信息安全产业的知识产权管理的特殊性表现在：在专利数量上呈现多而繁杂的特征、对于标准技术专利化和授权许可存在特殊需求。加强互联网信息安全产业知识产权管理已经成为提升该产业核心竞争力的重要支撑。

---

❶ 施娜. 聚焦互联网信息安全，搭建数据安全服务体系 [J]. 信息通信技术, 2016 (6): 62-67.

❷ 《软件和信息技术服务业发展规划（2016~2020年）》解读 [EB/OL]. http://www.miit.gov.cn/n1146295/n1652858/n1653018/c5465706/content.html, 2017-01-17.

第一节 概 述*

互联网信息安全的技术能力和产业实力是网络空间竞争的基石。近年来，全球主要国家越来越重视互联网信息安全产业的发展，全球互联网信息安全产业呈现出新的发展态势。网络强国战略的提出为我国产业发展具有重要战略指导意义。我国正在加快启动从量变到质变的网络安全和信息化建设的产业革命，围绕自主可控的目标，我国信息安全产业面临重大的机遇。❶ 知识产权作为推动互联网信息安全产业全球化发展的核心要素，开展合理、有效、规范、全面的知识产权管理十分必要。互联网信息安全产业在知识产权创造与布局、知识产权商业化运用、竞争与诉讼等方面更加注重技术标准专利化及专利联盟的运用。

一、互联网信息安全产业

信息安全是指信息网络的硬件、软件及其系统中的数据受到保护，不受偶然的或者恶意的原因而遭到破坏、更改、泄露，系统连续可靠正常地运行，信息服务不中断。当前世界各国信息化快速发展，信息技术的应用促进了全球资源的优化配置和发展模式的创新，互联网对政治、经济、社会和文化的影响更加深刻，信息化渗透到国民生活的各个领域，围绕信息获取、利用和控制的国际竞争日趋激烈，保障信息安全成为各国重要议题。2015 年，全球信息安全市场规模达 1 242 亿美元。❷ 依据全球区域分布，以美国为主导的北美市场占据全球最大的市场份额，表现出强大的国际竞争力。美国信息安全投入占 IT 投入的比例接近 10%，处于全球领先水平。以

---

* 本节作者为南京理工大学知识产权学院讲师郝世博。

❶ 王滢波. 全球网络信息安全产业发展趋势研究——基于产业并购与投资的观测视角 [J]. 信息安全与通信保密，2015（2）：35-37.

❷ 全球信息安全市场规模分析 [EB/OL]. http://www.ocn.com.cn/chanye/201610/kfunl14120741.shtml, 2016-10-14.

中国、日本和印度为代表的亚太地区，受益于国家安全战略的发布以及日益增长的信息安全需求，市场呈现出高速发展的态势。安全硬件巨头地位稳固，Cisco、Check Point、Fortinet 等老牌厂商均在各自领域保持优势地位。安全软件市场稳中有升，Intel、IBM、EMC 等 IT 寡头与 Symantec、Trend Micro、Kaspersky、AVG Technologies 等安全龙头占据超四成市场。[1]安全服务市场增长态势强劲，将安全技术转换为服务的形式对外提供成为新趋势。近年来互联网安全威胁的危害性进一步增大，各类互联网攻击和互联网犯罪现象屡有发生，移动互联网安全问题进一步突显；行业整合是互联网信息安全产业发展的主旋律。随着全球信息安全需求的不断增大以及信息技术的深化发展，网络信息安全领域的竞争更趋激烈，行业整合的进程不断加速。一方面，信息安全龙头企业为拓展市场空间、提升盈利水平、提高承接重大项目的能力，将不断加大重组并购的力度，以实现人才、技术、市场等资源的整合，加快提升企业核心竞争力，巩固自身的行业优势地位。另一方面，全球 IT 巨头也纷纷通过收购来布局信息安全领域，从而提升自身业务的安全防护能力。

2015 年我国信息安全产业规模突破千亿关口，涌现出以金山、奇虎360、卫士通、启明星辰、绿盟科技等为代表的信息安全企业。当前我国信息安全产业结构包括基础类安全产品、终端与数字内容安全产品、网络与边界安全产品、专用安全产品、安全测试评估与服务产品、安全管理产品等，产品种类不断健全，涵盖数据传输安全、网络安全、数据安全、应用安全、计算机安全、安全管理中心以及云安全等领域的产品体系，应用市场包括政府、电信、金融、教育、能源、交通、物流等领域。服务器需求防护、信息安全硬件与信息安全软件领域是信息安全产业的主要细分市场。我国信息安全企业市场竞争力进一步增强，防火墙、防病毒、入侵检测、漏洞扫描等传统安全产品具备替代能力，网络与边界安全类、专用安全类等相关产品的功能、性能基本满足国内需求。从安全芯片、网络与边界安

---

[1] 中国网络安全产业现状剖析与对策建议——从产业之"火"到应对之"策" [J]. 信息安全与通信保密，2016（4）：22-31.

全产品、数据安全产品、应用安全产品到安全服务的信息安全产业链不断趋于完善。现阶段我国信息安全产业集聚效应持续显现，以北京、成都、深圳、南京、济南为代表的软件名城占全国产业规模的80%。我国信息安全产业需求不断旺盛、层次不断延伸，从核心业务安全监控向全面业务安全防护扩展，从网络实施阶段的安全布局到网络运行过程中的实施安全维护；并购成为企业持续发展的重要路径，通过并购方式为代表的外延发展实现优势互补，发挥协同效应；企业级安全市场保持快速增长。企业安全管理趋于集中化及高端化、应用安全管理趋于移动化及复杂化、信息安全盈利模式由产品向服务转移是当前互联网信息安全产业的发展模式新趋势。目前我国在互联网信息安全方面的投入占整个IT产业比重仅为2%左右，远低于欧美国家10%左右的水平，❶这一紧迫局势意味着我国需要加大互联网信息安全产业的投入，推动互联网信息安全产业快速发展。我国互联网信息安全产业在市场规模、企业实力、技术先进性、产业生态等方面与发达国家仍存在巨大差距，要充分学习和借鉴发达国家的产业扶持引导策略，推动安全技术服务创新突破，培育产业创新投资氛围，打造具有国际影响力的安全企业集群，增进产业链协同，构建完整的产业生态链、生态圈和生态环境，实现互联网信息安全产业跨越式发展。

二、互联网信息安全产业知识产权管理现状

互联网信息安全产业知识产权管理具有一般产业的共性特征，注重专利创造和布局，同时在知识产权运用和保护方面也存在特殊之处。互联网信息安全产业知识产权管理现状可以概括为以下方面。

（一）知识产权创造与布局

当前全球信息安全技术领域的授权专利整体呈现快速增长趋势，其发展过程可以分为两个阶段：2006年之前专利授权量虽然不多，但以IBM为

---

❶ 王滢波. 中美网络信息安全产业比较研究 [J]. 信息安全与通信保密，2015 (5)：23-26.

代表的专利权人掌握重要专利；2007年起，信息安全领域专利授权量取得突飞猛进的增长。❶ 全球授权发明专利技术方向方面，数据网络和网络转换方面的技术研究最为活跃；其次是软件产品、通信和控制中的用户权限和密码；在安全通信方面，身份验证和访问控制方面、数据加密和解密、网络通信和网络系统等技术研究也保持着较高的授权量。美国是全球最主要的信息安全技术专利授权目标国/地区，占据全球范围信息安全技术专利获得授权份额的1/3；排在第2位的是日本，占授权份额的1/4；中国和韩国是仅次于美国和日本的2个专利授权目标国/地区。❷ 美国和日本具有相对成熟的信息安全规范及较为领先的市场需求。目前信息安全技术授权专利主要由日本和美国专利权人拥有，其次是韩国和中国，德国、英国、法国等欧洲国家稍逊一筹，专利授权量较少。随着中国大陆信息安全产业市场的壮大和全球相关技术的发展，日本、美国、韩国等国家的企业开始将相关技术输出到中国，开始重视在中国大陆的专利布局。在美国获得信息安全技术授权专利的前10位专利权人中，美国企业占据2家，日本企业占据4家。IBM专利授权量远高于其他企业，但日本企业数量及授权专利量都具有明显优势。在日本获得信息安全技术授权专利的前10位专利权人都是日本本国的机构。在中国获得信息安全技术授权专利的专利权人前10位中，华为遥居首位，排名第2位的是中兴通讯。中国企业占据3家，日本企业占据5家。在美国获得授权专利的技术主要分布于通信和控制，包括用户权限和密码、数据网络和网络转换、软件产品技术领域，在用户设备的便携设备和无线电连接的移动电话两个方向占比较高。日本的专利主要集中在数据网络和网络转换、通信和控制，包括用户权限和密码、软件产品等方向，在多用途传输路径的包传输和无线电连接的移动电话两个方向上的表现突出。在中国获得授权专利的技术主要分布在数据网络和网络转

---

    ❶ 黄勇晖. 信息安全产业的技术创新模式分析［J］. 计算机应用，2013，33（S2）：153-155.

    ❷ 王海燕，马峥，潘云涛等. 基于专利产出的技术领域分析——以信息安全技术领域为例［J］. 科技管理研究，2016，36（9）：161-164.

换、安全通信，包括身份验证和访问控制、数据加密和解密、软件产品等。在多用途传输路径的包传输和无线电连接的移动电话两个方向上表现出较强的势头。

  国内企业专利申请数量较多的有飞天诚信、华为、奇虎360、中兴通讯、联想、腾讯、金山、启明星辰、秦川等，存在许多软硬件设备厂商和互联网企业，说明信息安全是整个信息产业共同面临的挑战，都需要应用信息安全技术为产品服务提供保障。❶ 北京、广东、上海、江苏、四川等是国内专利申请量较多的省/直辖市，北京、深圳、上海、成都、南京等是信息安全领域专利申请典型城市。从 2014 年细分行业市场占有率排名前三的企业来看，北京启明星辰信息技术股份有限公司、北京神州绿盟信息安全科技股份有限公司、成都卫士通信息产业股份有限公司都是具有强大竞争力的企业。❷ 从行业长期发展来看，具有核心技术和有竞争力商业模式的公司将随行业的发展进一步发展，技术密集和知识产权密集是战略性新兴产业的重要特征，而专利申请的数据分析能够直观体现企业核心技术的质量。启明星辰是国内最具实力、拥有完全自主知识产权的网络安全产品、可信安全管理平台、安全服务与解决方案的综合提供商；在入侵检测系统、入侵防御系统、统一威胁管理、漏洞扫描产品、安全管理平台和安全服务的信息安全产业细分行业中的市场占有率均排名前三。神州绿盟在网络及终端安全、互联网基础安全、合规及安全管理等领域提供专业服务，拥有多项权威认证资质，目前在入侵防御系统、抗拒绝服务系统、漏洞扫描系统、Web 应用防护系统和安全服务系统的信息安全产业细分行业中的市场占有率均排名第一。启明星辰、绿盟、卫士通的专利申请量在国内信息安全领域处于领先水平，但与很多跨国信息安全企业相比，存在数量级上的差距。我国的信息安全行业存在起步晚、拥有核心技术较少、专利申请量

---

  ❶ 姚原岗，马晓宇，吴润浦等. 中国信息安全技术专利分析 [C]. 信息安全漏洞分析与风险评估大会，2013.
  ❷ 赵伟华. 大数据时代信息安全行业的专利解析 [J]. 中国发明与专利，2015（12）：17-18.

较低的现状。目前美、日、欧、韩对知识产权生态环境的优化、大幅提高新技术研发和知识产权转化预算，有利于发展新兴产业和加快产业结构调整。❶

(二) 知识产权商业化运用

全球信息安全领域，一方面，以谷歌、微软、IBM 为代表的信息产业巨头，通过持续的并购扩张，开展大量信息聚合，创造和改变全球用户的工作和生活方式；另一方面，以赛门铁克、迈克菲、趋势科技为代表的美国信息安全龙头企业，经过多年的发展和持续兼并重组，成为全球网络安全技术发展的风向标，掌握全球信息安全创新的话语权，业务逐步向集成、存储、云计算等安全关联的领域扩展。传统软件厂商、大型系统集成商、芯片供应商以及既有的信息安全龙头企业等纷纷将大量独立的安全公司纳入到自身的产品和服务体系。安全领域的兼并与收购络绎不绝，PaloAlto、FireEye 等成熟厂商不断兼并初创型企业以获取知识产权、及时跟进技术，Google、Dell 等非传统安全企业通过并购增强安全技术实力。2016 年 11 月赛门铁克以约 23 亿美元收购身份信息防盗服务提供商 LifeLock，打造全球最大型消费级安全业务；❷ 同年，赛门铁克以 46.5 亿美元收购网络安全公司 BlueCoat；2017 年 7 月赛门铁克收购以色列移动安全初创公司 Skycure 和 Fireglass，分别拥有预测性威胁探测智能系统和浏览器威胁隔离技术。2016 年 7 月思科斥资 2.93 亿美元收购云安全提供商 CloudLock。2016 年 7 月杀毒软件厂商 AvastSoftware 以 13 亿美元收购 AVG Technologies。2016 年 2 月 IBM 收购网络安全公司 Resilient Systems，该公司是信息安全事件响应领域的领先者。2016 年 2 月诺基亚收购加拿大网络安全软件公司 Nakina Systems，该公司专注于面向虚拟及混合网络的安全协调软件的研发。2015 年 10 月趋势科技以 3 亿美元收购惠普旗下网络安全业务 TippingPoint，收

---

❶ 张向宏，卢坦，耿贵宁. 日本信息安全产业发展及对我国的启示 [J]. 保密科学技术，2013 (2)：41-46.

❷ 2016 年信息安全行业十大收购事件 [EB/OL]. http：//netsecurity. 51cto. com/art/201612/527728. htm，2016-12-30.

购涵盖 TippingPoint 安全产品组合、知识产权及现有企业客户。互联网信息安全行业正在从以网络安全为中心的应用转向更综合的网络安全解决方案,因此互联网信息安全企业正在吸纳能够提供单点解决方案的同行,整合更安全的产品。

国内信息安全领域除启明星辰、绿盟科技等信息安全专业厂商加快并购进程之外,腾讯、百度、阿里巴巴等大型 IT 企业也加速布局信息安全领域。我国信息安全领域的并购大多聚焦于对细分领域的扩张,构建更为全面的信息安全产品和服务体系,提升整体核心竞争力。以腾讯、奇虎 360 为代表的国内互联网龙头企业继续加强在安全领域的布局,除了不断丰富自身的产品线,更加注重对底层安全技术的积累。启明星辰已对网御星云、杭州合众、书生电子、四川赛贝卡等进行了全资收购,重点加强数字签名、数据库审计、运维审计、大数据安全领域的布局,成功实现了对网络安全、数据安全、应用业务安全等多领域的覆盖。❶ 2014 年 5 月,腾讯以 26 亿元收购绿盟科技 28.9% 的股份,成为实际控制人;2014 年 9 月,绿盟科技以 4.98 亿元收购信息安全领先提供商亿赛通,填补在数据安全和网络内容安全管理领域的技术空白,为用户提供一站式信息安全产品、服务和解决方案;此外绿盟科技还收购了安华金和、武汉深之度、敏讯科技等相应的股权,补足自身在数据库安全、国产操作系统安全、反垃圾邮件技术等领域的短板。2014 年卫士通分别以 1.28 亿元、1.53 亿元、2 亿元收购三零嘉微、三零盛安、三零瑞通 85.74%、93.98%、94.41% 的股权,卫士通形成从保密芯片到产品系统与应用的信息安全全产业链,填补卫士通在移动互联网安全领域的空缺。❷ 2015 年 9 月亚信科技与趋势科技联合发布公告,亚信科技收购趋势科技在中国的全部业务,包括核心技术及著作权 100 多项,亚信原有的通信安全技术与趋势科技的云安全、大数据安全技术相结

---

❶ 启明星辰公司简介 [EB/OL]. http://www.venustech.com.cn/AboutItem/316/, 2016-10-15.

❷ 并购重组打造信息安全国家队卫士通有望实现跨越式发展 [EB/OL]. http://news.cnfol.com/it/20140814/18681183.shtml, 2017-08-14.

合，亚信科技将成为具有世界领先水准的中国自主可控网络云安全技术公司。❶ 2016年8月南洋股份以57亿元的价格收购北京天融信科技股份有限公司，快速切入具备广阔市场前景及较高技术壁垒的信息安全行业。

（三）知识产权诉讼和竞争

互联网信息安全产业的知识产权对抗较为激烈，相应的诉讼和专利战争从未停息。这种专利战争既包括国内企业之间的诉讼，也包括国内企业与国际跨国巨头之间的纷争，还包括在产品出口过程中所面对的美国"337调查"等国际贸易纠纷。2015年2月，美国特拉华州联邦陪审团裁定赛门铁克侵犯专利授权公司高智的两项专利，需赔偿1700万美元，高智公司作为美国第五大专利持有者，其运营策略是从研发源头对发明人进行资助，以获得专利的排他性授权许可，为专利权商业化运作奠定基础，通过战略性购买、目标性购买及受市场驱动购买作为知识产权交易途径。2016年5月，Uniloc在美国德克萨斯州东区联邦地方法院对腾讯提起诉讼，指控其侵犯了两项美国专利；据不完全统计，从2003年9月到2016年5月，Uniloc一共在美发起了90余件专利侵权诉讼，涉案的包括微软、迈克菲、索尼、谷歌、NEC、Facebook及腾讯等近百家企业；❷ Uniloc是从研发公司转型而成的专利运营机构，本身拥有强大的研发能力，曾经专注于物理设备识别平台的研发，被应用到了软件、身份管理、系统管理以及网络安全等领域当中。非竞争企业间的技术、方案合作不断拓展深化。例如，PaloAlto Networks与VMware、Citrix、Splunk等虚拟化、大数据分析公司建立了战略合作伙伴关系，同时与ForeScout等初创公司、Symantec等安全巨头以及ARISTR等非安全企业加强合作。安全技术授权成为企业优化产品和解决方案的重要方式。例如，Cisco获得了Lancope的授权，将Lancope明星产品StealthWatch作为其网络威胁防御系统解决方案的一部分；

---

❶ 亚信科技收购趋势科技中国业务［EB/OL］. http：//tech.qq.com/a/20150901/021441.htm, 2017-09-01.

❷ 专利"流氓"微信在美遭遇专利诉讼"专业户"［EB/OL］. http：//money.163.com/16/0625/03/BQCJM5B 800253B0H.html#from=keyscan, 2017-09-05.

Webroot 取得了 Sophos 的 AntiVirus withAntiSpyware 病毒查杀引擎授权，并将该引擎与自主研发的 Spy Sweeper 一同整合到其反病毒软件中。

2016 年 3 月 22 日，西电捷通公司诉索尼移动通信产品（中国）有限公司发明专利权侵权案在北京知识产权法院一审宣判。法院判令索尼停止侵害，并向西电捷通赔偿经济损失及维权合理支出共 910.34 万元。西电捷通是一家领先的网络安全基础技术国际研究机构，从事网络安全协议技术研发和创新，迄今该公司已研发推出了 20 多项网络安全协议技术及其解决方案，其中 10 项技术进入国际标准，3 项进入欧洲标准，20 余项进入国家标准，拥有 700 余项全球网络安全技术专利及申请，技术专利覆盖 16 个国家。❶ 西电捷通研发的无线局域网鉴别与保密基础结构安全协议技术，在技术研发、专利、标准、技术转移、产业化等多个方面进行了先行先试。2016 年 6 月，西电捷通的近场通信（NFC）非对称实体鉴别（NEAU-A）、对称实体鉴别（NEAU-S）两项近场通信安全技术，成为 ISO/IEC 国际标准，填补了国际上 NFC 安全领域的空白。❷ 作为国内领先的互联网、手机安全产品及服务提供商，奇虎 360 通过日常知识产权管理工作和常态化、规范化处理机制应对知识产权纠纷；一方面产品上线前会检索知识产权以便规避侵权风险，另一方面通过关键字检索、第三方平台检索、商标公告监测等方式主动发现侵权行为。

三、互联网信息安全产业知识产权发展趋势及战略措施

国际社会在互联网信息安全领域的竞争非常激烈，知识产权管理在提升企业核心竞争力中发挥的作用非常重要。面对主导企业发起的知识产权攻势，企业界应该高度重视知识产权布局、申请、运用和诉讼，把握产业特征和知识产权发展趋势，不断提升自身的核心竞争力。

---

❶ 中国网络安全企业在创新和严格知识产权保护中成长 [EB/OL]. http://news.cri.cn/20170417/3af22f56-ef30-3ef9-86d3-ffe4a592c83f.html，2017-04-30.

❷ 西电捷通现象值得深思 一流企业做标准谁做到了？[EB/OL]. http://blog.sina.com.cn/s/blog_156a1ad9a0102wumr.html，2017-04-27.

第七章　互联网信息安全产业知识产权管理实证研究

互联网信息安全产业知识产权管理发展趋势表现在以下方面：(1) 知识产权协同创新正在成为互联网信息安全产业发展的重要模式。以产业联盟、产业论坛为平台增进知识产权协作，国外基于企业间互信互补的产业联盟促进知识产权协同创新，增进企业间知识产权共享及利益联动；科研机构、高校、安全企业及相关单位合作共建技术与产业联盟，充分发挥行业协会、认证测试和安全咨询机构的影响力，促进企业间开展技术授权和技术合作，加速形成产业链高度协同的知识产权生态环境。(2) 知识产权商业化运用的广度和深度逐步扩展。互联网巨头以自身资源优势及前瞻性研判并购投资网络安全企业，百度收购安全宝、阿里巴巴收购翰海源、腾讯投资北京知道创宇、亚信科技收购趋势科技在中国的全部业务等；互联网信息安全产业自身也在加速融合及能力互补，启明星辰收购安方高科和合众数据、绿盟科技投资猎豹移动旗下的金山安全、蓝盾股份收购化炜科技等。上述企业并购和投资过程中，知识产权的许可、转让、融资、产业化、专利池集成运作等不可或缺。(3) 知识产权预警机制亟需在互联网信息安全企业中深入推广与应用。推广和应用包括知识产权信息采集分析、预警信息发布与反馈以及针对预警信息制定应对预案十分必要和紧迫，有助于掌握知识产权竞争态势，提前准备应对即将面临的竞争威胁，正确应对已经发生的知识产权争端。持续跟踪本企业知识产权基本情况、所关注技术领域知识产权动态、企业产品贸易历史与现状数据、重要技术竞争对手知识产权动态变化及技术产品市场分布信息、国内外相关知识产权案例、国内外知识产权法规和政策变化等。(4) 专利蟑螂发起的知识产权诉讼压力与日俱增。2014 年由专利蟑螂提起的专利诉讼占美国全部专利诉讼的67%，[1] 2015 年美国继续加紧遏制专利蟑螂，美国联邦最高法院强调地区法院有职权和责任确保劝阻轻率案件，首次使用了"专利蟑螂"术语，重申滥发索赔函、轻率诉讼会给创新带来有害负担。我国互联网信息安全企业已在悄然中遭遇到专利蟑螂的布局或者诉讼侵扰，过分强化专利权人利

---

[1] 2015 年美国遏制"专利蟑螂"法律动态 [EB/OL]. http：//www.sipo.gov.cn/zlss-bgs/zlyj/201609/ t20160907_ 1290590.html, 2017-03-08.

益保护，忽略专利权人滥诉行为，将加大专利蟑螂在我国爆发的风险。

基于以上发展趋势的考量，我国发展互联网信息安全产业的知识产权战略措施包括以下方面。

一是国内互联网信息安全企业标准必要专利研发还需加强。互联网安全技术发展日新月异，以华为和中兴通讯为代表的国内通信企业非常重视专利布局，同时还涌现了一批专注于该领域的优秀创新型企业。但国内企业在海外的专利布局有待继续加强，当前专利布局尚不足以支撑海外市场大规模拓展，且国内企业掌握的标准必要专利占比较低。[1]专利标准化虽然可以促进创新、增进效率、减少消费者的适应成本、消除国际贸易障碍，但也极大增强了标准化组织参与者在专利许可使用谈判中的地位，导致其向标准使用者即专利被许可使用人索要不公平、不合理和歧视性的专利许可使用费。因此国内企业需逐步实现专利申请从量变到质变的转化，积极参与国际标准的制定，将网络安全技术的基础创新纳入相关标准。

二是推动互联网信息安全产业自主知识产权运用。国家高度重视密码算法国产化工作，针对当前的安全隐患和密码风险，制定了我国自主知识产权的ECC国家标准算法，并出台了支持国产密码算法的安全协议标准，在安全协议中加入了国产自主算法的支持。企业自主研发面向三网融合、物联网、云计算和新一代信息网络的数据安全技术，主要包括网络应用数据流深度内容监测分析处理、虚拟交换安全、音视频安全管理、网络舆情分析、网络安全态势分析与预警等监测类技术等。信任基础设施构建技术、远程证明技术、安全性测评等可信计算技术实现自主化，在云计算、消费电子产品的应用技术领域均取得进展。

三是强化互联网信息安全领域核心技术及知识产权的协同创新。我国具有信息安全技术研究及产品研发的高校及科研机构存在较强的信息安全知识基础和创新环境，但所掌握的核心技术与产业链中信息安全产品缺少直接关联。互联网信息安全企业需要与高校及科研机构开展深入合作，建

---

[1] 赵亮，庞艳．网络安全技术专利态势和标准必要专利分析［N］．中国知识产权报，2016-04-29（005）．

立有效的技术及知识产权创新研究合作机制，同时采取跨行业合作联动和产业价值链环节互动合作相结合的方式，形成企业、产业链、产业集群等不同层面的协同创新，鼓励产学研联合建设软件专利池、知识产权联盟，提升知识产权创造、运用、保护、管理和服务能力。中国网络安全产业联盟、中关村网络安全与信息化产业联盟等以应用为导向，以标准为牵引，以创新为动力，通过贯通上下游产业链，探索和建立网络安全产业新业态，促进产学研合作和科技成果转化。

四是保障互联网信息安全产业知识产权运营可持续健康发展。现阶段互联网信息安全产业的纵向整合和横向融合将持续不断，一方面信息安全企业垂直整合产业链上下游，掌握产业内部核心技术、芯片设计能力、产品开发和制造能力、解决方案和服务能力，通过自身市场优势进一步扩大市场规模。另一方面传统IT企业自身信息安全能力短板薄弱而禁锢其自身主营业务的竞争力，企业通过行业融合的方式补充自身安全方面的实力。然而当前市场缺乏专业机构对企业的技术价值进行评估，缺乏知识产权处置交易通道。互联网信息安全领域的知识产权更新换代速度较快，大宗知识产权交易层出不穷，但我国知识产权运营进展始终比较缓慢，需要构建知识产权交易平台，规范知识产权价格标准体系及技术评价规则，保障知识产权运营健康发展。

五是改进和完善互联网信息安全企业知识产权管理体系。企业是知识产权管理的主体，作为知识产权密集型的互联网信息安全产业，多数中小企业还存在知识产权管理水平不高，知识产权能力不能适应创新发展需要等问题。在当前以模仿创新为主、依靠技术学习的现状下，知识产权管理规范与否对产业的影响在互联网信息安全产业得到放大，互联网信息安全产业成为对知识产权管理高度敏感的行业。需要不断优化互联网信息安全企业知识产权管理体系，将知识产权管理贯穿研发、生产及经营全过程，同时建立健全知识产权资产管理制度，切实提升企业的知识产权运用能力和管理水平。

第二节 奇虎360知识产权管理实证研究*

一、奇虎360公司概述

奇虎360作为中国领先的互联网安全公司，拥有全国规模最大的高水平安全技术团队，以颠覆式的创新模式，重新定义互联网安全，改写安全市场格局。❶ 奇虎360在互联网行业迅速崛起，以其独特的竞争方式引起行业和社会的广泛争议。奇虎360的发展经历以下四个阶段。

（一）创立起步创段（2005~2007年）

奇虎360成立于2005年9月，当时的中国互联网正处于发展的上升期。互联网安全软件市场长期被国外市场垄断，国内只有瑞星和金山软件可以分一杯羹。2006年8月，360安全卫士发起公投"恶意软件"的活动；2006年12月，360安全卫士趁势推出绿色软件下载平台，承诺给广大网民无捆绑、无恶意软件的绿色软件下载平台。奇虎360与全球顶级杀毒厂商Discuz、卡巴斯基等结成战略合作伙伴，并且在网络平台与校园发起多项活动赛事，加大产品推广力度，提升企业的影响度，为企业发展奠定了良好基础。

（二）发展完善阶段（2008~2010年）

2008年7月，奇虎360与罗马尼亚Bitdefender公司合作，正式推出360杀毒软件，并宣告360杀毒软件永久免费。在此之前，杀毒软件市场基本形成以瑞星、金山软件和江民为主的市场"铁三角"，但奇虎360从自身最擅长、而杀毒软件三巨头不具优势的领域——反"流氓软件"入手，采取"免费战略"，撼动了杀毒软件三巨头的市场地位。

---

* 本节作者为南京理工大学知识产权学院博士研究生邓雨亭，硕士研究生赵霞、陈帅君。

❶ 奇虎360科技有限公司官网［EB/OL］. http：//www.360.cn/about/index.html, 2017-4-20.

奇虎360依靠360安全卫士、免费杀毒软件，迅速积攒超高人气，并陆续延伸产品线，继而发布软件管家、安全桌面、安全浏览器、360压缩、"好搜"独立搜索品牌、360云等软件产品和随身WIFI、儿童卫士手环、路由器、行车记录仪等硬件产品；还与光纤传媒成立合资公司，专注以电影为主的互联网视频业务；与华远集团达成战略合作协议，打造国内首个智慧社区；与国药集团达成战略合作协议，共同打造医药销售电商平台。奇虎360产品线如图7.1所示。

（三）纽约上市阶段（2011~2014年）

2011年3月30日，奇虎360通过首次公开募股（IPO）的方式，在纽约证券交易所上市，获得了近40倍超额认购。奇虎360站到了中国主流互联网企业的行列。

截至2012年9月，360的PC端产品和服务的月活跃数已达4.42亿，用户渗透率达95%，❶ 奇虎360成为中国最大的互联网安全公司之一。使用360手机安全产品和服务的智能手机用户总数已达约1.49亿，占据中国智能手机安全产品70%的市场份额。360浏览器的月活跃用户数量为3.03亿，用户渗透率超过65%，在国产浏览器中处于领先地位。360个性化起始页和其下属页面的日均独立访问用户为8 900万人，日均点击量约为4.51亿次，为国内最大的导航起始页之一。360还推出具有自主知识产权的搜索引擎服务，稳定拥有25%以上的市场份额，成为中国搜索市场的重要参与者。奇虎360终端用户数量趋势如图7.2所示。

（四）完成私有化阶段（2015年至今）

奇虎360在2014年的营业收入超过86亿元，净利润超过21亿元。2014年年底公司总资产达206亿元，现金超过100亿元，财务总体非常健康。奇虎360董事长周鸿祎表示，私有化是实现奇虎360价值最大化的必然选择。2015年12月18日，奇虎360宣布达成私有化协议。目前，私有

---

❶ 360进军企业级安全市场，产品总监答疑问［EB/OL］. http://security.cnw.com.cn/security-anti-virus/htm2013/20130331_266793.shtml，2017-4-6.

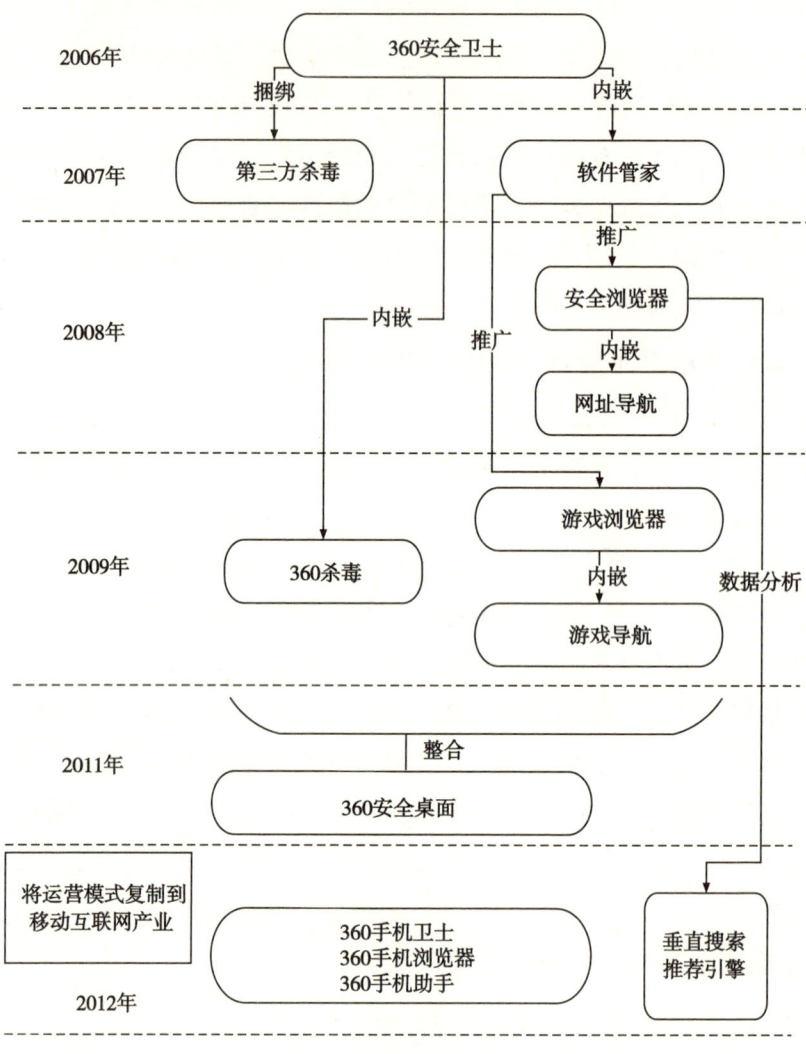

图 7.1 奇虎 360 产品线

化已全部完成,奇虎 360 正式从美股退市。奇虎 360 私有化的决定不仅是奇虎 360 反复考虑当前全球及中国资本市场环境后的审慎决定,更是加速公司业务全面升级、拓展发展空间的重要步骤。

第七章 互联网信息安全产业知识产权管理实证研究

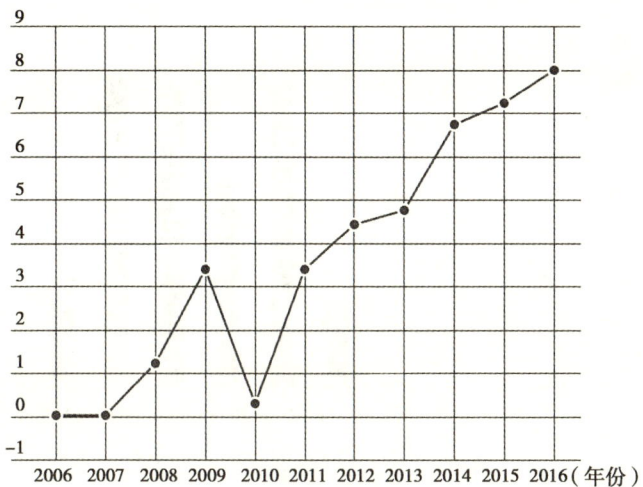

图 7.2 奇虎 360 终端用户数量趋势

资料来源：奇虎 360 科技有限公司历年财报。

二、企业的专利等知识产权在国内外的布局情况

（一）趋势分析

1. 申请趋势

如图 7.3 所示，奇虎 360 的专利申请开始于 2007 年，当年的专利申请量仅 3 件。2010 年 1 月，奇虎 360 董事长周鸿祎连同几位中国著名的互联网产业风险投资人，共同发起"免费软件起飞计划"。内容主要是通过投资带动奇虎 360 进行企业的收购及合作行为，通过技术联合进行产品孵化，帮助大批中小企业资源得以充分发挥和利用。该计划的推动对奇虎 360 的成长及影响力提升起到巨大的推动作用。通过整合技术和人力资源，2011 年专利申请数量有了巨大提高，达到 547 项。截至 2016 年 12 月 15 日，累计申请专利 8 615 件。

269

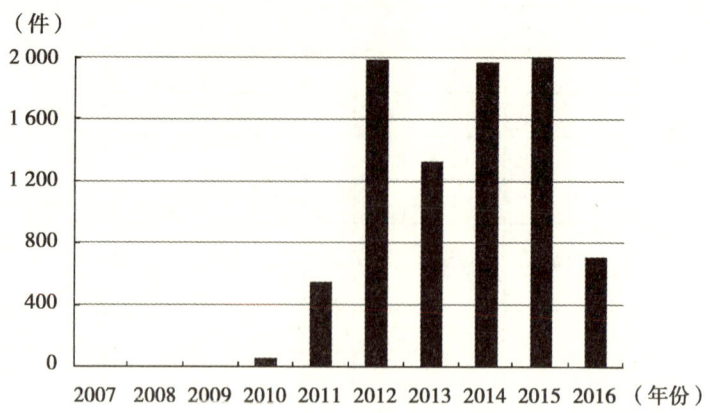

图 7.3　专利申请数量年度变化情况

2. 公开趋势

从图 7.4 可以看出，奇虎 360 的专利公开数量从 2013 年开始迅速增长，这是由于专利从申请到公开存在时间周期，2011 年以前专利申请的数量相对较少，因此从 2013 年开始是该公司专利公开的数量爆发时期。从近几年的申请数量保持相对平稳的特点来看，2016 年以后专利公开数量的变化也会保持在相对稳定的水平。

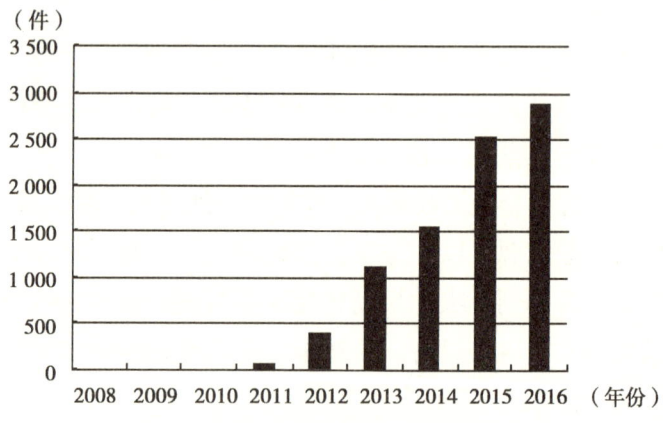

图 7.4　专利公开数量年度变化情况

(二) 基于 IPC 分类的技术分析

1. 技术构成

奇虎 360 专利的 IPC 分类分布情况，可将所有专利的 IPC 分类及涉及的技术领域绘制表格 7.1。

从表 7.1 可以看出，奇虎 360 的专利技术主要集中在 G06F（电数字数据处理），有 5 238 项，占比 57.2%。该分类是通用的数字计算机等传统计算机数据处理、程序控制、计算机系统安全等技术领域，表明该企业在计算机网络安全涉及的最基本技术领域具有较强的技术能力和创新能力；排名第二位的是 H04L（数字信息传输），该类数量达 2 436 件，占比 26.6%。该领域的数字信息传输、保密和安全通信等技术涉及的专利分类表明奇虎 360 对移动安全领域的技术投入和技术产出逐渐增强并取得明显成效。排名 3~10 位的分别是 H04W、H04M、G06Q、H04N、G06K、G06T、G08B 和 G07C。除了传统的计算机网络安全及手机安全等软件产品，奇虎 360 向着数字娱乐、智能生活产品及儿童安全应用等领域拓展业务。奇虎 360 还积极开展与社会各界的数据安全服务及合作业务，包括政府机构、大型国企、高校等单位，充分说明奇虎 360 的数据安全服务得到了社会的广泛认同。奇虎 360 还为数以百万计的中小型企业和相关机构提供企业终端安全服务，数据安全一体化管理解决方案，潜在风险检测及大数据分析和使用中的信息安全服务。

表 7.1 奇虎 360 专利主要 IPC 构成

序号	IPC	数量（件）	涉及技术
1	G06F	5 238	电数字数据处理
2	H04L	2 436	数字信息的传输
3	H04W	474	电话通信
4	H04M	318	无线通信网络
5	G06Q	256	专门适用于行政、商业、金融、管理、监督或预测目的的数据处理系统或方法；其他类目不包含的专门适用于行政、商业、金融、管理、监督或预测目的的处理系统或方法
6	H04N	219	图像通信，如电视

续表

序号	IPC	数量（件）	涉及技术
7	G06K	95	数据识别；数据表示；记录载体；记录载体的处理
8	G06T	57	一般的图像数据处理或产生
9	G08B	34	信号装置或呼叫装置；指令发信装置；报警装置
10	G07C	31	时间登记器或出勤登记器；登记或指示机器的运行；产生随机数；投票或彩票设备；未列入其他类目的核算装置、系统或设备

2. 技术申请发展趋势

考察各 IPC 分类技术申请的年际变化趋势，奇虎 360 传统强势技术领域 G06F（电数字数据处理）和 H04L（数字信息传输）从 2013 年开始，申请数量变化不大，H04L 甚至出现减少的情况；其余 7 类技术的专利申请量均出现较为明显增长，虽然申请数量仅有十几到几十项。但也表明，在互联网安全领域的技术发展上，已经从原来的个人计算机和手机延伸至应用安全和向中国硬件厂商提供大数据和云计算能力，致力于与其他厂商一起建立更加安全、开放的智能硬件生态圈。

（三）专利申请地域分布

专利权具有地域性，非 PCT 框架下，单项专利在某一国家申请并获得授权后，只在申请国获得法律保护。而国际专利作为企业知识产权战略的重要组成部分，企业往往不会将质量较差的专利进行国际申请，企业专利的国际申请量是评价企业专利质量的重要指标之一。

截至 2016 年 12 月 15 日，奇虎 360 全球专利申请共 8 615 项。在申请国家或地区的分布上，中国 7 933 项，占比 92%；世界知识产权组织 512 项，占比 6%；美国 170 项，占比 2%。奇虎 360 的主要业务集中在中国，国内市场竞争也最为激烈，主要竞争对手包括卡巴斯基、腾讯、金山软件、瑞星、百度等企业。近年来，随着经济全球化的进一步实现，奇虎 360 开始进行国际化商业探索，在专利布局视角下，主要表现为申请 PCT 专利，并在企业主要发展国如美国进行专利申请。作为企业知识产权质量的重要评判指标，可观的国际专利数量既体现企业良好的专利质量，也体现奇虎360国际化的信心。

（四）奇虎360在华专利类型

发明专利申请和发明专利授权的数量反映企业的技术能力和创新能力。奇虎360的发明专利占比93%，专利的申请质量较高。奇虎360从企业创立开始就将创业和持续创新列入公司五大核心价值观中，每年在知识产权保护和技术研发投入巨大，从免费的杀毒软件，到涉及网络安全软件、手机、路由器、高清行车记录仪等多种产品领域，促使其发展的核心驱动力就是企业不断地发明创造和技术创新。

（五）奇虎360中国专利法律状态

截至2016年12月15日，奇虎360在中国申请的7 933项专利中，已被授权的有3 173项，占比40%，驳回26项，占比0.33%，撤回和放弃的各2项，公开和实质审查的共4 730项，占比60%。总体来看，授权率处于较高水平，表明其在相关领域进行相应的专利布局，所申请的专利具有新颖性、实用性与较强的创造性。从专利有效性上看，总有效率达到40%，失效率仅为0.38%，奇虎360的技术创新效率较高，这在当前技术发展极为迅速的互联网安全领域，是保证企业发展速度和质量的重要保障。

（六）国内专利权人类型分析

对在我国的专利申请人进行统计，如图7.5所示。奇智软件（北京）有限公司和北京奇虎科技有限公司申请的专利数量最多，可以认为上述两家企业是奇虎360技术研发的核心力量。在申请人类型分布上，企业占据绝对的数量优势，达到7 829项，大专院校仅4项，其他1项。这样的分布特征说明，一方面，奇虎360企业本身具有很强的技术研发能力，汇集了大批国内外网络安全及相关领域的顶尖人才；另一方面，企业和高校的技术及人才并未形成良好的合作形式。

（七）竞争对手专利分析

将奇虎360在互联网安全领域的最大竞争对手设定为金山软件。基于

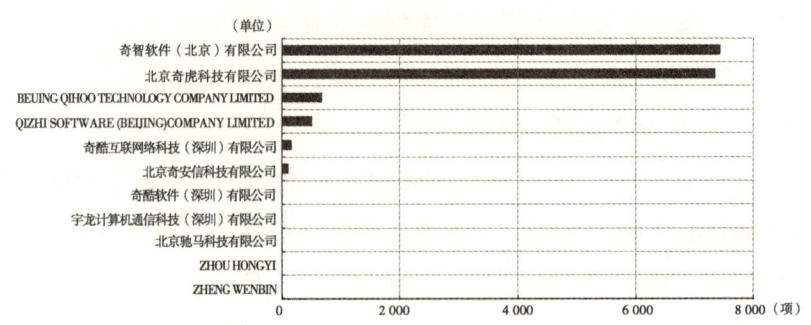

图7.5 奇虎360旗下各专利申请人排名

以下两点考虑：第一，成为竞争对手的企业其主要业务领域基本重合并争夺同一目标市场；第二，企业综合实力更接近。

1. 专利申请总量的比较分析

2010年两家公司在专利申请数量上均较少，金山软件仅有3项，奇虎360也只有44项。两家公司在近几年的专利申请数上均有较为明显的增加。2015年，奇虎360专利申请数为1 958项，是金山软件的3倍，总量差距较大。在增长率上，奇虎360从2010年到2015年，专利申请量增长了44.5倍，金山软件2010年到2015年的专利申请量从3项到659项，增速也极为显著。2012年奇虎360的专利申请量达到1 962项后，2013年有回落的趋势，2014年和2015年的申请量基本维持在相对较高的水平。金山软件在2011年与腾讯达成战略合作，主要用于开发网络安全解决方案，加上本年度前期获得的"核高基"资金支持，金山软件开始向互联网转型，并进入云计算领域。从2012年开始，金山软件的专利申请数量出现大幅上升，该年度金山软件成立了独立的金山云公司，正式进军云计算领域。2014年，金山软件通过业务重组成立猎豹移动公司，成为仅次于奇虎360的中国互联网安全公司，和奇虎360展开互联网及移动互联网的全方位竞争。2014~2015年，金山软件在专利申请数量上有了进一步的增长，分别达到583和640项。

2. 专利类型的比较分析

对比两家公司在国内专利申请的类型，金山软件在发明申请和发明授权上的比例达到84%，而奇虎360为93%。发明专利比实用新型专利和外观设计专利更强调技术创新。发明专利在专利申请总量中所占比例往往作为衡量企业技术实力的参考依据。两家公司在发明专利上的比例都远远高于外观设计和实用新型，两家公司均具有较强的技术研发能力和科技创新水平，奇虎360更胜一筹。也表明随着两家公司企业发展和对知识产权管理的重视，在追求专利数量的同时，更加重视专利质量。

3. 技术构成的比较分析

通过分析专利申请的IPC变化，有助于预测行业的技术发展方向和专利权人的重点技术领域。在互联网安全行业专利申请涉及的主分类号中，奇虎360和金山软件都集中在G类和H类，IPC主分类号为G的有4 822项，主分类号为H的有2 297项；金山软件专利中IPC主分类号为G的有1 358项，主分类号为H的有241项。物理和电学是计算机及计算机网络安全软件领域的基础技术，两家公司绝大部分的专利申请都集中在这两个领域，体现出两家公司对于基础技术与创新发展的重视程度，通过专利布局的方式达到垄断相关技术领域的目的。截至2016年12月，金山软件在此技术领域的专利申请数量落后于奇虎360，奇虎360在基础技术研发能力方面表现更为突出。在G06F（电数字数据处理）和H04L（数字信息的传输）技术领域的专利申请数量方面，奇虎360的国内专利数量位于在华申请专利的互联网公司前10位，其他排名靠前的厂商多为国内网络硬件生产厂商如华为和中兴等，另外还有数家国外IT企业巨头，如微软、三星等。奇虎360的国内专利申请在网络安全产业表现更为突出，位于国内网络安全企业第一位。从专利数量与技术集中度上看，奇虎公司已经通过自主研发进行专利布局，形成了一定的知识产权壁垒。

4. 地域分布的比较分析

比较金山软件和奇虎360在专利申请地域的分布，如图7.6和图7.7所示。专利申请数量排名前三均为中国、世界知识产权组织和美国。除此之外，金山软件还在欧洲专利局申请了6项，澳大利亚4项，加拿大和日本各2项。奇虎360的专利布局重点地区为中国，这与其发展战略相匹配。

在进行国际化的过程中，奇虎360也有意识在PCT框架下申请专利，积极开拓国际市场（见表7.2、表7.3）。

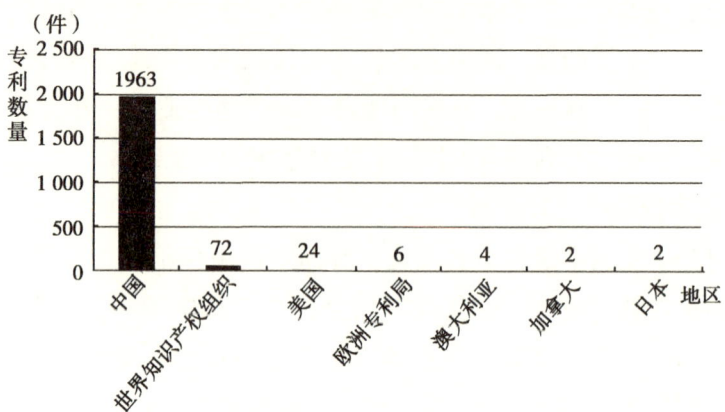

图7.6 金山专利全球地域分布

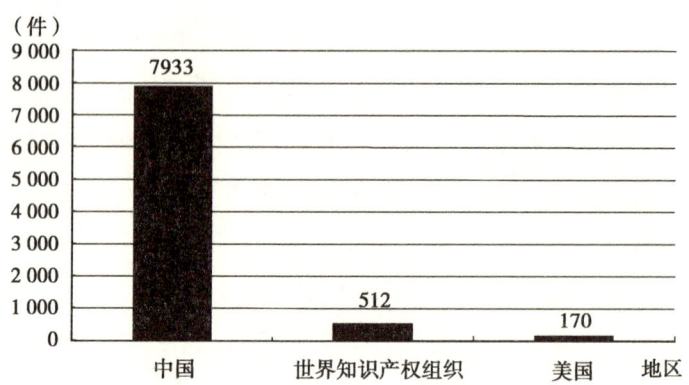

图7.7 奇虎360专利全球地域分布

表7.2 奇虎360专利全球申请趋势　　　　　　　　　　单位：件

时间 申请地域	2007	2008	2009	2010	2011	2012	2013	2014	2015	2016
中国	3	6	5	56	526	1916	1180	1731	1804	706
世界知识产权组织	0	0	0	0	9	38	91	173	196	5
美国	0	0	0	0	12	32	58	64	4	0

表7.3 金山专利全球申请趋势　　　　　　　　单位：件

时间 申请地域	2010	2011	2012	2013	2014	2015	2016
中国	3	25	154	223	537	617	404
世界知识产权组织	0	0	3	3	35	29	2
美国	0	0	3	7	11	3	0
欧洲专利局（EPO)	0	0	5	1	0	0	0
澳大利亚	0	0	4	0	0	0	0
加拿大	0	0	2	0	0	0	0
日本	0	0	2	0	0	0	0

尽管金山软件的国内与国际专利数量上远少于奇虎360，但从其专利申请数据上看，其更加重视部分国家的互联网市场。主要原因在于奇虎360目前研发了大量的硬件技术，并且正在积极拓展海外智能移动终端市场，其专利申请地域范围较广。而金山软件的主要产品为计算机办公软件，其软件专利技术的布局与企业海外市场的布局相一致，申请策略多为在特定国家进行申请。

三、企业的专利布局策略

核心专利是企业技术的制高点，是获得竞争优势的关键所在。长期以来，对于核心专利的认定，主要由专家评审、同行评议的方式进行，认定结果往往具有明显的主观性，缺少技术特征的客观性，对企业发展缺少指引作用。

（一）基于K-means算法的核心专利聚类分析

基于专利被引用数量、简单同族数量和权利要求数量三项指标，通过K-means聚类分析将奇虎360的专利进行核心专利聚类，分析的数据是26项奇虎360高被引专利。以客观的专利数据解读企业核心专利。聚类结果如表7.4所示。

表 7.4 核心专利聚类分析聚类成员

案例号	公开号	聚类	距离
1	CN102314510A	1	5.441
2	CN102467633A	1	3.578
3	US20140351935A1	1	4.313
4	CN102156709A	1	2.828
5	CN102012826A	1	6.403
6	CN102164138A	2	6.731
7	CN102651022A	3	6.287
8	CN102360364A	3	5.013
9	CN102360320A	2	5.513
10	CN102279912A	3	5.893
11	CN101594248A	3	7.275
12	CN102436564A	2	3.794
13	CN102096683A	2	9.753
14	CN101604361A	3	1.825
15	CN103841204A	2	1.843
16	CN102693271A	2	4.331
17	CN102663048A	2	2.362
18	CN102163167A	3	1.237
19	CN102779042A	3	9.420
20	CN102739791A	2	2.736
21	CN102253863A	2	3.124
22	CN103179640A	2	3.036
23	CN103116722A	2	6.018
24	CN102647417A	3	3.540
25	CN102368224A	3	4.851
26	CN102163238A	3	3.119

将 26 项高被引专利通过 K-means 聚类分析的三次迭代之后得到 3 类专利组，其中第一组专利的简单同族个数和被引证次数在三组中最优，且其权利要求数量高于总体的平均水平。第二组和第三组专利的简单同族个数

和被引证次数数据较差，第三组专利的权利要求数量最高，故将第一组5项专利列为核心专利，将第三组10项专利列为次核心专利，将第二组11项专利列为非核心专利。统计量的 sig. 值在 [0.01，0.05] 之间，满足显著性要求。故通过聚类分析，得到奇虎360的5项核心专利，公开号分别为 CN102314510A、CN102467633A、US20140351935A1、CN102156709A、CN102012826A。对这5项专利以 IPC 分类号进行分类。

从表7.5可以看出，奇虎360的核心专利技术主要存在于"信息检索；及其数据库结构""防止未授权行为的保护计算机、其部件、程序或数据的安全装置"与"程序控制装置"三项技术领域。主要对应的是奇虎360的"360安全浏览器"与"360安全卫士"等产品。奇虎360处于互联网安全信息产业的领导地位，其核心专利主要对其核心产品进行服务。

表7.5 核心专利技术领域

公开号	IPC 分类号	技术领域
CN102314510A	G06F17/30	信息检索；及其数据库结构
CN102467633A	G06F21/00；G06F17/30；	防止未授权行为的保护计算机、其部件、程序或数据的安全装置
US20140351935A1	G06F21/56；G06F9/455；	防止未授权行为的保护计算机、其部件、程序或数据的安全装置
CN102156709A	G06F17/30；	信息检索；及其数据库结构
CN102012826A	G06F9/445；	程序控制装置，例如，控制器

（二）典型核心专利分析

CN102467633A 涉及一种浏览网页的安全方法及其系统，是一种通过云杀毒的方式实现安全浏览网页的方法，传统在计算机安装杀毒软件会大大占用计算机有限的资源，降低用户端性能。随着云计算的兴起，云计算的强大资源统筹能力和服务式的提供方式，为杀毒防毒领域提供了新的发展方向。因此，"云杀毒"概念应运而生。简单而言，就是用户终端将需要校验的信息发送到云杀毒中心，借用云的强大功能，快速确定该信息存在的风险，提供安全防护的策略。

CN102467633A 所披露的是一种浏览器端的云杀毒应用方式，首先浏览器将用户所要访问的网址相关信息，通过互联网发送至云端服务器；然后云端服务器接收该网址相关信息，再将该网址相关信息与云库中的信息进行匹配；最后确定该用户所要访问网站的安全类别，并决定是否给出提示和拦截所要访问的网址。

（三）核心专利引用分析

以核心专利 CN102156709A 与 US20140351935A1 为例，如图 7.8 与图 7.9 所示，公开号为 CN102156709A 的核心专利，其被引证公司多为奇虎 360 旗下控股公司，也包括腾讯、阿里巴巴等企业。说明奇虎 360 的核心专利质量较高。公开号为 US20140351935A1 的核心专利，其 25 项被引专利均为美国火眼公司的发明专利。奇虎 360 曾表示在企业安全领域存在业务高度相关的公司是美国火眼公司。由于美国火眼公司对中国等多国禁售产品，且美国火眼公司的市场 80% 存在于美国本土，与奇虎 360 并不发生直接的竞争关系，但研发部门对于奇虎 360 的核心专利十分重视，也说明奇虎 360 的相关专利拥有较高价值。

（四）高被引专利聚类分析

奇虎 360 的高被引专利主要围绕"浏览器""移动通信终端""客户端""下载"和"网页"五大领域进行布局（见图 7.10）。其中"浏览器"领域布局专利最多，可见对核心产品 360 安全浏览器的重视。"移动通信终端"领域布局次之，且处于逐年上涨的趋势。2015 年 5 月 6 日，奇虎 360 控股的奇酷互联网络科技（深圳）有限公司（简称奇酷科技）召开 360 手机品牌发布会，同年 8 月 26 日，奇酷科技发布青春版和旗舰版 360 手机。奇虎 360 对"移动通讯终端"的专利布局，也印证了其着力发展 360 手机的品牌运营策略。

（五）奇虎 360 的经济分析

从奇虎 360 公开的财报来看，自 2011~2014 年，奇虎 360 的营收总额增长迅猛，2014 财年奇虎 360 的营收总额是 2011 财年的 8.3 倍。净利润从

第七章　互联网信息安全产业知识产权管理实证研究

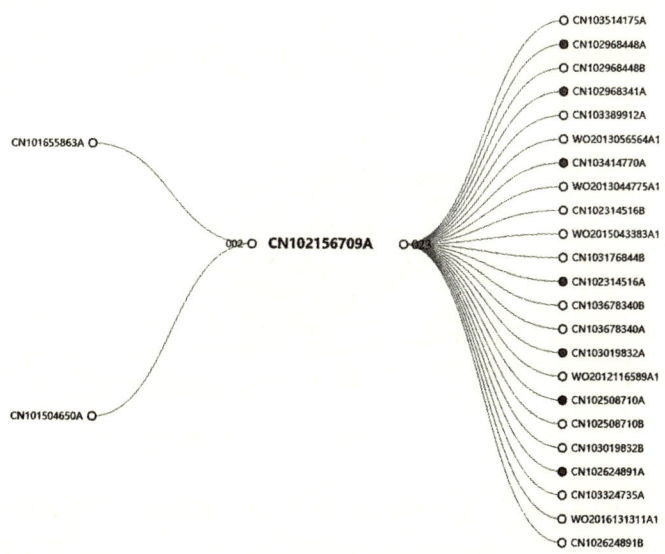

图 7.8　CN102156709A 专利引证分析

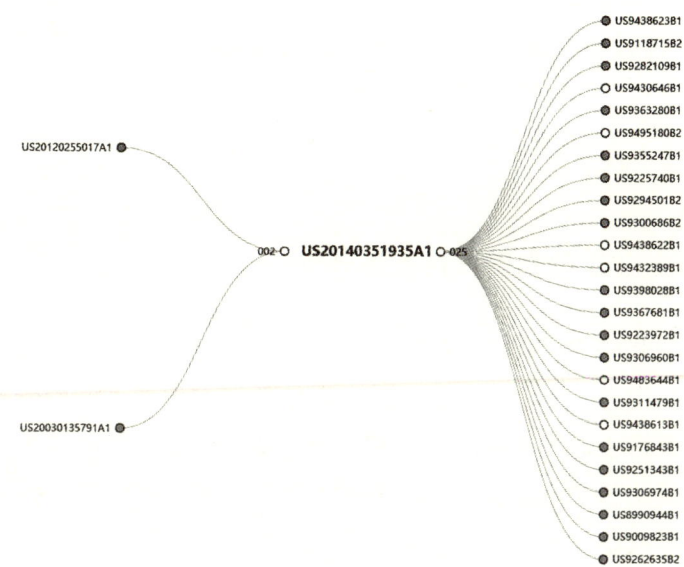

图 7.9　US20140351935A1 专利引证分析

2011 年的 1 500 万美金增长到 2014 年的 2.2 亿美金，增长近 14.3 倍。研发

281

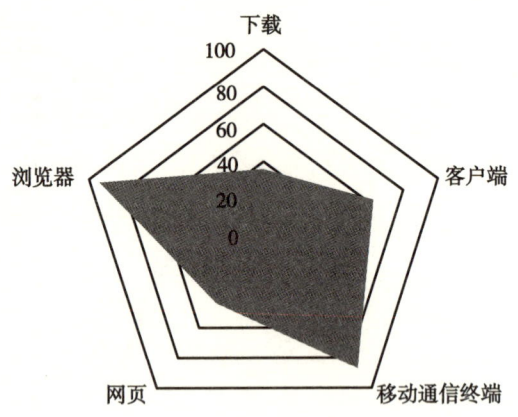

图 7.10　奇虎 360 高被引专利布局领域雷达

费用从 2011 年的 6 496 万美金到 2014 年的 4.6 亿美金,增长近 6.3 倍。奇虎 360 在近 4 财年迅猛发展,且每财年的研发费用高达净利润的两倍。奇虎 360 对产品的研发和创新极其重视,奇虎 360 从创立伊始便将创业心态、持续创新列入公司五大核心价值观中,从免费杀毒的商业模式创新到奇酷手机双摄像头的技术创新,公司的创新成长与知识产权成长相辅相成。奇虎 360 每年在知识产权保护方面投入巨大,从上市前的几十个专利发展到现在 8 600 多个专利,❶ 用知识产权固化企业的创新成果、推动创新的保护。

四、奇虎 360 的知识产权战略分析

(一) 知识产权战略体系分析

奇虎 360 作为一家以技术为主导、以创新促发展的互联网公司,长期以来十分重视自主知识产权的培育和保护,如今已成为互联网领域知识产权数量增长最快的安全企业。奇虎 360 搭建以"创新+保护"为核心,"数量领先、质量取胜"为主旨,专利、商标、著作权和域名等形式知识产权多管齐下、综合发展的战略体系。

---

❶ 数据来源为 Incopat 数据库. www.incopat.com.

奇虎360的技术人员申请专利比例大致为2∶1，有多家国际著名IT公司的专利引证其授权的发明专利，奇虎360在安全技术领域的专利具有较高的创造性。与此同时，奇虎360在产品的研发、发布、维权等方面加强对商标和品牌的保护，已获得"国家知识产权优势企业""中关村知识产权领军企业"称号。奇虎360在2014年PCT专利申请量入围国内企业前十位。❶

专利提供市场力量的程度主要依赖三个要素：专利长度、专利宽度和高度。为了达到平衡，专利机制期望通过一系列的制度协调使这三个要素达到最优，以使专利系统在鼓励创新和企业垄断之间找到平衡点。专利长度，即专利的有效期。知识产权具有时间性，企业的专利保护并非一劳永逸，否则会造成权利人对技术的长期垄断，对社会公众利益造成较大损害。专利宽度，即专利权利要求中说明的保护范围。一般来说，专利的保护范围由权利要求书记载。保护范围体现了专利技术与其他技术或现有技术的差别。专利高度，即专利的创新性。如果专利高度较低，相当于创新性低，这种专利对社会或权利人的利益贡献不大，如果降低对专利高度的要求，甚至可能造成一定程度上的专利权泛滥。当专利的三要素在一定程度上排列组合达到最优时，专利对企业的价值就会得到最好的体现。❷ 奇虎360在创新层面积极提高其专利高度，为企业知识产权战略提供技术支撑。

在品牌建设方面，奇虎360坚持"一个基础、两个核心、三个保障"的总体工作思路。即在夯实商标基础的前提下，致力于形成国内外一体化、有前瞻性、有策略性、完善的商标注册保护体系；努力争取公司主商标360和各个产品线重点商标获得授权；继而通过启动著名商标、驰名商标

---

❶ 中华人民共和国知识产权局.2014年国内企业PCT申请量排名［EB/OL］. http：//www.sipo.gov.cn/twzb/2014fmzlsqqkfbh/bjzl/201502/t20150210_1074409.html，2017-04-14.

❷ 刘林青，谭力文，赵浩兴.专利丛林、专利组合和专利联盟——从专利战略到专利群战略［J］.研究与发展管理，2006（4）：83-89.

认定申请等举措，严厉打击各类商标侵权行为、深入开展各类品牌宣传、商标法律研究等工作，使360品牌"安全"的形象和内涵得到进一步的强化和丰富。为了维护公司的品牌效应，奇虎360采取对任何侵权行为"零容忍"，实行"监测常态化+处理快速化"的组合拳，极为有效地打击了仿名牌、侵权假冒等非法行为，对内外部市场竞争环境起到一定程度的净化效果。

(二) 知识产权诉讼战略

2010年至2015年6月30日，奇虎360共参与诉讼422件，其中胜诉328件，未结案58件，败诉36件。❶

奇虎360于2014年3月推出的"智键"受到良好的用户反馈，随后在某电商平台频繁出现与之外观相同或高度近似的侵权产品，奇虎360在多次与电商沟通仍未得到答复的情况下，依据已经授权的外观设计专利向北京市知识产权局提起行政保护，该电商平台最终与之达成和解，将涉案5家店铺的侵权产品全部撤下。奇虎360还利用儿童手表系列专利，提出要求各大电商平台对涉嫌侵权的儿童手表予以下架处理的维权申请。奇虎360还将GUI专利用于维权，依据其清理大师GUI专利对应用商店的仿冒清理软件进行投诉。

2010年9月27日，360发布专门用于搜集QQ软件是否侵犯用户隐私的"隐私保护器"。QQ立即发起反击，认为360浏览器涉嫌推广黄色网站。2012年11月3日，腾讯发出"强迫用户'二选一'的"声明，宣布其与360不兼容，即在所有装载360软件的电脑上将停止QQ软件的运行，用户要想登录QQ就必须卸载360软件。自2010～2014年，两家公司一直深陷诉讼纷争。作为奇虎360知识产权诉讼战略的重要一环，其与腾讯公司进行诉讼的优势主要体现在以下两个方面。

1. 提升企业品牌，走出发展困境

"3Q大战"以最高人民法院驳回奇虎360对QQ市场垄断的起诉，维

---

❶ 中国裁判文书网 [EB/OL]. wenshu.court.gov.cn, 2017-02-01.

持奇虎360承担79万元诉讼费的判定而告终。尽管从表面上看，奇虎360输了官司，但实际却提升了品牌形象。借此机遇，奇虎360于2011年迅速推出360安全桌面、360安全浏览器、360安全网址导航、360极速浏览器为代表的PC端产品。奇虎360在遇到腾讯设置的发展壁垒时，敢于提起诉讼，并善于抓住机遇扭转企业形势，不仅使奇虎360以最小代价换取长久利益，也为日后应对其他竞争对手提供经验。

2. 致力技术创新，加强产品布局

3Q大战争议的焦点在于相关市场的认定，奇虎360作为起诉方，仅圈定电脑IM软件领域作为相关市场是不妥当的，而要敢从平台竞争的深层次入手，以将双方的竞争关系和竞争产品囊括在内的市场界定为相关市场。由于腾讯长期的资源累积与多样化产品运行，奇虎360在诉讼中将明显处于劣势地位。因此，奇虎360需要加强横向的产品多样化布局。通过新技术研发，丰富产品链，加快开拓智能硬件、互联网金融等新领域，实现对市场份额的进一步占有，并加强应对新商业模式所涉及的知识产权、风险控制等问题。

（三）奇虎360的专利战略分析

奇虎360将不同的专利战略贯穿于公司运营的始终。从最初的专利申请到专利许可里的交叉许可，从专利回避策略到专利的打击战略，奇虎360在专利运营方面的成果显著。

1. 专利申请战略

奇虎360的专利申请战略是指在专利申请阶段，奇虎360通过对相应的专利技术进行检索、分析，规避已经存在的专利技术，减少不必要的研发成本、降低研发风险。专利申请战略是企业在采取专利攻击战略的同时，有针对性地对风险专利进行应对申请，获得竞争议价权的筹划和指导方略。

专利申请战略的阶段主要包括：（1）专利信息检索；（2）专利文献阅读与分析；（3）确定目标竞争对手和申请策略；（4）实时申请。专利文献阅读与分析阶段由奇虎360的知识产权管理人员、研发人员及市场人员共同进行，通过研发人员的阅读进行技术标引，市场人员提供市场竞争情报等，判断该专利对企业的产品或技术是否构成威胁及威胁程度，从而对领域内的专利按照风险系数进行分级。确定目标竞争对手和申请策略阶段，由奇虎360的研发主管、市场主管及知识产权管理分管领导组成专家组进行讨论制定企业战略，建议申请策略是提出拟定申请的专利尽可能涵盖竞争对手的专利技术领域，以及提升本公司相应的市场风险规避手段。实时申请阶段，在写作过程中要充分保证所授权的专利保护范围至少部分包含竞争对手的产品或技术，并尽可能从容易判断侵权和容易取证等方面撰写。

2. 迷惑申请战略

迷惑申请是国外大型公司的主要申请战略，尽管国内互联网信息安全产业的发展相对于国外较为滞后，但奇虎360在这一点并不弱于国外公司。例如，奇虎360在中国的云安全技术专利申请分别用了"Beijing Qihoo Science And Technology Co Ltd"和"Beijing Qihu Technology Co Ltd"这两个不同的名称，让人误认是两个不同的企业，迷惑他人视线。迷惑申请战略往往是用来迷惑竞争对手或者是行业的新进者，在竞争对手或者行业的新进者进入行业之后，采取专利打击战略，使得竞争对手或行业的新进者在运营中陷入窘境。

3. 专利打击战略

专利打击战略是奇虎360在专利运营中的重要战略。奇虎360的专利诉讼案件"胜多输少"也说明其专利打击战略的成功之处。专利打击战略四阶段为：（1）专利信息检索；（2）专利文献阅读与分析；（3）确定目标打击对手和打击策略；（4）实时打击。专利打击战略是企业经过对领域内相关专利进行检索、阅读、分析等细化工作后，筛选出对本企业产品、技术或未来发展方向具有较大影响，必须采取措施进行风险防范的专利，将潜在风险控制在一定范围内的筹划和指导方略。专利打击战略对企业的专利运营起着至关重要的作用。

五、建议及措施

奇虎360是我国互联网安全产业的领导企业，其专利在近几年呈爆发式的增长，且布局多围绕核心产品和新产品。尽管奇虎 360 在国内的知识产权管理水平较为先进，但是综观全世界，奇虎 360 的知识产权战略仍有部分需要加强。

（一）积极开展国际专利布局

从目前的商业数据来看，奇虎 360 的经营活动主要集中在国内，国际商务活动参与较少。主要原因是互联网信息安全产业与国家政治经济安全息息相关，各国对互联网信息安全产业的管控较为严格。尤其是美国"棱镜门"事件披露之后，中国政府采购部门已经限制卡巴斯基和赛门铁克的采购。奇虎 360 的业务范围除传统的信息安全技术外，已经拓展到安全智能通信终端，其国际业务的拓展势在必行。从专利数据分析，奇虎 360 的国际专利布局相对较少，不利于智能安全硬件抢占市场先机。积极开展专利的国际布局，有利于专利运营的风险把控，也为将来进行的专利打击战略打下基础。

（二）积极参与制定互联网信息安全标准

美国高通公司曾凭借通信领域的 3G、4G 技术占领全球市场。奇虎 360 所拥有核心专利的创新性、实用性都处于全球的领先地位，其研发水平足以参与国际互联网安全标准的竞争，积极参与制定互联网信息安全标准也可以促进公司的良好发展。研发标准化技术从三个方面对奇虎 360 的知识产权战略产生影响。首先，积极研发标准化技术可以直接提升奇虎 360 知识产权质量。标准化专利往往是产业或行业的核心技术，其知识产权的创造性一般高于产业普通技术。其次，参与标准化制定可以提升企业知识产权战略的高度。基于知识产权标准在产业中的重要性，标准化技术的研发一般会得到企业管理层的重视，间接提升企业知识产权的战略高度。最后，高额的知识产权授权许可费可提升企业的收益。一般来说，标准化组织允许产业内的标准化知识产权一般掌握在为数不多的几家企业手中，在满足市场完全竞争的同时，企业也可通过许可其标准化知识产权获得大量收益。

（三）积极参与国际合作

从行业发展情况来看，奇虎 360 的专利质量较高，但是跨国型互联网信息安全企业仍保持着行业的技术领导地位。积极参与国际的研发合作和商业合作有利于自身运营。参与研发合作不仅可以与大型跨国企业合作，还可以与国际高水平高校进行研发合作。充分将产学研相结合不仅有助于企业获得世界领先技术，也可以使企业拥有高水平的人才储备。

（四）加速新产品的知识产权布局

自2015年5月以来，奇虎360在巩固其国内互联网科技研发的同时，首次涉足移动通信终端领域，并主打"安全"的品牌模式。但是从专利数据上看，奇虎360在智能移动终端上的专利布局较为薄弱，同时在相同价位上，奇虎360手机有着众多竞争对手。如何在智能移动终端市场站稳脚跟，是目前奇虎360管理层急需解决的问题。奇虎360想在未来的发展中突破其他智能终端厂商的专利丛林并不容易。加速新产品的知识产权布局，不仅在竞争上能为奇虎360赢得优势，也为企业间后续的合作创造可能。

（五）组建国际产业联盟

目前国内大部分互联网企业均处在"单打独斗"的状态，很少有企业与同行业的其他企业合作，组成产业联盟，互联网信息安全产业更是如此。2016年11月中国网络安全产业联盟成立，奇虎360作为理事单位位列其中。但是目前国际上的网络安全产业联盟还没有成立，产业联盟的成立可以促进产业技术的迅速发展。积极参与组建国际互联网安全产业联盟，可以加速奇虎360在研发和商业模式上的创新。

第三节　金山软件知识产权管理实证研究[*]

2016年12月通过的"十三五"国家信息化规划，提出构建关键信

---

[*] 本节作者为南京理工大学知识产权学院博士研究生戴碧娜，硕士研究生李晓晓、王清玉。

基础设施安全保障体系，全天候全方位感知网络安全态势。❶ 随着政府主导的国产化替代进程的持续进行，国产信息安全厂商将得到进一步的发展空间，并迎来发展的黄金机遇。❷ 本节选取金山软件作为研究对象，一窥其在相关技术领域专利全球及各国授权分布情况，对信息安全技术领域的专利技术热点和发展趋势进行分析，为行业发展提供参考。

一、金山软件简介

（一）金山软件发展历史

金山软件有限公司（以下简称金山软件）创建于1988年，是中国领先的应用软件产品和服务供应商。经过近30年的快速发展，产品线涵盖办公软件、网络信息安全、网络游戏和数据服务等诸多领域。2015年，公司实现收益超过56亿元。随着"移动互联网"的战略实施，金山软件在整体业务及管理模式等方面已完成全面转型，并形成以网络信息安全及办公软件为支柱，以云计算为新起点的战略布局。

（二）金山软件主营业务

金山软件的主要业务分为三大部分：网络游戏、猎豹移动、办公软件及其他❸。网络游戏是金山软件近年来营收增长的主力，包括自主研发运营的客户端网络游戏、手机游戏以及游戏授权服务产生的收益。猎豹移动业务占据金山软件总收益的半壁江山，分为网络营销服务、互联网增值服务、信息安全以及其他相关服务等。而日常生活中较为熟悉的办公软件业务则包括办公应用软件、云存储与计算服务、词典服务等。

（三）金山软件研发投入

金山软件格外重视对技术研发的相关投入。除却来自政府的资助以外，

---

❶ 国务院关于印发"十三五"国家信息化规划的通知［EB/OL］. http://www.gov.cn/zhengce/content/2016-12/27/ content_ 5153411. htm, 2017-04-07.

❷ 王海燕，马峥，潘云涛，武夷山. 基于专利产出的技术领域分析——以信息安全技术领域为例［J］. 科技管理研究，2016（9）：161-164.

❸ 数据来源：金山软件2015年年报。

金山软件企业内部的研发投入逐年来保持高速增长态势，❶ 从 2007 年至今的增长速度都在 20% 以上。2008 年，金山软件的研发投入比前一年增长 80% 以上，此后四年间，研发投入的增长速度逐渐趋于稳定。近年来，随着移动业务开发的侧重倾向，研发投入又开始大跨步增长。

二、金山软件专利总体概况

根据金山软件主营业务构成分析，分别从公司三大业务出发，搜集整理相应的申请人。在游戏业务方面，主要有"珠海金山网络游戏科技有限公司""成都西山居互动娱乐科技有限公司"和"广州西山居世游网络科技有限公司"等；在猎豹移动方面，主要有"北京金山安全软件有限公司""北京金山网络科技有限公司"和"广州金山网络科技有限公司"等；在办公软件方面，主要有"珠海金山办公软件有限公司"和"北京金山办公软件有限公司"等。

（一）专利申请及授权趋势

2003 年是金山软件开始进行专利申请工作的起点。这一年，金山软件共申请 24 件专利，全部来自"珠海金山软件股份有限公司"和"北京金山数字娱乐科技有限公司"，这 24 件专利技术分布广泛全面，涉及杀毒、网络游戏和电子词典等金山软件业务范围内的诸多领域。从 2004～2012 年，金山软件一直保持着稳中有升的专利申请数量，维持在百余件左右，但不同年份之间的数量波动较大。2006 年专利申请首次突破百件大关。这一段时间中，金山软件的产品在国内乃至世界范围内迅速扩张。但是该时期的专利工作却没有被提到企业战略的高度上执行。2012 年，金山软件意识到知识产权对于互联网企业的生存与发展起到的关键作用，将专利布局工作提到重要地位，相应专利申请呈现出爆炸式增长状态。

（二）申请人分析

由图 7.11 可知，北京金山安全软件有限公司的专利申请占据金山软件

---

❶ 数据均来自于金山软件公司历年年报。

全部专利申请的1/3,达1 500余件。第二到第五位的珠海市君天电子科技有限公司、可牛网络技术(北京)有限公司、贝壳国际(北京)有限公司和北京金山网络科技有限公司的专利申请数量均在400~500件左右。其中前三家公司虽然在名称上与金山科技并不关联,但贝壳国际是猎豹移动公司的前身,可牛网与金山软件合并,君天电子是北京金山安全的法人股东,而其自身的大股东又是金山软件旗下的猎豹科技有限公司。

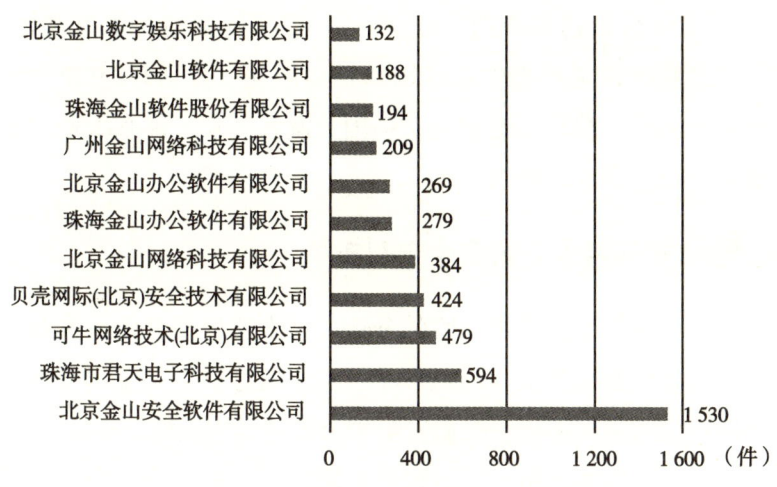

图7.11 金山软件主要专利申请人

而办公业务方向,有北京和珠海的两家办公软件公司,它们的专利申请数量虽然不可小觑,但与猎豹移动业务比较便相形见绌。这并不意味着金山软件在办公业务方向的知识产权储备不足,而是办公软件在进行计算机软件著作权登记方面相较于周期较长的专利申请,更加便捷易行,只需在软件独立开发运行完成之后向软件登记机构办理手续即可。

在网络游戏方面,只有北京金山数字娱乐科技有限公司一家独秀,相应的专利申请及授权数量与其业务规模并不匹配。在几十年的发展历程中,游戏作品的著作权属性较为明晰,其本身和运行过程中展现出的内容可以分解成著作权意义上的文字、美术、音乐和计算机软件等多种作品,当然也可以理解为上述作品的汇编作品。因此,游戏业务方面的专利申请数量

相对较少。❶

（三）地域分析

从世界范围看，金山软件的知识产权布局超过 90% 的专利申请集中在国内。除了国内，金山软件同样重视在世界知识产权组织申请 PCT 专利。2009 年，金山软件申请第一件 PCT 专利，开始着手进行全球专利布局。从 2009~2013 年，金山软件的 PCT 申请一直保持小幅度的增长状态。2014 年的 PCT 专利申请数量达到峰值，近 70 件。在海外的主要国家和地区中，金山软件的专利申请主要集中在美国和日本两地，分别有 39 件和 21 件。除此以外，金山软件在欧洲专利局、韩国、澳大利亚、加拿大和中国台湾地区等也有个位数的专利申请。

三、金山软件网络信息安全专利布局

通过对金山软件专利技术内容的分析，金山软件拥有的专利技术近一半与网络信息安全密切相关。由此可见，网络信息安全是金山软件在发展公司业务时较为重视的部分。根据安全牛公布的《中国网络安全企业 50 强（2016 上半年）》数据显示，金山软件在网络信息安全产业中并不具备超强的竞争力，与国内同行业的华为、启明星辰相比，金山软件在影响力和规模上都处于劣势。❷ 与处于全球网络信息安全产业领先地位的赛门铁克、卡巴斯基相比，更是无法望其项背。

（一）金山软件网络信息安全专利技术基本情况

剔除不相关的专利数据，检索结果共 1 363 件与网络信息安全相关的专利申请。

根据历年的专利申请情况，如图 7.12 所示。自 2003 年起，金山软件就开始在网络信息安全技术方面申请专利，在同行业中是比较早进行专利

---

❶ 崔国斌. 认真对待游戏著作权 [J]. 知识产权，2016（2）：10.
❷ 安全牛. 中国网络安全企业 50 强（2016 年上半年）[EB/OL]. http：//www.aqniu.com/industry/16978.html，2016-12-10.

布局的企业。2012年金山软件在网络信息安全技术方面的专利申请量达123件，与2011年的11件相比增加10倍。这种增幅是因为2012年金山软件三个主要的子公司重组完成，金山软件网络安全转型成为一家互联网公司，金山软件的"三加一"（即三个主要业务线加一个战略性新业务线）格局基本形成。网络信息安全作为金山软件三大主要业务之一，专利申请量的激增是进行业务拓展的基础。因此，从2012年开始，金山软件在网络信息安全技术方面的专利申请量一直处于陡坡式增长态势，2014年的申请量达到418件。

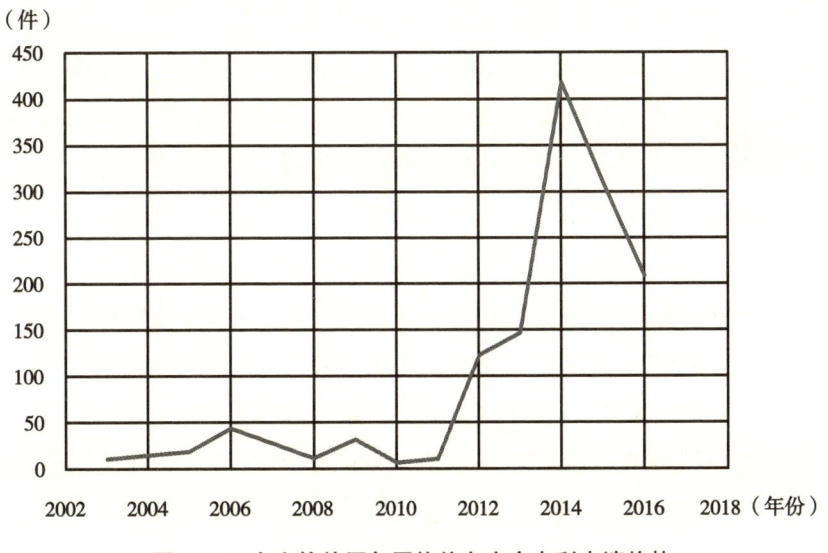

图 7.12　金山软件历年网络信息安全专利申请趋势

从专利类型看，金山软件在网络信息安全技术方面的专利多为发明专利，发明专利申请与授权的总量为1 237件，而实用新型专利的授权量仅为4件，说明专利质量较高。外观设计创新同样重视，外观设计专利为47件。但是从专利有效性看，金山软件近3/4的网络信息安全专利处于"审中"状态，最后的专利权取得与否仍然是未知数，这种情况对企业的专利布局存在风险。

从专利申请区域看出，金山软件将网络信息安全的专利申请主要放在中国，有 4.5% 的专利是 PCT 专利。此外，在日本有 9 件，美国有 7 件，欧专局有 5 件，澳大利亚有 2 件，加拿大有 1 件。除在日本是从 2007 年有第一件专利申请之外，其他区域的专利申请均从 2012 年开始。结合金山软件公司重组操作，可以认为重组后的公司将目光拓展至全世界，更加注重全球范围内的专利布局。

在专利技术分布上，金山软件网络信息安全方面的专利技术主要集中在 G06F 类，有 3/4 的专利申请与电数字数据处理有关，排名第二的是 H04L 类，其余专利都属 G 部和 H 部的其他类别。

(二) 金山软件与启明星辰、卡巴斯基的专利对比

启明星辰信息技术股份有限公司（以下简称启明星辰）是国内最具实力的网络安全产品、可信安全管理平台、安全服务与解决方案的综合提供商，正稳步向国际网络安全领导企业的行列迈进。

卡巴斯基实验室（以下简称卡巴斯基）是国际著名的网络信息安全领导厂商。公司为个人用户、企业网络提供反病毒、防黑客和反垃圾邮件产品。针对各种计算机病毒长达 14 年的潜心研究，卡巴斯基获得处理计算机病毒领域独特的知识和技术，并成长为病毒防卫的技术领导者和专家。

从专利申请时间看，卡巴斯基最早，金山软件最迟。从专利申请量看，金山软件的专利申请总量最多，申请初期略少于启明星辰和卡巴斯基，但在 2012 年之后反超。说明 2012 年公司重组对专利布局的影响很大，公司已将专利申请作为重要工作推进。

从专利技术分布对比情况来看，技术重点均集中在 G06 和 H04 类上，其中，金山软件和卡巴斯基较为偏向 G06，而启明星辰较为偏向 H04。在其他类别上，三家企业各有不同的专利申请。

通过对比专利被引证率和专利法律状态，发现金山软件在专利质量上有所欠缺。首先，在专利被引证率[1]方面，金山软件的专利被引率要全面地低于启明星辰和卡巴斯基。在专利法律状态方面，金山软件的专利多为

---

[1] 专利被引证率=被引证专利数/专利总数×100%。

审中状态，即仍未获得专利权；而启明星辰和卡巴斯基的专利多为有效状态，尤其是卡巴斯基，有效专利占比为 73.02%。专利质量的欠缺是金山软件弱于其他两家网络信息安全企业的原因之一。

四、金山软件网络信息安全专利运营

（一）金山软件网络信息安全专利的许可

金山软件在网络信息安全方面的许可数量逐年增加，2014 年达到 47 件，可以看出金山软件开始高度关注专利许可运营的重要性。从专利许可的技术构成分析，主要集中在 G06F 与 H04L 技术领域。针对金山软件网络信息安全专利的许可人与被许可人分析，发现专利许可人主要是北京金山软件安全有限公司（29 件）、珠海金山软件有限公司（14 件）、北京金山软件有限公司（4 件），专利被许可人前三名是珠海金山软件有限公司（30 件）、北京金山软件安全软件有限公司（11 件）、深圳市迅雷网络技术有限公司（7 件）。总体来看，金山软件的专利许可主要是针对集团内部，并未向外部进行大量许可。

（二）金山软件网络信息安全专利的转让

金山软件网络信息安全领域的专利转让在 2013 年和 2014 年呈现急剧性增长，专利转让数量分别达到 42 件和 59 件。通过查阅金山软件 2014 年年报可以发现，金山软件在金山软件云以及猎豹移动取得巨大成功，2014 年 1 月推出的猎豹安全大师迅速成为猎豹第二大移动应用，同时猎豹清理大师在 Google Play 全球工具类应用下载量排名第一，可以推测出专利转让数量在 2014 年的激增与猎豹移动技术的发展有所关联。

从专利转让的技术构成来看，主要集中在 G06F 与 H04L 技术领域，同样反映出在网络信息安全领域，G06F 与 H04L 是核心技术领域所在。除此之外，在 G06Q（专门适用于行政、商业、金融、管理、监督或预测目的的数据处理系统或方法）、H04W（无线通信网络）、G07F（投币式设备或类似设备）、H04M（电话通信）发生少量的技术转让，说明这些领域也是比较重要的。金山软件网络信息安全技术的转让人主要包括珠海市君天电子科技有限公司（51件）、珠海金山软件有限公司（50件）、北京金山软件有限公司（16件），受让人前五名为北京金山软件安全软件有限公司（64件）、珠海市君天电子科技有限公司（51件）、北京金山软件网络科技有限公司（35件）、贝壳网际（北京）安全技术有限公司（34件）、北京金山软件办公软件有限公司（25件）。金山软件进行技术转让多为集团内部，仅有少数专利转让给集团外部企业。金山软件的专利转让局限于本集团内部，需要加大对专利转让的运营力度。

（三）金山软件网络信息安全专利的放弃

金山网络信息安全专利的无效宣告，主要表现为专利权人放弃自身专利，并未出现其他竞争企业对其专利进行无效宣告。通常越是核心技术，其专利越容易引起企业间的侵权诉讼与无效宣告，而金山在网络信息安全方面的专利并没有发生其他企业对其发起无效宣告请求。另外，金山软件放弃专利可能出于两方面考虑，一方面可以减少不必要的专利年费，另一方面可以预防后期不必要的侵权纠纷。

五、金山软件知识产权诉讼分析

通过中国裁判文书网检索"金山软件—安全""金山软件—网络"的案件，金山软件涉及的诉讼情况如表7.6所示。

表7.6 金山软件知识产权诉讼情况

公司名称	案由
北京奇虎科技有限公司	不正当竞争
北京麒麟合盛科技有限公司	不正当竞争
合一信息技术（北京）有限公司	不正当竞争
北京梦之城文化有限公司	著作权侵权
北京中文在线数字出版股份有限公司	著作权侵权
湖南快乐阳光互动娱乐传媒有限公司	信息网络传播权
西安佳韵社数字娱乐发行有限公司	独家信息网络传播权

通过分析案件，金山软件涉及的知识产权案件数量并不是很多。在涉及不正当竞争的诉讼纠纷时，金山软件既作为原告，同时也在其他案件中作为被告，可以看出奇虎360是金山软件主要竞争对手之一。然而有些案件以"庭外和解"的方式申请撤诉，主要出于对诉讼成本等问题的考虑。有些案件则以诉讼赔偿方式进行，如"北京奇虎科技有限公司与北京金山软件有限公司等不正当竞争纠纷案"。❶

在涉及著作权纠纷时，金山软件采取的策略包括诉讼到底及撤诉和解。如在"北京梦之城文化有限公司与贝壳网际（北京）安全技术有限公司等"❷ 案件中，金山软件采取的策略是诉讼到底，最后法官判决被告侵权成立。而在"北京中文在线数字出版股份有限公司与北京金山软件网络科技有限公司"❸ 案件中，原被告双方则以撤诉解决纠纷。在涉及信息网络传播权时，金山软件主要以和解的方式解决纠纷，如"湖南快乐阳光互动娱乐传媒有限公司与贝壳网际（北京）安全技术有限公司信息网络传播权纠纷案"❹ "西安佳韵社数字娱乐发行有限公司与贝壳网际（北京）安全技术有限公司信息网络传播权纠纷案"。❺

金山软件在面对众多诉讼纠纷，选择和解还是诉讼到底，需要综合考虑成本精力等因素，做出最有利的决策。通常对于著作权与信息网络传播权，金山软件更倾向于选择和解，因为这些案件的另一方当事人通常不是同行业的竞争对手。而当案件的另一方当事人是同行业竞争对手，特别面对不正当竞争案件时，金山软件则会更慎重地考虑是否和解。

六、金山软件的知识产权管理制度分析

金山软件在网络信息安全方面的专利，委托的主要代理机构是北京柏

---

❶ 北京市第一中级人民法院（2014）一中民终字第06798号。
❷ 北京市石景山区人民法院（2014）石民初字第4188号。
❸ 北京市石景山区人民法院（2014）石民初字第777号。
❹ 北京市石景山区人民法院（2015）石民（知）初字第2145号。
❺ 北京市石景山区人民法院（2015）石民（知）初字第1809号。

杉松知识产权代理事务所、北京清亦华知识产权代理事务所、广州三环专利代理有限公司等。图 7.13 所示机构代理的专利数量总数为 1 238 件，金山软件几乎所有的网络信息安全方面的专利都委托给专利机构进行管理，而金山软件的专利委托人主要集中在北京金山软件有限公司。

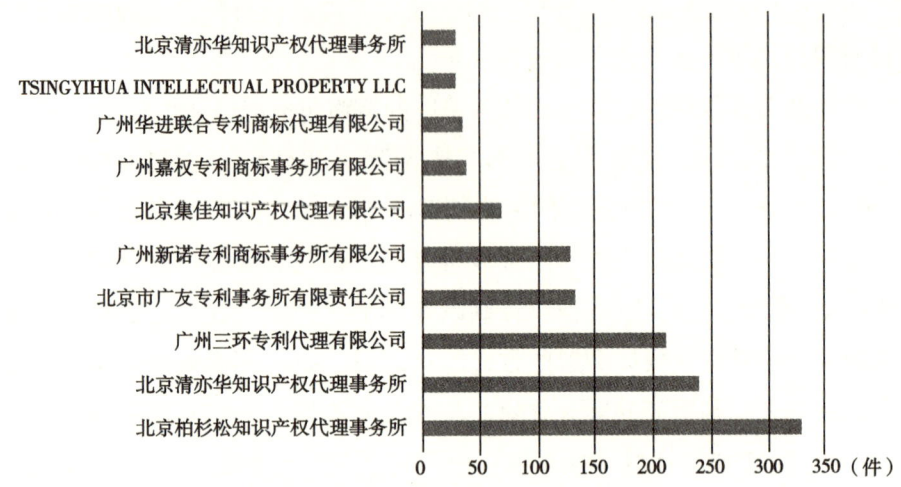

图 7.13　金山软件专利代理机构分布

金山软件注重商业化运营，包括海外商业化运营，主要集中在流量运营、产品运营、网站运营、市场运营、项目运营等方面，但在知识产权运营上有所欠缺，在知识产权人才的培养上也有所不足，将知识产权管理附属于法务部门，且绝大部分专利管理依托于企业外部的代理机构，因此金山软件在知识产权管理制度的设置与知识产权人才引进方面需要加大重视。

七、总结与建议

通过对金山软件专利情况分析，无论是从研发经费还是专利申请量来看，金山软件都保持着较高水平。金山软件专注于网络信息安全方面的专利布局与运营，取得一定成效。但仍然存在专利布局欠广、专利质量欠高、管理制度欠专等问题。

(一) 开拓全球化专利布局

金山软件近年来在实施"全球化"策略方面取得巨大成就，来自海外业务的收入占据总收益的半壁江山，猎豹移动、金山云和金山毒霸等在全球市场上取得的进展超过预期。为公司未来继续开拓互联网业务奠定良好基础。但是，与公司在全球范围的扩展蓝图不相称的是其并不均衡的专利全球布局。金山软件的PCT专利体量与其在全球市场占据的份额不成正比，在美国、日本等海外市场的专利申请工作尚未完全展开，难以与其他国际互联网企业竞争。为了更好地进入国际市场，金山软件应当加强对于全球专利布局的重视程度，在此基础上结合不同国情，更好地开发国际市场，提高国际竞争力。

(二) 全面提高专利质量

从金山软件网络信息安全方面的专利情况来看，其专利数量已然具有较高水平，但其专利质量欠缺的问题不能忽视。金山软件专利被引证率和专利有效性都弱于卡巴斯基和启明星辰等网络信息安全公司。面对核心专利旁落的困境，金山软件在关注专利申请数量的同时，更应着重关注专利质量的提升，打造实力雄厚的研发队伍，以及善于撰写权利要求书的专利代理人队伍。鉴于短时期内核心专利研发具有一定难度，金山软件也可以着眼于外围专利布局，迫使竞争对手与自己进行专利交叉许可等，间接化解缺失核心专利带来的弊端。

(三) 建立合理知识产权制度

通过研究金山软件对专利的运营情况，发现金山软件比较重视专利在集团内部运营，缺少与外界企业合作，并不利于专利运营的长期发展。不合理的知识产权制度导致企业知识产权人才匮乏，绝大部分专利委托代理机构申请，不利于企业自身知识产权与技术的良好融合。为了促进知识产权运营，金山软件可以引进知识产权人才，设置合理的知识产权部门。考虑到金山软件的发展规模还未达到华为、中兴等企业的高度，可在原有法务部门的基础上下设知识产权管理部门。在引进人才之际，加快对知识产权的运营,通过分析现有专利,剥离出核心专利与沉睡专利,选择合适的受让人与被许可人,对沉睡专利进行转让与许可。不仅可以减少企业专利维持费支出,而且还为企业带来额外利润。针对核心专利,除了提高防范意识,还要加强专利保护力度,围绕核心专利,将其可能涉及外围技术采取申请专利或技术秘密进行保护。

第四节 启明星辰知识产权管理实证研究[*]

在互联网时代,信息开放程度大大提升,企业逐渐提高对重要信息进行良好保密的重视程度,网络信息安全产业也随之兴起。世界网络信息安全产业可分为两大阵营,一方是以美国为首的西方发达国家,另一方是以中国为首的发展中国家。在两方的博弈中,前者总是占据着优势地位,Symantec、Fortinet、Cisco、Juniper、Trend Micro、Check Point、惠普和IBM等大型信息安全企业凭借自身雄厚的实力稳居行业的前列,为西方国家在网络信息安全领域中占据优势地位提供了重要的技术支撑。

本节通过对启明星辰❶的专利进行分析,希望能够以此给中国的网络信息安全企业提供启发,帮助处于较弱地位的中国网络安全企业快速找准发展方向,实现企业健康快速发展。

一、启明星辰简介

启明星辰是一家网络安全高科技企业,成立于1996年,现已成长为国内领先的网络安全产品、可信安全管理平台、专业安全服务与解决方案的综合提供商。启明星辰成立之初,中国的信息安全领域还处于荒原状态。创始人严望佳女士和她的朋友们一同编写信息安全专业丛书,推广信息安全理念,在打开中国信息安全大门的同时也为启明星辰的发展营造了良好的生长环境。公司成立两年后推出了第一款拥有自主知识产权的产品,即

---

[*] 本节作者为南京理工大学知识产权学院本科生许维。
❶ 启明星辰集团,在本节指启明星辰及其各控股子公司。

天榕网站监测与自动修复系统。此后，随着多达 20 多件的系列产品相继推出，启明星辰也成为国内产品线最丰富的信息安全厂商。

从成立之初，启明星辰就十分注重技术研发，并一直保证每年的研发投入，这一点是同领域许多企业难以做到的，研发上的投入保障也是启明星辰能一直保持良好稳定发展的强大助力之一。启明星辰连续多年稳居国内入侵检测、漏洞扫描市场第一。近年来更是成为国内统一威胁管理、安全合规性审计、安全专业服务和安全管理平台的市场领导者，并推出了系列行业解决方案，帮助客户建立完善的安全保障体系。❶ 2005 年，启明星辰进入了新的发展阶段，启明星辰提出"安全产品迈入新时代"的理念——"防火墙进入 UTM 时代""IDS 进入 IMS 时代""内网安全进入 SCM 时代"，并将在这三个方向上全面领跑中国信息安全产业。❷

二、启明星辰整体专利布局分析

（一）专利年度申请量分析

申请日是反映申请人取得技术成果并开始寻求专利保护的日期，能客观表明企业专利技术的发展规律。在 incoPat 科技创新情报平台和国家知识产权局提供的专利检索与服务系统❸上检索启明星辰❹的专利情况，得到年度专利申请量的情况如图 7.14 所示。

从 2002~2017 年，启明星辰共申请专利 616 件。从年专利申请量的角度来看，启明星辰的专利申请可分为三个阶段。

---

❶ 启明星辰（中国）公司简介-ZOL 中关村在线厂商频道［EB/OL］. http：//detail. zol. com. cn/manufacturer/ index32176_ about. html, 2017-12-30.

❷ 崔光耀，胡晓荷. 扎根于信息安全的沃土——启明星辰技术创新厚积薄发［J］. 信息安全与通信保密，2006（6）：24-27.

❸ 本节所用专利数据来自 incoPat 科技创新情报平台和国家知识产权局提供的专利检索与服务系统，其中以 incoPat 科技创新情报平台数据为主，通过国家知识产权局的专利检索与服务系统对数据的进行进一步补充和完善。

❹ 本节检索分析的专利样本为启明星辰集团的全部专利，即启明星辰及其各控股子公司的全部专利。

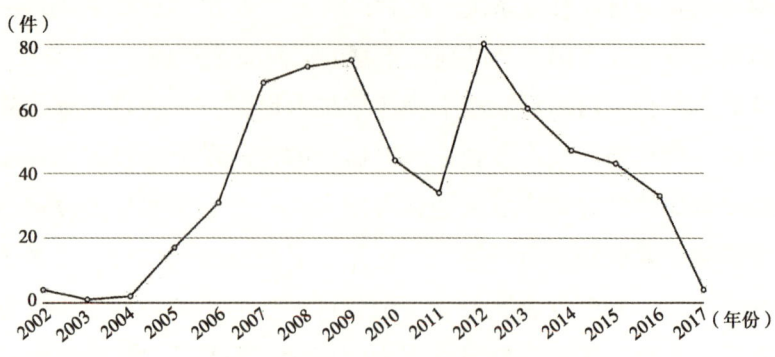

图 7.14　年度专利申请量趋势

2002~2004 年，启明星辰的专利申请处于第一个阶段——缓慢发展期，专利申请量很少。2004 年专利申请量开始进入第二个阶段——快速发展期，年专利申请量增幅较大，2009 年年专利申请量出现第一个高峰，为 75 件，这一高峰的到来是启明星辰从成立以来在技术研发上不断投资、不断积累的成果。

2007 年，启明星辰的专利申请进入第三个发展阶段。年专利申请量出现下降趋势。在 2011 年出现低谷，可能与 2011 年 1 月启明星辰开始筹划并购网御星云公司有关。随着收购全面完成，启明星辰在 2012 年专利申请量攀升并达到小高峰，之后申请量逐年缓慢减少。纵观全球其他信息安全企业的专利研发情况，在 2012 年前后，诸如 Symantec、Trend Micro、IBM 等公司的专利年度申请量都开始呈现逐年下滑的趋势，据此推断，是信息安全产业的技术研发到了瓶颈期，研发难度加大。在瓶颈期度过之后，专利年度申请量会再次出现不断上升的局面。

选择启明星辰各成员中专利申请总量排名前十的公司，对其年专利申请量进行分析。北京启明星辰信息技术股份有限公司所申请的专利数量最多，截至 2016 年，共计申请 268 件专利，位居第二的北京启明星辰信息安全技术有限公司共计申请 232 件，这两家公司的专利申请量远远多于其他公司。由此可以推断出，这两家公司是启明星辰的重要成员。再从公司成立时间看，两者的注册时间分别为 1996 年 6 月 24 日和 2000 年 8 月 17 日，属于启明星辰中成立时间较早的公司。启明星辰在科技创新工作上的投入较大,其科研成果也为启明星辰保持良好生命力提供了重要技术支撑。2011年,这两家公司都出现了技术申请量的低谷,这也更进一步地体现出这两家公司和整个启明星辰在技术发展上的依存关系。

(二)技术领域分析

将启明星辰申请的全部专利进行技术领域的统计分析,以小类作为最低分类级别,如图7.15所示。启明星辰在H04L和G06F两个技术领域的专利申请量远高于其他技术领域,占比分别约为54%和34%。专利申请布局可以在一定程度上反映出企业的发展方向,由此可见,启明星辰的业务发展方向是在电通信技术领域和计算、推算、计数领域,这两个领域也是网络信息安全领域中核心技术较为集中的领域,从技术领域对应的国民经济领域角度来看,启明星辰的技术所涉及的主要是I63(电信、广播电视和卫星传输服务)和C39(计算机、通信和其他电子设备制造业)两个领域,这正是启明星辰形成集团设计的业务范围。

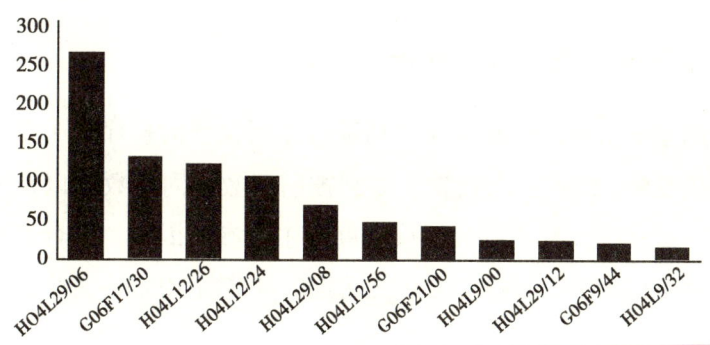

图7.15 技术领域细化排名

将H04L和G06F两个技术领域进一步细分到小组后发现,在这两个技术领域中,所占比例最大的是H04L29/06领域,紧随其后的是G06F17/30、H04L12/26、H04L12/24等技术领域。

(三)专利申请地域分析

对启明星辰的专利申请地域进行分析,近99%的专利在中国进行申请,仅有 8 件专利是在国外申请。在国内所申请的专利中有 90% 的专利申请区域是北京，8% 的专利申请区域是天津。启明星辰在国内的专利申请高度集中于北京，说明启明星辰的技术研发力量以位于北京的北京启明星辰信息技术股份有限公司等公司为主。

（四）专利类型分析

经分析得出启明星辰的专利类型比例，启明星辰在国内申请的 616 件专利中有约 93% 为发明专利，实用新型专利和外观设计专利只占少数。据此可以看出，启明星辰申请的专利技术水平较高。再检索行业内领军企业如赛门铁克，可以发现，从事信息安全的企业所申请的专利中发明专利所占的比例均处于较高水平。

通过对比分析，网络信息安全领域与许多其他的领域不同，其对于产品技术的高要求显而易见，这意味着进入该领域的技术壁垒较高，要在信息安全领域稳定发展，技术研发是需要重视的方面。对于启明星辰而言，其专利数量不算庞大，但专利的技术水平较高。

三、启明星辰重点专利分析

对启明星辰所申请的 616 件专利进行专利价值的排序，主要参考因素有合享价值度❶、权利要求数量、专利被引次数、同族数量以及专利涉及诉讼等的法律状况，其中以合享价值度为主要参考因素，结合其他四个方面进行专利价值的分析排序。分析之后选取排名前 10 的专利作为启明星辰的重点专利。具体信息如表 7.7 所示。

表 7.7 重点专利

序号	公开（公告）号	标题	IPC	权利要求数量	家族被引证次数
1	CN101165647B	一种文档库系统和文档库系统功能的扩展方法	G06F9/44；G06F17/30	25	32

---

❶ 合享价值度是 IncoPat 科技情报平台自带的一个评价专利价值的指标。

续表

序号	公开（公告）号	标题	IPC	权利要求数量	家族被引证次数
2	CN101322121B	处理非结构化数据的方法、系统、装置及文档库系统	G06F17/20	74	1
3	CN101174941B	一种移动终端文件离线数字版权保护方法及装置	H04L9/00；H04L29/06；H04L9/08	13	1
4	CN101322136B	一种文档数据安全管理方法和系统	G06F21/00	76	6
5	CN1956449B	数据资源防复制加密传输方法及设备系统	H04L29/06；H04L9/00	24	22
6	CN101369268B	一种文档库系统中文档数据的存储方法	G06F17/30	14	9
7	CN1956449A	数据资源防复制加密传输方法及设备系统	H04L29/06；H04L9/00	23	23
8	CN101520728B	一种第三方软件处理符合文档库标准的文档的方法	G06F9/44；G06F17/21	15	1
9	CN101547126B	一种基于网络数据流的网络病毒检测方法及装置	H04L12/26；H04L29/06；H04L12/56	6	17
10	CN101841411B	数据资源防复制加密传输方法及设备系统	H04L9/00；H04L29/06；G06F21/00	17	9

四、启明星辰并购情况分析

（一）并购背景

2011年5月12日，启明星辰公布的《重大资产重组预案》表明其即将以发行股份和现金对价的方式购买北京网御星云信息技术有限公司的全部股权。信息安全服务业的客户群体包括政府、银行、军队等，其产品的安全性和保密性十分重要。人们日常工作的信息安全问题也逐渐凸显，信息安全厂商需要快速更新技术。如今想要在技术、销售渠道等方面领跑行业，各大厂商通过并购重组抢占市场份额会是快速有效的方式。通过并购重组，企业可以打破自身发展瓶颈和技术壁垒，有效提升自身竞争力。

（二）启明星辰并购对专利的影响

启明星辰并购了多家公司。2011年4月，启明星辰并购北京世纪力宏计算机软件科技有限公司。陆续并购北京网御星云信息技术有限公司、北京书生电子技术有限公司、杭州合众数据技术有限公司、安方高科电磁安全技术（北京）有限公司、北京赛博长城信息科技有限公司等。以时间为序介绍并购给启明星辰的专利带来的影响，表7.8中"专利数量增加"栏中的专利量是在并购之前并购对象已经申请的专利数量。

表7.8 启明星辰并购前后专利数量变化情况

并购时间	并购对象	专利数量增加（件）
2011年4月	北京世纪力宏计算机软件科技有限公司	0
2012年9月	北京网御星云信息技术有限公司	32
2014年10月	北京书生电子技术有限公司 天津书生软件技术有限公司	70
2014年12月	杭州合众数据技术有限公司	4
2015年1月	北京太一星晨信息技术有限公司	10
2015年12月	安方高科电磁安全技术（北京）有限公司	61
2016年7月	北京辰信领创信息技术有限公司	0
2016年12月	北京赛博兴安科技有限公司	6

启明星辰通过并购获得专利177件，分别来自书生电子、赛博兴安、网御星云等公司。这177件专利的申请人排名如图7.16所示。安方高科电磁公司以61件位居第一，随后是书生电子的全资子公司天津书生软件技术有限公司。北京书生电子和天津书生电子合计专利70件，收购书生电子对于启明星辰在专利数量上影响较大，其他对专利数量影响较大的是安方高科收购案和网御星云收购案。

由上文分析可知，启明星辰的专利申请分布在H04L、G06F、H05K、G06Q、H05B等领域，十分注重在H04L和G06F领域进行研发。177件并购而得的专利中，有71件位于G06F领域，50件位于H04L领域，说明并

第七章 互联网信息安全产业知识产权管理实证研究

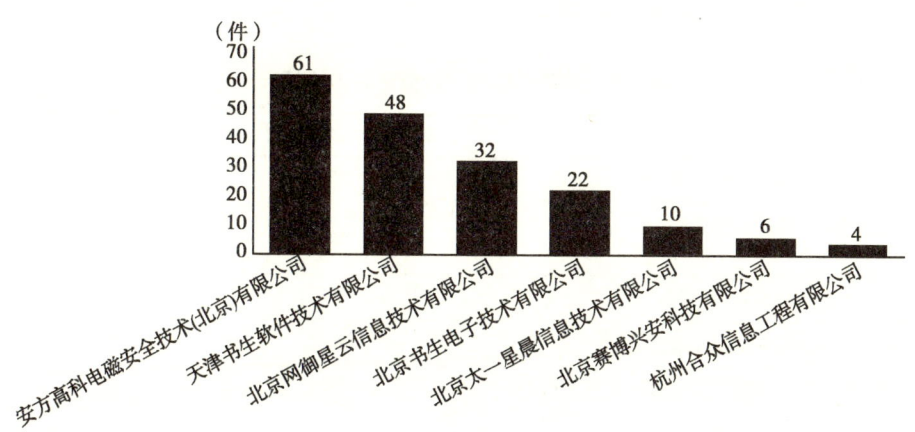

图 7.16 并购对象专利数量排名

购对于启明星辰在 G06F 领域的专利积累起到较大影响。通过并购,启明星辰极大提升自身在 G06F 和 H04L 领域的技术实力,帮助自身在优势技术领域对应的经济领域 C39(计算机、通信和其他电子设备制造业)、I63(电信、广播电视和卫星传输服务)、C23(印刷和记录媒介复制业)、C38(电气机械和器材制造业)中占据更大的技术优势。

统计并购对象对于启明星辰各技术领域的专利数量的贡献大小。并购安方高科主要增强启明星辰在 H05K 领域的技术实力。截至 2016 年年底,启明星辰在 H05K 领域申请的专利数量为 25 件,而收购安方高科为启明星辰增加 22 件 H05K 领域的专利。收购安方高科也增加启明星辰在 G06F、H05B 等技术领域的专利。

并购对象的专利价值分析,价值度为 10 的专利是书生电子的 10 件专利,以价值度不小于 7 作为专利价值较高的标准,各并购对象价值较高的专利数量如表 7.9 所示。启明星辰系列并购中对专利价值影响最大的是安方高科并购案,并购书生电子和网御星云也为启明星辰的专利价值度做出一定贡献。网御星云的专利数量虽然较少,但是专利的价值含量却是并购对象中最高的。启明星辰目前所申请的所有专利中价值度较高的占比 61%,并购所得的专利中价值度较高的占比 70%,由此可见,启明星辰系列并购为专利价值提升带来积极影响。

表 7.9 并购对象较高价值专利占比情况

并购对象	高价值专利数量（件）	占比（%）
北京网御星云信息技术有限公司	25	78
北京书生电子技术有限公司 天津书生软件技术有限公司	45	64
杭州合众数据技术有限公司	1	25
北京太一星晨信息技术有限公司	6	60
安方高科电磁安全技术（北京）有限公司	45	73
北京赛博兴安科技有限公司	2	33

（三）结论与启发

启明星辰系列并购从专利角度分析，对其专利数量、价值、技术涵盖范围都起到积极作用。通过并购使专利数量增长近40%，技术领域涵盖更广，提升其在网络信息安全领域的技术水平，专利价值得以提升。并购使网络信息安全厂商之间相互配合，产业链和销售渠道的整合减少国内厂商的竞争，技术研发和公司运营的取长补短使产业整体发展更为有利。对于网络信息安全公司，通过并购，弱者可以快速找到强大的依附方，强者可以快速提升自身技术水平。除了实现技术快速发展，还可以在企业文化、市场管理等方面互补。但对于并购仍需谨慎，并购前需进行详细的市场调查，在技术方面需对并购对象的专利进行详细准确的调查和合理评估。

五、启示与建议

（一）保障研发投入，科技创新助发展

从启明星辰的发展可以看出，信息安全领域保障在技术研发方面的投入十分重要，科技创新的活力是信息安全企业生命力的重要方面，只有保障研发投入，不断有新技术、新产品，才能稳固企业市场份额。企业不同，其目标市场不尽相同，研发投入占利润的比重也有所不同。在研发前进行充分市场调研，掌握行业技术及发展现状十分重要。企业品牌维护也需要强大的技术积累作为支撑。较高的技术壁垒保障了产品的不可替代性，特有的优势产品脱颖而出对于塑造品牌有利。启明星辰凭借着自身技术优势打造"天阗入侵检测系统""天清汉马一体化安全网关"等产品，为启明星辰创造出良好的品牌效应。

（二）寻求企业整合机会，优劣互补，强强联合

信息安全产业研发投入大且周期长，针对技术研发困难，企业可以寻求建立专利联盟，彼此专利技术交叉许可。对于个体，可以快速拥有技术，占据市场份额；对于整体，可以降低重复研发成本，帮助企业共同发展。对于处于技术瓶颈期和想要快速提升自身技术水平的企业也可以效仿启明星辰开展并购，通过企业并购整合，快速充实专利池，使自身专利组合更加完善，技术壁垒难以突破。企业并购要注意的是，注重开展详细调查和系统评估。在知识产权方面，主要对目标企业的知识产权类型及法律状态进行调查，对知识产权的价值进行合理评估，注重企业间知识产权体系的融合。[1]

（三）重视高素质科研人才的引进和培养

网络信息安全企业发展过程中，保障科研人员创新活力至关重要。企业要科学规划引进人才，完善人才保障服务。高校一直是企业寻找科研人员的重要场所之一，网络信息安全企业要重视同高校间的联系。企业也可同研究所或高校科研人员签订委托研发协议，利用公司外的高素质科研人员帮助自身进行技术研发或科研指导。对于高校和研究所持有的网络信息安全方面的专利，可以通过得到授权或直接购买来使用或拥有专利。

（四）完善企业知识产权管理机制

企业知识产权管理机制是对企业知识产权战略进行研究并对专利、商标、著作权等知识产权进行综合管理的机制和相应制度的总称，主要包括

---

[1] 张玉玲. 企业并购中的知识产权问题研究 [D]. 武汉：华中师范大学，2009.

建立相应的机构和制度对知识产权的申请、授权许可等系列事务进行管理。❶ 构建完善的知识产权管理机制能够帮助实施企业知识产权战略。网络信息安全企业要构建和完善企业内部的知识产权管理机构，负责如专利代理、技术研发指导、专利运营维护、科研项目管理等相关工作。通过完善的知识产权管理机制帮助企业提高自身竞争力。专利检索分析可以帮助企业了解自身在行业中技术拥有状况，了解行业未来发展方向，避免无效研发。在进行知识产权交易时，企业完善的知识产权管理机制可以帮助避免许多亏损和纠纷。

（五）重视寻求和利用政策扶持

近年来，信息安全产业频获政策扶持，《信息产业发展指南》《大数据"十三五"产业发展规划》《软件和信息技术服务业"十三五"发展规划》及《信息通信行业发展规划》等政策文件均提出要大力推动信息安全产业发展，加强自主可控体系建设。❷ 信息安全产业的发展状况对于国家安全十分重要，2014年2月27日，中央网络安全和信息化领导小组成立，标志中国的信息化和网络信息安全上升到国家最高战略水平。信息安全企业要把握时机，积极配合政府发展信息安全产业，主动提出需求和建议，争取参与重大政策制定。作为信息安全厂商，要了解并利用政府给予的诸如在行政流程上的便利，促进自身发展。

---

❶ 杨志祥. 企业知识产权管理机制的构建和完善 [J]. 商业时代，2009（3）：53-54.

❷ 刘重才. 信息安全产业频获政策扶持 [N]. 上海证券报，2017-01-18（011）.

第八章 物联网产业知识产权管理实证研究

当前全球物联网产业保持活跃态势,产业规模与市场空间逐步扩大,产业化应用不断深入,技术创新与结盟发展趋势较为明显。在产业国际巨头的引领下,不断涌现出新产品和新应用。我国物联网产业发展同样出现新形势及新情况,产业集聚发展效应开始凸显,初步形成产业发展平台,物联网产业的价值逐渐显现,创新型企业和开创性产品不断涌现,金融资本竞相追逐。然而国内物联网产业链分散、标准不统一、趋同化竞争以及技术发展不均衡等问题也越来越突出,同时知识产权管理与保护水平及模式亟待提升和完善。

第一节 概 述[*]

物联网是信息产业领域未来竞争的制高点和产业升级的核心驱动力。我国物联网产业已具备一定规模,技术研发和标准制定取得突破,物联网与行业融合发展成效显著,但物联网产业发展面临的瓶颈和深层次问题依然突出:产业生态竞争力不强、产业链协同性不强、标准体系仍不完善、物联网与行业融合发展有待进一步深化等。[1]

---

[*] 本节作者为南京理工大学知识产权学院讲师郝世博。
[1] 信息通信行业发展规划物联网分册(2016~2020年)[EB/OL]. http://www.sohu.com/a/124777170_468632. 2017-06-10.

一、物联网产业

物联网是新一代信息技术的高度集成和综合运用，对新一轮产业变革和经济社会绿色、智能、可持续发展具有重要意义。当前我国经济发展进入新常态，创新成为引领经济社会发展的首要驱动力，促进物联网、大数据等新技术和新业态广泛应用，培育壮大新动能成为国家战略，物联网正在进入跨界融合、集成创新及规模化发展的新阶段。❶ 全面感知、可靠传递、智能处理是物联网应当具备的特征。当前传感器网络主要针对物理世界的信息获取与信息处理为主要任务，以网络为信息传递载体，实现物与物、物与人、人与人之间的信息交互。国际电信联盟（ITU）发布的 ITU 互联网报告对物联网做出如下定义：通过二维码识读设备、射频识别（RFID）装置、红外感应器、全球定位系统和激光扫描器等信息传感设备，按约定的协议，把任何物品与互联网相连接，进行信息交换和通信，以实现智能化识别、定位、跟踪、监控和管理的一种网络。❷ 推进物联网技术突破及标准化，加快形成自主核心技术及技术体系，是保障国家公共安全及经济安全的重要基础。在物联网国际标准制定中，现阶段我国已经取得了一定的话语权，我国物联网标准体系已经形成初步框架，向国际标准化组织提交的多项标准提案已被采纳。国内物联网产业政策方面，早在 2010 年 10 月，国务院《关于加快培育和发展战略性新兴产业的决定》中将促进物联网的研发和示范应用列入信息技术类战略性新兴产业的发展方向之一；❸ 2011 年 11 月，工信部印发《物联网"十二五"发展规划》，对物联网产业发展做出了系统和细致的战略性规划；2016 年 12 月，国务院印发《"十三五"国家信息化规划》积极推进物联网发展，实施物联网重大应用

---

❶ 物联网的十三五规划［EB/OL］. http：//www.sohu.com/a/160685824_358040, 2017-06-11.

❷ 姚万华. 关于物联网的概念及基本内涵［J］. 中国信息界，2010（5）：22-23.

❸ 国务院关于加快培育和发展战略性新兴产业的决定［EB/OL］. http：//www.gov.cn/zwgk/2010-10/18/ content_ 1724848. htm. 2016-10-18.

示范工程,推进物联网应用区域试点;2017年1月,工信部印发《信息通信行业发展规划物联网分册(2016~2020年)》,以促进物联网规模化应用为主线,提出未来五年我国物联网发展的方向、重点及路径。

传感器是物联网的重要基础,物联网大力推进智能终端的广泛应用,传感器产品需求的重心逐渐转向MEMS传感器领域。2016年全球物联网投资达8 000亿美元,全球物联网产业的技术及应用主要集聚在美国、欧盟、韩国、日本、中国等国家和地区。美国在基础设施、技术水平和产业链架构发展程度方面都处于领先地位;欧盟建立了相对完善的物联网政策体系,在车联网的研究及应用中遥遥领先;韩国物联网的优势在于消费类智能终端、RFID、NFC产品及相应的技术解决方案;日本物联网产业主要集中在自动贩卖机、交通运输管理及电子钱包等业务。当前全球物联网产业市场空间不断拓展、产业化应用逐步深入,技术创新持续活跃、结盟发展成为主流趋势,国际巨头引领增长、企业规模优势明显。2015年我国物联网产业规模达到7 500亿元,智能制造领域的工业物联网和智能交通领域的车联网市场前景良好。❶ 然而国内物联网产业中传感器小型企业占比近七成,且产品以低端为主,高端产品主要依赖进口,自主MEMS传感器产品研发及产业化成为现阶段国内物联网产业发展的主要方向之一。产业结构方面,智能交通、智能工业、智能物流、智能电网、智能医疗、智能农业、智能家居、智慧城市是当前占据国内物联网市场的主要应用领域。国内物联网的产业空间格局表现为长三角、珠三角、环渤海、中西部集聚发展。长三角地区作为我国物联网技术及应用的起源地,专注于物联网软硬件核心产品及应用的产业链高端环节。珠三角地区作为重要的整机生产基地,以智能设备制造、软件及系统集成、网络运营服务等产品带动物联网产业应用示范。环渤海地区是我国物联网产业重要的研发、设计、设备制造及系统集成基地,从事新型传感器、网络通信等物联网相关研发,在关键支撑技术研究领域实力较强。中西部地区,郑州、武汉、太原等地在仪器仪表、

---

❶ 我国物联网产业规模达7 500亿元 [EB/OL]. http://news.xinhuanet.com/fortune/2016-11/01/c_1119830242.htm. 2016-11-01.

工业领域、煤矿安全、汽车电子等方面积极开展物联网应用，四川、重庆、云南等省市重点大力推广物联网应用示范工程。国内物联网领域众多企业自主应用平台初步形成，以物联网产业园区为核心的集聚发展特征开始显现，信息技术巨头推动物联网产业与设备制造业、移动互联网、大数据产业融合协同发展，创新创业热潮正在推动物联网产业蓬勃发展。

二、物联网产业知识产权管理现状

物联网涉及的技术领域纷繁复杂，作为大而全的通信网络，脱胎于现有技术又不同于现有技术，物联网应用了很多现有技术但也存在自身独有的特点。因此，物联网产业的知识产权管理具有一般产业的共性特征，注重专利创造和布局，同时在知识产权运用和保护方面也存在特殊之处。物联网产业知识产权管理现状可以概括为以下方面。

（一）知识产权创造与布局

物联网创新发展主要涉及感知技术、传输技术、信息处理技术和信息安全技术，具体包括高性能低成本智能传感技术、标识技术、无线传感器网络、异构网络融合、海量数据存储、数据挖掘、图像视频智能分析以及构建安全体系架构。❶ 截至2015年5月，全球物联网传感器、二维码、射频识别、组网技术、异构网融合等关键技术主题的专利申请量为47 259项，其中异构网融合和传感器技术占比都超过两成。❷ 当前中国、美国、日本、欧洲、韩国成为物联网领域技术研发的主要推动力量。我国在物联网关键技术主题的总申请量居技术原创国第一位，在二维码和异构网融合技术领域具有一定优势；美国在组网技术和传感器技术领域具有优势；日本在传感器技术和二维码领域投入较多；韩国在物联网领域的关键技术主题中发展较为均衡。物联网产业全球最重要的目标市场包括美国、日本、

---

❶ 王思博. 我国物联网产业发展现状与国际竞争态势分析［J］. 电信网技术，2017（5）：31-34.

❷ 物联网产业专利信息分析与预警研究报告［M］. 北京：知识产权出版社，2016：16.

中国、欧洲和韩国，中国和美国作为全球最大的物联网市场，已经成为全球物联网专利布局最重点的区域，次重点区域包括日本、欧洲和韩国。目前中国已经成为全球物联网最大的技术原创国和最大的技术目标国。物联网传感器领域排名靠前的申请人有松下、霍尼韦尔、博世，相对于美国、日本和欧洲，我国在传感器领域的产业集中度不高；射频识别领域排名靠前的申请人有爱立信、诺基亚、摩托罗拉，华为和中兴排在第五位和第七位；二维码领域排名靠前的申请人有腾讯、东芝、佳能，中国和日本是该领域最大的技术原创国；异构网融合领域排名靠前的申请人有华为、中兴、三星，展现出中国在全球异构网融合领域的研究实力；组网技术领域排名靠前的申请人有高通、三星、诺基亚，中国在该领域具有一定的实力，但缺少领军型企业。我国物联网领域的专利申请量最多，但全球竞争力不占优势。

近年来，物联网领域的关键技术在我国的专利申请均处于增长阶段，尤其是二维码、传感器及异构网融合技术在我国的发展较为迅猛。物联网作为集信息采集、传输及处理于一体的综合性智能信息系统，必然融合不同网络类型，促使异构网融合技术在我国的专利申请占比较大。异构网融合、传感器、二维码、射频设别、组网技术等关键领域的专利布局较多，而智能交通、智慧物流、地理空间信息等应用类技术还存在较大的知识产权布局空间。海外在华专利申请排名靠前的是美国、日本、韩国、德国、法国和英国。当前来自美国的专利申请最多，值得关注的是美国政府和企业在物联网领域实施的技术标准已经成为事实上的行业标准。物联网领域的关键技术以美国和日本为主的技术输出国在我国的申请量较高。然而在智能交通和智慧物流技术领域，各海外原创国的申请量都不大，因此国内申请人开展研发和知识产权布局的机会较多。国内主要省市专利布局方面，广东省在异构网融合、传感器、二维码、射频识别方面的专利申请量优势明显；江苏省在组网技术和智慧物流领域的专利申请量排名第一，且在物联网整体领域的发展较为均衡，综合研发实力较强；北京在智能交通和地理空间信息领域的专利申请较为突出。广东、江苏、北京、上海既是国内重要的物联网产品消费城市，也是物联网技术研发及产出的重要区域。传感器领域国内申请人排名分别为：东南大学、浙江大学和上海交通大学；二维码领域国内申请人排名分别为：腾讯、国家电网和百度；射频识别领域国内申请人排名分别为：中兴、华为和大唐；组网技术国内申请人排名分别为：南京邮电大学、中兴和华为；异构网融合领域国内申请人排名分别为：华为、中兴和北京邮电大学；智能交通领域国内申请人排名分别为：上海交通大学、同济大学和中科院自动化所；智慧物流领域国内申请人排名分别为：国家电网、秦川科技和李宗诚；地理空间信息领域国内申请人排名分别为：哈尔滨工业大学、中兴和华为。国内企业、高校及科研机构应当加强对传感器、射频识别和地理空间信息等基础技术的研发投入，实现技术突破，争取物联网全产业链基础技术的技术主导权。

(二) 知识产权商业化运用

物联网如今已成为科技巨头的必争之地，思科、高通、谷歌、诺基亚与 IBM 等科技巨头都在争相布局，全力抢占物联网产业的主导地位，例如进行物联网重点行业和产业链关键环节的布局，进而提高对整个物联网产业链的把控能力。2014 年 1 月，谷歌以 32 亿美元收购 Nest，突破智能家居硬件入口，同时在操作系统方面积极布局，推出物联网底层操作系统 Brillo，将分散的物联网系统整合成统一平台，实现设备与云端及其他服务的连接；2014 年 10 月，高通以 25 亿美元收购 CSR，从移动产业向汽车、智能家居等物联网方向扩展；2014 年 12 月，赛普拉斯以约 40 亿美元收购 Spansion，实现组合用于物联网的系统芯片技术。2016 年全球公开披露的物联网领域并购投资额为 1 034 亿美元。❶ 2016 年 1 月，诺基亚以 156 亿欧元收购阿尔卡特-朗讯，诺基亚未来将专注于通信网络设备和无线技术领域，致力于打造 IP 互联世界技术和服务的全球领军企业;❷ 同年 1 月，美

---

❶ 全球物联网并购投资趋热 电信运营商如何看清风向［EB/OL］. http：//www.sohu.com/a/160541507_582307. 2017-07-28.

❷ 诺基亚宣布 156 亿欧元收购阿朗［EB/OL］. http：//tech.qq.com/a/20150415/036399.htm. 2017-04-15.

国芯片制造商 Microchip 以 35.6 亿美元收购 Atmel，将对整个 MCU 市场结构产生深远影响，而 MCU 与物联网硬件领域密切相关；❶ 2016 年 2 月，思科以 14 亿美元收购物联网初创公司 Jasper；2016 年 4 月，赛普拉斯以 5.5 亿美元收购博通物联网部门，主要包括 WiFi、蓝牙及 ZigBee 等与物联网密切相关的产品线；2016 年 7 月，英飞凌以 8.5 亿美元收购 Wolfspeed 功率和射频业务部门，进一步增强英飞凌在物联网市场上的领先地位；2016 年 7 月，日本软银集团以 320 亿美元收购英国半导体设计公司 ARM，此次并购将推动手机和物联网行业的智能化发展；2016 年 10 月，高通以 470 亿美元收购全球最大的车载芯片商恩智浦，高通可以弥补自身在物联网、汽车电子等领域的技术短板，成为横跨移动、汽车、物联网、射频、网络服务等多方位的领导者；2016 年 12 月，三星以 80 亿美元收购哈曼国际，推动三星在物联网技术方面的发展。

在全球物联网产业生态构建和竞争的总体形势下，我国互联网企业、电信运营商、通信设备商、传统行业企业中的领军企业纷纷入局，着手打造物联网产业生态。2015 年 1 月，东软载波以 4.5 亿元收购上海海尔，扩大东软载波通信技术的应用领域，完善公司智能家居系统；2015 年 2 月，厦门信达并购一体化视讯解决方案供应商安尼数字，通过安尼数字的智能安防核心技术与 RFID 技术融合互补，更全面提供物联网应用整体解决方案；2015 年 3 月，英唐智控以 11.45 亿元收购深圳华商龙，有助于持续加大智能家居物联网相关产品及技术的研究开发、持续创新的同时，拓展产业链上下游领域。2016 年 10 月，世纪鼎利以 6.7 亿元收购一芯智能进军物联网；2016 年 12 月，高新兴以 6.8 亿元收购中兴通讯旗下的中兴物联，未来将开发物联网企业级市场，目标成为物联网通信模块产品全球第一阵营提供商；❷ 2016 年 12 月，美的宣布拟以约 37 亿欧元收购全球领先的智能

---

❶ 2016 年物联网行业最具影响力的十大并购案 [EB/OL]. http：//iot.ofweek.com/2016-11/ART- 132209-8440-30070384.html.2016-11-24.

❷ 高新兴 6.8 亿收购中兴物联 [EB/OL]. http：//iot.ofweek.com/2016-12/ART- 132209-8120-30086027.html.2016-12-30.

自动化解决方案供应商德国库卡集团。2017年6月，京东方拟收购法国SES-imagotag SA公司，该公司在零售物联网领域的市场和软硬融合技术能力有助于京东方搭建零售行业的物联网平台；❶ 2017年6月，东方网力拟以4.05亿元收购立芯科技，将自身视频结构化、智能识别、多维度视频计算存储资源管理等核心技术快速对接物联网领域。目前，我国已经初步形成芯片、元器件、设备、软件、系统集成、运营、应用服务等完整的物联网产业链，培育出大批基础技术扎实、应用创新能力强、品牌优势突出、行业影响力大、市场竞争特色明显、人才聚集良好的产业龙头和领军企业。

(三) 知识产权诉讼和竞争

物联网作为新的产业竞争制高点，生态构建和产业布局正在全球加速展开。国际企业利用自身优势加快互联网服务、整机设备、核心芯片、操作系统、传感器件等产业链布局，操作系统与云平台一体化成为掌控生态主导权的重要手段，工业制造、车联网和智能家居成为产业竞争的重点领域。我国电信、互联网和制造企业也加大力度整合平台服务和产品制造等资源，积极构建产业生态体系。随着物联网产业的快速发展，知识产权管理与保护将日益重要。伴随物联网相关技术研发不断深入和产业规模不断扩大，相关知识产权纠纷越来越多。在完全互联的世界发展过程中，智能手机只是个人物联网设备的先锋。虽然智能手机专利战的硝烟渐淡，但是潜在的更多知识产权纠纷将会在物联网产业发展过程中涌现。由于物联网产业涵盖的技术领域和行业市场非常广泛，相较于传统的独立产品，物联网产品遭遇知识产权诉讼的风险更高，因为需要企业在终端节点、终端、连接层、数据中心、应用程序和安全保护中整合不同的技术。❷ 物联网生态系统仅在各个组件可以相互通信的情况下才能运行，所以企业不可避免地需要在一定程度上整合标准化的技术，而标准化的技术通常会涉及大量

---

❶ 京东方拟收购零售数字化解决方案提供商法国SES公司［EB/OL］. http：//www.ce.cn/xwzx/ gnsz/zg/201706/19/t20170619_ 23711765.shtml. 2017-06-19.

❷ 何健，宋嘉瑜. 物联网时代企业如何制定知识产权战略？［N］. 中国知识产权报，2016-06-15（005）.

知识产权。

爱立信、高通、中兴通讯和 InterDigital 等联合在 2016 年 9 月推出无线专利授权平台——"Avanci",Avanci 将使设备制造商通过单一授权支付统一费用,便可依据 FRAND 条款获得上述公司所持有的所有标准必要无线专利的使用权。[1] Avanci 专利联盟将通信行业的专利池跨界带入 IoT 行业,使物联网设备制造商可以使用基本无线技术加速物联网在全球范围内的发展。无论是中国还是海外的物联网企业,无疑都将要、正在和已经经历着知识产权壁垒的阻碍和专利丛林法则的鱼肉。研发投入充分、专利储备丰厚的企业将利用手中的资源、合理的规则让自身的利益最大化,中国企业参与到全球规则制定者行列,无疑将在全球物联网市场掌握更高的话语权。2011 年 12 月,江苏省物联网知识产权联盟成立,能够提升江苏省内外物联网企事业单位运用知识产权制度的能力。[2] 通过联盟的有效组织和协同运作,跟踪国外物联网先进技术,抢占技术制高点,有效规避物联网知识产权侵权风险,增强联盟成员自主创新能力和抗风险能力。充分利用物联网信息服务平台,发挥联盟规模效应,改变过去由单个物联网企业单打独斗的维权战术模式向以联盟为名义集体进行专利许可、诉讼等知识产权谈判的战略维权方式转变,促进和壮大物联网企业发展规模,增强江苏省物联网企业整体竞争优势。

三、物联网产业知识产权管理发展趋势及战略措施

国际社会在物联网领域的竞争非常激烈,知识产权管理在提升企业核心竞争力中发挥的作用非常重要。面对主导企业发起的知识产权攻势,企业界应该高度重视知识产权布局、申请、运用和诉讼,把握产业特征和知识产权发展趋势,不断提升自身的核心竞争力。

---

[1] 通讯企业试图统治物联网 中兴联合欧美巨头成立专利联盟 [EB/OL]. http://finance.sina.com.cn/roll/2016-09-29/doc-ifxwmamy9929281.shtml,2016-09-29.

[2] 江苏省物联网知识产权联盟在无锡成立 [EB/OL]. http://www.sipo.gov.cn/dtxx/gn/2011/201310/t20131023_836001.html,2016-12-23.

物联网产业知识产权管理发展趋势表现在以下方面：（1）知识产权优势地位的不确定性。目前全球物联网技术体系、商业模式、产业生态仍在不断演变和探索中，物联网发展呈现出平台化、云化、开源化特征，并与移动互联网、云计算、大数据融为一体，成为ICT生态中重要一环。相比互联网只是连接标准统一的智能终端，物联网则要连接各种类型的智能设备，应用系统层面、连接层面存在各种复杂的情况，涉及的技术及标准纷繁复杂，物联网领域可能会出现颠覆性技术或标准。（2）知识产权协同创新正在成为物联网产业发展的主流模式。物联网领域的技术分支具有关联度大、渗透性高、应用范围广等特点，且技术方向多样分散，单个企业的技术研发不可能面面俱到。物联网领域以企业为主体的政产学研用结合的创新体系已经形成并逐步深入发展，该体系筹衔接物联网技术研发、成果转化、产品制造、应用部署等环节工作，充分调动各类创新资源，加强研发布局和知识产权协同创新，加强以技术转移和扩散为目的的知识产权管理处置。（3）物联网产业技术标准化中的知识产权管理作用凸显。我国正在加快建立物联网标准体系，从基础共性和行业应用两个方面推进物联网标准化工作，梳理标准项目共计 900 余项，推动"物联网概览"等成为首个国际物联网总体标准，国际标准制定话语权明显提升。2014 年国际标准化组织和国际电工委员会批准了中国拟议的"物联网参考架构"国际标准。这些标准制定的举措为中国物联网企业整合知识产权资源并建立物联网技术的国际标准铺平了道路。（4）知识产权运营的地位与作用不可小觑。全球物联网并购投资近年来趋热，并购金额和案例数量大幅增长。一方面，企业借助资本的趋利性、敏锐性，强强联合，兼并重组，快速高效地将物联网技术、解决方案转化为商业利益和市场地位；另一方面，借助资本杠杆搅动市场，打破市场平衡，抬升市场竞争烈度。物联网企业并购过程中，知识产权的许可、转让、融资、产业化、专利池集成运作等不可或缺。

基于以上发展趋势的考量，我国发展物联网产业的知识产权战略措施包括以下方面。

一是持续推进政府、行业组织对物联网领域知识产权管理政策及实践指引。物联网正进入跨界融合、集成创新和规模化发展的新阶段，迎来重大的发展机遇。我国物联网发展面临国际竞争的巨大压力，核心产品全球化、应用需求本地化的趋势更加凸显。在加强技术研发、标准研制、应用示范工作推进的同时，物联网全产业链的知识产权管理及保护工作要放在政策指引的首要位置。通过政策指引和实践指导深化知识产权管理改革、全方位践行知识产权管理、促进知识产权高效运用。完善知识产权法律制度、提升知识产权保护水平；提高知识产权质量效益、提升企业知识产权综合管理能力。推动跨部门的物联网数据资源开放、共享和协同，发展物联网开环应用，推进智慧城市建设。加大物联网标准的宣贯、实施与推广力度，加强知识产权的保护和运用。

二是重视物联网产业在技术标准化中的知识产权管理。"标准先行"是战略性新兴产业创新的重要战略模式。技术标准是引导产业发展和企业行为的重要政策法规的组成部分，更是促进战略性新兴产业快速进入大规模商用和市场化阶段的关键举措。技术标准的制定、发布和实施等一系列活动称为技术标准化，其涵盖从技术研究与开发、技术确立为标准直至标准采用、产品开发和扩散的完整过程。在物联网产业发展过程中，企业既要参与知识产权标准化的谈判和具体规则的制定工作，也要积极、有效运用知识产权防御战略，防范国外行业巨头运用标准专利化措施滥用市场支配地位获取不当利益。标准与知识产权优先发展的前提是物联网产业核心技术水平的进步与提升，关键在于核心技术攻关的同时注重开展自身标准化及知识产权工作。

三是深入开展物联网领域核心技术及知识产权的协同创新。当前物联网产业发展仍处于初级阶段，面临技术标准不统一、利益分配与协调机制缺失、商业模式模糊等困境。个体创新已经无法满足物联网产业发展的创新需求，核心技术及知识产权协同创新成为摆脱物联网产业发展困境的有效途径。可以采取跨行业合作联动和产业价值链环节互动合作相结合的方式，形成企业、产业链、产业集群等不同层面的协同创新。国内物联网产业技术创新战略联盟、中国传感器与物联网产业联盟、中关村物联网产业联盟、移动物联网产业联盟、农业物联网产业技术创新战略联盟等相继成立，通过联合联盟成员单位以及产业协会，发挥产学研合作和整体资源优势，加快物联网领域核心技术研发，推动我国物联网产业核心技术和关键产品的标准化。

四是合理运用知识产权预警机制规避风险。跨国公司频频就各种知识产权侵权问题向我国企业提起诉讼，且规模越来越大，涉及范围越来越广，对我国物联网产业发展造成的影响越来越深刻。物联网领域的技术分支关联度大、渗透性高、应用范围广、技术方向分散多样，国内相关企业要合理利用知识产权预警机制充分做好知识产权风险防御工作，具体包括新产品上市前的知识产权风险分析、竞争对手知识产权布局分析、知识产权壁垒稳定性分析、自由公知技术检索分析等。实时关注相同或相似研发领域竞争对手及其知识产权布局情况，了解可能相关的专利壁垒技术、潜在专利壁垒技术、已进入公知领域可利用的专利技术的状态变化等，适时调整研发策略及方向，规避知识产权风险。同时适时开展知识产权防御性进攻，利用专利手段对竞争对手进行战略打击，迫使竞争对手通过谈判和合作等方式化解纠纷。

五是加强物联网产业知识产权交易运营体系建设。知识产权运营的方式主要有转让、许可、质押、技术合作、产业孵化、交叉许可、并购重组等。物联网企业在进行知识产权运营时，应充分开展尽职调查、分析、评估及方案制定，选择恰当的运营方式及措施，避免存在有损企业产品、技术和知识产权战略的运营行为。当前市场缺乏专业机构对物联网产业相关企业的技术价值进行评估，缺乏知识产权处置交易通道。因此，需要完善物联网产业知识产权运营服务平台，创新知识产权金融服务，在依法合规的前提下开展互联网知识产权金融服务，加强专利价值分析与应用效果评价工作，加快专利价值分析标准化建设，加强对知识产权质押的动态管理，强化知识产权协同运用。

第二节　博世知识产权管理实证研究[*]

一、博世知识产权管理体系

博世一直被认为是引领全球工业革命的世界级企业之一，2017年3月，博世先是在德国柏林主办了博世"互联世界"物联网大会，邀请3000余名专业人员共同探讨物联网的发展趋势和现实产业价值链内的应用。[❶]又于当月发布了《借鉴德国4.0推动中国制造业转型升级》研究报告，该报告的共同发布人是中国国务院发展研究中心。两个举动都显示了博世引领技术前沿，并重视开拓中国市场的雄心。这样的技术实力和发展眼光都是我国企业所缺乏的，特别是博世在"物联网"等方面的知识产权战略十分值得我们借鉴。本节从博世在华知识产权管理情况出发，探讨其知识产权管理体系，对其专利布局进行分析，解析其专利布局策略，并结合其商业运行策略，为我国相关产业的发展提出建议。

（一）博世的历史与发展

博世的前身"精密器械和电气工程车间"于1886年由罗伯特·博世在德国斯图加特创立，该公司于1897年首次成功在机动车上安装博世低压电磁点火装置，1902年交付首个采用博世火花塞的高压电磁点火系统，成为机动车技术领域的佼佼者。随着博世在1933年莱比锡春季博览会上推出了一台带压缩机的冰箱，博世在家用电器市场扩大了自己的业务范围，并凭借高超的技术水平持续领先欧洲其他家电制造公司。如今，博世除了罗伯特·博世有限公司外，还拥有440家分公司和区域性公司。博世极为重视专利技术的领先性，集团拥有遍布全球118个国家和地区的55 800名研发人员，业务领域涵盖汽车与智能交通技术、消费品、能源与建筑技术与工

---

[*] 本节作者为南京理工大学知识产权学院硕士研究生李祺莹、张博玮。

[❶] 单宇琦．博世"互联世界"物联网大会在柏林举行［EB/OL］．http：//world. people.com.cn/n1/2017/0316/ c1002-29149506-4. html，2017-03-16.

业技术领域，是当之无愧的世界领先级技术及服务供应商。

博世于 1909 年在我国开设了第一家贸易办事处。改革开放后博世又重启了在华的经营活动，如今在上海设有博世（中国）投资有限公司，落户集团的四大业务部门。2015 年，博世的中国销售额为 770 亿元人民币，占全球销售额的 16%，中国成为博世在全球范围内的第二大市场。❶ 博世不断通过将先进技术引入中国，展示其领先的技术能力。例如，博世曾为上海环球金融中心提供轴向柱塞泵，单泵送达高度打破了当时 492 米的世界记录，通过先进的技术水平夯实了其在华市场地位。

（二）知识产权专业人才的选拔与培养

博世十分重视知识产权专业人才的选拔与培养。博世向员工支付的薪资高于一般同行业标准，长期被认为是德国最适合工作的公司之一。随着企业规模的扩大，博世巨大的员工数量也使得专业人才的储备充裕。为了持续提升员工的专业水平，博世还开展了著名的"继续培训计划"，帮助员工在工作的同时不断进步。博世的员工可以根据自己的需要选择职业发展路径，分为领导型、项目型和专家型三种具有差异性的路径。博世还从总部引入了"双元制学徒班"职业培训模式，博世与北京、南京和苏州等生产基地的学校签订协议，通过在校学习与在博世实践相结合的模式，培养最适合博世发展的专业人才。❷ 这种把专业人才作为公司重要财富的理念，使得研发人员愿意主动地进行技术研究，并对公司具有较高的荣誉感和忠诚度。在专业的职业制度培养下，博世的员工拥有更高的知识产权保护意识，注重通过知识产权管理促进技术研发。以博世在中国对知识产权专业人才的培养成果为例，2014 年博世在中国的技术中心共有 22 个，研发人员共 3 900 名，比 2013 年增长 9%，约占博世在华全部员工的 10%。该年，中国研发团队成功申请 164 件专利，同比增长近 10%。❸

---

❶ 博世中国. 2015 博世中国可持续发展报告［R］. 上海：博世中国，2016：18-19.
❷ 蒋安丽. 博世价值之道［J］. WTO 经济导刊，2013（4）：39-41.
❸ 博世中国. 2014 博世中国可持续发展报告［R］. 上海：博世中国，2015：8.

(三) 知识产权管理的资金支持

博世的知识产权管理体系受惠于其独特的所有权构架。与其他高科技企业不同，博世没有上市，罗伯特·博世基金有限公司持有92%的公司股份，剩下的8%股份由博世家族拥有。作为一家非上市公司，博世不会在股东和市场注重短期收益的压力下放弃长远的知识产权规划。财务的自由性使博世有能力制订并实施长期计划，做到放眼未来，有充裕的资金来支持技术研发。博世每年将超过8%~10%的销售额投入研发，这个投入比例是很多高科技企业都达不到的，能完成长期性、大规模的先进技术研发任务。并且，博世的知识产权管理体系是全球范围的，会根据各国、各地区的发展情况进行专利输入，并在当地进行新的技术研发。

(四) 有前瞻性的知识产权管理策略

博世先进的知识产权管理体系依托其清晰的知识产权发展计划。自2013年起，博世将业务范围划分为汽车技术、工业技术、消费品、能源与建筑技术四个业务部门。在汽车技术领域，继续发挥汽车行业独立零件供应商的技术优势，发展地盘控制系统、汽车电子驱动、起动机与发电机、汽车多媒体、汽车电子等技术。在消费品领域，为电动工具和家用电器方面提供广泛的产品和解决方案。在工业技术领域，发展传动与控制技术、包装技术和太阳能技术。在能源及建筑领域，为暖通空调、太阳能及安防系统提供广泛的产品和解决方案。

博世不仅重视自身的技术研发，还擅长通过收购等商业手段完善自身的知识产权结构，2001年博世收购工业技术专家曼内斯曼力士乐公司，并将其与自己的自动化技术部门合并，成立能够提供所有传动与控制技术的一站式服务的博世力士乐公司。2003年收购布德鲁斯集团的多数股权，将两家公司的加热技术部门合并。2007年收购提供创新式远程医疗解决方案的软件提供商Health Hero Network。2008年，博世收购创新软件技术公司，并将其更名为博世软件创新公司，该公司致力于开发用于"物联网和务联网"的系统解决方案。2014年，博世与西门子合资建立家电企业。2015年，博世又收购了智能设备软件提供商ProSyst Software。博世完善自身知识产权机构的步伐一直没有停止。

博世预计到 2020 年将开启"物联网"世界，于是其将研发重点定位在智能交通、制造、能源、家居和建筑四大业务领域。2015 年，博世投入 52 亿元人民币，意在打造互联制造、互联出行、互联能源和互联家居相结合的互联世界。建立互联世界需要先对制造、出行、家居等领域的互联化进行完善。以互联制造为例，智能制造是自动化和信息技术的结合，不仅可以耗费较低的成本进行小批量生产，还能提升整个价值链上的效率，从而实现节约能源和资源的双重目标。在博世的一项工业 4.0 试点项目中，智能制造的应用帮助博世每年节省约 25% 的能耗。而在博世擅长的智能交通领域，博世致力于开发传感器技术、紧急救援、互联控制单元 CCU、电子地平线系统、车队管理和互联化汽车售后服务方案，以实现互联出行。

为加快"物联网"世界的进程，博世开展了由宏观到微观的推动行动。在宏观上，博世积极举办全球性的"互联世界"物联网大会；在中国，博世通过与政府部门的合作，推动中国制造业转型升级。在微观上，博世在全球开展 100 个工业 4.0 试点项目。以博世苏州汽车电子工厂为例，该厂是遵循工业 4.0 原理建立的传感器测试中心，旨在实践互联应用技术。博世在中国的发展一直是循序渐进，且具有前瞻性的。我国企业若要在博世涉猎的专业领域与其竞争，必然需要对博世的专利布局策略及核心专利技术进行研究，解析其完整的知识产权管理体系。

二、博世的知识产权布局

（一）地域布局

一家企业在本土以外的竞争力除了与它自身的经营情况有关，往往与其在全球的专利布局情况息息相关，专利布局完善，那么其侵权的风险就小，在市场上所遭受的阻碍就会减轻，使其具有较强的市场竞争力。因此，在博世重点发展的市场区域进行专利布局就显得尤为重要。

根据博世 2016 年年报显示，博世在 2016 年完成了其销售额增长 3%～5%的预设目标，销售额高达 731 亿欧元。其中，欧洲业务销售额为 386 亿欧元,北美业务销售额为 124 亿欧元,南美业务销售额为 13 亿欧元,而亚太区业务销售额为 208 亿欧元,增长 8.1%。亚太区的市场地位逐步增强,博世在亚太区的专利布局力度也逐步加大,博世全球专利布局数量如表 8.1 所示。

表 8.1 全球专利布局数量

专利公开国别/组织	专利数量（件）
德国	78 186
美国	29 162
欧洲专利局（EPO）	27 765
世界知识产权组织	26 178
日本	25 620
中国	15 435

通过对博世在全球的专利布局的定量分析可以看出,博世在本地的专利布局最为完善,这与其研发部门处于德国、本土汽车制造业发达有关,其次博世在美国、欧洲、日本也进行了大量的专利布局,博世作为一家汽车零件供应商,这三个地区的汽车使用量处于世界前列,是博世的主要市场,因此需要有全面的专利布局来为它占领市场保驾护航。

根据博世近 10 年在全球专利申请趋势,中国近几年对汽车的需求量也逐年增加,汽车制造商也渐渐增多,对汽车零件的需求也越来越旺盛,博世近几年在中国开始进行更多的专利布局。

(二) 技术领域布局

2013 年起,博世业务划分为 4 个业务领域,涵盖汽车技术、工业技术、消费品以及能源与建筑技术领域。其中在汽车技术领域的零配件市场中,博世长期占据前列,成为汽车零配件行业的龙头。

根据博世近年来的技术研发趋势,博世在 F02M（一般燃烧发动机可燃混合物的供给或其组成部分）领域的研发一直较高,该技术是博世研发的重点领域,直到近两年才有所下降。发动机作为汽车的重要组成部分,是目前大部分汽车的必要器件,但是近两年电动汽车的兴起使得传统动力的汽车市场受到威胁,博世的研发重点也随之转移。

2008~2014年,博世在H01M领域(用于直接转变化学能为电能的方法或装置,例如电池组)的申请量剧增,甚至超过在汽车传统动力领域F02M。电动汽车技术从2015年开始兴起,早在2015年之前博世就在电动汽车关键领域电池进行了专利的申请布局,准确地抓住了市场的发展方向,在市场开启之前就做好准备,为其之后进军新能源汽车和智能汽车做好了前期准备。

(三)重点技术布局

博世虽然是传统制造业起家,其主要的业务也是汽车零配件,但是在其拥有大量汽车相关的专利后,也开始转型进军汽车行业。与其他汽车产商不同,博世在市场的选择直接瞄准了新能源汽车和智能汽车两个领域,准确地抓住了市场机遇。在自动驾驶领域,博世宣布将与百度、高德和四维图新等三家公司共同合作,开发一款名为"博世道路特征"(Bosch Road Signature)的精准定位服务。该服务专门针对我国的道路状况,通过结合高精地图和博世先进的毫米波雷达和摄像头技术,能对自动驾驶车辆进行各种状况下的精准定位。在开发定位系统的同时,博世还在中国展开了由本土团队制造的路试车进行试验的路试,这种新型车辆配备博世中距离毫米波雷达、电子稳定程序ESP、电子助力转向系统EPS、多功能摄像头等技术。

1. 智能汽车技术构成分析

通过对博世现阶段的专利技术构成进行分析,可以看出博世的专利主要分布在B60T(车辆制动控制系统或其部件;一般制动控制系统或其部件;一般制动元件在车辆上的布置;用于防止车辆发生不希望的运动的便携装置;便于冷却制动器的车辆的改进)、H01M(用于直接转变化学能为电能的方法或装置,例如电池组)、B60W(不同类型或不同功能的车辆子系统的联合控制;专门适用于混合动力车辆的控制系统;不与某一特定子系统的控制相关联的道路车辆驾驶控制系统)、B60L(电动车辆动力装置;

车辆辅助装备的供电；一般车辆的电力制动系统；车辆的磁悬置或悬浮；电动车辆的监控操作变量；电动车辆的电气安全装置）这四个领域。从上述四个领域中可以发现博世的专利主要集中在汽车的控制系统、电池和驾驶系统方面，这些领域是智能汽车最关键的技术构成，技术难度最大，博世通过在关键技术上的专利布局来为其进军智能汽车行业铺路，获得强大的竞争力。

2. 核心专利分析

根据博世的发展态势，对其有关智能汽车方面的在华专利进行筛选，得到以下 7 件核心专利，如表 8.2 所示。

表8.2 博世智能汽车核心专利

序号	标 题	公开（公告）号	简单同族数	被引证次数
1	用于确定泊车轨迹的方法	CN102815297A	7	3
2	蓄电池管理系统、具有蓄电池管理系统的蓄电池和机动车以及用于监控蓄电池的方法	CN103781653A	6	3
3	用于运行机动车的方法、装置	CN102729996A	5	3
4	用于车辆的制动系统的控制装置、用于车辆的制动系统以及用于运行车辆的制动系统的方法	CN103702874A	11	2
5	用于信令化近的电动车的装置	CN103377539A	4	2
6	用于车道保持辅助调节的方法和装置	CN103043054A	6	2
7	用于确定车辆的倾斜位置的方法和装置	CN103391871A	6	2

纵观当前智能汽车发展的趋势，各大汽车公司主要研发的方向有智能驾驶、新能源汽车电池这两个。通过对博世智能汽车核心专利的分析，可以发现其中 5 件专利涉及智能汽车中的辅助驾驶功能，例如，用于确定泊车轨迹的方法（CN102815297A），以及用于车道保持辅助调节的方法和装置的专利（CN103043054A），同时博世在汽车电池方面申请了相关专利，如蓄电池管理系统、具有蓄电池管理系统的蓄电池和机动车以及用于监控蓄电池的方法，表明博世未来极有可能推出自动驾驶的智能电动汽车，目前这些技术尚未成熟，智能汽车还无法完全自动化驾驶，但是具有辅助驾驶功能的智能汽车已经完全可以实现。

三、博世的知识产权诉讼与风险管理

（一）博世诉台电外观设计侵权案

2005年，博世向德国法兰克福地方法院起诉，称台电公司的E系列一款机型侵犯了博世拥有的外观专利权。当时正值欧洲最有影响力的法兰克福国际专业灯光音响博览会期间，博世还向法院申请到临时禁止令，要求台电不能展出该项涉案产品。虽然国内权威的知识产权司法鉴定机构认为台电产品未对博世产品构成侵权，但法院还是判决E系列产品侵犯了博世的外观专利权。

由该案可以看出，当时博世是会议系统领域的巨头，而台电是该领域的后起之秀，市场份额直逼排名第一的博世。博世在展会期间起诉台电，不只是专利上的竞争，更有商业上的考虑。博世作为世界级的大企业，有完善的风险管控体系，会为竞争对手设立相应的专利壁垒。除了在核心技术上的专利壁垒，博世也在其他专利上广泛布局，对台电的发难就是难得的从外观专利上入手。

（二）博世诉台州市路桥博瑞电动工具厂等发明专利权纠纷案

2012年，博世起诉台州市路桥博瑞电动工具厂、浙江杭博电动工具有限公司、上海登优机电设备有限公司生产、销售的产品侵害了其发明专利权。因侵权事实明确，被告将抗辩重点放在否认自己的生产者身份上，但最终法院支持了博世的诉讼请求。该案还入选了上海市第二中级人民法院精选的2013年十大知识产权典型案例。该案说明博世不仅会起诉有一定规模的竞争对手，还广泛地安排竞争人员处理小规模的侵权人。博世运用知识产权不仅是一种商业策略，而且是出于对公司整体知识产权保护体系的重视。公司打击一切针对博世知识产权的侵权行为，且这种"打击"行为迅速而富有组织性。在一些纠纷案中，博世起诉国内的小公司没有获得法院支持，但由此说明博世的知识产权风险管控是极其严格的，只要存在侵权的嫌疑，就会立即采取相应行动。

(三) 博世诉安徽畜产发展进出口股份有限公司商标侵权纠纷案

博世在中国境内注册了"BOSCH"商标,该商标于 2000 年被列入全国重点商标保护名录。2003 年博世得到中国海关总署批准,取得"BOSCH"注册商标的知识产权海关保护备案。安徽畜产发展进出口公司未经原告博世许可,在同一种商品上使用与原告注册商标相同的"BOSCH"商标,侵犯了博世的注册商标专用权。从该案可以得知:首先,博世注重按照当地的法律、政策完善自己的知识产权布局,博世进入中国后先是对一系列商标进行注册,并依据政策积极申请各种保护头衔。正是由于有博世对中国海关总署的申请,安徽畜产进出口公司的侵权产品才会被海关查获,然后使博世获得消息进行维权。其次,博世虽然是以专利起家,但仍然重视对其他知识产权的保护,比如建立了完善的商标保护体系,并且积极运用诉讼手段维权。

四、博世的知识产权许可管理

(一) 博世知识产权许可管理的基础

博世具有很强的知识产权许可管理基础。以自动驾驶相关技术专利申请数量为例,博世在 2010~2015 年共申请 2 710 件技术,而在自动驾驶技术界大出风头的谷歌公司只拥有 140 件相关专利。博世对自己重点关注的技术领域都会进行广泛的专利申请,通过先进的技术在行业内取得优势地位。虽然部分技术仍未投入实际生产,但在未来有很大的盈利可能性。自动驾驶是现在的热门研究领域,如果其他公司在将来继续发展自动驾驶技术,其研究范围很有可能和博世的研究范围部分重合,到时候博世有可能通过对某些公司进行技术授权获得利润,双方也可以通过交叉许可协议进行合作。这些潜在的发展利益都源自博世长期积累的专利申请量。

(二) 博世知识产权许可管理实践

博世自成立以来非常注重通过知识产权许可管理来完善其知识产权布局。积极签订技术许可协议是博世弥补自身缺陷技术的有效手段之一。ObjectVideo 是著名的智能视频软件厂商，其创新能力较强。博世为完善其视频监控设备业务，于 2012 年与 ObjectVideo 签订了一个全球专利许可协议，使博世可以使用该公司的整个知识产权组合。博世经常与其他公司联合申请专利，2013 年博世曾联合三星 SDI 申请一项与电池安全功能相关的汽车电池专利。博世也通过对其他公司进行技术许可等手段来赚取更多的利润。博世于 2015 年与云内动力签订了长期战略合作框架协议，博世将为云内动力提供技术、服务等多方面的支持。2017 年博世与富士通签订技术授权协议，允许富士通在产品上使用 FlexRay 技术。

五、启　　示

（一）有计划的知识产权布局

博世有计划的知识产权布局主要体现在地域布局全球化和技术领域专精化等方面。

地域布局全球化有利于降低被侵权风险，增加市场竞争力。博世的地域布局是从公司诞生地德国开始的，但其专利布局并不局限于德国，而是随着业务范围的发展在全球范围内延展。我国很多企业正在从中国走向世界，也将面临从只在中国进行专利申请到在其他国家进行专利申请的变化，这时我们就可以学习老牌跨国企业在其他国家申请专利的经验。博世重新进入中国时，我国还处于改革开放初期，知识产权申请制度并不完善，所以博世在中国进行专利申请的方式也是随着我国制度发展而改变的。我国企业依托"一带一路"等政策在一些新兴的发展中国家开展业务时，就会面临当地知识产权制度不完善的问题，此时就可以借鉴博世的申请模式。此外，博世进行地域布局的全球化并非指要在所有国家都进行广泛的专利布局，而是要抓住全球化发展进程中对业务有重要影响的地区，有重点地进行布局。

技术领域专精化帮助博世在其营业行业内长期把持龙头地位。例如，博世看好智能汽车领域，但并未同时开始整车技术的研发，它先把技术研发的精力重点放在汽车的重要组成部分上，例如发电机和电池等。博世对配件技术的研发投入是纵向的，这种专精化的研发方式要比同时进行整车技术研发有效用，更容易产生技术成果。在掌握汽车配件重要技术的背景下，即使现在还不是著名的整车制造企业，博世仍能长期作为汽车技术领域的领导者之一。

（二）全面的知识产权管理体系

博世作为一个成熟的国际企业，对知识产权的管理十分全面。博世的知识管理体系具有风险控制专业化、人才培养体系化、企业结构个性化的特点，这些知识产权管理经验都值得我国企业参考。

博世的风险控制专业化体现在对侵权行为的监督预警机制非常敏感，只要存在侵权风险，就会通过法律手段进行维权，甚至辅用商业手段对可能侵权的公司进行打击。这种监督预警机制是建立在知识产权管理部门强大的实力基础之上的，国内企业与博世这类跨国公司的差距不仅在专利储备数量上，还体现在知识产权管理制度上。国内企业如果想效仿或者对抗这种机制，一方面要对自身专利进行有效评估，减少侵权风险；另一方面要尽快壮大自身的知识产权管理部门。

博世的人才培养体系化体现在良好的福利体系和发展体系上，良好的薪资水平保障了研发人员的物质需要，而有发展可能的培养模式保证了研发人员可以实现自己的职业抱负。高精尖的研究项目需要研发人员长期的精力投入，因此如何把这些研发人员长久地留在公司成了许多大企业关注的焦点，这也正是博世所擅长的。很多国内企业的员工规模随着公司的发展正出现爆炸性的增长，公司的人才培养体系却没有建立起来。特别是部分研发精英容易触碰到自己的职业瓶颈，造成研究人员的高流失率，这种现状下公司难以保持长期的技术领先地位。国内公司应该及时进行制度改革，增加员工福利，建立职业培养制度。

博世的企业结构个性化体现在对技术研发的大比例资金投入上。技术研发是一项需要消耗资金的项目，而且不能保证每项技术都能在短时间内产生收益。博世独特的所有权构架使得公司能够为了长远利益而进行技术资金的投入，容忍技术的短期无收益问题。国内的很多公司正处在盲目追求上市的阶段，意图通过股权赚取快钱，而置公司的长期发展计划于不顾。部分公司愿意把大量资金投入金融市场为上市做准备，而不愿意进行长期的技术研发，甚至着力于收购小公司的新技术进行包装，为企业上市营造拥有新技术的噱头。这样的公司不仅会被技术市场所淘汰，而且迟早会被金融市场所淘汰。我国有实力的公司可以尝试采纳博世的所有权构架，虽然短期内不能获得资本的支持，但有可能成为中国有影响力的长寿型技术企业。

（三）灵活的知识产权管理手段

博世灵活的知识产权管理手段体现在它重视当地合作和企业合作两方面。当地合作是指博世在当地发展时会结合当地政策，采用雇用当地员工和利用当地资源等合作方式。博世结合当地政策不仅是指按照政策优惠调整发展计划，还会主动帮助当地制造业转型升级。当地制造业水平的发展既能惠及本地企业，又能惠及博世本身。因为转型升级后有利于建立统一的技术标准，提高当地制造商的技术水平，当地制造商才能有实力继续采购博世的产品和技术。雇用当地员工也是博世快速扩大规模的手段，博世在中国雇用的技术人员连年增加，这些人员研发的专利数量也在增长。聘用这些当地技术人员远比雇用德国的技术人员的费用支出少，而且成果回报大。国内企业在进行跨国发展时也可以考虑结合政策促进当地行业升级，在本地培养技术人员来扩大自己的企业规模。

企业合作是指博世会通过联合技术开发、技术授权或技术许可等方式完善其技术体系。博世作为一个大型的技术研发型公司，大量的技术储备基础并不意味着它完全依靠自身技术发展。博世会灵活地通过收购其他公司等方式吸纳有发展潜力的技术。我国很多企业资金充沛，已经开始收购国外的老牌企业，但很多收购是基于商业价值的考量，而忽视技术价值的获取。真正有意义的收购应该多进行技术方面的交易，以此改进我国部分技术基础薄弱的现状。我国优秀企业与其他公司的合作还有利于打破原有大企业建立的技术壁垒，降低我们的侵权风险，防止因为侵权诉讼使得我国企业在其他国家发展时，遭遇的口碑降低问题。除了收购外，企业也可以通过联合开发的方式获得共赢效果。最终形成一套核心技术自主研发，收购有辅助作用或有侵权风险的技术，联合开发功能性技术的知识产权管理手段。

第三节　英特尔物联网技术知识产权管理实证研究*

经历过第一次互联网浪潮和第二次移动互联网浪潮之后，伴随着大数据、云计算技术的兴起，日常生活中的各类产品将更加智能化，万物相连的物联网的出现，也为第三次互联网浪潮的来临揭开了帷幕。其实物联网的概念于1991年即被提出，及至1999年MIT建立Auto-ID Center，物联网这一概念的内涵得到进一步阐明，即所有物品通过射频识别等信息传感设备与互联网连接起来，实现智能化识别和管理。随着技术的进步，2005年在信息社会世界峰会上国际电信联盟描绘了物联网蓝图：世界上所有物体均可通过互联网主动进行数据交换，射频识别技术、传感器技术、纳米技术、智能嵌入技术将得到更广泛的应用。随后美、欧、日、韩等发达经济体已把物联网视为增强综合国力和发展动力的战略重点，分别启动了以物联网为基础的"智慧地球""物联网行动计划""U-Japan""U-Korea"等发展战略。时至今日，物联网正成为带动经济结构转型的重要引擎，并在各个产业领域发挥重要价值。一直以来我国高度重视物联网标准化工作，物联网已成为我国国家发展战略。❶ 我国物联网理论研究和技术开发都较早进行，早在1999年就启动了物联网核心传感网技术研究。2009年8月，国务院提出要在激烈的国际竞争中迅速建立中国的传感信息中心或"感知中国"中心，这一举措把我国物联网领域的研究和应用开发推向了高潮。

＊ 本节作者为南京理工大学知识产权学院硕士研究生范星、童玉霞、戴婧。
❶ 姚建铨. 我国发展物联网的重要战略意义 [J]. 人民论坛·学术前沿, 2016 (17)：6-13.

一、英特尔发展概述

1968年，罗伯特·诺伊斯（Robert Noyce）和戈登·摩尔（Gordon Moore）创立英特尔。当时的英特尔主要开展存储器业务，推出了第一颗双极形半导体存储芯片——3101肖特基、双极型64位静态随机存取存储器（SRAM）芯片，该产品的推出取得很大成功，几乎占据了整个存储器市场。同一时期英特尔又推出利用MOS工艺开发出的1103型存储器、动态随机存取存储器（DRAM），使得英特尔真正走向辉煌。

进入20世纪80年代后，半导体产业迅猛发展。在日本电子公司的猛烈冲击下，英特尔的主要业务DRAM产品在市场上节节败退，市场份额不断下降。此时，英特尔开始第一次转型，退出DRAM业务，转向对设计和工艺要求很高的微处理器业务。从此，英特尔开始由生产存储器转向生产微处理器。随后英特尔相继成功推出8086、286、386、486四代微处理器，开始奠定其芯片霸主地位，其后个人电脑的逐渐流行见证了英特尔第一次转型的成功。

20世纪90年代末，由于国际互联网的迅速推广，信息网络技术的开发掀起热潮，各大电子和信息技术公司竞相制定面向国际互联网的企业经营战略，以迎接新的机遇与挑战。英特尔迅速决定凭借个人电脑上的优势去开拓新兴的通信与多媒体领域。1999年，雷格·贝瑞特提出公司新战略"互联网经济的构件供应商"，主导收购许多通信公司，开启了英特尔互联网服务的工程。但由于对消费者需求错误的判断导致其在高端服务器市场败给IBM和SUN公司，在中低端服务器市场，AMD奇袭发布64位皓龙处理器和速龙处理器，抢夺英特尔PC市场份额。

2005年后，随着个性化与用户体验需要愈加重要，为了在移动互联时代快速追赶已经占据先机的对手，英特尔已不再只专注于PC芯片，开始进行第三次转型——向云业务以及存储和物联网转型。2013年末，英特尔新设立物联网事业部，试图打造一个以芯片为核心的生态系统。2014年，英特尔物联网事业部收入为21亿美元，较2013年增长19%；2015年英特尔物联网事业部收入为23亿美元，较2014年增长7%。

我国拥有良好的政策、经济、产业的物联网环境，且我国物联网产业市场规模迅猛发展，物联网市场潜力巨大，因此英特尔物联网在中国全面布局，为中国经济、社会、环境的可持续发展助力，同时带动创建更具价值的商业模式。本节对英特尔物联网在华专利的总体布局和技术构成等展开分析，以期掌握英特尔物联网技术的发展状况并预测其市场发展趋势，了解企业技术的专利空白区、疏松区、密集区，合理进行专利布局，专利预警。

本节数据来源于incoPat专利数据平台，以2001年1月至2016年11月申请的专利为分析对象。

二、英特尔物联网全球专利总体布局

（一）英特尔物联网全球专利年度趋势分析

2011年之前，英特尔物联网专利全球申请数量相对平稳，在年申请均值上下波动；2011年申请量迅速增长至最高值，增长速度约130.15%；2014年之后申请量呈下滑趋势。英特尔从21世纪初就着手开始物联网平台的建设，从2009年开始，全球移动终端平台技术突飞猛进，准备已久的物联网借助这一技术迅猛发展。为加强物联网建设，在市场中夺取一席之地，2013年英特尔成立物联网事业部，为物联网的发展与运营出谋划策。当年的专利申请量也出现了小高峰，仅次于2011年。由于前期的积淀，专利的公开数量整体呈现强劲的上涨趋势。与专利申请量相呼应，公开数量的增长率在2012年达到最大值，约43.64%。

（二）英特尔物联网全球专利技术构成分析

英特尔物联网领域全球专利技术构成中，排名前三的技术领域分别是G06F（电数字数据处理）、H04L（电通信技术；数字信息的传输）和H04W（无线通信网络）。其中H04W为2009年1月IPC分类号修改时所新增，2009年之后该类别的技术发展迅速。上述三类技术领域所申请的专利数量达到了所有技术分类的90.51%，构成英特尔物联网领域专利技术的核心。

(三) 英特尔物联网全球专利地域分布

从分布地域来看，美国是物联网产业的起源地，也是英特尔全球总部所在地，为英特尔专利布局最多的区域。其次是中国。早在2001年英特尔就在我国申请了物联网相关专利，发展至今，我国已经成为其在物联网领域专利技术布局最大的海外市场。此外，欧盟国家、日本、韩国等也是英特尔物联网专利布局的重要市场。这些国家经济实力雄厚，科技较为发达，专利保护制度较为完善，进行专利布局能够有效保障本公司产品在当地市场生产、销售的顺利开展。从技术类别来看，到目前为止，全球物联网领域专利数量最多的技术类别是G06F（电数字数据处理），其次为H04L（电通信技术、数字信息的传输）。H04W（无线通信网络）是2009年新引入的技术分类号，短短几年已经隐隐有赶超H04L的势头。作为物联网领域未来最重要的技术之一，无线通信网络技术将持续发展，是该领域全球专利布局的重点。

三、英特尔物联网在华专利总体布局

(一) 英特尔物联网在华专利年度趋势分析

图8.1为2001年1月1日到2016年11月30日，英特尔在物联网技术向我国申请专利的情况。2001~2008年，年专利申请量呈曲折增长态势，物联网领域相关技术处于稳步发展阶段。而2011年专利申请量呈现大幅度增长，年申请量比2010年增长约103.7%。原因在于，为了加快传感信息技术产业化，我国于2009年提出建立中国传感信息中心的构想。2010年，我国又将物联网发展问题写入《国务院关于加快培育和发展战略性新兴产业的决定》和《中共中央关于制定国民经济和社会发展第十二个五年规划的建议》，[1] 大力支持物联网领域相关技术的研发和应用。受政策引导，行

---

[1] 刘锦，顾加强. 我国物联网现状及发展策略 [J]. 企业经济，2013，32 (4)：114-117.

业中相关企业也纷纷在我国开展物联网领域的专利布局。以高通公司为例，2010年后物联网领域专利申请量明显增加。为了应对激烈的市场竞争环境，英特尔成立物联网事业部，加强在全球物联网专利的布局。因此，2013年英特尔在我国专利申请数量出现一定的增长。经过一轮高速发展时期，市场中相关技术逐渐成熟，2015年后，我国物联网领域专利申请总量下降，包括英特尔在内的公司在该领域的专利申请趋势减缓。

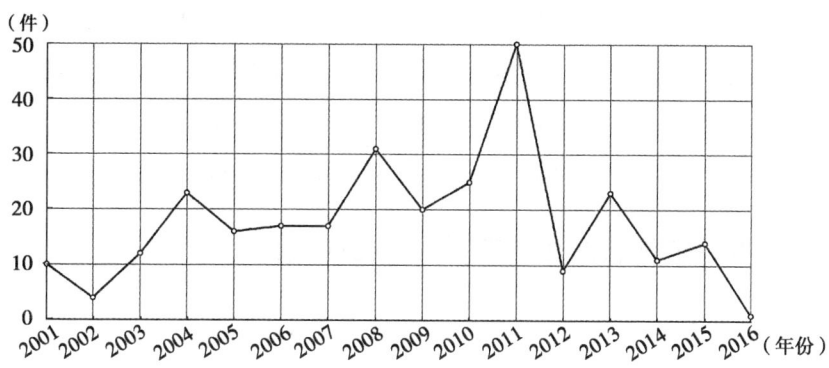

图8.1 英特尔物联网专利在华申请趋势

图8.2为英特尔物联网技术在我国专利的公开情况。在图示时间段内，英特尔专利公开数量呈现强劲的增长趋势。2009~2015年，专利公开量节节攀升，其增长速度在2014年达到最高值，为34.1%。这与其前期巨大的投入和雄厚的研发实力密不可分。

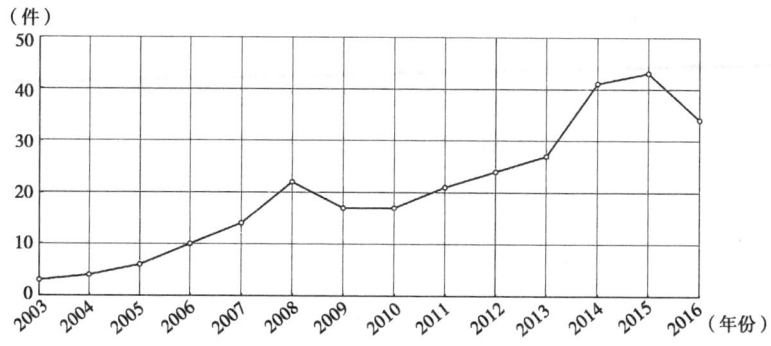

图8.2 英特尔物联网专利在华公开趋势

（二）英特尔物联网在华专利法律状态分析

英特尔在华申请的发明专利中已经获得授权的共有 207 件，其中目前仍有效的专利有 168 件，占申请量的 59.36%；已失效的专利有 39 件，占申请量的 13.78%，其余 79 件还处于实质审查阶段。说明英特尔目前拥有专利的法律状态十分稳定，有效专利占审查结果的 81.16%。此外，所申请专利中由于权利终止和主动撤回而失效的共 33 件，占失效专利总数的 84.62%，被驳回的专利只有 6 件，占失效专利总数的 15.38%，是有效和失效专利总数的 2.90%。由此可以看出，英特尔的物联网专利能够获得授权的比例达 94.69%。从上述数据分析可知，英特尔物联网专利质量很高，法律状态稳定，进一步凸显其强劲的技术研发和专利布局能力。

四、英特尔物联网在华专利技术构成分析

（一）英特尔物联网在华专利技术构成总体情况

表 8.3 为英特尔在全球和我国物联网专利的技术主题分布情况。从表中可以看出，无论是全球还是我国，英特尔物联网主要技术专利均分布在 G06F 和 H04L 领域，表明目前电数字数据处理、电通信技术和数字信息的传输是我国乃至世界物联网生态系统中的核心技术。这两项技术与无线通信网络、图像通信、电通信技术及传输等技术共同构成英特尔物联网专利的有机整体。为剖析英特尔在华物联网专利布局战略的细节和关键，本节选取 G06F 和 H04L 两个类别展开进一步分析，以便深入了解英特尔在该领域的专利布局策略。

表 8.3 英特尔物联网专利技术领域 IPC 分布

排名	全球前十	技术领域	占比（%）	中国前十	技术领域	占比（%）
1	G06F	电数字数据处理	67.94	G06F	电数字数据处理	67.71
2	H04L	电通信技术；数字信息的传输	17.52	H04L	电通信技术；数字信息的传输	16.61
3	H04W	无线通信网络	5.05	H04B	电通信技术；传输	4.39

续表

排名	全球前十	技术领域	占比(%)	中国前十	技术领域	占比(%)
4	H04N	图像通信，如电视	2.08	H04W	无线通信网络	3.45
5	H04B	电通信技术；传输	1.88	G06K	数据识别；数据表示；记录载体；记录载体的处理	1.57
6	G06K	数据识别；数据表示；记录载体；记录载体的处理	1.83	G06Q	专门适用于行政、商业、金融、管理、监督或预测目的的数据处理系统或方法；其他类目不包含的专门适用于行政、商业、金融、管理、监督或预测目的的处理系统或方法	1.25
7	G06Q	专门适用于行政、商业、金融、管理、监督或预测目的的数据处理系统或方法；其他类目不包含的专门适用于行政、商业、金融、管理、监督或预测目的的处理系统或方法	0.94	H01Q	基本电气元件，天线	1.25
8	G06T	一般的图像数据处理或产生	0.94	G01D	非专用于特定变量的测量；不包含在其他单独小类中的测量两个或多个变量的装置；计费设备；非专用于特定变量的传输或转换装置；未列入其他类目的测量或测试	0.94
9	G09C	用于密码或涉及保密需要的其他用途的编码或译码装置	0.94	G06T	一般的图像数据处理或产生	0.94
10	G08B	信号装置或呼叫装置；指令发信装置；报警装置	0.89	G08C	测量值、控制信号或类似信号的传输系统	0.94

（二）英特尔物联网在华专利深度分析

1. G06F 类技术分析

G06F 类技术的专利申请和公开数量第一次高峰出现在 2008 年，此后专利申请数量在 2011 年达到顶峰，专利公开数量在 2014 年、2015 年均出现 30 件的高峰（见表 8.4）。我国从 2008 年开始实施知识产权战略以来，国家政策一直大力鼓励创新。英特尔作为全球资本和技术巨头，对知识产权的重视程度非比寻常。当我国政策偏向保护知识产权时，英特尔敏锐地察觉到市场发展的方向，及时把握机会，在高新技术领域快速着手专利布局。8 年后的今天我们可以看到，创新技术发展典型如互联网科技在人们的生产生活中发挥着不可或缺的作用。而互联网正是英特尔的强势领域，可见其长远的发展眼光、敏锐的市场洞察力、快速的反应力和果断的决策力。在以通信技术为基础的物联网领域，英特尔同样积极开展专利布局。由于前期的规划和充足的准备，从整体上看，G06F 类技术专利作为物联网领域的核心专利，其申请量在 2011 年以前虽有波动起伏，但总体保持增长趋势，2015 年后由于相关技术日趋成熟，申请趋势减缓。而基于前期大规模的投入，专利公开数量整体处于平稳上升趋势。

表 8.4　G06F 专利数量统计

年份	2001	2002	2003	2004	2005	2006	2007	2008
申请数量（件）	8	4	12	18	16	10	15	24
公开数量（件）	0	0	3	2	6	9	12	21
年份	2009	2010	2011	2012	2013	2014	2015	2016
申请数量（件）	13	12	45	8	14	6	10	1
公开数量（件）	13	12	12	19	22	30	30	25

组成 G06F 技术的前三位技术类别分别是：G06F9——程序控制装置如控制器，占比 35.99%；G06F21——防止未授权行为的保护计算机或计算机系统的安全装置，占比 16.26%；以及 G06F1——数据处理设备的零部件，占比 15.57%。上述三类技术类别占比达 G06F 类总数的 67.82%，对应处理器、可信、初始化、执行等技术领域。表明物联网领域 G06F 技术核心在于数字信息的处理、传输和执行。

2. H04L 类技术分析

英特尔物联网专利中 H04L 类技术主要由 H04L9（保密或安全通信装置）、H04L29（电路装置、设备和系统）、H04L12（数据交换网络）以及 H04L25（基带系统）构成。前两项技术占比达到总数的 76.39%，表明在

H04L类别中,目前物联网领域的核心技术是保密或安全通信装置及电路装置、设备和系统。H04L类技术的专利申请趋势似乎曲折而无迹可寻。这是由于在2009年1月IPC分类号改革中新增了H04W,其所代表的无线通信网络属于新兴技术,同时是物联网生态链中不可或缺的重要技术。从英特尔全球物联网专利技术类别中可以看到,H04W紧随H04L之后,跻身技术类别榜单前三。可以预测,在不久的将来,无线通信技术将持续发展,有可能继G06F之后成为物联网领域最核心的技术之一(见表8.5)。

表 8.5　H04L 类专利数量统计

年份	2001	2002	2003	2004	2005	2006	2007	2008
申请数量(件)	2	2	5	4	4	2	6	9
公开数量(件)	0	0	0	1	1	2	2	1
年份	2009	2010	2011	2012	2013	2014	2015	2016
申请数量(件)	5	7	0	0	0	4	3	0
公开数量(件)	6	5	9	3	1	10	8	4

五、英特尔物联网在华技术发展策略和商业运营战略

(一)英特尔物联网在华技术发展策略

英特尔以技术发家,在第三次技术转型之前一直信奉技术为尊,这一观点的确引领英特尔在早期的技术革命中立于霸主地位。但随着个性化和用户体验的愈加需要,一味向技术看齐而忽略客户需求,导致英特尔败走PC的后果。在英特尔转向平台技术供应商发展的过程中,英特尔开始学习AMD公司,以客户为导向,更加关注市场、关注应用,并提出了针对物联网的端到端的核心策略:通过开发智能硬件设备、网关,以促进传统系统与云的连接以及实现端到端的分析,从大数据中挖掘商业价值,从而加速包括零售、车载系统、数字安全监控等在内的端到端的解决方案的开发和部署。其后随着物联网的发展,英特尔针对快速增长的连接和计算的需求又提出建立开放平台的策略。目前英特尔在中国主要聚焦于智能家居、智

能零售、智能交通、智慧能源、智能安防等。

通过对 2011 年 1 月 1 日至 2016 年 11 月 30 日近 6 年英特尔在华的物联网领域的专利分析，发现英特尔在华物联网专利技术主要布局的领域，如表 8.6 所示。

表 8.6 英特尔在华物联网专利布局

IPC 分类号	专利数量（件）
G06F（电数字数据处理）	85
H04L（数字信息的传输）	14
H04B（传输）	6
H04W（无线通信网络）	6
G06K（数据识别；数据表示；记录载体；记录载体的处理）	5

1. "计算力"构成英特尔物联网发展的源动力

英特尔物联网专利技术发展主要集中在电数字数据处理技术（G06F）领域，其近 6 年的发展仍以计算为主。这与其对于物联网的理解息息相关，英特尔认为物联网的核心理念在于利用联网技术实现数以亿计"设备"间的无缝连接、受控管理，并安全地通过网络进行智能数据采集，然后将数据转化为能够提供有价值服务的可操作信息，强调物联网时代是一个计算无处不在的新时代。英特尔全球副总裁兼中国区总裁杨旭认为，"预计到 2020 年全球将有 500 亿台设备通过网络互相连接，这些设备将产生大量的数据流量"，因此在英特尔眼中，未来谁能高效地处理数据，谁就能获得更多的价值。计算是数字世界的基石，计算的智能可以带来体验力、创造力、变革力。例如，英特尔 2014 年推出基于 quark 技术的应用于硬件领域的 Edison 计算平台，这一计算平台是为物联网和穿戴设备的发明家、企业家和消费类产品设计师而设计，帮助他们快速产生产品原型。当然，物联网所要求的计算还必须是低功耗的计算。因而值得关注的是 2015 年英特尔收购 Altera 公司，重点就落在了 FPGA（现场可编程门阵列）上，因 FPGA

可并行运算且低耗能，是物联网本地计算的理想选择。

2. "传输"技术助力英特尔端到端解决方案

英特尔在华专利排名第二的技术领域主要集中在信息传输领域。这说明在注重计算力在物联网中作用的同时，英特尔还着重于传输技术的研发。一直以来，英特尔积极通过提供开放式平台和解决方案推动技术变革，从PC到数据中心，再到存储和网络。英特尔认为在此过程中，不仅要面临由海量设备连接所产生的庞大数据群的管理与分析，还要关注数据与连接的安全性，因此提出智能网关和通信，确保设备和现有基础设施产生的数据在云端安全共享。例如英特尔在无线显示技术的基础上推出了ProWiDi技术，支持1080P全高清分辨率画面传输，同时针对企业用户进行优化，支持多人自由切换，并增强隐私、安全性和IT可管理性。❶

在物联网领域，中兴通讯股份有限公司在全球范围一直保持着领先地位。在涉及物联网传输技术上，中兴通讯有着英特尔不能比拟的优势。作为一家全球领先的信息与通信解决方案提供商，中兴通讯对物联网的理解更加着重于传输技术的发展，其认为传感器、RFID设备的应用增多后，传输会成为瓶颈。中兴通讯凭借多年积累，对于传输有比较深刻的理解，无论是有线、无线，都能给用户提供最优的解决方案，用最高效、最便捷的方式将数据传输到后台。因此，英特尔在我国发展过程中也十分注重取长补短，积极与中兴、华为等国内通信公司进行战略合作，对技术进行交换通用，以期在物联网领域取得共赢。

(二) 英特尔物联网在华商业运营战略

1. 技术创新，助力物联网再突破

随着英特尔在物联网领域技术不断创新，其逐渐形成清晰的良性循环——云和数据中心、物联网、存储和FPGA，它们通过连接性而紧密相连，并通过摩尔定律的经济学效应而得到加强。在万物智能互联的世界，

---

❶ 方伟峰. 英特尔物联网战略：2015，全面迈进智慧时代 [EB/OL]. http://www.elecfans.com/iot/363202.html，2017-01-19.

英特尔在中国积极建设生态系统，物联网在其中占据重要地位。作为计算创新的引领者，英特尔借助于增长的良性循环，驱动物联网从连接、智能到自治，并将和生态伙伴共拓这片沃土，让愿景成为现实，让未来成为现在。

2. 建设智慧城市

在2015智慧城市暨中国新型城镇化高峰论坛上，英特尔首次对外披露了其智慧城市战略。与国内互联网企业不同的是，英特尔并非先从企业级或者消费级市场入手，而是先从涉及民生的政务出发。

英特尔中国区总经理夏乐蓓指出，"在英特尔投资的所有垂直的领域，不管是医疗、卫生、教育、能源还是交通运输业，我们所做的每一件事情其实都是和城市里的老百姓生活密切相关，我们帮助把城市变得更加智慧和更加互联。"以民生为切入口的选择，一方面，与英特尔自身的优势领域契合；另一方面，作为跨国公司，这样的切入口更贴合中国的国情和"十三五"规划的政策导向，支持国家提出的"大众创业、万众创新"。

3. 携手合作伙伴共同搭建物联网生态圈

未来市场所需要的东西就是共同合作创新的产品，因此更需要合作以求发展。英特尔做物联网的思路，是依托自身芯片制造商的产业链核心身份，以技术、供应链资源和资本聚拢起一批具有全球先进技术的企业，从而搭建英特尔的物联网生态圈。英特尔物联网事业部中国区总经理陈伟曾道，"英特尔原来的PC业务生态链比较短，但一旦到物联网里面，这个生态链就会变得很长，因此没有一家企业可以独立运作智慧城市的生意，物联网的布局必须以合作的形态来推动"。因此英特尔在中国积极建设生态系统，并和生态系统伙伴携手，共同开发基于英特尔物联网平台和解决方案的工业制造类产品，驱动中国工厂数字化转型。

总而言之，英特尔物联网的中国战略，概括来说，就是以行业应用参考设计和水平化平台架构为核心，团结中国本地的生态系统，推动物联网在中国的创新实践。

六、启示与建议

基于自身强大的科研能力和牢固的产业基础，英特尔在物联网技术领域已经获得长足发展，并将在今后继续创造出巨大的企业利润；在电数字数据处理、电通信技术、数字信息传输、无线通信网络等领域的技术创新，无疑将助推英特尔成为互联网时代的佼佼者。同时也需要清楚地认识到，现阶段物联网技术仍处在发展的起始阶段，技术的匮乏、产业的分散与前景的不可预见等因素，都给英特尔的物联网技术发展带来了重重的困难和无尽的挑战。因此，只有重新审视英特尔在物联网领域的优势与弱点，从中汲取经验教训，并针对性地采取应对措施，才能长久地屹立于竞争激烈的市场之中，长盛不衰。

（一）利用技术优势提高科技竞争力

作为以数据存储器业务起家的信息产业领先企业，英特尔在终端数据传输与交互方面有着得天独厚的优势。物联网并非一个简单的虚拟信息网络，而是一个贯穿人、物和数据的平台，其能将线下信息快速准确地传递到线上终端，并及时得到汇总、分析与反馈的复杂网络。要成功做到这一点，必须有庞大的数据交互数量与优秀的数据交互质量作为支撑。而英特尔基于自身成熟的数据存储与数据处理产业，不仅可以省去许多前期的研发成本，缩短研发时间，提高研发效率，更能够基于此开发出更为先进、高效且安全的物联网产品。

例如，在云端数据存储方面，英特尔具有较强优势。英特尔的初始运营业务即为存储器，历经数十年的发展，现已获得了非常成熟的数据存储能力。而在2014年的中国存储分会上，英特尔也表示已经在"非易失性存储解决方案"上获得突破性的进展。这一所谓的"颠覆性技术"，不仅会提供运营商所希望获得的稳定与高性能，更能进一步降低存储成本。再加上英特尔一直力推的，可为台式机、笔记本电脑和大型服务器提供稳定高效存储服务的英特尔快速存储技术，可以保证英特尔物联网技术云端存储的稳定。

同时，作为芯片和微处理器领域的巨头，英特尔在数据处理方面也处于世界领先水平。当前，处理器市场已被英特尔、AMD、高通等主流厂商所垄断，英特尔成为包括戴尔、联想、惠普等诸多公司的处理器供应商，其实力不容小觑。未来，伴随物联网规模的扩大和信息数量的指数性增长，服务提供商对于高效处理数据信息的需求也会与日俱增。可以预见，今后谁掌握了数据处理的能力，谁就能获得更多的市场份额。

成熟的技术使得英特尔在物联网数据处理器的高效化和微型化方面能够取得非同凡响的成就，但同时需要指出的是，英特尔并非事事领先。例如与 AMD 相比，英特尔在处理器的连接架构技术上处于劣势，这使得其内存使用效率低于 AMD 处理器。因此，在相关技术领域，英特尔不能囿于一家之长，需要加强对弱势技术的开发力度，提高科技竞争力，并通过市场反馈，及时对产品进行有效的修正与提高，从而占据市场先机。

（二）借助跨行业合作应对物联网市场需求

如前文所述，英特尔物联网领域的专利质量优异，法律状态稳定，具备强劲的技术研发和专利布局能力，其物联网领域专利技术的核心主要在于 G06F（电数字数据处理）、H04L（电通信技术；数字信息的传输）和 H04W（无线通信网络），其中，英特尔 G06F 技术的核心在于数字信息的处理、传输和执行，H04L 技术的核心在于保密、安全通信装置及电路设备和系统。然而，英特尔在其他方面也存在短板。

物联网并非是一个单一的数据传输网络，其关键是要将现实社会中的人和物与虚拟的信息网络整合在一起。它是架构在传感器技术、RFID 标签、嵌入式系统等众多先进技术之上的产业，需要获得多方向、跨行业、立体化的技术支撑。尽管英特尔在某些领域具有一定优势，但尚不足以完美应对物联网市场的需求。

因此，对英特尔而言，除了不断提升自身的科技竞争力外，另一条行之有效的出路是加强与其他企业的交流与协作。具体而言，可以从以下两方面着手。对内，整合资源，将前期所取得的研发成果不断完善并合并到统一的组织框架内，形成具体的、可实际操作的物联网平台；对外，则开展跨行业合作，通过并购其他企业或进行企业间的合作来完善平台。例如，通过 Cloudera 公司并购案，英特尔在云端数据领域获得了一定的发展；自从拥有了 Mobile Eye 和 BMW 两位合作伙伴后，智能交通的领域也被英特尔收入囊中，成为一项主营业务；英特尔与通用电气两大平台之间长期的资源整合更是为英特尔物联网产业模式提供了更完善的端到端解决方案。此外，英特尔还可以通过与华为、中兴等企业合作，修正自身通信技术存在的一些弱点；而像网关这类长期困扰英特尔的技术难题，更是要通过与微软、苹果等公司的交流合作，才有可能获得根本上的解决。

考察英特尔现有的企业战略，也可以佐证这一观点。目前，英特尔所参与的物联网联盟主要有四个，分别是工业物联网联盟（ICC）、开放互联基金会（OCF）、开放雾计算联盟（OFC）和边缘计算产业联盟（ECC）。❶ 其中，ICC 由英特尔、通用电气、AT&T 等公司共同发起，主要解决的是工业领域中的互联互通、安全、参考架构等问题；OCF 由英特尔、思科、三星等公司联合发起，主要领域在于设备互联互通标准的实现；OFC 由英特尔、思科、微软和普林斯顿大学所发起，主要着力于作为云计算补充和扩展的开放雾计算的研发；ECC 则由英特尔、华为、软通动力、沈阳自动化研究所、ARM、中国信息通信研究院 6 家单位共同发起。未来，这些联盟对于英特尔的发展将产生举足轻重的作用，而这种作用正在日益凸显。

（三）标准化与定制化结合提升用户体验

物联网是跨行业、跨领域、具有明显交叉学科特征、面向应用的信息基础设施。❷ 想要玩转物联网，不单单是做产品，更重要的是如何给用户提供更好的体验。对物联网用户和下游产业而言，标准化的产品能够带来极大的使用便利，在配套商品的购买上也能减少不必要的麻烦，降低购买成本。谁掌握了制定标准的权力，谁就能更有效地操纵整个市场。然而物联网领域并没有具体化的行业或产品标准，因而英特尔需要借此机会抓住

---

❶ 虎嗅网. 专访英特尔高管张宇：物联网需要深度学习，还需要边缘计算［EB/OL］. https://www.huxiu.com/article/184297.html, 2017-03-07.

❷ 刘多. 物联网标准化进展［J］. 中兴通讯技术, 2012（2）: 5-9.

机遇，强势发展，把握技术标准的制定权。如英特尔具有大量有关电数字数据处理方面的物联网专利以及部分数字信息传输专利，而这些专利都与物联网芯片的设计与生产紧密相关。因此，在芯片制造这样的优势领域，英特尔务必要抓住机遇，推出高质量产品，抢占市场份额，借此掌握话语权，制定出一套有利于自身发展的物联网芯片标准。尤其是面对三星的ARTIK 平台、联发科的 LinkIt Smart 7688 以及高通的开发者平台所发出的挑战，英特尔务必要努力发展现有的 IoT 平台，并且找到合适的合作伙伴，稳固自身行业霸主的地位。而对于操作系统、协议等非强势部分，则更需要找到匹配的供应商，弥补自身缺陷，避免因"木桶效应"导致的失败。

同时也必须认识到，物联网的需求对象并非是单一类型，大中小型企业乃至个人都可能对物联网提出需求，且各自的需求也是千差万别。面对不同的产品需要，倘若英特尔只注重标准化的质与量，而忽视面向不同用户类型的个性化服务，结果必然是物联网最终只是沦为一个并不实用的简单工具，而不可能发挥最初设计时的最大效用，更不可能改变人类的生活，推动企业的发展。对于大中型企业，英特尔应当注意到数据流量大、种类繁杂的特点，注重把握大数据的发展，同时兼顾细节。而对于小型企业和个人用户，他们的特点是数据流量小，种类单一，英特尔则应当注重物联网数据的"精耕细作"，注重人性化的客服体验。由此，英特尔在发挥其标准化优势的同时，深耕于产品的定制化，面对不同企业的不同需求，能够结合实际提出对应的定制化解决方案，方能使得物联网产品最终能够有效作用于现实社会，成为物网联结的坚实利器。

第四节　小米智能家居知识产权管理实证研究[*]

随着信息化时代的逐步发展，物联网诞生并逐渐成为新一代信息技术的重要组成部分，其发展也是信息化时代的一个重要阶段。物联网即利用

---

[*] 本节作者为南京理工大学本科生许维、戴非凡、万文成。

局部网络或互联网等通信技术把传感器、控制器、机器、人员和物等通过新的方式连在一起，形成人与物、物与物相连，实现信息化、远程管理控制和智能化的网络。❶

物联网的出现给居家和生活带来无限便利，也促进了智能家居的快速发展。智能家居又称智能住宅，是以住宅为平台安装有智能家居系统的居住环境，利用综合布线技术、网络通信技术、安全防范技术、自动控制技术、音视频技术将家居生活有关的设施集成，构建高效的住宅设施和家庭日程事务的管理系统，提升家居安全性、便利性、舒适性、艺术性，并实现环保节能的居住环境。❷ 与普通家居相比，智能家居不仅具有传统的居住功能，还兼备建筑、网络通信、信息家电、设备自动化、全方位的信息交互功能，甚至能节约各种能源的花费。

近年来，信息化的高速发展、通信的自由化与高层次化、人们对工作环境安全性、舒适性、效率性要求的提高都使得人们对家居智能化的需求大大提高。此外，计算机控制技术的发展与电子信息通信技术的成长，也促进了智能家居快速发展，智能家居行业很可能成为继安防产业之后的物联网生态下又一个繁荣的技术群落和应用产业。❸

在智能家居快速发展的今天，小米公司结合自身智能硬件产品的良好体验，推出小米智能家居计划，并且小米盒子的推出使得小米公司在智能家居界内备受关注。目前，在三星集团、四川长虹电器股份有限公司（以下简称长虹）、珠海格力电器股份有限公司（以下简称格力）等众多智能家居品牌齐头并进、快速发展、行业竞争激烈的情况下，2013 年进军智能家居市场的小米公司面临技术、服务、营销等方面的众多挑战。本节通过分析整个智能家居行业的专利现状、小米公司在智能家居领域的专利现状

---

❶ 刘美伦. 基于物联网的中铁集装箱海铁联运效益评价体系的研究 [D]. 大连：大连交通大学，2015.
❷ 吉安. 期盼智能家居的到来 [J]. 软件工程师，2013（11）：6-7.
❸ 安丰网. 智能家居行业前景 [EB/OL]. http://www.anfone.net/ZNJJXYQJ/ 2016-11-2.

以及业内主要竞争对手的专利现状，❶ 为小米公司在智能家居领域进行专利布局提出建议。

一、研究思路与方法

（一）数据来源

本节的数据来源于 incopat 科技创新情报平台。专利检索采取的是关键词检索方式，将智能家居现有的类别进行归纳总结得到检索式，并通过此检索式得出的申请人排名，如图 8.3 所示，最后确定小米公司目前在智能家居领域的三个竞争对手：三星集团、长虹和格力。

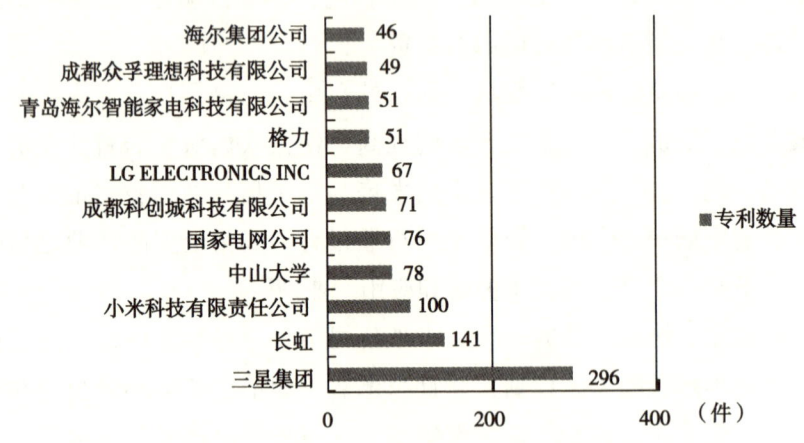

图 8.3　全球智能家居行业专利申请人排名

（二）研究思路

本节对小米智能家居（"米家"）的总体情况及其竞争对手的具体情况进行分析，并就小米公司未来在智能家居领域的发展提出相应的建议。首先揭示智能家居行业现状，详细叙述小米智能家居的发展历程和现状，对其目前在智能家居领域申请的重点专利逐一分析；其次分析小米公司在智能家居领域的竞争对手，重点分析三大竞争对手三星、长虹、格力，并

---

❶ 本节数据检索的时间截至 2016 年 11 月。

以此找出目前智能家居领域的发展瓶颈；最后综合小米公司发展现状和智能家居行业的发展，对小米公司提出针对性的发展建议。

二、智能家居行业分析

（一）智能家居行业政策环境分析

近年来，许多国家相继提出"智能住宅"的概念。提到智能家居，最著名的应是比尔·盖茨斥资 5.3 亿美元打造的智能住宅。[1]

随着计算机控制技术与电子信息通信技术的快速发展，人们逐渐开始关注和重视智能家居行业的发展，各国也为像智能家居这样的新兴产业提供了政策上的扶持。2010 年 10 月，国务院推出《国务院关于加快培育和发展战略性新兴产业的决定》；2013 年 9 月，国家发改委、工信部等 14 个部门共同发布《国家物联网发展专项行动计划》；2016 年 9 月，工信部、国家发改委正式印发《智能硬件产业创新发展专项行动（2016～2018 年）》。这些政策分别指出要加快培育和发展以重大技术突破、重大发展需求为基础的战略性新兴产业，将智能家居作为战略性新兴产业来培育发展，大力发展智能硬件产业，这样的政策环境对于中国智能家居产业的发展较为有利。

（二）智能家居行业技术环境分析

1. 专利年度申请量分析

智能家居行业的第一批专利出现在 1997 年，这一年的行业专利申请总数为 47 件，之后一直到 2009 年，年专利申请量均不超过 310 件，智能家居行业的专利发展在这一阶段中处于萌芽期。究其原因，一方面是智能家居属于高科技领域，研发新的专利技术成本较高，难度较大，研发周期较长；另一方面是在智能家居出现早期，尚未引起人们的关注，市场尚未打开，在此情况下，企业投入大量资金做研发无法快速收回成本，这也是限

---

[1] 百度文库.智能家居发展历程 [EB/OL]. https://wenku.baidu.com/view/d64b7d1bc281e53a5802ff24.html, 2016-11-02.

制早期智能家居相关专利数量增加的因素之一。

2009年之后，人们对智能家居的了解逐渐增多，市场前景慢慢变好，企业开始加大投入研发智能家居的相关专利。自2010年，专利发展进入快速上升期，行业年专利申请量每年增加超过300件，并且以这个增长速度持续高速增长。2014年，更是出现大幅增长，年专利申请量增长546件。考虑到专利申请提交18个月之后才予以公开，2015年的实际专利申请量应大于3 507件。

对比中国和世界智能家居行业的年专利申请量，可以看出中国的智能家居行业年专利申请量增长趋势同世界趋势基本相同，2009年之前处于萌芽期，2010年进入快速上升期，2014年出现大幅增长。这说明中国的智能家居行业发展速度与全球发展速度相适应。从数量上来看，在中国申请的专利占据了全球专利的绝大多数，这一点足以说明中国智能家居行业市场前景广阔，并且在世界智能家居行业中拥有技术优势。

2. 专利申请国别分析

通过对各国智能家居专利申请总量的分析可以了解到主要研究者的国家分布及各自实力状况。智能家居在中国申请的专利最多，达10 368件，约占整个行业全球专利的80%。除中国外，韩国和美国是实力较强的国家，但拥有专利数量远远少于中国，均在1 000件以下。

3. 专利申请类型分析

因各国专利分类不同，故无法将行业中所有专利按照中国的专利类型即发明专利、实用新型专利和外观设计专利三类来进行分析，故选择在专利数量排名上和中国相接近的美国和日本同中国进行对比分析。

美国的专利分为发明专利、外观设计、植物专利。美国专利分类同中国一样有发明专利和外观设计专利，但美国没有实用新型专利。在数量上，在美申请的专利数量不及中国。在比例上，在美申请的专利中发明专利所占比例为100%，中国的为48%，剩下52%的专利几乎全是实用新型专利。

日本的专利分类与中国相同，分为发明专利、实用新型专利和外观设计专利。在中国申请的专利中发明专利所占比例小于在日本所申请的专利，在日本申请的专利质量高于中国和美国。各国申请的专利数量和质量不尽相同，这与各国专利制度的不同和市场情况有关。

4. 行业专利技术领域分析

在智能家居行业专利的技术领域分布上，中国和全球的分布状况较为相似，在所有的专利中，G 部（物理）和 H 部（电学）的专利数量最多。排名前十的领域为 G05B（一般的控制或调节系统；这种系统的功能单元；用于这种系统或单元的监视或测试装置）、H04L（数字信息的传输）、G08C（测量值、控制信号或类似信号的传输系统）、G08B（信号装置或呼叫装置；指令发信装置；报警装置）、H04N（图像通信）、H05B（电热；其他类目不包含的电照明）、H04W（无线通信网络）、H04M（电话通信）、G06F（电数字数据处理）、H02J（供电或配电的电路装置或系统；电能存储系统）。

目前，智能家居行业的专利主要集中在 H04L 和 G05B 两个技术领域。这反映了目前专利技术的集中点，也暗示了当前技术的发展方向。除这两个领域外，全球其余专利主要分布在 G08B、G08C 以及 H04N 三个领域，对以上的五个领域来说，在中国申请的专利较多。

根据目前年专利申请量，各国都在大力发展 G 部（物理）和 H 部（电学）的专利，表明上述领域中的专利多为智能家居行业发展的基础专利，拥有较多该领域的专利可保障企业的快速良好发展。上述领域中三星、长虹和小米公司拥有的专利较多，在智能家居行业这三家企业也拥有较强的实力。

5. 专利申请人分析

从图 8.4 可以看出，智能家居行业专利申请量排名中，有 8 家中国公司或高校，2 家韩国公司，第 11 名是谷歌。排名第一的是三星集团，共申请专利 311 件。这样的结果表明，中国和韩国是在智能家居领域拥有强大研发实力的国家，占据智能家居行业的领先地位。尽管韩国申请的专利数量不及中国多，但其发明专利所占比例较高，说明韩国的智能家居企业更加注重专利的技术水平。2014 年 8 月，三星收购智能家居开放平台 SmartThings，帮助三星集团推动物联网大计划，可见智能家居是三星集团的重点创新领域，三星集团在该领域中倾注了许多心血。

紧随三星集团之后是长虹、小米公司，中山大学、国家电网、科创城科技、格力、海尔智能家电等企业和高校。从数量上来看，中国在智能家居领域具有非常明显的优势，虽目前多数中国企业的发明专利比例不占明显优势，但整体数量仍旧可观，超过多数外国企业。

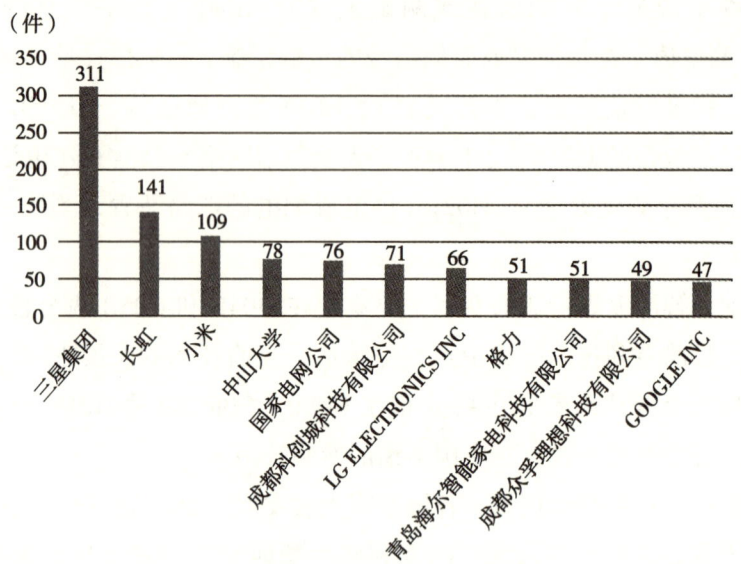

图 8.4　全球智能家居行业专利申请人排名

三、小米智能家居专利布局分析

（一）小米公司简介

小米公司正式成立于 2010 年 4 月，是一家专注于智能产品自主研发的移动互联网公司。手机、MIUI、米聊是小米公司旗下三大核心业务，"为发烧而生"是小米公司的产品理念。❶ 小米公司首创了用互联网模式开发

---

❶ 雷鸣，刘洪国. 基于战略、策略和战术层面的小米科技营销分析 [J]. 市场研究，2013（10）：45-47.

手机操作系统、60万发烧友参与开发、改进的模式。❶

2013年，小米公司高调进入视频播放领域，先后发布了电视机顶盒——小米盒子和智能电视——小米电视。❷ 2014年12月9日，小米公司发布第一台空气净化器——智米空气净化器。❸ 与美国前三大空气净化器采用相同的供应商，全机拥有5 732个精密进气孔，全方位进风，大面积高效过滤污染物。❹ 与以往产品不同，智米空气净化器的出现意味着小米公司开始涉足"国民健康"领域。2014年12月，美的集团发布公告，宣布与小米公司达成战略合作，美的以每股23.01元向小米公司定向增发5 500万股，小米公司将持有美的集团1.29%的股份，双方将在智能家居产业、移动互联网电商等方面进行合作。❺ 这一举措意味着小米公司正在向智能家居行业迈进。小米公司的手机业务也是其发展智能家居行业的基石。通过手机App与家居进行连接，完成数据交互及智能控制，最终实现智能家居。

(二) 小米公司专利情况分析

1. 专利申请量分析

小米公司是从2014年才开始涉足智能家居行业的，从图8.5可以看出，当年专利申请量为26件。对比其他企业的专利申请量，可以看出在小米公司成立前整个行业的专利申请量还处于较低水平，这也从侧面反映了小米公司赶上了智能家居行业兴起的步伐。2015年，小米公司专利申请量显著提高，表明小米公司更加重视智能家居行业。虽然小米公司的主流业务是手机，但小米公司从来没有放弃过智能家居，希望通过手机行业积累客户，实现以手机作媒介的智能家居服务。

---

❶ 张媛媛. 解读小米的社区商务模式 [J]. 河北企业，2015 (2)：33-34.
❷ 李园澍，刘宁宁. 小米公司专利态势分析 [J]. 电声技术，2014 (9)：27-30.
❸ 李源. 面向用户需求的智能家庭健康产品研究 [D]. 北京：北京林业大学，2015.
❹ 陈小平. 小米生态链上云米净水器如何做好自己？[J]. 现代家电，2016 (15)：64-65.
❺ 孙路阳. 小米斥资12.66亿元入股美的构建完美智能家居生态圈 [J]. 世界电信，2015 (Z1)：28-29.

从整体上而言，小米公司的相关专利数量并不出众，在智能家居方面的技术研发及专利申请亟待加强。只有拥有更多的专利，进行合理的布局，才能让自身在竞争中立于不败之地。

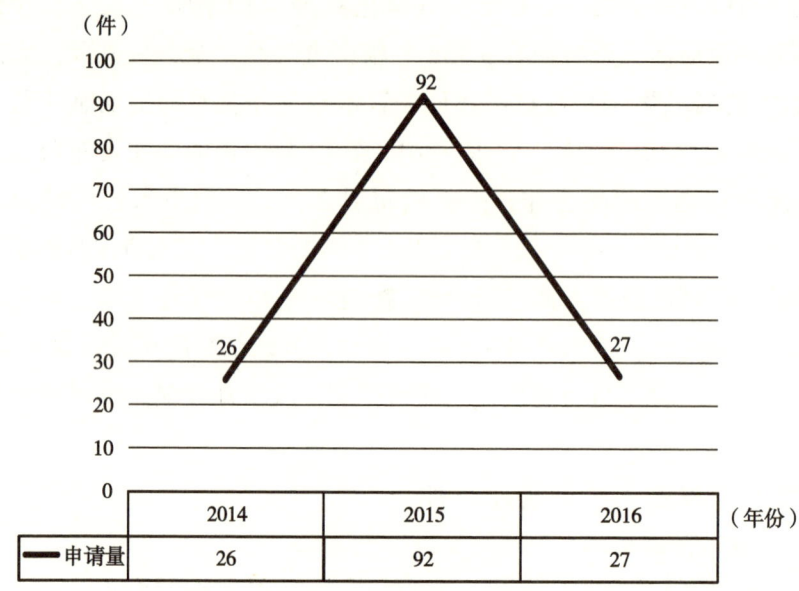

图 8.5　米家专利申请趋势

2. 专利质量分析

企业在某一领域的实力是否强大，不仅要关注专利数量，也要关注专利质量，评判标准之一是专利中发明专利和被授权的专利是否具有一定的规模。

小米公司申请的发明专利占其申请的全部专利的 96.7%。单从比例上来说，小米公司在智能家居这一方面有一定的技术含量。但是由于小米公司是在 2014 年才开始进行有关专利的申请，目前只有外观专利和实用新型专利得到授权，其他的仍在审理中。

3. 专利技术领域分析

智能家居方面的专利申请主要涉及综合布线技术、网络通信技术、安全防范技术、自动控制技术、音视频技术等方面。❶ 智能家居就是通过这些技术将住宅中的物与物相互联系。小米公司不同技术领域的专利申请数量趋势与整体专利申请趋势大致相同，表明小米公司近年来专利申请相对较平稳。

小米公司在G05B和H04L两个技术领域申请较多的专利。其中G05B表示一般的控制或调节系统，或者这种系统的功能单元，或者用于这种系统或单元的监视或测试装置。这在智能家居行业中占据很重要的地位，因为物物相连意味着可以用物控制或影响其他的物，这就涉及控制与调节。小米公司多加强上述技术领域的专利申请，会有利于以后进行智能家居产品的研发与改进。H04L表示数字信息的传输，是帮助智能家居中各种产品实现相互联系的必要技术。

目前小米公司的专利分布主要还是国内，在美国、韩国、欧洲等国家和地区布局的专利数量较少。除小米公司自身重视程度这一因素外，海外布局专利成本较高、难度较大、时间较长等因素也有一定的影响，在国外布局的专利数量较少会影响小米公司未来在国外推行智能家居产品。

在国民经济领域的分布情况，米家专利在C40（仪器仪表制造业）、I63（电信、广播电视和卫星传输服务）、C38（电气机械和器材制造业）等技术领域占的比例较大。由此得出米家智能家居产品是比较适合这三大产业的，小米公司可以选择和这三大产业的相关公司进行合作，为以后发展和推行智能家居产品打下良好基础。

4. 小米公司核心产品相关分析

小米公司在智能家居领域中最体现智能化和一体化的产品是小米多功能网关。小米多功能网关通过最新的无线传输协议 ZigBee（基于IEEE802.15.4标准的低功耗局域网协议）将其他智能设备联入小米云和智能家居网络。它是整套智能家庭套装的核心组件，用于各个组件的串联，并连接移动智能终端设备，实现远程监测。小米公司在网关相关技术领域

---

❶ 王怡，鄂旭. 基于物联网无线传感的智能家居研究 [J]. 计算机技术与发展，2015（2）：234-237.

申请的专利中，发明专利占 86%，网关作为小米公司连接智能家居的核心产品，其创新性和技术先进性是有所保障的。纵观小米公司网关的相关专利，其中最重要的应为"网络连接建立方法和装置"，小米公司就其申请了三件同名专利，其中两件得到授权。上述专利体现了网关的技术核心以及智能家居互联的核心，是小米公司有关智能家居的核心专利。

上述专利中价值度最高的是 CN104159218A。一是属于有效的发明专利，稳定性好且无诉讼等行为发生；二是该专利及其同族专利在全球被引证一次，先进性虽然一般，但是涉及 3 个 IPC 小组，应用领域较为广泛；三是保护范围较大，有 13 项权利要求，剩余有效期 6 431 天。可能影响其新颖性的相关专利主要是北京爱国者存储科技有限公司的 CN201608904U、CN101945389A，海尔集团公司的 CN103941664A，联想（北京）有限公司的 CN103874228A，以及中兴通讯股份有限公司的 CN104754572A、CN103067340B、CN103067340A 等专利，小米公司要对上述专利加以重视。

四、竞争对手分析

（一）三星集团

1. 三星集团简介

三星集团成立于 1938 年，前任会长李秉喆用 3 万韩元在韩国大邱市成立"三星商会"。李秉喆早年的主要业务是将韩国的干鱼、蔬菜、水果等出口到中国的北京及满洲里。❶ 后逐步扩展为制糖、制药、纺织等制造业，并确立为家族制企业。❷ 后来，三星集团开始进军生产领域、电子行业、化学和重工业等。三星集团于 1992 年 8 月在中国惠州投资建立三星电子有限公司。❸ 此后，三星集团不断加大在中国的投资与合作。截至 2002 年，

---

❶ 陆愚，焦豪，张夷君. 新兴市场中跨国公司的战略选择研究——基于动态能力理论的视角 [J]. 科学学与科学技术管理，2008（11）：129-136.

❷ 张宇. 中日韩首富的赚钱密码 [J]. 科学大观园，2014（1）：74.

❸ 王志平. 韩国三星集团的后来居上及其启示 [J]. 外国经济与管理，2005（5）：59-65.

在华累计投资额已达 26 亿美元，成为对中国投资最大的韩国企业。三星集团的生产、销售和服务网络遍及北京、天津、山东、上海、江苏、浙江、广东、香港、台湾等地区。

2014 年，三星集团公布了旗下智能家居平台，允许用户通过单一应用程序控制所有联网设备，从可穿戴设备、照相机到洗衣机、冰箱。该平台被命名为"三星智能家居"，该举措表明三星集团开始加入智能家居市场的争夺战。

2. 三星集团专利情况分析

（1）专利申请量分析。

1997~2016 年，三星集团每年都有相关专利申请，2013 年以前申请量较少，每年在几件到十几件，2014 年开始大幅增加，2015 年达到最大值，与行业整体趋势较为一致。虽然小米公司和三星集团的专利申请趋势相似，但是它们之间还是有比较明显的专利数量差异，三星集团每年的智能家居相关专利申请量比小米公司要多。截至 2016 年，三星集团比小米公司多了 199 件。

（2）专利质量分析。

三星集团申请的专利中发明专利占主导地位，占比约 85%，说明三星集团较为重视专利的技术含量。在三星集团的在华专利中，有 15% 的专利被授权，有少量专利是被驳回和已经终止权利，总体数量不如小米公司。

（3）专利技术领域分析。

三星集团在智能家居领域拥有最多的专利，因此需要了解上述专利是否与小米公司智能家居发展方向有所冲突。对比小米公司分布的情况来看，三星集团在全球的布局相对分散一些，其中在世界知识产权组织和韩国的专利分布占主要地位。由此可以看出，三星集团不仅要在韩国发展，还要把它的产品国际化。这一点对小米公司的发展模式有一定的启示。要想更好地发展，小米公司也要走出国门，要在国际舞台上争取一席之地。

三星集团申请的专利主要涉及两个技术领域，即 H04W 和 H04L。小米公司与之相比，都重视 H04L，但小米公司重视 G05B，三星集团重视

H04W。所以说，在竞争方面，涉及 H04L 方面的技术竞争较为激烈，小米公司要想在这个领域超越三星集团，还需要更大的研发成本投入和时间积累。三星集团和小米公司技术构成重合的部分不多，因此技术研发上的侧重方向有所不同。

起初三星集团申请的专利数量少且专利所属的技术领域较零散，从 2013 年开始呈现快速发展势态。2014~2016 年，三星集团申请专利所属的技术领域趋于稳定，每年在各技术领域申请的专利数量和专利所属的技术领域大致相同。小米公司同样处于平稳进步状态，要在努力巩固自身优势的同时弥补自身劣势。

三星集团在 I63 领域（电信、广播电视和卫星传输服务）有很多技术，占据较大优势，I63 领域的专利数量达到全部专利的 77%。对比米家专利所属国民经济领域情况，小米公司和三星集团在 I63 领域存在交叉。

（二）四川长虹电器股份有限公司

1. 长虹简介

长虹创始于 1958 年，公司前身是国营长虹机器厂，是当时国内机载火控雷达生产基地。以军工立业的长虹现已成为集军工、消费电子、核心器件研发与制造为一体的综合性跨国企业集团，并正向信息家电内容与服务商挺进。❶

多年来，长虹坚持打造智能研发、智能制造、智能交易、智能运营四大管理平台，构建消费类电子技术创新体系。2013 年，长虹董事长赵勇提出"智能化、网络化、协同化"的智能战略转型后，长虹逐步向智慧家庭、智慧社区、智慧城市的综合服务商转型，并获得多项创新设计奖项。自 2014 年以来，长虹相继推出智能电视、智能冰箱、智能空调等产品，掀起了家电智能创新风暴。近年来，长虹的企业综合经济竞争力不断提升，在智能家居行业得到广泛认可。

---

❶ 王睿智. 国际企业营销动态能力构成维度分析与评价模型建立 [D]. 天津：南开大学，2011.

2. 长虹专利情况分析

（1）专利申请量分析。

考察长虹在智能家居领域的专利申请数量随年份变化趋势对比情况。长虹 2009 年开始发展智能家居。之前的机械生产和彩电制造为长虹在互联网时代发展智能家居打下坚实基础。

（2）专利质量分析。

发明专利有发明授权和发明申请两种状态，目前长虹在智能家居领域申请的专利总共 141 件，其中 131 件是发明专利。由此可见，长虹在创新设计方面的投入较大，所申请专利的技术含量较高。

企业专利竞争力不仅体现在专利数量和类型比例上，还体现在专利法律状态上。针对长虹在智能家居领域申请的专利法律状态，被授权的专利有 28 件。然而对于中国企业在华申请的专利，长虹在智能家居方面的专利申请总量最多，但是被驳回的专利数量也较多。尽管长虹投入大量精力研发，但仍存在诸多问题，被驳回的专利较多在一定程度上体现出长虹在技术上的创新度不够。另外长虹在智能家居领域的专利有 11.8% 已经失效，其专利生命力不够旺盛，真正有效专利所占比例不是很大。

（3）专利技术领域分析。

从长虹申请的专利技术领域构成可以看出，长虹目前申请的专利技术主要集中在 G05B（一般的控制或调节系统）、H04L（数字信息的传输）、H04N（图像通信），而智能家居主要利用的是综合布线技术、网络通信技术、安全防范技术、自动控制技术和音视频技术。[1] 由此可见，长虹在智能家居行业中拥有不容小觑的竞争力（见图 8.6）。

（三）珠海格力电器股份有限公司

1. 格力简介

格力是一家集研发、生产、销售、服务于一体的国际化家电企业，主

---

[1] 张文明，钱紫娟，孟祥岳，等. 透过专利分析物联网在家庭方面的应用 [J]. 电视技术，2013（S2）：128-131.

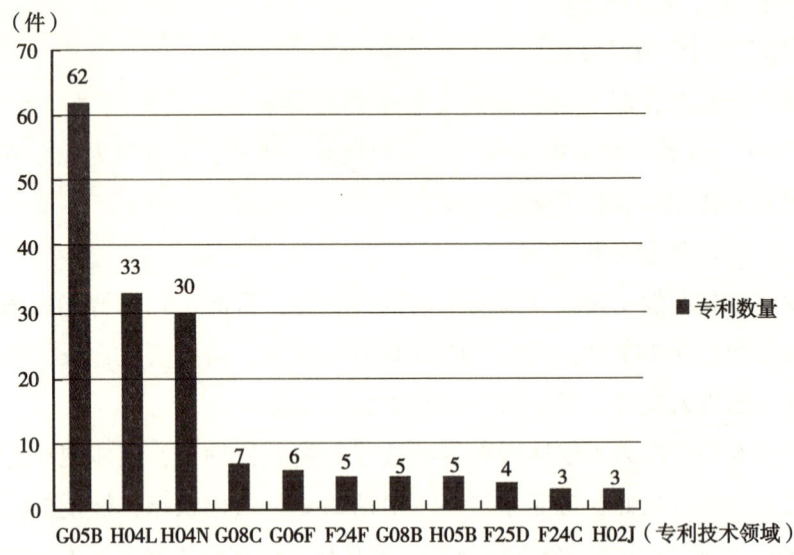

图8.6 长虹在智能家居领域专利申请技术构成

营家用空调、中央空调、空气能热水器、生活电器等产品。2006年格力空调获得"世界名牌"称号。格力在发展过程中注重品牌效应和市场需求等结合,不断给品牌"注入"新理念,使品牌不断升级,始终保持竞争力。目前格力品牌理念已经发展到5.0版——服务世界,让世界爱上中国造。正是这些理念让格力电器在20多年间完成了国际化家电企业的成长蜕变。目前格力也在跟随全球家电发展的潮流,进军智能家居领域。

2. 格力专利分析

(1) 专利申请量分析。

图8.7展示的是格力在智能家居领域专利申请数量随年份变化的趋势。格力从2007年开始发展智能家居,从2013年开始,此阶段格力以自主技术创新为依托,不断攻克产品核心技术,从功能、造型、性能等方面提升产品。从专利数量的对比中可以看出,上述理念的提出对格力在智能家居领域的发展起到很大的推动作用。

(2) 专利质量分析。

格力从开始发展智能家居至今,在智能家居领域只有51件专利产品,

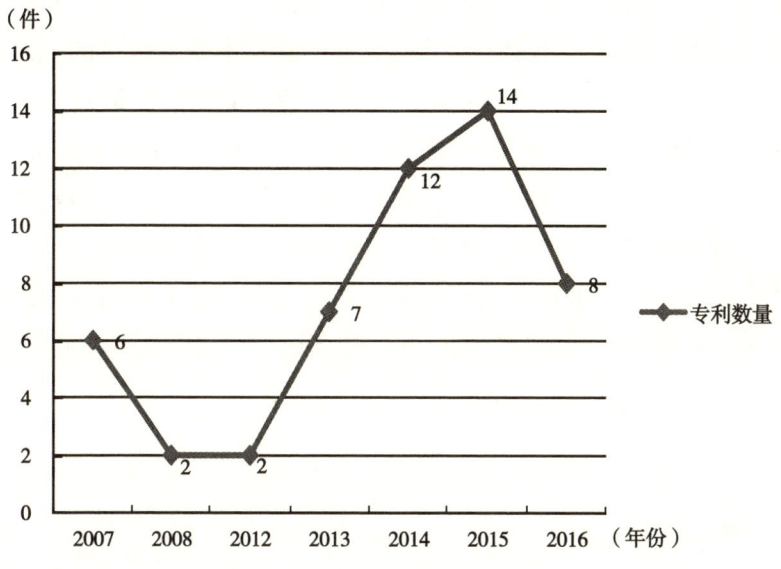

图 8.7　格力在智能家居领域申请的专利数量随年份变化趋势

其中以发明申请专利为主，但发展势头显然较弱。格力更注重专利的有效性。在格力申请的专利中，被驳回的专利只有一条。另外，格力的专利生命力比较旺盛，尽管专利基数略微逊色，但其专利的活跃程度无形增加了企业的竞争力。

（3）专利技术领域分析。

从格力申请的专利技术构成可知，格力最有竞争力的三大技术领域分别是 G05B（一般的控制或调节系统）、H04L（数字信息的传输）、F24F（空气调节、空气增湿、通风等）。由此可见，格力在智能家居领域的发展是以其最具竞争力的空调为基础进行技术创新的。

五、总结与建议

智能家居起步于 20 世纪 90 年代，近 5 年全球智能家居领域研发活动比较活跃，中国和韩国在智能家居技术研发中处于领先地位。在中国政府相关政策的大力支持下，中国的智能家居技术顺利快速发展，专利数量快速增加。小米公司对研发适用于智能家居产品的重视程度在不断提高。企业在发展智能家居的过程中都是在原本最为强大、最有竞争力领域的基础上加入"智能"元素。小米公司手机业务的强大不是最终目的,而是通过手机业务实现物物相连,进军物联网行业。智能家居行业最具竞争力的技术领域是 G05B(一般的控制和调节系统)和 H04L(数字信号的传输)。小米公司在该领域处于领先地位,需要持续开展技术研发。小米公司应在已有核心专利周围研发申请系列专利,形成有力的专利壁垒,开展专利防御工作。积极研发竞争对手核心专利的周边专利,形成专利攻击态势。此外,小米公司可以与相关竞争企业开展专利谈判,达成交叉许可。

参考书目

[1] 朱雪忠.企业知识产权管理［M］.北京：知识产权出版社，2007.

[2] 朱雪忠.知识产权管理［M］.北京：高等教育出版社，2010.

[3] 陈海莹，刘昭.物联网应用启示录［M］.北京：机械工业出版社，2011.

[4] 袁建中.企业知识产权管理理论与实务［M］.北京：知识产权出版社，2011.

[5] 谭思明，王志玲.专利地图方法及应用［M］.上海：上海交通大学出版社，2011.

[6] 杨铁军.专利分析实务手册［M］.北京：知识产权出版社，2012.

[7] 刘如翔.企业知识产权法律风险提示［M］.北京：法律出版社，2014.

[8] 陈燕，等.专利信息采集分析［M］.2版.北京：清华大学出版社，2014.

[9] 宋杰，等.赢在4G：移动互联网时代的产业变革与历史机遇［M］.北京：人民邮电出版社，2014.

[10] 国家互联网信息办公室，等.中国互联网20年：网络产业篇［M］.北京：电子工业出版社，2014.

[11] 王俞现.凭什么要学张瑞敏：互联网时代企业转型的海尔实践［M］.杭州：浙江大学出版社，2014.

[12] 宋哲.网络服务商注意义务研究［M］.北京：北京大学出版社，2014.

［13］ 马天旗．专利分析——方法、图表解读与情报挖掘［M］．北京：知识产权出版社，2015．

［14］ 陈小洪．中国互联网安全产业发展研究：战略和基本问题讨论［M］．北京：电子工业出版社，2015．

［15］ 杨铁军，等．产业专利分析报告［M］．北京：知识产权出版社，2015．

［16］ 冯晓青．企业知识产权战略［M］．北京：知识产权出版社，2015．

［17］ 汪泽，等．中国商标案例精读［M］．北京：商务印书馆，2015．

［18］ 孔祥俊．网络著作权保护法律理念与裁判方法［M］．北京：中国法制出版社，2015．

［19］ 连玉明．DT 时代：从"互联网+"到"大数据×"［M］．北京：中信出版社，2015．

［20］ 黄志臻．企业知识产权管理实务［M］．北京：知识产权出版社，2016．

［21］ 马天旗．专利布局［M］．北京：知识产权出版社，2016．

［22］ 朱贻玮．集成电路产业 50 年回眸［M］．北京：电子工业出版社，2016．

［23］ 杨勇，等．企业知识产权战略制定与规划［M］．北京：化学工业出版社，2016．

［24］ 李红，尤建新，蒋丽丽，等．专利地图理论与工具［M］．北京：清华大学出版社，2016．

［25］ 崔忠武，郭斌，李云峰．企业知识产权战略实务指南［M］．北京：法律出版社，2016．

［26］ 石必胜．数字网络知识产权司法保护［M］．北京：知识产权出版社，2016．

［27］ 徐南轩．我国电子商务知识产权保护的挑战与对策研究［M］．北京：中国政法大学出版社，2016．

［28］ 朱克电，吕维学，马先征．知识产权管理实务［M］．北京：知识产

权出版社，2017.

[29] 小米生态链谷仓学院．小米生态链战地笔记［M］．北京：中信出版社，2017.

[30] 刘洋．云存储技术——分析与实践［M］．北京：经济管理出版社，2017.

[31] 杨铁军,等．专利分析可视化［M］．北京：知识产权出版社，2017.

[32] 朱克电,吕维学,马先征．知识产权管理实务［M］．北京：知识产权出版社，2017.

[33] ［日］富田彻男．市场竞争中的知识产权［M］．廖正衡等译．北京：商务印书馆，2017.

后　　记

　　本书由南京理工大学知识产权学院梅术文教授、锁福涛副教授、郝世博博士以及若干研究生、本科生共同参与下撰写完成的，主要成果源于相关课题以及研究生撰写的相关文章，部分成果参加了"中山杯"专利分析大赛并获奖，也是本团队致力于产业知识产权战略研究的抛砖引玉之作。由于撰稿中大量吸收学生参与课题研究，探索"寓教于研"的科学研究形式，体系化方面难免有所不足，某些内容之间衔接不够流畅，若干论据使用上可能存在重复，不少观点结论也有待验证完善。是故，本书相关不足和谬误之处还恳请同行专家不吝批评指正。

　　需要说明的是，本书与此前已经由知识产权出版社2017年出版的《产业知识产权管理实证研究》系姊妹篇，所以在前部著作中已经作为实证素材使用的华为公司、中兴通讯、阿里巴巴集团、新浪网、谷歌公司等不再重复分析。当然，毫无疑问，这些企业在互联网产业中具有非常重要的地位。此外，相关统计数据与图表未指明出处时，主要源于合享新创IncoPat科技创新情报平台和国家知识产权局专利数据库、中国商标网商标数据库，检索截止日期为2017年6月30日。

　　本书的成稿特别需要感谢江苏省知识产权局、江苏省版权局、南京理工大学知识产权学院、南京理工大学科学技术研究院、南京理工大学发展规划处等单位的领导一直以来的关心和支持，知识产权出版社刘睿、邓莹两位编辑为本书的出版付出甚多，在此一并致谢。本书是中央高校基本科研业务费专项资金项目（3095012102）（30918014114）（30918014113）的阶段性研究成果，知识产权与区域发展协同创新中心、江苏省知识产权发展研究中心、江苏省版权研究中心等科研平台提供支持，特予以说明。

编写组
2019 年 1 月 16 日